项目名称

1. 河南省科技厅重点研发与推广专项软科学重点项目（232400411024）

2. 河南省高等教育教学改革研究与实践重点项目（研究生教育类）（2023SJGLX086Y）

3. 河南省文化和旅游厅文化和旅游研究重点课题"十五五时期河南省现代旅游业体系建设研究"

文旅产业
数字化转型
理念与方法

THE CONCEPT AND METHODS OF
DIGITAL TRANSFORMATION IN THE CULTURAL
AND TOURISM INDUSTRY

程金龙 等 / 著

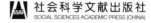

社会科学文献出版社
SOCIAL SCIENCES ACADEMIC PRESS (CHINA)

前　言

数字经济的蓬勃发展，为中国式现代化发展赋予了新内涵、提供了新动能、培育了新优势。在现代化建设新征程上，以人工智能和信息技术为核心的数字经济已然成为世界经济发展的重要方向和新趋势，正推动世界经济和文明快速发展。随着数字经济时代的到来，文化产业和旅游业数字化转型步伐不断加快，科技与文旅融合发展成为新的行业趋势，文旅产业迎来了新的变革和发展机遇。对于文化和旅游领域而言，数字化不仅是技术升级和模式创新的重要体现，也是对行业未来发展趋势的深刻洞察和战略布局，具有极为深远和广泛的意义。

《文旅产业数字化转型理念与方法》经过一年多的撰写，五易其稿，终于付梓。全书共分为九章，从理论诠释和实践探索两个层面对文旅产业数字化转型进行系统论述。第一章文旅产业数字化转型背景阐释，介绍本书写作的研究背景与研究意义，对国内外研究内容做出述评，陈述文旅产业数字化转型的理论基础。第二章文旅产业数字化转型概述，辨析文旅产业数字化转型的概念内涵，把握文旅产业数字化转型的发展内容，阐释文旅产业数字化转型的技术支持，描述文旅产业数字化转型的发展趋势。第三章文旅资源数字化管理，对文旅资源数字化管理的基础内容、关键环节、框架体系和实现途径等内容，进行系统阐述。第四章文旅需求数字化监测，从数字文旅基础设施、数字文旅服务平台、数字文旅消费行为和数字文旅需求管理等方面，进行综合分析。第五章文旅业态数字化升级，从创新商业模式、拓展场景应用、优化产品体验、提升服务效能等方面，提出针对措施。第六章文旅市场数字化营销，提出强化市场分析、做好用户洞察、实施交互营销等策略。第七章文旅产业数字化运营，提出深化产业融合、实现组织变革、优化产业生态、完善服务体系等策略。第八章文旅监管数字化治理，提出突破监管方式障碍、强化监管风险感知、形成监管协同机制、优化行业监管体系等举措。第九章文旅产业数字化转型实现路径，包括文旅数字化智能生产场景、文旅数字化网络协同场景、文旅数字化服务延伸场景、文旅数字化个性定制场景、文旅数字化应急管理场景等内容，均从理论概述出发对相关案例进行解析，描述其成功经验与主要做法。

全书由程金龙提出写作思路、拟定框架结构并负责统稿和组织编写，由孙冰杰协助统稿和书稿校对。河南师范大学农村发展硕士研究生李恺、孙景丽，河南大学旅游管理硕士研究生吴营香、孙冰杰、邵亚萍、姬菡阳、艾鹏辉，郑州升达经贸管理学院方梦蝶，开封文化职业艺术学院王露瑶，参与了书稿各章节的撰写任务。全书共分为九章，第一章由邵亚萍、程金龙撰写，第二章由吴营香、程金龙撰写，第三章由艾鹏辉撰写，第四章由姬菡阳、程金龙撰写，第五章由王露瑶撰写，第六章由方梦蝶撰写，第七章由孙景丽、程金龙撰写，第八章由李恺、程金龙撰写，第九章由孙冰杰、程金龙撰写。

本书得到洛阳师范学院旅游管理河南省特色骨干学科、旅游管理国家级一流本科专业建设点、智慧旅游河南省协同创新中心、河南省文化和旅游研究基地、中原英才计划-中原教育教学领军人才等项目的资助，在此表示感谢。此外，本书在撰写过程中，参阅引用了大量国内外学者的相关研究成果，在此深表谢意。

本书既具有较强的理论参考价值，也具有实践借鉴意义，可作为省、市、县（区）文化旅游管理部门和文旅行业从业人员的参考书，也可作为高等院校旅游等相关专业人员的阅读用书。由于笔者水平有限，书中难免有疏漏和不妥之处，恳请读者批评指正，以便本书进一步修订和完善。

程金龙

2024 年 5 月

目 录

第一章
文旅产业数字化转型背景阐释

深化文旅融合离不开新技术、新模式、新创意的引入，数字技术赋能是文旅产业可持续发展和创新的基础①。党的二十大报告指出，"坚持以文塑旅、以旅彰文，推进文化和旅游深度融合发展""加快发展数字经济，促进数字经济和实体经济深度融合"②。在当前背景下，伴随着数字技术的加速发展和迭代更新，我国社会经济发展已进入数字经济时代，数字技术对文旅产业发展的影响广泛而深刻，成为推动文旅深度融合的核心技术支撑和重要赋能方式。

第一节　文旅产业数字化转型研究背景

近年来，数字经济与文化旅游产业的融合日益加深，数字文化旅游新业态异军突起、逆势上扬。随着数字技术不断完善以及在社会治理和管理领域的应用，文化旅游产业也面临着数字化转型的重要机遇和挑战。文旅产业数字化转型，需要政策引领、市场拉动、技术赋能和学术支撑。

---

① 王颖：《基于数字技术赋能的郑州市文旅融合发展路径探析》，《科技和产业》2023年第4期。

② 习近平：《高举中国特色社会主义伟大旗帜 为全面建设社会主义现代化国家而团结奋斗——在中国共产党第二十次全国代表大会上的报告》，人民出版社，2022，第30、45页。

一 政策背景

（一）国家出台相关政策支持数字文旅发展

当前，我国旅游产业处于深刻变化和快速发展时期，政策环境的改变是推动文旅数字化转型的重要因素之一。党和政府为了促进文旅产业数字化转型，近几年出台了一系列政策文件，鼓励和支持文旅行业利用数字技术赋能，助推文旅产业不断衍生新业态和新的商业模式（见表1-1）。

表1-1　国家出台的相关政策及内容

发布时间	文件名称	相关内容
2016年12月	《国务院关于印发"十三五"旅游业发展规划的通知》	扶持旅游与文化创意产品开发、数字文化产业相融合
2017年5月	《中共中央办公厅 国务院办公厅印发〈国家"十三五"时期文化发展改革规划纲要〉》	强化文化科技支撑，加强文化资源的数字化采集、保存和应用
2019年8月	《国务院办公厅印发〈关于进一步激发文化和旅游消费潜力的意见〉》	丰富网络音乐、网络动漫、网络表演、数字艺术展示等数字内容及可穿戴设备、智能家居等产品，提升文化、旅游产品开发和服务设计的数字化水平
2019年8月	《科技部等六部门印发〈关于促进文化和科技深度融合的指导意见〉的通知》	加强文化创作、生产、传播和消费等环节共性关键技术研究，开展文化资源分类与标识、数字化采集与管理、多媒体内容知识化加工处理、VR/AR虚拟制作、基于数据智能的自适配生产、智能创作等文化生产技术研发
2020年11月	《文化和旅游部关于推动数字文化产业高质量发展的意见》	推进数字经济格局下的文化和旅游融合发展，以文塑旅，以旅彰文。促进文化产业与数字经济、实体经济深度融合，构建数字文化产业生态体系
2021年4月	《文化和旅游部关于印发〈"十四五"文化和旅游科技创新规划〉的通知》	现代文化产业围绕实施文化产业数字化战略，以科技创新提升文化生产和内容建设能力，提高文化产业数字化、网络化、智能化发展水平。现代旅游业聚焦智慧旅游发展关键技术，以科技创新提升旅游业数字化水平，深化"互联网+旅游"融合创新，丰富和优化数字旅游产品和服务供给，培育文化和旅游融合消费的新业态、新模式，提升旅游业现代化水平

续表

发布时间	文件名称	相关内容
2021年4月	《文化和旅游部关于印发〈"十四五"文化和旅游发展规划〉的通知》	推动文化产业结构优化升级，顺应数字产业化和产业数字化发展趋势，推动新一代信息技术在文化创作、生产、传播、消费等各环节的应用，推进"上云用数赋智"，加强创新链和产业链对接
2021年5月	《文化和旅游部关于印发〈"十四五"文化产业发展规划〉的通知》	坚持以创新驱动文化产业发展，落实文化产业数字化战略，促进文化产业"上云用数赋智"，推进线上线下融合，推动文化产业全面转型升级，提高质量效益和核心竞争力
2022年1月	《国务院关于印发"十四五"旅游业发展规划的通知》	强化自主创新，集合优势资源，结合疫情防控工作需要，加快推进以数字化、网络化、智能化为特征的智慧旅游，深化"互联网+旅游"，扩大新技术场景应用
2022年10月	《高举中国特色社会主义伟大旗帜为全面建设社会主义现代化国家而团结奋斗——在中国共产党第二十次全国代表大会上的报告》	加快发展数字经济，促进数字经济和实体经济深度融合，打造具有国际竞争力的数字产业集群
2023年2月	《中共中央 国务院印发〈数字中国建设整体布局规划〉》	全面提升数字中国建设的整体性、系统性、协同性，促进数字经济和实体经济深度融合，以数字化驱动生产生活和治理方式变革，为以中国式现代化全面推进中华民族伟大复兴注入强大动力

资料来源：笔者整理。

　　2015年，我国提出"互联网+旅游"战略，该战略的提出意味着旅游业将会更加注重互联网技术的应用和创新[①]。通过互联网技术，旅游业可以更好地满足消费者的个性化需求，为消费者提供更加便捷、高效的服务。2016年《中华人民共和国国民经济和社会发展第十三个五年规划纲要》提出，推动信息技术与经济深度融合，加快"互联网+"等工作，初步探索数字经济发展模式[②]。2017年，党的十九大报告强调加强应用基础研究和网络强国

---

① 《国务院办公厅关于进一步促进旅游投资和消费的若干意见》（国办发〔2015〕62号），中国政府网，https://www.gov.cn/gongbao/content/2015/content_2916958.htm。
② 《中华人民共和国国民经济和社会发展第十三个五年规划纲要》，新华网，http://www.xin-huanet.com//politics/2016lh/2016-03/17/c_1118366322_2.htm。

建设①。2018年《关于发展数字经济稳定并扩大就业的指导意见》重点提出，推动数字产业发展壮大和促进传统产业数字化转型②。2020年《关于深化"互联网+旅游"推动旅游业高质量发展的意见》提出，旅游业主要依靠信息数字技术发展，到2025年完成"互联网+旅游"的深度融合③。2021年《"十四五"文化和旅游发展规划》明确提出，加快文化和旅游数字化转型步伐，推动文化和旅游产业与数字经济深度融合，实现文旅融合发展④。

从政府工作报告中关于数字经济的表述来看，从"数字中国"到"数字化转型"，数字经济发展重点特色鲜明。2015年首提数字中国建设；2017年，数字中国首次被写入党和国家纲领性文件；2019年提出壮大数字经济；2020年提出全面推进"互联网+"，打造数字经济新优势；2021年提出推动产业数字化智能化改造，协同推进数字产业化和产业数字化，加快数字化发展，建设数字中国；2022年提出加快传统产业数字化智能化改造，促进数字经济发展，加快发展人工智能等数字产业，推进公共文化数字化建设；2023年提出加快传统产业和中小企业数字化转型，大力发展数字经济，提升常态化监管水平，支持平台经济发展。

这些政策的出台将有力促进文化和旅游行业的数字化转型，推动行业健康发展，为我国文化和旅游产业的繁荣注入新的动力。

（二）各地政府积极推动数字文旅产业发展

数字技术和文化旅游的深度融合使文旅产业发展方式、经营模式和服务业态发生了深刻变革，推动了文旅产业转型升级。各地政府积极推进文

---

① 《加快推进新时代网络强国建设》，人民网，http://theory. people. com. cn/n1/2017/1117/c40531-29651453. html。

② 《关于发展数字经济稳定并扩大就业的指导意见》（发改就业〔2018〕1363号），中华人民共和国国家发展和改革委员会官网，https://www.ndrc.gov.cn/fzggw/jgsj/jys/sjdt/201809/t20180926_1122810. html。

③ 《关于深化"互联网+旅游"推动旅游业高质量发展的意见》（文旅资源发〔2020〕81号），中华人民共和国文化和旅游部官网，https://zwgk.mct.gov.cn/zfxxgkml/zykf/202012/t20201225_920085. html。

④ 《"十四五"文化和旅游发展规划》（文旅政法发〔2021〕40号），中华人民共和国文化和旅游部官网，https://zwgk.mct.gov.cn/zfxxgkml/ghjh/202106/t20210602_924956. html。

化和旅游产业数字化转型,并出台了相关政策。

2021年6月,山东省《"十四五"文化和旅游发展规划》提出,聚焦文化和旅游发展重大战略和现实需求,深入实施科技创新驱动战略,强化自主创新,集合优势资源,加强关键技术研发和应用,全面提升文化和旅游科技创新能力;推进文化和旅游数字化、网络化、智能化发展,推动5G、人工智能、物联网、大数据、云计算、北斗导航等在文化和旅游领域应用;加强文化和旅游数据资源体系建设,建立健全数据开放和共享机制,强化数据挖掘应用,不断提升文化和旅游行业监测、风险防范和应急处置能力,以信息化推动行业治理现代化[①]。2021年7月,《广州市促进文化和旅游产业高质量发展若干措施》提出,科技赋能文旅产业发展,推进文旅和科技深度融合,构建以企业为主体、市场为导向、产学研相结合的文旅科技创新体系,瞄准文旅领域核心技术产品与装备,攻克一批瓶颈技术,推进文旅科技成果产业化;扶持一批文化与科技融合示范企业,创建一批国家文化和科技融合示范基地;以文化创意为核心,依托第五代移动通信技术(5G)、大数据、云计算、物联网、人工智能等新技术,提升动漫、游戏、电子竞技等新兴文化产业发展水平,发展文化新业态;加快虚拟现实/增强现实(VR/AR)、游戏交互引擎、全息成像、裸眼3D等数字技术在文旅领域应用,推动文化和旅游产业"上云用数赋智",培育一批数字文化重点企业;大力支持电竞产业发展,支持电竞场馆建设、俱乐部落户和重大赛事举办,优化电竞产业发展生态圈[②]。2021年8月,《安徽省"十四五"文化和旅游发展规划》提出,坚持以文促旅、以旅彰文,加快发展数字文化产业,推动文化和旅游产业数字化,深入挖掘优秀传统文化资源,引导数字文化企业建设数字博物馆、数字图书馆等新业态新产品,推动数字化文化资源转化为数字产品;积极发展沉浸式体验、网络游戏等新兴业态,打造

[①] 《"十四五"文化和旅游发展规划》,山东省文化和旅游厅官网,http://whhly.shandong.gov.cn/art/2021/6/3/art_100551_10289325.html。

[②] 《广州市促进文化和旅游产业高质量发展若干措施》(穗府办规〔2021〕9号),广州市人民政府网,https://www.gz.gov.cn/zwgk/fggw/sfbgtwj/content/post_7375776.html。

新型文旅消费体验区和新型旅游消费集聚区①。2021 年 8 月,《湖南省"十四五"旅游业发展规划》提出,大力推进智慧景区建设,丰富智慧旅游产品供给,拓展智慧旅游应用场景;推进 5G、云计算、大数据、人工智能、区块链等技术在文化和旅游领域的应用;建设一批文旅产业数字化示范基地、平台和项目,培育壮大文创企业和品牌②。2022 年 1 月,《河南省"十四五"文化旅游融合发展规划》提出,支持文化和旅游行业开展大数据、云计算、人工智能等技术在文物保护、展览展示、监测监管等领域的创新应用;鼓励和支持互联网平台企业加大对河南文旅资源的整合力度,对企业向数字化转型的投资给予支持;鼓励行业龙头企业与社会资本合作成立数字化平台公司,建设新型智慧城市,推进景区智能化建设③。2022 年 5 月,《四川省"十四五"文化和旅游科技创新规划》提出,以文化和科技融合示范基地作为全省文化和旅游科技创新和产业发展的核心载体,引导科技创新要素集聚;完善"政产学研用"的文化和旅游技术创新体系,形成体系完善、相互支撑的科技创新格局;做好文化和旅游部国家旅游科技示范园区、国家科技创新基地的推荐,建设一批省级园区和基地;制定科技旅游园区和国家科技创新基地管理办法,推动园区和基地之间的交流与协作,形成文旅深度融合、科技发展突出、创新应用成果显著的良好局面④。

综上所述,国家及地方政策为文旅产业数字化发展提供了依据,在推进产业数字化和数字产业化的过程中,我国数字经济呈现出深化应用、规范发展和普惠共享的积极态势。多项政策文件的出台,激发了文旅产业数

---

① 《关于印发安徽省"十四五"文化和旅游发展规划的通知》(皖文旅发〔2021〕40 号),安徽省文化和旅游厅网站,https://ct.ah.gov.cn/public/6595841/8481877.html? eqid = a286436e00036adf000000046476afc4。

② 《湖南省"十四五"旅游业发展规划》(湘文旅政法〔2021〕101 号),湖南省人民政府网,https://www.hunan.gov.cn/hnszf/xxgk/wjk/szbm/szfzcbm _ 19689/swhhlyt/gfxwj _ 19835/202111/t20211129_21179945.html。

③ 《河南省"十四五"文化旅游融合发展规划》,河南省人民政府网,https://www.henan.gov.cn/2022/01-13/2382423.html。

④ 《四川省"十四五"文化和旅游科技创新规划》,四川省人民政府网,https://www.sc.gov.cn/10462/c108551/2022/5/9/679f361f83b243288872ee9ae1de2a07.shtml。

字化转型的动力，释放了线上消费的潜力，引导、监督了文旅产业数字化转型中的新业态、新消费模式的治理。文旅产业数字化转型在政策的支持下，重新梳理了相关产业边界、发展面貌和融合态势，为文化和旅游产业实现数字化高质量发展指明了方向。

二　市场背景

（一）数字化赋能文旅消费新体验

数字文旅产业通过数字化技术与文旅产业的深度融合，将数字化、智能化、沉浸化技术应用于文旅产业的全链条与全环节，打造文旅消费新场景，实现文旅消费新体验。文旅产业组织形态与数字经济全要素产业链，构成了数字文旅产业发展的核心共生单元；在数字技术驱动下，产业模式的变革成为价值创造的重要路径，文旅产业的利益获取及价值创造逐渐推动其产业组织结构调整，进而加速产业模式和业态的创新①。数字技术在文旅产业中的数字化、智能化、场景化应用，使消费者产生了新的消费欲望和体验诉求，推动了文旅产业的高质量发展。中国旅游研究院专项调研显示，沉浸式演艺剧目、文化艺术体验、实景游戏等体验式产品备受大众青睐，数字化技术在文旅行业的应用正在改变着市场的需求和大众的消费偏好，传统的文旅产品难以满足大众差异化、精细化、沉浸式的消费需求②。文旅产业数字化不仅能够让游客充分体验到传统旅游模式下无法实现的互动，还能实现"线上看风景""线上听故事"等服务，满足用户需求。文旅产业数字化在虚拟现实、增强现实、混合现实等技术的加持下，打破了时间和空间的限制，游客可随时随地获得身临其境般的旅游体验。

（二）数字化激发文旅消费新需求

随着生活水平的提高，人们对美好生活的向往越发强烈，旅游意识不断增强，游客对旅游体验的要求越来越高，希望能够通过数字化技术获取

---

① 夏杰长、肖宇：《数字娱乐消费发展趋势及其未来取向》，《改革》2019 年第 12 期。
② 《2021 年全国文化消费数据报告》，腾讯网，https://news.qq.com/rain/a/20220420A0A82S00。

更便捷、个性化的旅游服务。

新老年群体、新中等收入群体和 Z 世代是当前文旅消费的新势力，其在消费需求上体现出共性：一是旅游的价值需求从功能到体验，再到个性的转变；二是旅游方式从旅游体验向生活方式转变，不同的旅游方式，体现的是不同人群在其生活圈、文化圈中表现出的行为，即借此表达个性、品质和审美，特别是以短途旅游为代表的乡村旅游、生态旅游，在游客具备一定环保理念的情况下，其消费需求从体验原生态乡村田园生活转变为体验有品质和深度的乡村文化；三是旅游资讯获取渠道，从通过纸媒、广播、电视等传统渠道获取信息，到以旅游门户网站和论坛（如马蜂窝、途牛等）等互联网平台为主要渠道进行旅游信息搜索，再到通过短视频和自媒体（如抖音、快手、小红书等）获取旅游信息[①]。

此外，三大消费新势力在消费需求上呈现出差异性：一是旅游消费占家庭总消费的比例，从高到低依次为 Z 世代、新老年群体、新中等收入群体；二是旅游目的呈现出较大不同，新中等收入群体的旅游目的以亲子活动为主，新老年群体则青睐健康、养生型旅游，而 Z 世代则更倾向于体验数字化赋能的旅游产品；三是对旅游营销与服务的需求有不同侧重，新中等收入群体尤其在意旅游内容的精致化和个性化，新老年群体更重视旅游过程的舒适及省心，Z 世代则对旅游体验的深度及独特性有较高的期待[②]。Z 世代成长于数字化时代，对新型数字化技术的接受度更高，可以迅速掌握数字技术、数字产品和各种增值服务的使用方法，更倾向于使用数字化手段实现高效便捷的消费体验，更愿意通过智能手机 App 来完成各类订单的预订支付等，更愿意通过使用智能设备、移动互联网和智能电器实现远程控制等，从而赋予了文旅企业开发新型产品和新型消费平台的创新动力。

随着生活水平的提高，人民群众的精神文化追求也需要"同频共振"，不断丰富并提高层次。数字经济能够推动物质文明和精神文明协调发展。

---

① 王先庆：《新时期商业、文化与旅游融合发展的主要模式和对策探讨》，《江苏商论》2017 年第 11 期。
② 孔德文：《毕节推进旅游产业化研究》，《贵州社会主义学院学报》2021 年第 4 期。

在物质文明方面，数据要素赋能土地、劳动等传统要素，进一步提高了资源配置效率，带来了巨大的物质财富创造效应，能够满足人们多层次的产品需求。在精神文明方面，数字技术推动了数字文化产业的繁荣，为中华文化的传播提供了更有效的方式。基于新型技术的数字文旅、电子政务等业态发展迅速，极大提升了人们的体验感和幸福度，进一步满足了人们对精神文明高质量发展的需求①。

（三）数字化拓宽文旅消费新空间

文旅相关部门可依托"互联网+"技术，开发智慧景区、智慧博物馆、数字图书馆、在线展览展示等项目，引导线下文化旅游场所及设施创新旅游产品和服务，推动景区景点、文旅场所、交通枢纽等进行智慧化升级、改造和应用，开展线上预约游览和线上营销推广，通过数字化拓宽文旅消费新空间，推动文旅产业形成新的增长点。

在创新产品和服务方面，公共图书馆、文化馆等公共文化机构，可利用数字化手段丰富服务内容，实现文化资源共享，推进数字图书馆、博物馆等建设在线展览展示平台，提供优质数字资源和文化服务；可依托云平台、融媒体中心、直播平台等，利用数字化技术提供在线演出、非遗展示、艺术普及、艺术交流等服务。2020~2021 年，我国博物馆数字化建设发展迅猛，国家宏观政策的鼓励与新冠疫情的压力，使得博物馆纷纷展开数字化探索。得益于数字技术的快速发展，博物馆对于数智技术的应用，形成了系统的层级体系和以 VR、AR 及其他多媒体展示技术为主的展览展示，以动态捕捉、触控感应等交互技术为主的公共教育和以大数据计算与云平台建设为主的文化传播，促进博物馆线上线下融合发展。

在拓宽消费空间方面，部分景区打造了虚实共生的元宇宙场景，基于数字人角色建模技术、全息投影、VR/AR 等技术，将现实场景仿真映射为线上虚拟场景，满足观众对虚实互动沉浸式体验的数字文旅需求；通过多

---

① 刘颖、黄朝椿、洪永淼等：《数字经济赋能中国式现代化建设》，《中国科学院院刊》2023 年第 10 期。

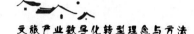

元场景打造，降低了景区对单一营收模式的依赖①。景区充分利用 5G、云计算、人工智能等新技术，开发游客行为分析、精准营销等功能，提升景区数字化管理水平，加快在景区应用 5G 网络和大数据、物联网等技术，打造景区智慧管理平台，推动门票预约、客流疏导、应急管理等功能向线上延伸。

三　技术背景

（一）科技创新，赋予数字文旅新动力

文旅产业数字化转型是现代化系统工程，不仅需要数智底座，还需要科技创新。2018 年，中央经济工作会议首次将 5G、人工智能、工业互联网、物联网定义为新型基础设施建设，即"新基建"。2020 年，国务院在政府工作报告中首次将"加强新型基础设施建设，发展新一代信息网络，拓展 5G 应用，激发消费新需求、助力产业升级"写入了"新基建"这一概念。新基建步伐的加快，为文化和旅游市场复苏提供了强大的数字动力。截至 2022 年底，我国已实现"市市通千兆、县县通 5G、村村通宽带"，5G 基站达 231.2 万个，5G 网络覆盖全国所有地级市城区、县城城区以及 96% 的乡镇镇区，5G 用户达 5.61 亿户；互联网宽带接入端口数达 10.71 亿个，具备千兆网络服务能力的 10GPON 端口数达 1523 万个，达到千兆城市建设标准的城市增至 110 个，千兆用户突破 9000 万户，千兆光网已经具备覆盖超过 5 亿户家庭的能力；互联网带宽达 38T，互联网骨干网总体性能迈入世界前列；我国移动物联网终端用户数达 18.45 亿户，成为世界主要经济体中首个实现"物超人"的国家；IPv6 规模部署与应用深入推进，IPv6 活跃用户数达 7.28 亿人，移动网络 IPv6 流量占比近 50%；北斗系统已全面服务交通运输、公共安全、应急管理、农林牧渔等行业，融入电力、通信、金融

---

① 解学芳、雷文宣：《"智能+"时代中国式数字文旅产业高质量发展图景与模式研究》，《苏州大学学报》（哲学社会科学版）2023 年第 2 期。

等基础设施①。

技术的进步为文旅产业数字化转型提供了坚实基础和强大动力。云计算、大数据、人工智能等新技术的出现和应用，为文旅行业提供了丰富的数字化工具和平台。通过这些技术手段，文旅企业可以更好地管理和分析数据，提高服务质量和效率。

（二）技术点亮，触动数字文旅新脉搏

从农业经济到工业经济，再到数字经济的变革，都是由重大技术创新引起的，生产力与生产关系内容得到更新，人们的生产生活方式与范围发生巨大改变，这也形成了一种新的技术—经济范式。当前人类社会所经历的技术—经济范式就是数字经济，其中劳动、资本、技术、数据是数字经济的主要生产要素，互联网、云计算、人工智能、大数据等数字技术工具的创新与运用，使经济活动逐渐信息化、网络化和智能化②。数字技术作为产品或服务，不仅助推了数字经济的快速发展，也在与其他产业的深度融合中，逐步实现了全产业、多领域的数字化，提升了工业、农业、商业的生产效率③。

文化和旅游产业的关键共性技术，如云计算、大数据、区块链、人工智能、高清显示、虚拟现实和增强现实等，取得多项突破性进展。2022年，我国信息领域相关5PCT国际专利申请近3.2万件，全球占比达37%，数字经济核心产业发明专利授权量达33.5万件，关键数字技术研发应用取得积极进展④。我国5G实现了技术、产业、网络、应用的全面领先，6G加快研发布局。我国在集成电路、人工智能、高性能计算、EDA、数据库、操作系统等方面，取得重要进展。数字技术协同创新生态不断优化，各地积极推

---

① 《数字中国发展报告（2022年）》，中国国信网，http://www.cac.gov.cn/2023-05/22/c_1686402318492248.htm。

② 赵刚：《数字经济的逻辑》，人民邮电出版社，2022，第5～10、21～22页。

③ 王右文、董生忠：《以数字技术应用促进我国经济高质量发展研究》，《学习与探索》2021年第11期。

④ 《知识产权"加油"，数字中国提速 | 瞭望数字经济》，百家号，https://baijiahao.baidu.com/s?id=1768042418180948485。

进数字技术创新联合体建设，数字开源社区蓬勃发展，开源项目已覆盖全栈技术领域①。当前，大数据、云计算、5G 技术、区块链、AI 等技术在旅游产业的广泛应用，促进了旅游消费的变革②。数字技术成为连接大众差异化消费需求和特色化旅游产品供给的桥梁，OTA、短视频、社交平台等成为游客获取旅游资讯的重要渠道，大数据挖掘技术催生了旅游产品的精准化营销，技术的进步成为满足游客消费需求和寻求产品创新的重要牵引力。

（三）创意赋能，开启数字文旅新体验

党的十九届五中全会确立了到 2035 年建成社会主义文化强国、国家文化软实力显著增强的远景目标，提出"健全现代文化产业体系""实施文化产业数字化战略"等新表述新战略③。近年文旅产业科技创新和数字化转型加速，文旅消费与生活、生产深度相融，一个面向新需求和依托新动能、分工进一步深化和链条进一步延展的现代数字文旅体系正在加速形成。文旅产业通过运用 5G、AI、VR、AR、机器人、大数据、区块链、现代声光等数智技术，在资源保护、创意开发、展示传播、体验消费等环节，形成数字技术与文旅产业融合发展的新格局（见图 1-1）④。

数字化技术将进一步促进旅游产业的转型更迭，以创意为支撑、大数据要素为基础、信息化技术为平台的发展趋向，正进一步促进旅游产业链与数字产业深度融合，支撑沉浸式文旅新体验。以演艺行业为例，5G、8K 等超高清直播、传输技术的迭代升级及 AR、VR 等数字技术的不断完善，为文博单位、艺术展览、演艺场所、旅游景区、主题公园等实体旅游场馆发展机器人表演、夜间光影秀、沉浸式演艺等文旅新业态提供了更多可能。

在数字技术支持下，智慧旅游产品的适老化相关工作持续推进。2022年 12 月，文化和旅游部资源开发司发布了 10 个 2022 智慧旅游适老化示范

---

① 《数字中国发展报告（2022 年）》，中国国信网，http：//www. cac. gov. cn/2023-05/22/c_16864023184922248. htm。

② 戴斌：《数字时代文旅融合新格局的塑造与建构》，《人民论坛》2020 年第 C1 期。

③ 《开启建成文化强国新征程》，中央党史和文献研究院官网，https：//www. dswxyjy. org. cn/n1/2020/1117/c428053-31933788. html。

④ 向勇主编《中国数字文化和旅游产业发展报告（2021）——数智技术赋能新文旅的应用场景》，中国旅游出版社，2022，第 11 页。

案例涉及的产业链上下游的全要素，包括经营模式、风险管理、成本控制、行政管理等各个方面，着力提高经营效益、降低成本、严控风险、节约资源，最终实现数字经济时代的经济发展和治理模式的转型。产业数字化是数字经济中的重要部分，其中数字化效率提升是其核心组成部分。数字化效率提升业包括智慧农业、智能制造、智能交通、智能物流、数字金融、数字商贸、数字社会、数字政府以及其他数字化效率提升业[①]。

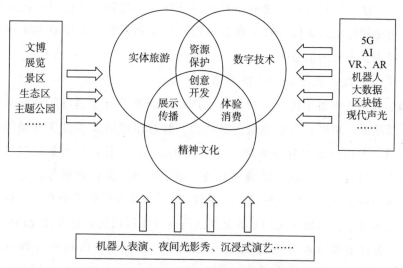

图 1-1 数字文化和旅游产业融合发展框架

四 学术背景

近年来，国内外学者围绕文旅融合及数字经济相关领域进行了大量的学术探索。基于梳理以往研究发现，学者分别对数字化技术赋能文化产业、旅游产业、文旅产业开展了研究。

（一）数字化与文化产业发展

学术界从数字技术赋能文化产业的作用机理、逻辑路径等方面展开。

[①] 《数字经济及其核心产业统计分类（2021）》，中国政府网，https://www.gov.cn/gongbao/content/2021/content_5625996.htm。

1992 年 Dowling 认为，在内部有效地实施数字技术必将引发企业根本性的转变①。至此，理论研究开始聚焦数字技术的创新与发展，特别是数字技术对于组织变革的研究，被看作数字化转型研究的开端②。文旅产业数字化是文化产业发展的内在要求，也是重要的国家战略目标，应当积极推进数字技术赋能文化产业，构建协同治理网络体系，不断优化产业数字化发展环境。Biryukova 和 Nikonova 认为数字技术在文化遗产保护领域具有其优势和劣势，劣势在于虚拟文化存储系统并不总是能够像真实博物馆那样完整地保存记忆、历史和传统，而优势在于虚拟博物馆和文物的数字重建有助于保护和保存可能会丢失的信息③。

（二）数字化与旅游产业发展

学术界从智慧旅游、乡村旅游、产业融合等多角度进行了分析。一是从智慧旅游的角度，邓宁和张玉洁认为，智慧旅游的发展讲求软硬件的深度协同，大到目的地管理系统、大数据中心、云计算，小到景区门禁、监测探头、闸机、物联网、便携式设备、电子大屏、无人设施等，均依托于中国成熟的数字生态和互联网产业基础。④ 二是从乡村旅游的角度，杨慧珍把徽州木雕工艺与数字化的乡村旅游进行互动发展研究，建立文化体验感知模型，设计旅游 App 并通过线上线下的用户测试，分析数据并改进旅游App⑤。三是从产业融合的角度，陈琳琳等提出，数字技术能够提升旅游业效率、促进产业结构升级、推动商业模式创新、推动数字技术赋能文旅产业高质量发展，应解决城乡数字鸿沟、数字孤岛现象、数据安全、平台监

---

① Dowling M J, "The corporation of the 1990s: Information technology and organizational transformation", *Columbia Journal of World Business*, Vol. 26, No. 4, 1992.

② Nadkarni S, Prügl R, "Digital transformation: A review, synthesis and opportunities for future research", *Management Review Quarterly*, Vol. 71, 2020.

③ Biryukova M V, Nikonova A A, "The role of digital technologies in the preservation of cultural heritage", *Muzeológia a Kultúrne Dedičstvo*, Vol. 5, No. 1, 2017.

④ 邓宁、张玉洁：《智慧旅游：利益相关者视角下的思辨》，《旅游学刊》2023 年第 10 期。

⑤ 杨慧珍：《数字旅游视域下徽州木雕工艺与乡村旅游的互动发展研究》，硕士学位论文，安徽工业大学，2019。

管、人才培养、制度建设等方面的问题，推动体制机制的不断完善①。

（三）数字化与文旅产业的发展

学术界从数字化转型与旅游目的地的竞争力、行政监管能力、数字化赋能效果等方面进行了分析。钱坤等学者认为，文旅产业数字化转型有助于缓解信息不对称问题，能够打破传统旅游各个产业之间的界限，为文旅产业的管理模式以及组织形式的创新提供了更多的可能性，从而提升了市场竞争力，优化了资源配置，提高了生产效率②。乔向杰等认为，旅游产业的数智化创新与发展，要依据相关的法律和科技伦理准则，建立健全数智化发展的伦理规范体系、旅游产业科技伦理治理体系，努力实现产业科技创新高质量发展和高水平安全良性互动③。刘英基等认为，数字经济对文旅融合高质量发展具有正向赋能效应，数字经济对文旅融合高质量发展的赋能效应存在地区差异性特征，数字经济能够通过调节组织创新、技术创新、产品创新等传导渠道，正向促进文旅融合高质量发展④。

第二节　文旅产业数字化转型研究意义

在数字经济快速发展和供给侧结构性改革背景下，文旅产业数字化转型是适应新消费发展趋势和提升文旅发展质量的必然选择，同时也是满足人民对美好生活需要的必然要求，对于解决现阶段中国社会主要矛盾具有重要意义。

---

① 陈琳琳、徐金海、李勇坚：《数字技术赋能旅游业高质量发展的理论机理与路径探索》，《改革》2022 年第 2 期。

② 钱坤、杨莉萍、吴云鹏等：《旅游产业数字化转型发展路径研究》，《绿色科技》2020 年第 15 期。

③ 乔向杰、唐晓云、方忠权：《旅游产业数智赋能：战略、治理与伦理》，《旅游学刊》2023 年第 10 期。

④ 刘英基、邹秉坤、韩元军等：《数字经济赋能文旅融合高质量发展——机理、渠道与经验证据》，《旅游学刊》2023 年第 5 期。

一 理论意义

（一）革新数字文旅发展理念

当今世界正在经历百年未有之大变局，信息科学和信息技术飞速发展，并广泛应用于各个行业。以数智赋能为核心，促进互联网技术和文旅产业融合势在必行。数字化转型为文旅行业注入了新的活力与创新力，推动着文旅行业向更高水平发展。文旅产业的数字化转型，能够提升用户体验、拓展市场空间、提高运营效率、丰富产品内容，实现持续发展和竞争力提升。本书旨在阐释文旅产业数字化转型的概念体系、理论基础；揭示文旅产业数字化转型的概念内涵、发展内容、技术支持、发展趋势；解析文旅资源数字化管理、文旅需求数字化监测、文旅业态数字化升级、文旅市场数字化营销、文旅产业数字化运营、文旅监管数字化治理等文旅产业数字化转型的关键环节和重点内容；最后，结合典型案例介绍其成功经验与主要做法，总结文旅产业数字化转型实现路径。本书通过理论诠释与实践探索，努力为文旅产业数字化转型提供创新理念和操作方法。

（二）引导数字文旅发展方向

数字化时代的潮流已经来临，实施文旅产业数字化战略，有利于转方式、扩消费、增就业、促转型。在市场需求增长、技术进步、政策力度加大、用户体验提升、产品业态升级驱动下，文旅产业应结合动画、游戏、直播、文创、电商、演艺等，依托大数据、云计算、物联网、人工智能等新技术，培育具有智能交互特征的文旅新业态，延长文旅产业链，引导文旅产业加快理念、技术、产品、服务和模式创新。文旅产业数字化转型拓展了文旅市场的边界，为行业的发展注入了新的活力；数字技术与文化、艺术交叉融合形成数字沉浸的新数字景观，推动以体验为核心的数字沉浸文旅成为数字文旅产业的新发展方向[①]。文旅产业需加强科技创新、文化创新和产业创新对接，打造文旅数字化智能生产场景、网络协同场景、服务延伸场景、个性定制场景、应急管理场景等新场景，发展数字化新产品、

---

① 王昭：《体验经济视域下数字沉浸文旅的创新性发展》，《江西社会科学》2022年第8期。

新业态、新模式，培育文娱旅游等新的消费增长点。

（三）阐释数字文旅发展机理

对文旅产业数字化转型的背景分析、内涵解读、机理阐释、趋势展望、内容梳理、类型归纳、案例解析，既是对理论的发展与延伸、完善和创新，又是对实践的归纳与总结、盘点与引申，能为文旅产业数字化发展提供经验借鉴和理论指导。首先，基于文旅产业数字化发展的政策背景、市场背景、技术背景和学术背景，结合产业融合理论、创新理论、竞争优势理论等，阐释文旅产业数字化转型的概念内涵、发展内容、技术支持、发展趋势，构建文旅产业数字化转型的概念体系和理论基础。其次，结合数字技术与文旅产业融合发展的过程和行为，从文旅资源数字化管理、文旅需求数字化监测、文旅业态数字化升级、文旅市场数字化营销、文旅产业数字化运营、文旅监管数字化治理等方面，解析文旅产业数字化转型的关键环节和核心内容。最后，从智能生产场景、网络协同场景、服务延伸场景、个性定制场景、应急管理场景等方面，总结文旅数字化转型发展的典型模式和发展路径，探索文旅产业数字化转型的共性规律。

二　实践意义

（一）推动文旅产业转型升级

数字化转型为文旅行业注入了新的活力与创新力，推动着文旅行业向更高水平发展。首先，数字化转型提高了文旅行业的运营效率。借助大数据分析，文旅行业能够深入了解游客的行为和需求，实现精准的市场推广和产品定位。此外，数字化技术还帮助提高管理效率，如电子票务系统和在线预订服务，大大减少了人力成本，提升了服务质量。其次，数字化转型拓展了文旅行业的市场空间。通过互联网和社交媒体渠道，文旅行业能够将旅游产品和服务推广给更多潜在游客，打破了地域限制。在线旅游平台和电商渠道的兴起，为文旅行业提供了更多的销售机会和合作可能性。最后，数字化转型催生了新的文旅业态和内容形式。虚拟现实技术和增强现实技术的应用，使游客能够在虚拟世界中体验真实景区的魅力，为旅游内容注入了全新的元素。同时，数字化转型促进了文旅行业与其他行业的融合，如文创产品的开发和文旅休闲的结合，创造了更多创新的商业模式和产业链。

（二）提升文旅消费游客体验

数字化转型提升了用户体验，数字化技术的应用为文旅行业带来了许多创新和便利。首先，通过智慧导览系统提供的多语种、多样化的信息，游客可以获取详细的景区介绍、导航和推荐内容，从而更好地了解目的地的历史、文化和特色。其次，通过虚拟现实和增强现实技术，游客可以身临其境地参观名胜古迹或体验刺激的游乐项目，游客能够在实际场景中叠加虚拟内容，获取更加丰富的观赏和互动体验。再次，通过大数据分析技术和个性化推荐系统，文旅行业可以了解游客的兴趣、需求和行为习惯，为其定制行程和活动，提高游客的满意度。此外，借助电子票务系统和在线预订服务，游客可以在网上完成购买门票、预订酒店、租车等旅游服务，避免了排队和等待。最后，通过社交媒体平台的在线广告和推广活动，文旅行业可以与游客实时互动和沟通，提供最新的活动信息和优惠。总而言之，文旅行业应积极拥抱数字化转型，以创新之道引领行业发展①。

（三）优化文旅产业运行体系

文旅产业的数字化转型，实现了文旅行业管理、服务、营销、体验的智能化，促进旅游业态向综合性和数字型转化。数字文旅政务管理平台，可以优化管理流程、提高工作效率、降低人工成本，为有关部门科学决策提供数据支持。数字文旅公共服务平台，能为游客提供最新、可靠、丰富的文旅咨询服务，也使得游客在网络空间中及时掌握旅游资讯，自主完成旅游产品的选择和购买②。数字文旅资源信息系统，汇集文化遗产资源、自然资源、旅游资源等，推动传统旅游业向智慧旅游、绿色旅游等方向发展，增强文旅产业发展动能。数字文旅产业运行系统，实时汇总行业信息，帮

① 《解码数字化转型：文旅行业的创新之道》，网易瑶台，https://yaotai.163.com/cs/meta-verse/H4W0Yo0BLmgvlgK6WXpA.html。

② 宋乐、刘阳阳：《旅游产业数字化转型发展路径研究》，《产业创新研究》2021年第13期。

助旅游企业收集、分析大量的数据，为决策提供科学、准确的依据，降低决策风险。数字文旅孪生技术通过开发数字导览、文旅游戏、数字沉浸展和文旅视听等不同形态的数字文旅产品，能将传统文旅资源转变为数字文旅资产，设计出更多个性化的体验项目。在数字化转型的大环境下，文旅行业迎来新的发展机遇，游客满意度和忠诚度不断提升。

第三节　文旅产业数字化转型研究综述

数字文旅是一种以文旅消费需求为中心，以互联网为载体，将数字技术和信息通信技术应用于文旅产业各个环节的新产业形态，其本质是将数字技术与文旅产业进行深度融合，实现新一代沉浸式、体验型文化旅游消费。2000年以来，关于文旅数字化转型的研究成果不断涌现，下文将对文旅数字化转型研究进行统计分析和评述，从文献统计、研究历程、研究内容等方面进行阐述，以为相关研究提供参考。

一　国外研究述评

（一）文献统计

以"tourism"并含"digital"为关键词进行搜索，在 Web of Science 核心数据库中找到英文文献6303篇；将发表时间段界定为1980~2024年，用"tourism industry"并含"digital tourism"在结果中进行检索，共获取文献2483篇；进一步选取2003~2023年的 Web of Science 核心期刊进行筛选后，共得到论文2007篇。数字经济快速发展已成为全球经济可持续增长的重要动能，数字技术成为推动文旅高质量发展的核心技术支撑和重要赋能方式。国际上对这一问题的研究热度与产业发展实践有较强的一致性。英文文献发文数量排名前10位的期刊是：*Sustainability*，*Lecture Notes in Computer Science*，*International Journal of Contemporary Hospitality Management*，*Smart Innovation System and Technologies*，*Worldwide Hospitality and Tourism Themes*，*Applied Sciences*，*Applied Science Basel*，*International Journal of Hospitality Management，*Technological Forecasting and Social Change*，*Journal of Business Research*（见表 1-2）。

表 1-2 英文文献发文数量排名前 10 位的期刊

单位：篇

排名	期刊	发文量
1	*Sustainability*	127
2	*Lecture Notes in Computer Science*	42
3	*International Journal of Contemporary Hospitality Management*	25
4	*Smart Innovation System and Technologies*	24
5	*Worldwide Hospitality and Tourism Themes*	24
6	*Applied Sciences*	21
7	*Applied Science Basel*	21
8	*International Journal of Hospitality Management*	21
9	*Technological Forecasting and Social Change*	21
10	*Journal of Business Research*	17

根据搜索结果，结合被引频次的高低进行排序，其中前十名的文章如表 1-3 所示。

表 1-3 英文文献被引频次排名前 10 位的论文

单位：次

排名	年份	作者	题目	期刊	被引量合计	年均被引量
1	2008	Litvin S W，Goldsmith R E，Pan B	Electronic word-of-mouth in hospitality and tourism management	*Tourism Management*	1696	106.00
2	2006	Rai A，Patnayakuni R，Seth N	Firm performance impacts of digitally enabled supply chain integration capabilities	*MIS Quarterly*	1189	66.06
3	2018	Qi Q，Tao F	Digital twin and big data towards smart manufacturing and Industry 4.0：360 degree comparison	*IEEE Access*	711	18.50

续表

排名	年份	作者	题目	期刊	被引量合计	年均被引量
4	2018	Ghobakhloo M	The future of manufacturing industry: A strategic roadmap toward Industry 4.0	*Journal of Manufacturing Technology Management*	637	106.17
5	2018	Müeller J M, Kiel D, Voigt K I	What drives the implementation of Industry 4.0? The role of opportunities and challenges in the context of sustainability	*Sustainability*	466	77.67
6	2017	Wang D, Nicolau J L	Price determinants of sharing economy based accommodation rental: A study of listings from 33 cities on Airbnb.com	*International Journal of Hospitality Management*	363	51.86
7	2015	Gretzel U, Werthner H, Koo C, Lamsfus C	Conceptual foundations for understanding smart tourism ecosystems	*Computers in Human Behavior*	356	39.56
8	2012	Jalilvand M R, Samiei N	The impact of electronic word of mouth on a tourism destination choice: Testing the theory of planned behavior (TPB)	*Internet Research*	338	28.17
9	2020	Hao F, Xiao Q, Chon K	COVID-19 and China's hotel industry: Impacts, a disaster management framework, and post-pandemic agenda	*International Journal of Hospitality Management*	311	77.75
10	2013	Sotiriadis M D, Cinà van Zyl	Electronic word-of-mouth and online reviews in tourism services: The use of Twitter by tourists	*Electronic Commerce Research*	288	26.18

从学科主题角度来看，从 2003~2023 年的 Web of Science 核心期刊获取的 2007 篇文献中，计算机科学论文 1166 篇，占比为 58.1%，商业经济学1123 篇，工程学 870 篇，社会科学 652 篇，环境科学 412 篇，信息科学 333篇，地理学 310 篇，传播学 290 篇，心理学 253 篇，数学 235 篇，科学技术209 篇，人文艺术 182 篇，电影电视广播 173 篇，自动化控制 138 篇，公共管理 134 篇，教育学 109 篇，材料科学 95 篇，仪器仪表 90 篇，运筹学 90

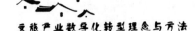
篇，运输 77 篇，社会问题 67 篇，农业 58 篇，社会学 54 篇，文化研究 20 篇，卫生保健及科学服务 18 篇，历史学 17 篇，国际关系 11 篇。需要说明的是，由于部分文章涉及多个学科，所以学科主题论文总数高于关键词搜到的论文总数。

（二）研究历程

结合年度发文量，国外关于数字技术与旅游融合的研究大致分为三个阶段。

1. 初级阶段

1980~2002 年，数字文旅的论文相对较少。1998 年"数字地球"概念出现，引起了全球范围的注意。20 世纪 90 年代以来，全球分销系统获得迅速发展，这种新型旅游营销网络系统能够提供航班和客房预订等市场综合服务。随着互联网的不断发展，越来越多的学者开始关注信息技术、信息系统、软件、电子商务等数字技术创新及相关衍生研究主题，并重点关注信息技术、信息系统对企业商业模式变革和消费者需求变化的影响。而旅游业已成为全球许多国家和地区的重要行业，旅游市场的竞争也越发残酷，数字技术开始逐步应用到旅游业中。2002 年以前，欧美发达国家的电脑保有量远远超过第三世界国家，导致数字技术创新领域的差距也急剧扩大，其间研究多聚焦于组织的数字技术（或信息化）创新等场景，其中韩国在 2000 年推出"ubiquitous 无处不在"理念作为指导智慧城市建设的纲领，大力推动智慧城市建设，其官方旅游信息服务平台在旅游路线规划、景点及交通查询、住宿、餐饮等方面发挥了重要作用①。

2. 发展阶段

2003~2014 年，全球宽带技术迭代更新、市场不断扩展，这一阶段由于数字技术与经济发展的融合程度逐步加深，各国开始大力发展数字经济。为了强调信息技术的重要性，2012 年，英国的智慧旅游组织将在旅游部门内使用和应用信息技术的现象称为"数字旅游"，数字旅游的概念应运而

---

① Yigitcanlar T and Lee S H, "Korean ubiquitous-eco-city: A smart-sustainable urban form or abranding hoax?", *Technological Forecasting & Social Change*, Vol. 89, No. 11, 2014.

生。比利时也在 2012 年建成了世界上首个基于移动智慧手机发展的智慧旅游城市①。基于数字技术产业发展，这一时期的研究偏重以数字技术为基础的产业变革与商业价值创造等场景，文旅产业数字化主要聚焦在通过网络的应用，来提高旅游目的地及当地服务供应商的竞争力方面，利用虚拟网游可以帮助小型旅游企业节省时间和成本，在提高服务灵活性和质量的同时，创新旅游接待方式。

3. 深化阶段

2015 年至今，共刊出相关论文 1723 篇，占总数的 69.3%。由此可见，国外对于数字文旅发展相关问题的关注度近年来急剧上升。学术界与产业界聚焦企业如何构建平台与生态系统等场景，并重点关注以"数字"为基础的创新、创业议题；数字基础设施建设是数字产业的重要内容，文旅产业的数字化管理离不开数字平台和软件系统的支持，景区、展馆、剧院等面向游客的服务设施逐步转向数字化呈现方式，使体验项目更直观、高效、全面地进行展现。2017 年，意大利政府多部门联合制定了未来 5 年旅游业战略计划，支持旅游相关企业积极运用数字技术。虚拟旅游是德国旅游业数字化发展的一个方面，数字技术在旅游业领域有着更为广泛的应用。2019年，德国政府提出了"提升旅游业能力创新示范项目"，在该项目支持下，德国石勒苏益格－荷尔斯泰因州的吕贝克湾开发了名为"智能人群控制"的交通管理系统；西南部巴登－符腾堡州的黑森林国家公园则开发相关项目，用以提供有关游客流量的实时信息②。

（三）研究内容

1. 概念

Don Tapscott 首次提出"数字经济"概念，同时提出随着互联网技术的全球普及，数字技术与实体经济不断融合，数字经济在经济社会中的占比

---

① Mora L，Deakin M and Reid A，"Strategic principles for smart city development：A multiple case study analysis of European best practices"，*Technological Forecasting and Social Change*，Vol. 142，2018.

② 《国外数字化旅游加快发展》，人民网，http://world. people. com. cn/n1/2022/0411/c1002－32395572. html。

和贡献不断增加，数字经济的内涵也变得更加丰富①。Coile Jr 创新性提出"数字化转型"一词②。旅游数字足迹最早出现在 2008 年，由美国学者 Girardin 等在研究中提出，用以描述消费者基于互联网而产生的海量的电子痕迹③。之后，随着信息通信技术的发展，旅游数字足迹的研究如雨后春笋般出现。Da Rugna 等研究者将旅游数字足迹的内涵定义为在出游前、出游中、出游后这一完整的旅游过程中，游客在使用相关的电子设备登录在线网站时，在网络上留下来的诸如通信记录、发送的信息记录、获取的信息记录、发布的图片等电子信息④。Lerch 和 Gotsch 将制造业的数字化定义为信息和数字技术的智能连接⑤。David Soto Setzke 等提出，产业数字化转型首先需要传统产业运用数字技术实现自身业务数字化，然后推动组织架构和工作管理模式的适应性变革⑥。

2. 技术创新

在科技飞速发展和数字经济的世界里，媒体消费已转向互联网、移动媒体和创新媒体，各种数字技术沟通工具在旅游业行为主体营销沟通中发挥着重要作用，Gorlevskaya 重点强调了数字技术对旅游业营销宣传以及沟通的作用⑦。Liberato 等学者指出，数字技术的应用导致与个人或机构客户的

---

① Tapscott D, *The Digital Economy: Promise and Peril in the Age of Network and Intelligence*, New-York: McGraw-Hill Publishing Company, 1996.

② Coile Jr R C, "The digital transformation of health care", *Physician Executive*, Vol. 26, No. 1, 2000.

③ Girardin F, et al., "Digital footprinting: Uncovering tourists with user-generated content", *IEEE Pervasive Computing*, Vol. 7, No. 4, 2008.

④ Da Rugna J, Chareyron G and Branchet B, *Tourist Behavior Analysis through Geotagged Photographies: A Method to Identify the Country of Origin*, New York: Institute of Electrical and Electronics Engineers, 2012.

⑤ Lerch C and Gotsch M, "Digitalized product-service systems in manufacturing firms: A case study analysis", *Research-Technology Management*, Vol. 58, No. 5, 2015.

⑥ Setzke D S, et al., "Pathways to digital service innovation: The role of digital transformation strategies in established organizations", *Information Systems Frontiers*, Vol. 25, 2021.

⑦ Gorlevskaya L, "Building effective marketing communications in tourism", *Studia Commercialia Bratislavensia*, Vol. 9, No. 35, 2016.

沟通方式发生变化，同时创新了商业模式和旅游产品的电子销售渠道[1]。Marx 采取案例研究法探讨了数字化技术在旅游业中的地位与作用以及存在的挑战[2]。Kalabukhova 等众多学者致力于研究数字化对旅游业投资活动的影响，并认为数字技术的发展可以对旅游业的投资产生深远的影响，旅游公司必须使用社交网络、移动设备、分析和嵌入式设备等来改变客户互动、内部运营，甚至是投资模式[3]。García 和 Battino 的研究表明数字化可以帮助地方政府实施旅游智能增长项目，以可持续的方式改善游客对场所的使用，满足游客旅游的需求，提升其旅游体验[4]。Dionysopoulou 和 Tsakopoulou 从企业规模和企业类型角度指出，旅游业呈现出不同的数字化转型状态，希望政府出台相关援助与保障政策，支持中小企业数字化转型[5]。

3. 发展模式

Hudson 和 Thal 认为社交媒体的发展能够增加旅游业的经济效益[6]。Del Chiappa 和 Baggio 认为通过数字化，互联网能够突破地理和时间的限制，使信息的转换和传递更便捷，能够提高旅游企业的效率，降低经营成本[7]。Graham 等认为将信息技术应用到旅游业中，可导致经济和社会转型[8]。而

---

[1] Liberato P, Liberato D, Abreu A, et al., *Generation Y: The Competitiveness of the Tourism Sector Based on Digital Technology*, Berlin: Springer International Publishing Company, 2018.

[2] Marx S, *Organizational Challenges of Digitalization Initiatives in Tourism Network Management Organizations*, Switzerland: Springer International Publishing, 2019.

[3] Kalabukhova G V, Morozova O A, Onokoy L S, et al., "Digitalization as a factor of increasing investment activity in the tourism industry", *Journal of Environmental Management & Tourism*, Vol. 11, No. 4, 2020.

[4] García A A, Battino S, *Sustainability, Tourism and Digitalization. The City Smart Approach in Las Palmas de Gran Canaria (Canary Islands)*, Switzerland: Springer Cham Publishing Company, 2021.

[5] Dionysopoulou P, Tsakopoulou K, *Policy Responses to Critical Issues for the Digital Transformation of Tourism SMEs: Evidence from Greece*, Switzerland: Springer Cham Publishing Company, 2021.

[6] Hudson S and Thal K, "The impact of social media on the consumer decision process: Implications for tourism marketing", *Journal of Travel & Tourism Marketing*, Vol. 30, No. 1-2, 2013.

[7] Del Chiappa G, Baggio R, "Knowledge transfer in smart tourism destinations: Analyzing the effects of a network structure", *Journal of Destination Marketing & Management*, Vol. 4, No. 3, 2015.

[8] Graham M, Hjorth I and Lehdonvirta V, "Digital labour and development: Impacts of global digital labour platforms and the gig economy on worker livelihoods", *Transfer: European review of Labour and Research*, Vol. 23, No. 2, 2017.

Kişi 认为，新冠疫情全球蔓延、气候变暖、生态失衡等历史、社会、文化因素，使得旅游业不得不考虑可持续理念①。Filipiak 等学者从旅游可持续发展的角度，探讨了数字化发展水平与旅游业发展水平之间的关系，以及旅游经济数字化、可持续性与经济增长的关系②。

4. 应对策略

Brown 和 Chalmers 指出，移动技术虽然在旅游业的应用前景无限，但对游客如何借助该技术安排行程和解决行程中的问题的研究仍然不足，于是他们利用电子指南和地图、游客互相沟通的系统以及电子导游这三种技术，分析了游客的行为③。Kumar 和 Shekhar 在研究中寻找推动旅游产业选择数字化的因素，得出的结论是，顾客对数字化的需求、共享经济的日益增长以及社交媒体的存在是旅游产业数字化增强的重要贡献者④，Kalabukhova 等认为数字化是增加旅游业投资活动的因素⑤。

综上所述，国外学者对文旅产业数字化转型的研究是全方位、多角度的，阐明了数字技术与文旅产业融合发展和协同演进的进程，揭示了数字技术在文旅产业发展过程中的地位与作用。数字化开启了文旅产业发展的新的商业模式，应根据不同旅游者的需求提供不同类型的产品与服务，承认文旅产业数字化转型在促进文旅产业创新与创业方面的重要性，同时也为相关利益者带来更多价值。

① Kişi N，"A strategic approach to sustainable tourism development using the A'WOT hybrid method：A case study of Zonguldak，Turkey"，*Sustainability*，Vol. 11，No. 4，2019.

② Filipiak B Z，Dylewski M and Kalinowski M，"Economic development trends in the EU tourism industry. Towards the digitalization process and sustainability"，*Quality & Quantity*，Vol. 57，2020.

③ Brown B and Chalmers M，*Tourism and Mobile Technology*，Berlin：Spring Netherlands Press，2003.

④ Kumar S，Shekhar，"Digitalization：A strategic approach for development of tourism industry in India"，*Paradigm*，Vol. 24，No. 1，2020.

⑤ Kalabukhova G V，et al.，"Digitalization as a factor of increasing investment activity in the tourism industry"，*Journal of Environmental Management and Tourism*，Vol. 11，No. 4，2020.

二　国内研究述评

（一）文献统计

以"数字文旅"为"主题"在知网中进行跨库检索，共获取论文文献901篇（检索时间为2024年4月17日），其中，学术期刊553篇，学位论文63篇，会议论文10篇，报纸152篇，图书3部，学术辑刊5篇，特色期刊114篇，技术成果1个。中文文献发文数量排名前10位的期刊如表1-4所示。

表1-4　中文文献发文数量排名前10位的期刊

单位：次

排名	年份	作者	题目	期刊	被引量合计	年均被引量
1	2021	周锦、王廷信	《数字经济下城市文化旅游融合发展模式和路径研究》	《江苏社会科学》	125	41.66
2	2020	戴斌	《数字时代文旅融合新格局的塑造与建构》	《人民论坛》	113	28.25
3	2020	夏杰长、贺少军、徐金海	《数字化：文旅产业融合发展的新方向》	《黑龙江社会科学》	85	21.25
4	2022	张伟、吴晶琦	《数字文化产业新业态及发展趋势》	《深圳大学学报》（人文社会科学版）	74	24.66
5	2022	胡优玄	《基于数字技术赋能的文旅产业融合发展路径》	《商业经济研究》	74	37
6	2020	陆路、秦升	《文旅融合背景下的公共数字文化服务创新发展——以陕西省图书馆"智能文化云地标"的建设实践为例》	《国家图书馆学刊》	62	15.5
7	2022	顾振清、肖波、张小朋等	《"探索 思考 展望：元宇宙与博物馆"学人笔谈》	《东南文化》	61	30.5
8	2022	芦人静、余日季	《数字化助力乡村文旅产业融合创新发展的价值意蕴与实践路径》	《南京社会科学》	58	29

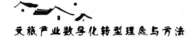
续表

排名	年份	作者	题目	期刊	被引量合计	年均被引量
9	2020	郑愚	《加快推进数字文旅产业高质量发展》	《宏观经济管理》	55	13.75
10	2022	邬江	《数字化视域下文旅融合推动智慧旅游创新研究》	《经济问题》	54	27

从学科主题角度来看，对 2017~2024 年发表的 553 篇 CSSCI 和核心期刊进行梳理，旅游学科 366 篇，文化学科 299 篇，信息经济与邮政经济 228 篇，文化经济 153 篇，计算机软件及计算机应用 68 篇，农业经济 49 篇，图书情报与数字图书馆 36 篇，档案及博物馆 26 篇，工业通用技术及设备 20 篇，贸易经济 16 篇，新闻与传媒 15 篇，美术书法雕塑与摄影 11 篇，体育 10 篇，文艺理论 10 篇，经济体制改革 9 篇，高等教育 8 篇，建筑科学与工程 8 篇，企业经济 7 篇，职业教育 7 篇，考古 6 篇（由于部分文章涉及多个学科，所以学科主题论文总数高于关键词搜到的论文总数）。

（二）研究历程

国内关于数字技术与旅游融合的研究大致分为四个阶段。

1. 萌芽阶段

1980~2010 年为萌芽阶段。1981 年，中国国际旅行社总社引进美国 PRIME550 型超级小型计算机系统，并将其应用于旅游财务管理、旅行团数据整理、旅游数据统计等管理过程，标志着我国旅游业数字化的萌芽。但受到数字化技术水平的限制，这一阶段的旅游数字化还处于较低的水平。之后，各级旅游管理部门逐步建立了网络管理系统和目的地的营销系统。1990 年，国家旅游局积极开展旅游信息网和机房等基础设施建设。1994 年，国家旅游局信息中心正式成立，能够为各地旅游部门提供信息化服务、管理服务和技术支持。1997 年，首次全国信息化工作会议在北京召开，这一年被称为中国互联网元年。同年国家旅游局在互联网平台上开通了中国旅游网，分类展示中国旅游相关的资讯，向全球推介中国旅游目的地和旅游须知。2009 年 9 月，中国政府发布《文化产业振兴规划》，当中提及"数字内容产业是新兴文化业态发展的重点"[1]；这一阶段，将 Internet、多媒体、CD-ROM 等技术作为核心技术支撑，将计算机技术应用到研发、生产、销售等社会生产的全过程，开启了我国旅游数字化的接入时代。这一时期，伴随着信息化建设，信息技术催生了数字经济与旅游融合发展，在旅游融合技术手段和应用场景上表现为信息化，在旅游产业融合发展上主要集中于旅游资源的数据库建设与信息化管理。

2. 初始阶段

2011~2015 年为初始阶段。随着移动终端设备的普及和物联网技术的进步，以智慧旅游为代表的智慧化导向，成为产业转化发展的主要特征。该阶段的融合主要集中在产品与服务领域，且数字经济与旅游产业的转化发展处于初级融合水平。2011 年，全国旅游工作会议提出，鼓励现代信息技术在旅游业中的广泛应用，鼓励电子商务的发展，鼓励在线旅游业发展，实现旅游业向现代服务业的转变，支持有条件的城市发展智慧旅游，推动景区、饭店业的智慧化建设。这一阶段，数字旅游和数字景区采用分布式管理和异构数据的集成管理模式，构建了信息共享、服务共享的机制，涌现出了一批数字化的博物馆、科技馆等，为公众提供数字化的旅游信息服务、为实现全过程的智慧化管理、助力旅游产业化优化升级奠定基础。2015 年，国务院办公厅首次提出"互联网+旅游"，这不仅是将传统旅游业与互联网相结合，而且是充分利用互联网技术来提升旅游业的服务质量和效率[2]。

3. 发展阶段

2016~2019 年为发展阶段。2015 年，国家旅游局发布了《关于促进智慧旅游发展的指导意见》，倡导提高旅游服务、管理、营销、体验的智能

---

[1] 《〈文化产业振兴规划〉26 日播发全文 共分五部分》，中国政府网，https://www.gov.cn/jrzg/2009-09/26/content_1427350.htm。

[2] 《关于深化"互联网+旅游"推动旅游业高质量发展的意见》，中华人民共和国文化和旅游部官网，https://zwgk.mct.gov.cn/zfxxgkml/zykf/202012/t20201225_920085.html。

化，推进智慧旅游发展①。同年，为了促进旅游统计和数据体系的建立，国家旅游局成立数据中心。2016年，国务院印发《"十三五"国家战略性新兴产业发展规划》，首次将数字创意产业纳入战略性新兴产业。2017年，文化部发布《关于推动数字文化产业创新发展的指导意见》，首次在官方文件中正式使用"数字文化产业"概念②。这一时期，以大数据、云计算、人工智能为代表的数字技术进一步加剧了数字经济与旅游产业融合发展的变革，在数字技术应用场景上表现为产业要素的数字化，出现了数字博物馆、数字景区、VR、AR虚拟现实等文旅体验新场景，推动了数字经济与旅游产业发展的市场化。

4. 深化阶段

2020年至今为深化阶段。数字化与文旅融合发文量迅速增长，2020年发文61篇，2021年发文121篇，2022年增加到232篇，2023年高达396篇，说明我国关于数字文旅的研究进入了全面深化阶段。新冠疫情的冲击以及元宇宙、数字强国等新理念和新战略的出现，进一步加速了数字经济与文旅融合发展的转型与重构，旅游产业的数字化和数字化的文旅产业将是这一阶段发展的主要目标，文旅全产业要素的数字化转型将成为加速文旅产业高质量发展的引擎。2021年4月，文化和旅游部发布《"十四五"文化和旅游科技创新规划》，高度重视科技创新在推动旅游业高质量发展中的重要作用③。2021年4月，《"十四五"文化和旅游发展规划》正式发布，明确"十四五"旅游业步入大众旅游时代，以创新驱动国内旅游业数字化、网络化、智能化转型，实现高质量发展④。

---

① 《关于促进智慧旅游发展的指导意见》，中央网络安全和信息化委员会办公室，http://www.cac.gov.cn/2015-01/13/c_1113972251.htm。

② 《文化部关于推动数字文化产业创新发展的指导意见》，中国政府网，https://www.gov.cn/gongbao/content/2017/content_5230291.htm。

③ 《"十四五"文化和旅游科技创新规划》，中华人民共和国文化和旅游部网站，https://www.gov.cn/zhengce/zhengceku/2021-06/11/content_5616972.htm。

④ 《"十四五"文化和旅游发展规划》，中华人民共和国文化和旅游部网站，https://zwgk.mct.gov.cn/zfxxgkml/ghjh/202106/t20210602_924956.html。

（三）研究内容

1. 概念

陈广仁提出，数字文旅是以互联网、通信等数字技术促进文旅融合的现象总和[①]。吴丽云认为，文旅产业数字化是文化旅游产业与现代技术相互融合的产物，是旅游业发展的新动能和新模式[②]。刘洋和肖远平提出，数字文旅产品通过数字化手段实现数字文旅内容的整合与应用，数字文旅内容通过文本、语音、图（影）像等偏电子化的方式来呈现，文旅产业数字化具有经济特征、市场特征、产品特征、物理特征[③]。李建军认为，数字文旅是利用数字化技术对文化旅游产业进行多角度、全方位、全链条的重塑、改造与升级[④]。

2. 技术创新

吴梦凡和白冰倩提到，上海市 50 处具有代表性的文化旅游景点中，有 34 处景点开始应用虚拟现实技术（VR），为线上访客带来"云游玩"体验[⑤]。林晓婕认为，加强基础设施、网络规划与基站建设，可以实现文旅产业与大数据的有效结合，增强传统文旅媒体与现代信息技术的结合[⑥]。刘英基等认为，各地区应结合资源禀赋与数字经济发展态势，优化数字经济推动组织、技术与产品创新的整体效能，发挥组织、技术与产品创新对文旅融合发展质量提升的传导效应；应拓展数字经济在文旅融合高质量发展领域的应用范围，加强数字经济对文旅融合发展中的资源组合与配置、要素结构升级、产品与服务设计、新业态品质提升、市场宣传与推广、文化保护与传承等的渗透与作用程度，提升数字文旅发展能力，拓展数字经济赋

---

① 陈广仁：《数字技术促成智慧矿山》，《科技导报》2011 年第 35 期。
② 吴丽云：《开启数字文旅新时代》，《中国周刊》2019 年第 9 期。
③ 刘洋、肖远平：《数字文旅产业的逻辑与转型——来自贵州的经验与启示》，《理论月刊》2020 年第 4 期。
④ 李建军：《数字文旅产业发展思考》，《合作经济与科技》2021 年第 24 期。
⑤ 吴梦凡、白冰倩：《河南省数字文旅产业高质量发展研究》，《合作经济与科技》2021 年第 9 期。
⑥ 林晓婕：《数字化背景下旅游经济发展策略》，《农村经济与科技》2021 年第 18 期。

能文旅融合高质量发展的传导渠道①。

3. 发展模式

林广发和陈友飞构建了一个基于地理信息系统的新旅游产业结构模式②。魏小安为电子商务在旅游领域应用提供了一个基本发展框架结构③。陈梦颖等指出旅游信息化是推动旅游行业转型发展的关键④。戴真金认为，数字化转型有利于旅游企业创新管理体制，增强旅游产品竞争实力；数字化转型有利于旅游企业全面搜集精准的信息数据，基于相关信息数据，合理制定企业未来发展目标，并实时接收游客反馈，针对性地优化和调整服务质量，从而保证旅游产品质量，提升整体管理效率。同时，旅游企业管理人员应全面收集、整合、分析游客信息和游客反馈，以分析结果为依据设计个性化的旅游产品，确保旅游产品保持销量⑤。

4. 应对策略

政府和文旅企业领导者对数字技术的内涵、具备的功能以及如何运用等方面的认知仍处于摸索阶段，借助数字化手段来实现文旅产业融合的意识和观念尚未形成，同时政府投入资金不足⑥。胡艺筱指出，通过数字化转型驱动文旅产业深化供给侧结构性改革，转变以往以投资需求为核心的经济增长方式，通过向轻资产转型来提高产能，帮助企业降低成本增加营收⑦。钱坤等认为，我国文旅产业数字化转型中存在从业人员素质参差不齐、管理水平相对较低、数字化技术供给不足、旅游服务相对滞后、资源碎片化孤立化等问题，提出通过借力宣传推广、转变传统观念、创新旅游

① 刘英基、邹秉坤、韩元军等：《数字经济赋能文旅融合高质量发展——机理、渠道与经验证据》，《旅游学刊》2023 年第 5 期。
② 林广发、陈友飞：《基于 WebGIS 的旅游信息系统的结构模式》，《地球信息科学》2004 年第 2 期。
③ 魏小安：《中国旅游业发展的十大趋势》，《湖南社会科学》2003 年第 6 期。
④ 陈梦颖、张雷、彭耿：《旅游产业集群发展的影响因素分析》，《湖北经济学院学报》（人文社会科学版）2010 年第 7 期。
⑤ 戴真金：《旅游企业数字化转型发展路径》，《全国流通经济》2022 年第 7 期。
⑥ 重庆市九龙坡区文化和旅游发展委员会课题组：《数字技术赋能文旅产业高质量发展的探索》，《重庆行政》2020 年第 4 期。
⑦ 胡艺筱：《产业融合：关于文旅产业数字化转型的策略研究》，《商业故事》2021 年第 25 期。

体验方式、建立健全"旅游+数字化"型人才培育机制、积极部署新一代信息基础设施、以"云旅游"助推行业发展、以共享经济和平台经济为依托落实全域旅游战略等对策，来促进文旅产业数字化转型①。

第四节　文旅产业数字化转型理论基础

随着科技的迅速发展和社会的不断进步，文旅产业面临数字化转型的重要机遇和挑战。文旅产业数字化转型是指将科技与文化旅游业相结合，通过数字化技术和创新模式的应用，实现文化旅游业的升级和转型。这一转型需要理论基础的指引，才能走得更深、更远。

一　产业融合理论

（一）理论演化

产业融合思想最早源于20世纪60年代Rosenberg对美国机械设备演化进行的研究。Rosenberg认为，随着标准化的出现，各种各样的产品（如枪支、缝纫机、自行车）实际上是使用相同类型的机器和生产技术生产出来的，这意味着从市场的角度来看，那些显然不相关的行业，最终产品的性质和用途在技术基础上变得非常密切（技术上融合）②。到20世纪80年代，融合开始日益受到学者重视，从产业间渗透、产业边界融合、产品整合到市场融合，研究内容从原本的电信、印刷、计算机等，延伸到金融服务业、房地产业、旅游业、文娱业等相关行业，产业融合的研究不断扩展，同时不断深入。

（二）主要内容

1. 概念

马健提出，数字融合是产业融合的基础，主要是为了产业增长而产生

---

① 钱坤、杨莉萍、吴云鹏等：《旅游产业数字化转型发展路径研究》，《绿色科技》2020年第15期。

② Rosenberg N, "Technological change in the machine tool industry: 1840-1910", *The Journal of Economic History*, Vol. 23, No. 4, 1963.

的，同时还包括了产业边界收缩现象的发生①。周振华认为，产业融合是传统产业边界模糊化和经济服务化的体现，其组成的产业之间将形成新的竞争协同体系，产生更强大的经济复合效应②。对于产业融合的动因，史佳林和张磊认为产业融合是企业创新、经济全球化和管制放松等内外因素综合作用的结果③。郭朝先提出，从狭义方面来看，产业融合就是在发生技术变革之后而发生的产业边界收缩或者是消失的现象；从广义方面来看，产业融合是随着技术的不断进步以及管制的持续放松，产业中企业所存在的竞争关系所发生的变化，最后致使产业界限不明确的现象④。

2. 模式及路径

麻学锋等学者提出，技术、资源、市场及功能是旅游产业的融合路径⑤。辛欣指出，市场、技术、业务、空间、功能和资源是文旅产业融合的路径⑥。兰苑和陈艳珍指出，影视传媒业、会展业、休闲美术业、工艺美术业和演艺行业等，是文化产业与旅游产业融合的实践路径⑦。杨娇将文化创意产业与旅游产业融合，分为延伸型、重构型和渗透型三种发展模式⑧。杨永超在产业融合的基础上，提出文旅融合延伸型、渗透型和整合型三种模式⑨。尹华光等以武陵山片区为例，提出文旅融合具有延伸型、重组型和一

---

① 马健：《产业融合论》，南京大学出版社，2006，第4页。
② 周振华：《产业融合：产业发展及经济增长的新动力》，《中国工业经济》2003年第4期。
③ 史佳林、张磊：《天津一、二、三产业融合发展现状及对策建议》，《天津农业科学》2017年第4期。
④ 郭朝先：《产业融合创新与制造业高质量发展》，《北京工业大学学报》（社会科学版）2019年第4期。
⑤ 麻学锋、张世兵、龙茂兴：《旅游产业融合路径分析》，《经济地理》2010年第4期。
⑥ 辛欣：《文化产业与旅游产业融合研究：机理、路径与模式——以开封为例》，硕士学位论文，河南大学，2013，第83页。
⑦ 兰苑、陈艳珍：《文化产业与旅游产业融合的机制与路径——以山西省文化旅游业发展为例》，《经济问题》2014年第9期。
⑧ 杨娇：《旅游产业与文化创意产业融合发展的研究》，硕士学位论文，浙江工商大学，2008，第30页。
⑨ 杨永超：《文化创意产业与旅游产业融合消费机制研究》，《学术交流》2013年第8期。

体化三种融合模式①。

（三）指导意义

1. 拓展发展空间

大众化旅游时代的到来，导致旅游需求多元化、精细化，传统单一旅游模式已不再适应新时代旅游发展的需求。文化旅游产业为谋求自身发展，逐步出现能融则融、宜融尽融的发展模式，在数字技术的指引下，虚拟现实边界进一步融合，未来线下沉浸式实体空间内的文化活动，如剧本杀、互动戏剧、数字体验展等，将更加活跃。结合目前发展态势和未来趋向，数字技术能为文旅产业融合开拓新市场，塑造新结构，推进新业态发展，引领现代服务业潮流，促进文旅企业集团化发展，拓展文旅产业数字化转型发展的空间。

2. 优化资源配置

文旅产业融合的范围和边界围绕着技术创新、制度改革、社会进步、供需变化不断扩大，进而优化社会资源配置机制。文旅相关产业需要借助融合机制，构建核心竞争力，扩大市场占有率。在数字化时代背景下，文旅产业融合需要以数字技术和创新为主要手段，在旅游资源、人力资源、项目投资、社会环境等方面，运用技术、整合资源、优化业态，以全面提升文化旅游相关企业的综合实力、实现利益最大化为目标，推动文旅产业与数字技术融合发展，为开发多元化、精品化旅游产品奠定基础。

二 创新理论

（一）理论演化

熊彼特 1912 年在其代表著作《经济发展理论》中将"创新"引入经济学；在 1939 年的《商业周期循环论》和 1942 年的《资本主义、社会主义和民主主义》中全面提出创新理论，认为创新是经济增长的关键驱动力，

---

① 尹华光、王换茹、姚云贵：《武陵山片区文化产业与旅游产业融合发展模式研究》，《中南民族大学学报》（人文社会科学版）2015 年第 4 期。

是企业赢得竞争优势的重要手段[①]。熊彼特以创新为视角，在分析了资本主义经济发展的实质、动力和机制的基础上，将创新分为产品、工艺（生产技术）、资源、市场以及产业组织形态这五种类型[②]。

第二次世界大战结束后，创新理论逐渐引发了全球的关注，许多经济学家按照熊彼特的开创性研究思路，不断深入探索创新思想，形成了"新熊彼特学派"。20 世纪 70 年代中期以前，主要受"新熊彼特学派"的影响，一些研究者从各种视角对熊彼特创立的学说进行深入的实验研究和解释，为经济学的发展做出了重要贡献。在这一时期，Schwartz，Mansfield，Kamien，Nelson，Rosenberg 等学者，深入探讨了新技术推广、创新与市场经济组织、企业规模方面的问题，他们的研究成果为当代科技发展提供了重要的理论支撑。

（二）主要内容

1. 概念

熊彼特的创新理论可以分为创新理论和创造性破坏理论，创造性破坏理论是在创新理论的基础上进一步发展起来的。丹麦学者 Andersen 认为，熊彼特的创新思想打破了原有的经济均衡模式，创新是执行新的常规，新常规的执行是通过不同的方式进行的[③]。熊彼特的学生施建生在他的《经济学家熊彼特》一书中解释，创新是一种对旧有资源的新组合，是对于现有资源的一种联结，使其成为一种新组合[④]。夏保华在《企业持续技术创新的结构》一书中，把熊彼特的创新定义为一种自发的、间断性质的、革命性的变化，其中包括两个方面：在数量上凸显创新的形式，扩大创新的活动；在本质上通过改变现有产品的结构，形成创新活动，是一种"革命性"的

---

① 〔美〕熊彼特：《资本主义、社会主义和民主主义》，绛枫（顾准）译，商务印书馆，1979，第 147 页。
② 〔美〕约瑟夫·熊彼特：《经济发展理论——对于利润、资本、信贷、利息和经济周期的考察》，何谓、易家祥等译，商务印书馆，1990，第 73 页。
③ 〔丹麦〕埃斯本·安德森：《约瑟夫·熊彼特》，苏军译，华夏出版社，2013，第 64~65 页。
④ 施建生：《经济学家熊彼特》，吉林出版集团有限责任公司，2012，第 18 页。

变化[①]。

2. 模式及路径

熊彼特创新理论基本包括了四方面的内容。一是创新是推动经济发展的根本力量。"经济发展"其实质是技术创新和生产组织形式的创新，从而引起经济生活的一种创造性变动。二是创新的传导机制。所谓传导机制就是"创造性破坏"的产生过程，其实质就是新技术、新行业的产生取代旧技术、旧行业的过程，从而促进经济的不断前进和发展。三是创新的组织者——企业家。企业家是创新的主体，他们能够创造新组合、新技术、新方法，从而为创新的实现提供条件，推动创新的产生。四是熊彼特创新理论解释了经济周期的产生，强调了经济周期是经济发展的必然结果。方在农阐述了熊彼特的追随者在其创新理论的基础上进行深入研究形成的新的熊彼特主义，并强调建立创新型国家的重要性[②]。段斌认为受科技革命的影响，大多学术界的研究刻板地认为创新更多地存在于制造行业当中，即所谓的"技术"范围，但其实旅游的创新内容不胜枚举，旅游资源、产业形态、市场营销、管理制度、科研理论都可以作为旅游创新内容，创新的思维是产业变革所需要的催化剂及动力[③]。张旭和李星玥以上海图书馆为个案，阐释其在契合熊彼特创新理论框架下，亟须基于产品优化、技术更迭、市场转向、资源配置、组织变革五大维度进行创新转型[④]。

（三）指导意义

1. 激发创新活力

创新理论可以帮助文旅行业发现新兴的数字技术和业态，预测其发展趋势，从而及时调整经营模式，应对市场变化。数字技术创新与传统旅行社、酒店等业态相结合，推动线上旅游业态的不断发展，形成数字文创、

---

① 夏保华：《企业持续技术创新的结构》，东北大学出版社，2001。
② 方在农：《从熊彼特的创新理论说起》，《自然杂志》2006 年第 2 期。
③ 段斌：《云南数字旅游创新发展研究——以"游云南"为例》，硕士学位论文，云南师范大学，2021，第 15 页。
④ 张旭、李星玥：《基于熊彼特创新理论的数字人文服务策略研究》，《图书馆理论与实践》2023 年第 6 期。

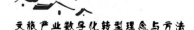

数字藏品以及数字旅游等业态，不断拓展生产可能性边界，激发文化和旅游产业的创新活力，推动技术、产品、服务和商业模式的创新，从而提升产业竞争力。

熊彼特创新理论可以为文旅景区数字化转型提供指导和借鉴，有助于景区实现创新、升级和转型；帮助文旅企业利用现有资源和优势，提高竞争力和可持续发展能力。文旅企业可以预测创新数字技术应用的扩散阶段，合理分配资源，有效推广技术，扩大市场份额。大数据、人工智能等数字信息技术应用于实体经济，激发了文旅产业的创新活力；基于数字技术的创造，改变了传统要素的流动机制，提高了整个社会经济的资源配置效率，使之具有强大的规模效应。

2. 推动产业发展

根据熊彼特创新理论，运用新一代信息数字技术与产业经济深度融合，催生财务数字化、业务数字化、流程数字化和管理数字化，促使组织结构适应数字化发展，改变产业发展模式。在促进跨行业合作方面，熊彼特创新理论阐述了如何在社会网络中建立信息互通与资源共享的渠道，着眼于将数字技术跨界组合作为驱动数字经济发展的核心，结合研发投入、专利发明、新商务模式、新技术等因素来考量、分析数字技术创新带动文旅数字化转型和构建数字化创新发展的重要影响因素，文旅企业可以从中借鉴，加强跨行业合作，使用数字技术推动产业转型升级。

三 竞争优势理论

（一）理论演化

1991 年美国哈佛大学教授 Michael Porter 提出竞争优势理论，该理论成为西方企业战略管理领域的主导范式。之后随着竞争优势理论的不断完善和延伸，逐渐应用于中微观层面的产业竞争力和企业竞争力的分析中。Schendel 在《战略管理期刊》的"战略演化视角"专辑中，以 Michael Porter 的相关论述为例，分析了战略研究的演化视角。他认为演化研究有助于突破静态的、横截面分析的局限性，由纵向的历史分析得出的企业成功或失败理论具有更大的启示意义[①]。Özer 等通过钻石模型解释土耳其和西班牙旅游业在世界旅游市场竞争中的不同表现指标，以识别土耳其和西班牙旅游业的差异[②]。此外，Chang Moon 等基于加拿大经验提出的"双重钻石模型"，进一步将其拓展为适合更多国家经济分析的"一般化双重钻石模型"[③]。

（二）主要内容

1. 概念

竞争优势理论详细阐述了特定产业的生产要素、相关产业发展现状、市场需求条件、企业管理战略、产业结构及竞争、发展机遇、政府行为等，是该产业国际竞争力的决定性因素，提出在强调资源优势竞争力的同时，需更加注重产业层次的影响[④]，波特钻石模型由此应运而生（见图 1-2）。

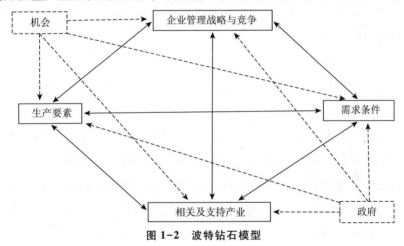

图 1-2　波特钻石模型

资料来源：〔美〕迈克尔·波特《竞争优势》，陈小悦译，华夏出版社，1997，第 33 页。

---

① Schendel D，"Evolutionary perspectives on strategy"，*Strategic Management Journal*，Vol. 17，No. S1，1996.

② Özer K O，et al.，"International competitive advantage of Turkish tourism industry：A comparative analyse of Turkey and Spain by using the diamond model of M. Porter"，*Procedia-Social and Behavioral Sciences*，Vol. 58，2012.

③ Chang Moon H，Rugman A M，Verbeke A，"The generalized double diamond approach to international competitiveness"，*Research in Global Strategic Management*，Vol. 5，No. 95，1995.

④ The Competitive Advantage of Nations，https：//hbr.org/1990/03/the-competitive-advantage-of-nations.

在竞争优势理论中，五力模型和三种竞争策略常被用来分析企业的竞争优势，五力模型主要分析现有竞争者、潜在竞争者、替代品威胁、购买者议价能力和供应商议价能力之间的竞争。三种竞争策略包括成本领先、差异化和集中化战略，具体来说，成本领先战略就是企业减少设计、生产、销售等各个环节产生的成本，同时减少广告宣传等方面的成本，以实现低成本占据领先地位的战略；差异化战略是指企业提供独特的产品或服务，从而赢得市场；集中化战略指企业将主要的资源和精力，聚焦某一特定的顾客群或地区，形成某一细分的市场，通过为这一细分市场提供产品或服务，来赢得市场地位。波特认为在正常的市场竞争中，企业采取其中一种竞争策略，就可以在市场中形成并维持一定的竞争优势。竞争优势理论适用于研究现有竞争态势、研究培育竞争优势及制定进攻型或防卫型战略等多个研究范畴。

2. 路径及模式

李杏等利用因子分析法和主成分分析法，得出文化遗产旅游竞争力主要由旅游资源与产品竞争力、旅游经济竞争力、区位与交通竞争力、旅游服务竞争力和政策与环境竞争力5个方面构成[①]。张春香以钻石模型为基础构建4个准则层和45个指标层的指标体系，运用德尔菲法和层次分析法进行指标赋权，综合评价2013~2017年河南、陕西和湖北的文化旅游产业竞争力[②]。陈雪阳等以波特钻石模型为基础构建指标体系，并运用因子分析法和聚类分析法进行优化，分析2018年武陵山片区34个民族自治县的文化旅游竞争力[③]。相对于文化旅游产业竞争力，现有研究大多集中于研究范围更广的旅游产业竞争力。总体而言，关于旅游产业竞争力的研究侧重于以下两个方面。一是旅游产业竞争力的影响因素和竞争模型。例如，区域旅游

---

① 李杏、马婧、孙克勤：《基于因子分析法的庐山文化遗产旅游竞争力评价研究》，《资源开发与市场》2014年第12期。

② 张春香：《基于钻石模型的区域文化旅游产业竞争力评价研究》，《管理学报》2018年第12期。

③ 陈雪阳、黄大勇、Noor Hazlina Ahmad：《文化旅游竞争力评价及提升——以武陵山片区34个民族自治县（市）截面数据为样本》，《社会科学家》2021年第8期。

产业竞争力由潜在竞争力、市场竞争力、外生资源禀赋竞争力及内生资源禀赋竞争力4个部分构成①。影响旅游产业竞争力的重要因素包括旅游地企业集群、学习型组织、互联网大数据、创意等②。二是旅游产业竞争力的度量与比较。现有研究大多选择不同的区域（包括国际、国家、省份、城市4个不同层面）作为研究对象，采用德尔菲法、层次分析法、因子分析法、主成分分析等方法和工具进行旅游产业竞争力的度量或比较③。例如，肖博华和李忠斌的研究探析了我国民族地区的文化旅游产业竞争力，并总结了主要影响因素④。

（三）指导意义

1. 驱动产业发展

竞争优势理论在旅游竞争力发展方面的应用主要表现为一种更加合理的旅游发展模式，包括旅游相关人力资源、旅游投资、信息技术等在内的旅游相关要素，参照激烈市场竞争中的理念，在研究旅游收入和游客数量等直观影响旅游竞争力指标的基础上，强调了旅游产业即潜在旅游竞争力所发挥的作用。

在文旅产业数字化转型的过程中，文旅相关企业在竞争优势理论指引下，可以确定自身的核心竞争力，把握市场机遇，制定合适的发展战略，实现资源和管理的最优化，以适应市场的变化和需求的变化。竞争优势理论在文旅产业数字化转型中发挥着重要的作用，行业模式和产业结构在变化中优化升级，完善产业链，重视基于目标消费者需求的旅游产品原创设计和服务体验设计，加快文旅产业数字化的转型，打造数字化旅游品牌，实现文旅产业高质量发展。

2. 赋能资源禀赋

在文旅产业数字化转型的过程中，文旅企业通过数字化技术的应用，

---

① 盛见：《区域旅游产业竞争力构成：基于竞争力性质的研究》，《旅游学刊》2007年第8期。
② 任武军、李新：《基于互联网大数据的旅游需求分析——以北京怀柔为例》，《系统工程理论与实践》2018年第2期。
③ 李强、张秀云：《国内旅游竞争力研究综述》，《中国市场》2015年第40期。
④ 肖博华、李忠斌：《民族地区文化旅游产业竞争力评估体系及测算》，《统计与决策》2016年第15期。

打破传统旅游业的产业边界，依托互联网技术对游客的行为、习惯、偏好进行全面的掌控，使得文旅企业可以实现低成本、高效率的运营，实施差异化和专业化战略，从而获得竞争优势。竞争优势理论使文旅企业可发挥创新引领发展的作用，激发供给方发展活力，积极进行产品、营销和管理等创新，增大资源禀赋对文旅产业数字化转型发展的作用程度；通过分工细化创新，在吃、住、游、娱、购等方面创新市场空间和细分市场，为游客提供优质化、专业化、多样化以及差别化旅游产品与服务；探索产业融合创新模式，围绕着文化特色、旅游业态、绿色产品开展加工，开拓市场，延长产业链，整合内部和外部资源，优化资源配置，提高运营效率，实现资源的最大化利用。

第五节　本章小结

首先，本章从政策、市场、技术和学术等方面阐释了文旅产业数字化转型的背景，指出数字技术已经成为推动文旅产业深度融合的核心技术支撑和重要赋能方式；其次，通过剖析文旅产业数字化转型的理论意义和实践意义，指出文旅产业数字化转型是提升文旅产业发展质量的必然选择，同时也是适应新消费发展趋势并满足人民对美好生活需要的必然要求；再次，对国内外文旅产业数字化转型的学术进展进行了系统评述，发现文旅产业数字化转型存在数字产品应用、创新、创造等能力相对较弱，数字资源碎片化、孤立化等问题；最后，陈述文旅产业数字化转型的理论依据，对产业融合、创新和竞争优势等理论进行了梳理，并探讨了相关理论在文旅产业数字化转型中的实践运用。

总之，文旅产业数字化转型能够支撑游客科学决策、提升游客旅游体验、提高产业运行效率、优化企业服务体系、推动产业全面升级。

第二章
文旅产业数字化转型概述

数字经济作为信息产业革命的新业态新经济，已然成为世界各国竞争的"新高地"。推进文化和旅游数字化、网络化、智能化发展，推动5G、人工智能、物联网、大数据、云计算、北斗导航等在文化和旅游领域应用，是社会主义文化强国建设的重要内容。数字经济与文旅产业呈深度融合之势，有助于弥补文旅领域的短板弱项，促进文旅产业转型升级与高质量发展。

第一节　文旅产业数字化转型内涵

数字经济融入文旅产业不断衍生出新的业态和新的商业模式，数字技术赋能大大助推了文旅产业的数字化转型与高质量发展。

一　概念界定

（一）数字经济

1996年，Tapscott首次提出了"数字经济"这一概念，他认为这是由信息通信行业、企业和个人之间的电子商务活动构成的一个复杂的系统，数字经济是智慧、知识与创造力的网络结合，是创新网络化与数字信息化相结合的新经济[①]。2016年，《二十国集团数字经济发展与合作倡议》将数字

[①] Tapscott D, *The Digital Economy Promise and Peril in the Age of Networked Intelligence*, New York: McGraw-Hill, 1996.

经济定义为"以使用数字化的知识和信息作为关键生产要素、以现代信息网络作为重要载体、以信息通信技术的有效使用作为效率提升和经济结构优化的重要推动力的一系列经济活动"①。周世军和陈博文认为数字经济是以数据资源为关键要素、以现代网络信息为主要载体的新经济形态②。赵西三认为数字经济的内涵包括三个方面：一是数字经济的发展是信息网络化发展到一定阶段的产物；二是数字经济是属于社会基础设施的一部分；三是数字经济在技术经济范畴内对于推动社会变革与发展起着重要作用③。随着科学技术的飞速进步，数字经济已成为当今世界的一种全新的经济模式。吴利学和方萱认为，数字经济的核心是数据要素和数字技术，主要载体是现代信息网络④。基于此，数字经济是以信息通信技术的运用为基础，将数字化的知识、信息、现代信息网络、信息通信技术等多种因素融合在一起，利用数据资源发挥作用，从而促进生产力发展、改善生产效率、实现经济结构优化的一系列经济活动。

随着信息技术的不断进步，数字经济的本质也在发生改变，主要呈现以下几个特点。首先，数字经济所依赖的信息要素在一定程度上是非排他性的、非竞争性的，用户可以以相对较低的成本获取和交换信息。其次，与传统经济活动遵循边际收益递减规律不同，数字产品的扩张可以以"零边际成本"服务更多用户，产生网络增值效应。最后，数字经济促进了生产者和消费者之间的实时对接，促进了生产模式向定制化、个性化的转变。消费者的网络行为可以在数字时代通过大数据进行跟踪，准确定位客户群体切身需求，以实现更大程度上的深层消费。另外，数字经济还促进了产业创新，提高了区域创新效率和企业产品服务更新频率，这有助于形成区域创新竞争优势，同时缓解了信息不对称的问题，提高了市场效率。

---

① 《数字新经济 发展新动能》，中国网络安全和信息化委员会，https://www.cac.gov.cn/2019-01/04/c_1123945888.htm。

② 周世军、陈博文：《数字经济是否影响劳动力空间配置？——基于中国流动人口的微观证据》，《云南财经大学学报》2023年第2期。

③ 赵西三：《数字经济驱动中国制造转型升级研究》，《中州学刊》2017年第12期。

④ 吴利学、方萱：《中国数字经济的投入产出与产业关联分析》，《技术经济》2022年第12期。

（二）数字技术

数字技术依托信息网络搭建"信息物理系统"，将现阶段现实世界中的事物与信息进行数字化，意在关联现实世界与网络虚拟世界，从而为现实世界提供新的生产生活形式[①]。数字技术本质上是涵盖互联网、云计算、物联网、AI、信息技术等在内的一类通用的技术。数字技术的出现扩大了信息收集的范围，提高了信息搜集效率，并涌现出多样化的互联网企业，变革了传统企业的商业运作模式，极大地提高了生产效率。

对数字技术的内涵界定，应当聚焦于其产生的变革作用上，包含结合其他技术创新发展、数字技术覆盖范围扩大引起的社会变革、宏微观经济层面的变动等人类社会的进化史，可以归纳为一段连接逐渐紧密、信息化高度逐渐提升的发展历程。数字技术的普及，使得人类社会发生翻天覆地的变化，具备高度在线化与信息化的属性数据信息，已悄然代替传统发展模式下的实物交换与资本流通，成为新型推动社会发展的活力源泉。在紧密关联的虚拟世界中，人类与事物之间呈现多态势交错依存状态，风险系数极大提升。

（三）文化产业

"文化产业/文化工业"（culture industry）最初出现于 1944 年西方马克思主义法兰克福学派霍克海默和阿多尔诺所著的《文化产业：欺骗公众的启蒙精神》一文中，此文后收入《启蒙辩证法（哲学片段）》一书。霍克海默和阿多尔诺提出的文化产业包括两层含义：（1）现代文化的商品化生产制度化机制，它代表的是商业模式的文化活动的操作方式，是指商业原则下的不同种类的知识产品的生产；（2）文化的生产是具有物质性实体性的产业基础，包括电影制作、录音设施、工厂、报纸的高速印刷线、覆盖全球的广播电视台，甚至剧院、俱乐部和舞台表演等云集的大型场所[②]。作为一种特殊的文化形态和经济形态，文化产业在一定程度上影响了人们对

---

① Sood A, Tellis G J, "Technological evolution and radical innovation", *Journal of Marketing*, Nol. 69, No. 3, 2005.

② 〔联邦德国〕马克斯·霍克海默、特奥多·阿多尔诺：《启蒙辩证法（哲学片段）》，洪佩郁、蔺月峰译，重庆出版社，1990。

它的认识，现代各国从不同角度对文化产业有着不同的理解。

联合国教科文组织关于文化产业的定义如下：文化产业就是按照工业标准，生产、再生产、储存以及分配文化产品和服务的一系列活动①。韩国政府制定的《文化艺术振兴法》规定，文化产业是指用产业手段制作、公演、展示和销售文化艺术作品及文化艺术用品，并以此为经营手段的事业②。简言之，文化产业即同文化商品生产、分配、消费相关的产业。日本政府则认为，凡是与文化相关联的产业都属于文化产业。除传统的演出、展览、新闻出版外，还包括休闲娱乐、广播影视、体育、旅游等，他们称之为内容产业，更强调内容的精神属性③。2004 年，中国国家统计局在与中宣部及国务院有关部门共同研究的基础上，制定了《文化及相关产业分类》，将文化及相关产业概念界定如下：为社会公众提供文化、娱乐产品和服务的活动，以及与这些活动有关联的活动的集合④。

文化产业是文化与经济的有机融合体，具有精神与经济的双重属性。笔者认为，尽管各国政府对文化产业的定义不同，但都涵盖了文化产业的精神性和经济性等基本属性，因此可以说，文化产业是具有精神性和经济性的文化产品生产、分配、交换、消费等活动的集合。

（四）旅游产业

针对旅游产业这一概念的界定，国内外的研究各有侧重。国外学者 Mc-Intosh 从社会学角度出发，认为旅游及相关行为是非定居者在异地的短暂停留而引起的一系列消费、居住、服务等现象及关系的总和⑤。韩春鲜和马耀峰从产业角度提出，旅游业是旅游供给方为满足游客在旅游及相关经济活

---

① 转引自赵铭玮《全球化背景下中国文化产业发展战略研究》，《陕西教育（高教）》2015年第 4 期。
② 转引自谢传仓《传统而外溢：日韩英文化产业的价值取向》，《贵州社会科学》2015 年第 3 期。
③ 转引自刘红《关于文化产业发展的思考》，《中国工程咨询》2012 年第 8 期。
④ 转引自刘红《关于文化产业发展的思考》，《中国工程咨询》2012 年第 8 期。
⑤ McIntosh R，"Social tourism：1977 annual congress of aiest"，*Annals of Tourism Research*，Vol. 5，1977.

动中的各种需求，面向旅游市场提供各类旅游产品及服务的综合性产业①。

随着我国旅游产业的不断扩张，政府在国民经济发展规划中将旅游产业描述为"先导产业"和"支柱产业"。2009年，我国正式将旅游产业定义为战略性产业和归类为服务业，指出旅游产业是凭借旅游资源和相关基础设施，专门或主要从事招徕、接待游客，为游客提供交通、游览、住宿、餐饮、购物、文娱等六个环节服务的综合性行业。现实中各类旅游企业所经营提供的服务或所生产的产品都存在一定差距，但它们都有一个共同的特点——通过各自产品和服务的提供去满足同一个市场即旅游消费者的需要。因此，旅游产业是以旅游消费者为服务对象，为旅游消费者旅游活动的顺利开展创造便利条件，并为旅游消费者提供其所需要的产品和服务的一种综合性的经济产业。

基于产业经济学对产业的定义，旅游产业包含了吃、住、行、游、购、娱等旅游关键要素，故此界定旅游产业为：以旅游者为服务对象，以旅游资源为平台，在旅游活动中提供旅游产品，从而满足旅游者需求的综合产业。

（五）文旅产业

文旅产业是文化产业和旅游产业之间的相互渗透、相互影响、相互融合。文旅产业以追求最大化的效益为动力，通过相互之间的渗透融合来提升产业的竞争力。文化产业与旅游产业之间的融合存在三大条件，即市场化环境、产业间相互关联性及相互竞争。文化产业和旅游产业具备产业融合的条件和基础。

文旅产业融合能够实现文化产业和旅游产业之间的功能互补和产品相关，文化产业和旅游产业之间的融合成为当前发展的主要趋势。在数字化时代，文化产业和旅游产业加速融合，实现信息、产品和应用等相互渗透和共享。在我国，文化产业和旅游产业之间始终保持着紧密的联系，两者之间的融合具有先天优势，需要结合文化产业和旅游产业的内部结构，进

---

① 韩春鲜、马耀峰：《旅游业、旅游业产品及旅游产品的概念阐释》，《旅游论坛》2008年第4期。

行重组融合。

国外学者对文旅产业的概念研究相对较少，国内则重点从构成要素、包含关系、产业融合三个角度定义文旅产业。就构成要素而言，文旅产业由文化产业要素、旅游产业要素两大部分组成。徐群认为，文旅产业在旅游业中的地位非常高，是国家和地区历史文化的积淀和旅游市场的融合，在旅游市场中以物质遗产的形式展现国家的精神财富，主要指风景名胜、文物古迹、宗教民俗设施，以及相关的民俗礼仪、风土民情等[①]。就包含关系定义文旅产业，存在两种不同的说法，万圭认为，文旅产业应该属于旅游业的范畴[②]，邵金萍提出，文旅产业归于文化产业范畴，主要由文化产业集群构建[③]。李梦子和隋鑫提出，文旅产业是文化产业与旅游产业之间相互渗透、融合而成的一个新兴产业，表现出综合性、广泛性、多样性、关联性、扩展性等特点，可以为民俗文化类景区带来更多的收入[④]。

文旅产业是文化和旅游相互融合的产物，属于一种综合性产业，以旅游资源为依托，寻找其中包含的文化特色，帮助其发展成拥有丰富文化内涵、能够满足市场需求的旅游产品，不仅可以为游客提供欣赏美景等众多活动，为游客带来视觉上的享受，又能提供多项服务，丰富其精神文化体验，还能推动当地文旅产业的快速发展，进而取得显著的经济效益。

综上可见，文旅产业具备多重属性。在该产业发展进程中，文化一直占据着核心地位，资源则是载体，技术的发展与创新为其提供发展动力。所以，将文旅产业界定为：管理者以文化旅游资源为基础，生产具有创新精神的文旅产品，能够让游客文化需求得到满足，获得良好体验的综合性行业。

（六）文化产业数字化

数字文化产业是将数字技术和文化产业有机结合起来的产业形态。数

---

① 徐群：《文化旅游产业的定位与开发》，《北方经贸》1999年第6期。
② 万圭：《凤凰县文化旅游产业发展的思考》，《科技创业月刊》2008年第8期。
③ 邵金萍：《再论文化旅游产业的特征、作用及发展对策》，《福建论坛》（人文社会科学版）2011年第8期。
④ 李梦子、隋鑫：《文化产业与旅游产业融合发展研究综述》，《旅游纵览》（下半月）2019年第22期。

字文化产业以数字技术为依托，利用数字技术的优势对传统文化产业进行改造升级，形成一系列新兴的数字文化产业。例如，数字出版、数字音乐、数字游戏、网络视频、数字文化服务、云展播等。

数字文化产业的发展，对于推动我国经济转型升级，培育新的经济增长点，提高国际竞争力具有重要意义。数字技术的发展，为文化产业的数字化转型提供了条件，通过数字技术的应用，文化产业可以实现资源的数字化、内容的数字化、业务的数字化、渠道的数字化，提高产业的生产效率，降低生产成本，拓宽消费渠道，满足人们多样化的文化需求，促进文化产业的创新发展，提升文化产业的核心竞争力。

数字文化产业的发展，还将推动文化产业链的重构，形成新的产业生态，在产业链的上下游，带动更多的产业发展。例如，数字出版产业的发展，带动了出版印刷、电子书、电子纸、智能终端等产业的发展；数字音乐产业的发展，带动了音乐制作、音乐著作权等产业的发展；数字游戏产业的发展，带动了游戏软件、游戏机等产业的发展；网络视频产业的发展，带动了视频制作、网络播放平台、视频网站等产业的发展。

数字文化产业的发展，将进一步推动文化产业的集聚发展，带动文化产业相关产业的发展，提高文化产业的产业集聚度和产业关联度，形成新的数字文化产业集群，促进区域经济的协调发展。

（七）旅游产业数字化

旅游产业数字化转型是旅游产业围绕业务流程，将先进技术与生产服务相结合，打通数据壁垒，改变原有商业模式、组织结构、供应链协同模式，通过完善游客体验，创造新价值，实现产业协同发展和转型升级的过程[①]。

从宏观层面来看，产业外部环境发生变化时，产业自身会做出相应改变来适应。例如，数字经济蓬勃发展，数据成为经济转型的关键基础，传统产业面临生存挑战，产业自身会根据所处的地区发展状况，充分利用数字技术赋能产业升级，政府制定符合当地实际情况的特定的产业政策或成

---

① 　党红艳：《数字经济赋能旅游业转型的底层逻辑》，《经济问题》2023 年第 3 期。

立相应的专项基金等扶持政策，支持落后产业重塑商业模式，创新产品生产方式，调整组织方式，树立产业数字化发展理念。

从微观层面来看，旅游企业将进一步放大信息化效用，将新一代数字信息技术与生产业务相结合，通过扁平的数字化组织架构形态、高效的数字化业务流程、完善的客户体验、广阔的价值创造空间、新兴的产业生态，实现产业协同发展与转型升级。宋乐和刘阳阳提出，旅游产业数字化发展就是借助 3D 视觉、云计算、大数据、人工智能、高清视频等数字技术，通过对旅游信息的共享、旅游数据的交互，依靠新型基础设施完成对相关旅游产品的营销，并通过对客户需求的分析，定制个性化的旅游产品，形成全新的产业形态[①]。

综上，旅游产业数字化指的是在数字背景下，将数字技术应用到现实旅游活动的各个环节，线上线下在互动中趋于统一，从而在市场形态、组织方式和发展模式上进行革新，重塑旅游产业。

（八）文旅产业数字化

自 2018 年文化和旅游部成立以来，文旅融合发展战略对传统文化旅游业提出了新的发展要求，个性化、多元化、体验化的文旅消费趋势凸显。创造满足人民美好生活需要的文旅体验产品，成为后疫情时代文旅发展的核心竞争力。数字经济时代，数字化的加速融入对于实现文旅融合高质量发展起到了驱动作用，文化旅游数字化发展成为顺应人们文旅体验需求，打破后疫情时代文旅时空局限的重要抓手。

2017 年，文化部《关于推动数字文化产业创新发展的指导意见》提出，推动文化旅游数字化转型升级。2019 年，国务院印发的《关于进一步激发文化和旅游消费潜力的意见》指出，从供需两端发力，提升旅游产品开发的数字化水平，积极运用数字技术打造沉浸式体验型文化旅游消费内容。2020 年，文化和旅游部发布的《关于推动数字文化产业高质量发展的意见》指出，旅游景区应将创作、生产和传播向云上拓展，创新旅游表现形式。2020 年，文化和旅游部等十部门联合印发的《关于深化"互联网+旅游"

---

① 宋乐、刘阳阳：《旅游产业数字化转型发展路径研究》，《产业创新研究》2021 年第 13 期。

推动旅游业高质量发展的意见》指出，应积极引导旅游业线上线下深度融合，鼓励景区依托数字技术搭建数字博物馆等场所，充分展示特色文化内涵。2022 年，《"十四五"旅游业发展规划》将推进智慧旅游建设作为创新驱动发展的重要方向，将"互联网+"作为重要驱动力推进旅游场景化建设。由此可见，在政府出台系列政策的高位推动下，我国对于文旅数字化的发展着重强调内容及表现形式的创新和产业的融合发展。

当前，我国文旅数字化开发已走向实践层面，文旅数字化产品取得突破性进展。首先，智慧旅游成为文旅数字化的重要方向之一。通过应用互联网、大数据、人工智能等先进技术，文旅企业和景区开发了一系列智慧旅游解决方案。例如，智能导览系统可以提供游客导览、路线规划、实时信息推送等服务，提升游客的旅游体验。智能票务系统则实现了线上购票、电子门票等便捷服务，减少了游客排队等候时间。其次，虚拟现实（VR）和增强现实（AR）技术的应用为文旅产业带来了全新的体验和互动方式。通过 VR 和 AR 技术，游客可以身临其境地参观名胜古迹、体验历史文化，增强了旅游的趣味性和吸引力。同时，VR 和 AR 技术也为文旅企业提供了创新的推广和营销手段，通过虚拟展示和互动体验吸引更多游客。最后，文旅数字化还促进了文化遗产保护与展示方式的创新。利用数字化技术，文化遗产可以进行数字化保护、三维重建和虚拟展示，使得更多人能够远程欣赏和了解这些珍贵的文化遗产。同时，数字化展示也为文化遗产的传承和推广提供了新的途径，使得传统文化能够与现代技术相结合，得到更广泛的传播和认识。

综上所述，文旅产业数字化可以界定为：以消费需求为导向，将互联网大数据、人工智能、虚拟现实等信息技术运用于文化旅游产业各环节，进而创新文旅产品供给，丰富文旅业态，重构消费空间，实现传统旅游业在数字化时代的转型升级。但需注意，文旅产业数字化发展并不意味着数字化旅游业态完全替代传统文旅产业，传统文旅产业是文旅数字化发展的基础和依托，数字化作为一种技术手段，必须与旅游实体经济相结合才能发挥实际效用，两者相互融合、互为补充。

文旅数字化具有以下特征，一是跨界融合性，数字技术作用下，文化与旅游产业链不断延伸，催生出跨界融合的新业态与新模式，同时文旅产业与其他相关产业的行业壁垒逐渐消失，形成横向相通、纵向串联的产业升级模式。二是双向互动性，数字技术打通线上线下营销场景，依托大数据资源，为消费者提供定制化、差异化产品和服务，极大地提升文旅产品的互动性。三是产品虚拟性，文旅数字化是基于数字支撑交互手段等虚拟现实技术而形成的文旅消费形式和内容非实体性的产品及体验场景，脱离数字技术就无法呈现。四是沉浸式体验，通过 5G、虚拟现实智能交互等数字技术，创造出线上线下相结合的沉浸式体验场景，为消费者带来多维感官体验，引发消费者情感共鸣，推动旅游目的地特色化、差异化发展。

二 内在机理

（一）数字经济赋能文旅产业深度融合的内涵阐释

数字经济作为引领科技革命、产业经济发展的重要引擎，其概念最早由 Don Tapscott 于 1996 年提出①，且历经信息经济、互联网经济等概念范畴的发展演变，可分为狭义和广义两个层面。狭义层面，数字经济即围绕信息通信技术与数字化程度较高的产业而展开的一种产业经济活动②；广义层面，数字经济是一种新兴经济形态，主要涵盖由数字技术应用与经济社会融合拓展衍生的一系列经济活动以及社会现象，如俄罗斯经济发展部将数字经济概念阐释为以国家利益为发展导向，在生产、经营、管理等活动中普遍应用现代化信息技术的一系列经济活动③。

产业即由利益相互联系的、具有不同分工的、各个相关行业所组成的业态活动的集合。就文化产业与旅游产业而言，其具有产业共性，同时也蕴含不同行业的专属特征。文化产业即以文化为基础，以经营符号性服务

---

① Don Tapscott, *The Digital Economy: Promise and Peril in the Age of Network and Intelligence*, NewYork：McGraw-Hill Publishing Company, 1996.

② 孙文明：《中国数字经济高质量发展的应对策略》，《数据》2021 年第 C1 期。

③ 许宪春、张美慧：《中国数字经济规模测算研究：基于国际比较的视角》，《中国工业经济》2020 年第 5 期。

和产品为主体的一系列活动，如文学艺术创作、音乐创作、摄影、舞蹈、工业设计与建筑设计等[①]；旅游产业是以满足游客旅游消费需求为目的而在旅游活动过程中提供各种旅游产品与服务的活动，旅游景区、生态环境等是旅游产业的核心资源[②]。

从产业融合层面审视，文旅产业融合，即文化产业与旅游产业深层次地相互渗透、相互交叉，最终形成新产业、新业态与新模式的过程。自数字经济高速发展以来，大数据、物联网、云计算与人工智能等数字经济要素为文旅产业深度融合发展创造了更多新途径、新渠道。例如，利用5G通信、物联网、VR、AR等数字技术，打造深度体验的场景式文旅产品，通过智能可穿戴设备与移动端App，开发文旅融合线上虚拟服务，使文旅消费者足不出户便可领略到不同地区的自然风光，从而驱动文旅产业边界逐渐模糊、经济活动交互更加频繁、资源不断被开发利用。

可见，数字经济赋能文旅产业深度融合，即利用数字技术、数字基建、数据信息等关键要素，为进一步充分满足广大人民群众多样化的需求，推动文化产业与旅游产业对原有产业链进行重组解构，通过诸如生产要素渗透、资源流通共享、功能交叉互补等途径，推动文旅产业日趋融为一体，逐步形成新产业、新业态与新模式的动态发展过程。

（二）数字经济赋能文旅产业深度融合的内在逻辑

文旅产业链是为了满足消费需求而提供文化旅游产品及服务的企业生产链条，其主要由上游资源端、中游开发端、下游运营端与用户消费端构成，分别对应文旅产业中的核心产业、主体产业、关联产业与消费群体[③]。以数字技术、数字基建与数据信息为核心的数字经济要素，以赋能文旅产业上游资源端、中游开发端、下游运营端与用户消费端交融互嵌的方式促

---

① 张爱红、郭梓锋：《现代化视阈下中国文化产业的变迁及其动力分析》，《当代世界社会主义问题》2021年第4期。

② 邹昀瑾、姚芳虹、王东敏：《新时代体育健身休闲业供需协调与高质量发展研究》，《北京体育大学学报》2020年第7期。

③ 张莉、王谦驰：《中国旅游扩展核算投入产出表的编制研究》，《陕西开放大学学报》2022年第2期。

进三者深度融合。

首先，上游资源端主要由文旅行业中的资源控制方组成，主要是对文学素材、创意内容、赛事 IP、文娱项目、自然景观与游乐设施等原创要素的设计，决定着文旅产业发展效率与质量的整体水平。在大数据、物联网、云计算与人工智能等数字技术赋能驱动作用下，文旅产业内的生产原料、内容素材逐渐实现流通共享，单一产业上游生产要素逐渐出现其他产业专属内容，文旅产业在上游资源利用过程中，逐渐实现单一化向多样化的转变。

其次，中游开发端是承接上游资源端的关键环节，聚焦对原创要素的研发与转化，即借助人工智能、全息成像、物联网、AR、VR 等数字技术与数字基础设施，实现文旅产业在中游开发端的渠道扩增与服务协同。打造体验式消费场景是文旅产品共同的价值追求，通过打造交互式体验式的多渠道消费场景，联结文旅融合的核心产品层，重塑产业融合的内在价值，诸如打造线上文艺汇演、智能景观路径等新产品、新服务，进一步赋能文旅产业中游开发端有形产品与无形服务开发的深度交融互嵌。

再次，下游运营端主要聚焦于资源运营与品牌营销，即通过整合产品、市场与销售等资源和手段放大资源要素价值，以提升文旅产业经济效益，数字经济的出现有利于文旅产业下游运营端实时互联。数字经济时代，消费者对文旅产品与服务的需求，不再局限于单一的观赏层面，即客观上要求文旅企业在市场运营、市场营销方面，探索更灵活、更具弹性的组织模式。在数字经济持续赋能下，文创商品供应链逐渐缩短，原本影响商品加工环节效率的地域、运输等不利因素逐渐消解，在提升文创商品营销效率的同时，也推动文创商品向文化与旅游资源延伸。此外，数字经济在降低文旅企业间协调成本与交易费用的同时，跨地区、跨行业的文旅企业，能够通过如移动端 App、社交媒体等数字平台，快速抢占市场、分摊费用和获取利润，助力文旅产业深度融合。

最后，用户消费端是文旅产业链的最终消费环节，传统依据电话调研、实地走访获取文旅消费者反馈的方式，已然难以厘清其显性与隐性需求。

数字经济通过挖掘与识别文旅消费者结构性、半结构性与非结构性数据，如文旅消费偏好、个人文化倾向与旅游信息数据等，厘清文旅消费者在消费行为中所展现出的对"旅游+文化""旅游+"等有形产品与无形服务的倾向与偏好，并将数据计算结果实时反馈至文旅产业的上游资源端、中游开发端与下游运营端，从而打通文旅企业内部、文旅企业与消费者、文旅产业链供应链上下游间的信息壁垒，推动文化、旅游企业以最快速度响应消费者的即时需求，形成良性的数据信息流通闭环，从而赋能文旅产业进一步深度融合。

三　产业特征

数字文旅产业包括数字文旅内容与数字文旅产品，数字文旅内容通过文本、语音、图（影）像等呈现，数字文旅产品通过数字化手段，实现数字文旅内容的整合与应用①。具有独特的物理特征、典型的产品特征、显著的经济特征及特殊的市场特征。

（一）独特的物理特征

1. 稳定性和可变性

数字文旅产品的核心组成部分是由"0"和"1"所组成的具有使用价值的字符串，这种字符串的排列顺序不会发生改变，产生之后就可以永续存在，只要使用和储存方式正确，在物理载体完好的情况下，使用频次的多少并不影响产品的质量。如若载体遭到破坏，数字文旅产品的可复制性也会让产品以较低成本进行复制备份，转移到新的载体上进行使用，因此具有强稳定性。同时，数字文旅产品可根据消费者需求进行定制或修改，具有可变性，产品生产较为灵活。

2. 可复制和传输快

可复制是数字产品的普遍特性，由于产品复制的边际成本几乎为零，与高额的初始投资相比较，复制成本的低廉可为产品的生产带来丰厚的利润。同时，源于文化旅游销售视觉财产和文化符号的特殊性，非法复制等

---

① 黄永林：《文旅融合发展的文化阐释与旅游实践》，《人民论坛·学术前沿》2019 年第 11 期。

侵犯知识产权的行为或限于数字文旅实体产品。此外，数字文旅产品通过网络可以在极短的时间内进行跨地域交换或者共享，诸如多端实时互动，可实现即时购买和即时获得的超快体验。

（二）典型的产品特征

1. 高度模块化

源于元数据的设置方式和底层数据的丰富性，为目标客户快速获取有效数据和搜集实效数据，成为数字文旅产业交互服务和个性服务的目标导向，通过一对一、一对多、多对一等模块化的差异化服务和个性化服务，实现指定源内容依据标准转换为本地目标内容，诸如数字敦煌、数字故宫、数字黄鹤楼、数字黄果树等数字文旅产品的成功范型。

2. 双向互动性

源于生产者和消费者的双向需要，网络两端或多端的信息沟通和对话，成为数字文旅产业的基本特征，诸如虚拟旅游、智慧旅游和数字旅游的嵌合，通过"发送信息—接收应答—反馈信息—做出解释"的实时互动实现服务。限于数字文旅产品的供需矛盾，即时的双向互动产品大多是专属定制，仅对特定个体产生价值，但随着个性化需求的高涨，一对多或多对多的交互产品或将成为新的增长极。

3. 显著时效性

数字文旅产业高度依赖时效，产品的时效性不仅决定产品本身的时间依赖，消费者也可决定产品是否为时间依赖型产品，这种现象主要取决于消费者对信息需求的时效性，如果能及时获得这一信息，则该产品具有价值，而超过了对信息需求的时间段，信息于消费者而言则不具价值。诸如平均效用递减的影片、电视剧等数字文旅产品，会随着播放次数的增加以及投放市场时间的延后而效用递减。

（三）显著的经济特征

1. 非排他性

数字文旅产品的非排他性主要体现在两个方面：产品交易的非排他性，同一数字产品可以被无数次交易，并且每次的交易成本几乎为零；产品消费的非排他性，同一数字产品可以被不同的人在同一时间消费，且产品价值和效用不会受到影响。诸如数字黄鹤楼中 AI 照片合成功能可供多人使用，合成照片的质量和内容不会因使用人数的多少而发生变化。

2. 消费偏好

消费者购买数字文旅产品由自我偏好和推荐算法共同引导。一方面，消费者因娱乐需求、商务需求、教育需求等要求满足个性化需求的服务；另一方面，生产者根据流行度算法、内容推荐算法、关联规则算法、协同过滤推荐算法、模拟推荐算法或混合推荐算法，实现精准服务投送。

3. 高附加值

附加值是经济主体创造出来的产品价值，是在产品原有的价值基础上，在生产过程中通过劳动所创造出来的新的价值。体现在数字产品上，就是通过技术创新和创意所创造的附加值，这也是数字文旅产业的重要特征。例如，文旅游戏推出后，消费者通过选择游戏人物开始体验游戏，生产商则会不断升级人物道具装备、服装、技能，以这种高附加值的特性，获得高于游戏本身的利润。

（四）特殊的市场特征

1. 产品虚拟性

数字市场首先是一个买卖市场，买卖双方通过市场进行数字产品的交换，凭借数字技术获取信息。由于数字产品并非实体产品，所以具有虚拟性特征①。传统产品的交易平台是有形的，而数字产品的交易平台是无形的，买卖双方在特定的数字化环境中完成交易行为，当网络不存在的时候，市场也会随之消失。由于搜寻成本较低，数字市场呈现出透明特征，数字产品的阶段价格都会被搜索到，这种完全透明的市场也是完全竞争的市场，市场参与者都能从中获取信息。

2. 规模无限性

数字市场是建立在互联网上的，由于互联网没有界限，具有市场规模

---

① 范周：《数字经济变革中的文化产业创新与发展》，《深圳大学学报》（人文社会科学版）2020 年第 1 期。

无限性的特征，网络无限的时空范围为数字市场提供了广阔的交易空间，没有地域、文化、国界的限制，可实现自由交易。网络是一个由一系列接入标准定义的开放系统，数字市场建立在这样一种开放的系统之中，必然就有了进行开放市场交易的技术基础，只要建立起一整套的市场进入规则和交易规则，就形成了一个开放的市场。数字市场就是信息传递和处理传递的数字化过程，计算机系统的数据处理能力成为交易的技术支持。

四　主要类型

（一）文旅信息的数字化

文旅信息可分为以下类型：一是相关文字介绍、游记、摄影、图片、宣传片、电影、电视、音乐、动漫、绘画、设计等文旅内容信息；二是可观赏的文物、建筑、园林等文旅景观信息；三是演艺、节庆、会展等文旅活动信息；四是食、住、行、游、购、娱等文旅商品信息；五是区域、线路、节点等文旅空间信息。文旅信息有的来自专业人员和机构，还有很多来自普通游客和自媒体。文旅信息的数字化，包括信息的数字化采集、存取、处理、展示和传播等。

1. 文旅信息的数字化采集

文旅信息的数字化采集，可利用数字摄影、三维扫描、三维建模、无人机航拍、卫星遥感等技术，其原则是尽可能保留信息的真实性和完整性，保留文化的精神内核和独特魅力。例如，敦煌莫高窟文旅景观的数字化采集。

2. 文旅信息的数字化存取

数据库是文旅信息数字化存取的主要工具和平台。文旅信息的数字化存取，需要符合特定的标准和规范，需要以归类、整合和管理为前提。当前，我国的文物大数据工程加快推进，文物资源正在转化为可以永久保存、永续利用的数字资源，文物信息正由束之高阁转为社会共享。

3. 文旅信息的数字化处理

大数据、三维建模、图形处理、人工智能等技术，在文旅信息的数字化处理中有较多应用。例如，建设文旅产业大数据中心和平台，运用大数据技术处理文旅信息，分析游客的需求信息，并预测未来的市场需求，进而提高文旅云的服务能力。2020年上半年，全国5000余家博物馆成为传统文化数字化传播的主阵地，网上观众总浏览量超50亿人次。"数字故宫""云游敦煌""文物带你看中国"等数字化产品面向全球推广。

4. 文旅信息的数字化展示

与传统展示方式相比，文旅信息数字化具有展品无限复制、呈现方式多样、信息内容丰富、不受时空限制、方便检索研究等优势。数字影音、立体成像、全息投影、增强现实、虚拟现实、人机交互、智慧导览等展示技术的应用，能够提高游览的趣味性、参与度和沉浸感。例如，阿皮亚古道建于公元前312年，很多著名的历史事件与其相关。文博设计人员采用增强现实技术，再现了这条古道的历史事件。在一公里左右的路段中，游人通过智能手机就能了解相关的历史事件。在返程途中，该路段还能检验游人对历史事件的掌握程度①。

5. 文旅信息的数字化传播

借助微信、微博、抖音、游戏等互联网应用工具，文旅信息的数字化传播具有更大程度的多样性、便捷性、趣味性、交互性和体验性，更符合大众碎片化、情感化、故事化的接受习惯，更能吸引网络用户积极参与，进而有效提升文旅产业的传播效应。例如，西安市旅游发展委员会与抖音合作开展有关西安的传播主题挑战、抖音达人深度体验、宣传短片制作等活动，使西安迅速成为网红打卡地。2019年春节和清明假期，西安的游客人数同比增加了六成和四成，可见其与抖音合作的效能不容小觑②。

（二）文旅管理的数字化

1. 文旅行业管理的数字化

文旅行业管理主要是政策法规制定、体制机制完善、发展环境营造、

---

① 崔晋：《增强现实技术在非物质文化遗产中的传播应用——以"太平泥叫叫"交互展示为例》，《传媒》2017年第22期。
② 宋朝丽：《新文创时代城市文化发展新模式》，《出版广角》2019年第12期。

文旅市场监管等。文旅行业管理的数字化，能够形成参与主体更加多元、信息交流更加通畅、内外联系更加紧密、资源配置更加优化、产业融合更加深化、附加值和利润率不断提高的文旅产业发展体系。

2. 文旅企业管理的数字化

文旅企业管理主要是进行组织管理、生产管理、营销管理、人力资源管理等。文旅企业管理的数字化，能够增强其柔性化、敏捷化、精益化程度，能够提升其对消费需求变化的响应能力，能够减少文旅供需环节、降低文旅各项成本、提升文旅经营绩效。

（三）文旅服务的数字化

1. 文旅信息服务的数字化

旅游前，游客可通过网络平台查看目的地、文旅商品、配套服务的相关信息，提前做好出行规划。旅游中，游客可通过搜索、预订、扫码、人脸识别等信息服务，进行食、住、行、游、购、娱等活动，并了解目的地的文化知识、历史故事、自然景观、特色饮食、游客人数、道路交通及停车场情况等；同时，文旅企业通过网络应用、反馈、游客评价等信息，充分而精准地了解游客偏好，更好地为游客推送文旅信息和介绍文旅产品。旅游后，游客还可继续享受文旅信息服务，上传自己的旅游攻略、心得、游记等，实现不同游客之间的互动交流。

2. 文旅体验服务的数字化

文旅体验服务的数字化，往往要借助虚拟现实（VR）、增强现实（AR）、3S（全球定位系统 GPS、地理信息系统 GIS、遥感系统 RS）等技术。VR 技术能够提供虚拟场景体验，让人沉浸其中并以语言、动作进行实时交互；AR 技术能够将虚拟场景与现实环境叠加、整合呈现，让人增强文旅体验，如数字圆明园的增强现实系统、敦煌莫高窟的"纯净之地"；3S 技术能够更好地获取、处理、监测、更新空间信息，如文化遗产遗址和景点数据库的 3S 技术应用。此外，数字文化产业与旅游产业的融合，能更大范围地实现文旅体验服务的数字化。例如，2019 年，云南省与腾讯共同实施"新文旅产业 IP 战略合作计划"，将腾讯的文学、影视、动漫、游戏、电竞等数字文化产业，与云南省的旅游产业有机融合，打造以"自在云南"IP 为核心的数字化文旅产业①。

（四）文旅商品的数字化

文旅商品是具有文化内涵的旅游商品，如工艺美术品、旅游纪念品、文旅装备等。利用数字技术，可将虚拟的文化内容叠加在文旅商品上，用户可通过智能手机对文旅商品的内容进行感知，使商品上原本没有的内容得以呈现，从而扩增其文化承载空间，提高其文化承载能力。利用数字技术，可进行文旅商品的辅助设计。例如，以数字技术将民族文化元素运用到文旅商品设计中，赋予文旅商品以民族文化内涵和附加价值。

（五）文旅消费的数字化

文旅消费的数字化，离不开数字化消费终端和相关的互联网企业。腾讯、优酷、字节跳动等互联网企业有着庞大的线上消费群体。与这些企业合作，能够有效实现文旅消费的数字化。2017 年，敦煌研究院与腾讯共同实施"数字丝路"计划，设计了一系列活动，如"数字供养人"活动。该活动从敦煌文化的形象、内容、意义入手，整合腾讯的 QQ 音乐、《王者荣耀》、腾讯地图等产品和服务，打造文创、音乐、游戏、导览等新型 IP 并联动"丝绸之路（敦煌）国际文化博览会""解码敦煌——数字丝路文化展"等线下活动，形成线上线下共同发力的敦煌文化体验方式，给敦煌的文化旅游创造了全新可能。此外，敦煌主题的音乐会、敦煌诗巾定制、敦煌景区的智慧小程序、探索 AI 修复受损壁画等，都将敦煌的文化通过腾讯在互联网传播，吸引了广大用户尤其是年轻用户的关注和参与②。

五　价值意义

数字技术通过对资本、人才、文化等要素的整合，加速了扁平化、个性化、互动化和平台化生产方式的涌现，触发文旅产业业态创新、模式创

---

① 《文旅融合高质量发展大有可为》，《中国文化报》2020 年 5 月 22 日，第 4 版。
② 宗少、刘子建：《丝绸之路沿线传统文化数字化发展路径探析——以敦煌"数字供养人"计划为例》，《出版广角》2019 年第 23 期。

新与生态蜕变，拓展了文旅产业的生产和服务空间。此外，数字技术可以将我国优秀的文旅资源匹配先进科技，实现"规模效益"与"个性化、特色化"并存，创造出具有中国特色、中国风格、中国气派的优秀文旅产品，增强中华文明的传播力和影响力。

（一）数字技术重塑文旅产业价值链

数字技术不断地将传统的文旅产业进行分解和重构，将文旅产业线性价值链变为开放协同的立体式网状价值链。

在内容创意生产阶段，以数字技术赋能文化和旅游融合发展，一方面可以进一步深入挖掘和利用不同时期和业态的文旅资源，将其转化为多元多样的文旅产品和服务，拓展文旅资源的应用场景，如虚拟博物馆、数字艺术展览、数字演艺等；另一方面，可以加速文化创意对传统旅游业的赋能，促进传统旅游产业与新兴文化产业共生互融，创造出更多符合消费者多样性体验需求的文旅产品，如沉浸式园林演艺《浮生六记》。

在发行营销阶段，数字技术可以使文旅产品和服务以"平台+体验""平台+内容"等多种方式打动和"浸润"消费者，使消费者爱上并自发成为文旅产品和服务的"营销人"。此外，依托数字云、区块链等技术搭建的文旅消费智能服务平台和小红书、哔哩哔哩等手机 App，为文旅产品和服务的营销提供了便捷高效的传播渠道，加速了数字文旅贸易的发展，使具有地方特色的文旅产品和服务快速被消费者所知晓，如"淄博烧烤""大唐不夜城""只有河南"的出圈。

在消费者使用或消费阶段，数字技术可以将地方特色文化元素加快融入城市更新中，加快培育具有地方特色、可感知、可参与的文旅消费场景。通过大数据、智能聚合等数字技术，还可以精准分析文旅消费偏好，为其提供个性化的文旅体验，如定制旅游行程等。此外，消费者可以通过发帖和评分，对文旅目的地和旅游服务进行实时反馈和分享。

在衍生产品开发阶段，数字技术可以加速推动传统文旅产品的核心创意与其他产业跨界融合，开发设计出多元业态的文旅衍生产品，催生"文旅+制造""文旅+金融""文旅+演艺""文旅+非遗"等新业态、新模式、新场景。

（二）数字技术变革文旅产业运营模式

数字技术强调数据分析与管理，大数据技术可以收集、整理和分析游客数据，创新数据驱动的运营决策，从而为文旅企业提供决策支持和战略指导。运营者可以根据人工智能和推荐算法精确把握游客的偏好，推荐符合其兴趣的景点和文化体验活动，制定更符合消费者需求的个性化产品策略和市场营销方案，提升消费者的满意度和忠诚度，进一步加速推进文化和旅游深度融合。

数字技术的深入发展使文旅企业间垂直的合作关系演变为扇形联盟合作关系，促使更多的自由职业者、"柔性团队"涌现，加速不同平台间的资源整合与信息共享，如文旅企业可以通过在线平台和应用程序，与酒店、航空公司、交通运营商和文旅活动提供商建立合作关系。此外，基于数字技术构建的文化与旅游融合的跨行业合作平台和生态系统，可以促进文化机构、旅游企业、创意设计师协同开发文化旅游产品，促进文化产业与旅游产业之间的信息共享、价值共创。

（三）数字技术提升文旅资源利用效率

资源要素投入是我国文化产业和旅游产业发展的主要驱动力。我国文旅资源丰富，但不少地方对其的利用还停留在"原生态"的层面，许多嫁接科技和创意形成的文旅产品和服务，由于缺乏对消费者需求的精准把握，并没有产生较好经济效益，资源优势未能转变成产业优势。推进文化与旅游深度融合的目的在于，通过区域间的资源整合、分工协作、要素自由流通，提升区域文旅产业竞争力。这就要求实现文旅要素在区域间的整合和跨区域的文旅交易网络的形成，这种整合首先需要实现的是市场参与主体的跨区域、跨部门、跨产业整合，而数字技术的应用可以唤醒"沉睡"的文旅资源并加以整合，加速文旅生产要素与产品的高效流通，加强市场主体间的关联互动、跨界互融，提升产业链供应链韧性和安全水平，优化文旅资源配置，提升文旅产业的全要素生产率。此外，数字技术的广泛应用，可以高效推动我国地域文明探源工程和大运河文化带、国家长江文化公园

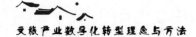

的高质量建设，使共同的文化资源流动起来、彰显出来，浸润城市发展和市民生活，实现"文化资源共享""文化氛围共营""文化品牌共塑""绿色生态共享"。

（四）数字技术引领文旅产业转型升级

作为两个相互交融的产业，文化产业和旅游产业具有天然的互补性和统一性，可以双向赋能，具备产业转型、提质升级的内在动力。文化和旅游深度融合可分为渗透融合、延伸融合、重组融合与一体化融合四种类型，并依次递进。文化产业和旅游产业互动升级的底层逻辑在于文化属性能够满足消费者的精神需求，数字技术加速了文化产业向旅游产业领域的延伸，为旅游产业开辟了更大的发展空间。

此外，数字技术在引领文化产业和旅游产业的互动升级过程中，可以联动其他产业，提高产业链创新链协同水平，同时构建起多平台、广互联、高效率的"从消费者到生产者，再由生产者到消费者"的闭环反馈机制，加速自媒体生产力与弹性生产方式出现，推动文旅产品和服务的供给模式从"生存型、数量型"向"享受型、质量型"转变，解决中国文化企业和旅游企业发展的"波特之问"形成新的生产力，构建新的竞争优势，实现文旅产业从"圈地自萌"到"破际出圈"。

第二节　文旅产业数字化转型内容

随着大数据、人工智能、5G 等现代信息技术的发展，数字化已经成为我国经济高质量发展的关键和重点。数字技术不仅给文旅产业带来广泛而深远的影响，也加快了两产业间的融合，数字技术的应用与发展，推动了文旅产业的产生与发展，也让大规模的文旅消费成为可能，进而革新文旅产业的发展模式。

一　发展背景

（一）文旅融合是数字文旅形成的原生力

文化是旅游的灵魂，旅游是文化的重要载体，文化和旅游具有天然的耦合性。数字文旅将数字技术与文旅产业进行深度融合，实现新一代沉浸式、体验型文化旅游消费。近十年来，从中央到地方各级政府部门，出台了众多促进文化与旅游融合的重要文件，如 2009 年文化部和国家旅游局联合下发了《关于促进文化与旅游结合发展的指导意见》，提出积极采取措施加强旅游与文化的结合。2018 年 4 月新组建的文化和旅游部正式挂牌，标志着文旅融合发展进入新时代，文旅融合观念已经上升为国家层面的战略思维。在政府的高位推动下，文旅产业投资持续走热，出现全面爆发并演绎出精彩纷呈的发展格局，这极大地促进了数字文旅的发展。

（二）数字经济是数字文旅形成的沃土

在云计算、大数据、物联网等新技术的支持下，数字经济的发展已进入快车道，新业态、新产品、新服务层出不穷。在信息技术强力推动下，我国文化服务业不断开拓创新，获得了前所未有的蓬勃发展。旅游业也搭上了数字经济的快车，智能化旅游产品不断涌现，重构着旅游产业链。2019 年中国在线旅游市场交易规模达 10059 亿元，在线用户数量达 4.13 亿人[1]。数字经济对普通百姓日常生活也产生了重要影响，表现最为突出的是社交、新闻、购物、视频等各类手机 App 的广泛使用，其中旅游住宿和文化艺术等相关的手机 App 使用相当频繁，充分表明数字经济已经深入人们日常生活，数字文旅已经有一大批爱好者和参与者。

（三）科技发展是数字文旅形成的支撑

自 1999 年携程集团创建起，中国的旅游企业便以科技作为经济发展的重要生产要素和重要动力，服务于大众日益增长的在线旅游需求，形成了在线旅行、在线租赁、旅游互联网金融等新业态。科技发展尤其是智能手机的普及，给旅游业带来了翻天覆地的变化，"科技+旅游"已经被越来越多的旅游者熟识。科技推动旅游消费升级，不仅体现在消费规模扩大、消费意愿提高等方面，也体现在消费内容、消费方式、消费质量改变等方面。以人工智能、物联网和区块链等为代表的新一代数字化技术，正在加速对

---

[1] 《中国在线旅游立于新起点》，中央文化和旅游管理干部学院网站，https://www.cacta.cn/detail_BigData.aspx？BDid=2153。

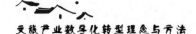

文化产业和旅游产业的渗透与变革，潜移默化地改变着游客的需求、行为与体验，加速文旅在需求侧、供给侧和管理侧全面变革。

（四）消费升级是数字文旅形成的助推器

随着居民可支配收入大幅提升，旅游消费升级成为必然趋势。从旅游消费群体看，"95后"的Z世代逐渐成为消费的主要群体，旅游消费需求愈加呈现个性化、多元化趋势，消费者追求小众化、圈层化、个性化和价值实现的旅游体验。在人们愈加重视旅游体验的观念下，数字创新驱动下的文旅融合已经大规模走向了实践层面，走进了大众日常生活，如数字故宫、数字敦煌等工程带来的文物保护性修复和沉浸式游客体验。以虚拟现实为代表的可视化技术，将成为文旅产品重要的推介和评价手段，通过聚合社交媒体上的视频、评价等大数据并添加标签，通过人工智能识别、推送形成全场景闭环，能把游客的兴趣点与产品开发、盈利有效结合起来，做大做强文旅产业。

二　发展脉络

（一）文化产业数字化发展进程

1. 萌芽阶段（2006~2008年）

根据1996年欧盟提出的概念，数字文化产业又被称为"数字内容产业"。信息产业与文化产业相结合的提法，在2000年发布的《中共中央关于制定国民经济和社会发展第十个五年计划的建议》中就有所体现，这正是数字内容产业产生的基础。2006年，在上海市的政府工作报告中，首次出现了数字内容产业这一概念，该报告将数字内容产业归为以电信服务、数字内容等为重点的信息服务业。随后，2006年3月审议通过的《中华人民共和国国民经济和社会发展第十一个五年规划纲要》，从宏观的、系统的国家层面为数字内容产业的发展指明了方向，其中包括鼓励数字内容产业发展、丰富中文数字内容资源等相关政策。在加快科技创新的相关部分中，要求进一步推动文化与科技的融合。其他相关部门也发布了相关政策，国家发展改革委牵头起草的《高技术产业发展"十一五"规划》对数字内容产业的规划范围进行了具体的界定。信息产业部出台的《信息产业科技发展"十一五"规划和2020年中长期规划纲要》明确规划了15个领域发展的重点技术，涉及数字内容产品等内容。中共中央办公厅、国务院办公厅印发的《国家"十一五"时期文化发展规划纲要》，要求"十一五"时期要重点发展数字内容产业、民族动漫产业等内容。在2007年党的十七大报告中，提出了要运用高新技术培育文化业态的要求，这也是对数字内容产业发展的要求。

2. 认识深化阶段（2009~2016年）

国务院常务会议于2009年7月审议通过的《文化产业振兴规划》，将数字内容产业以及动漫产业明确作为重点发展产业，同时也将发展新兴文化业态列为发展重点；更进一步围绕数字内容产业各细分领域，对其产业链、技术研发以及基础资源等内容进行了阐述。在此之后，数字文化产业开始步入了平稳发展的阶段。国家政策层面的定位也有所调整，数字文化产业的发展核心由单一的、明显倾向的信息技术转变为信息技术和文化内容并重。国务院在2010年10月发布的《关于加快培育和发展战略性新兴产业的决定》中明确提出，大力发展数字虚拟技术是促进文化创意产业发展的核心内容。2011年3月出台的《中华人民共和国国民经济和社会发展第十二个五年规划纲要》，从两个不同部分再次强调了要大力发展数字内容产业。随后，国家发展改革委发布的《产业结构调整指导目录（2011年本）》，将与数字内容产业相关的多个项目列入鼓励类目录中。科学技术部于2011年7月发布的《国家"十二五"科学和技术发展规划》，进一步明确要加强科技与文化的融合，同时持续深化文化资源数字化等内容。2012年11月党的十八大报告中，与数字内容产业相关的部分提出了要加强网络内容建设以及网络社会管理，这说明国家已经开始注意数字内容产业发展带来的管理问题。2016年国务院印发的《"十三五"国家战略性新兴产业发展规划》，进一步把数字创意产业列入国家战略性新兴产业范畴内。

3. 全面重视阶段（2017年至今）

文化部于2017年4月发布的《关于推动数字文化产业创新发展的指导

意见》，对"数字文化产业"的概念进行了官方界定。此外，从战略层面明确了数字文化产业的两大发展方向：从供给和需求两个角度优化产业结构以及促进产业融合。从数字文化产业的定义"以文化创意内容为核心，依托数字技术进行创作、生产等"中可以看出，数字文化产业的实质就是数字经济与文化产业的融合。国务院发展研究中心和中国社会科学院于 2019年 8 月共同发布的《中国数字文化产业发展趋势研究报告》显示，我国2017 年数字文化产业增加值已达 1.03 万亿元以上，可见我国数字文化产业将迎来新一轮的快速发展阶段。2020 年 10 月，党的十九届五中全会明确提出了要推进公共文化数字化建设以及实施文化产业数字化的发展战略。文化和旅游部于 2020 年 11 月颁布《关于推动数字文化产业高质量发展的意见》，该意见结合了国家重大区域发展战略，引导数字文化产业与具体区域发展战略相结合，更加突出了国家和社会的发展大局。文化和旅游部于2021 年 5 月印发的《"十四五"文化产业发展规划》提出，要加快发展新型文化业态、强调科学技术在传统文化产业中的应用等内容。2022 年 5 月，中共中央办公厅、国务院办公厅印发《关于推进实施国家文化数字化战略的意见》，该意见明确了 8 项任务，对于建设文化数字化基础设施以及未来的国家文化大数据体系等内容进行了全面规划。党的二十大报告明确提出"推进文化自信自强，铸就社会主义文化新辉煌"，进一步推进了国家文化数字化战略，这充分说明了国家对于数字文化产业建设的高度重视。

（二）旅游产业数字化发展进程

1. 萌芽阶段（1980~1996 年）

1981 年，中国国际旅行社总社引进 PRIME550 型超级小型计算机系统。中国企业开始重视使用计算机来处理业务主要数据，进行财务管理和数据统计，这是我国旅游信息化的开端。但受到数字化技术水平的限制，这一阶段的旅游数字化水平较低，还处在萌芽阶段。各级旅游管理部门分别建立了网络管理系统和目的地营销系统，并积极开展旅游信息网和机房的基础建设。1996 年，国家旅游局信息中心正式挂牌运转。这一阶段，将 Internet、多媒体、CD-ROM 等技术作为核心技术支撑，将计算机技术应用到研发、生产、销售等社会生产的全过程，开启了我国旅游数字化的接入时代。

2. 准备阶段（1997～2006 年）

1997 年，首次全国信息化工作会议在北京召开。因此，1997 年被称为中国互联网元年。这一年，国家旅游局在互联网平台上开通了中国旅游网，分类展示中国旅游相关的资讯，向全球推介中国旅游目的地和旅游须知。1999 年，携程、艺龙的成立，意味着我国在线旅游平台的建立。进入 21 世纪后，互联网快速发展，旅行社和酒店开始探索旅游电子商务模式，即通过内部管理系统实现信息发布、在线预订，方便旅游消费者进行旅游活动。2003 年非典疫情突袭打击了在线旅游业，在线旅游平台开始探索新的商业模式。国家旅游局及各地旅游相关部门扶助中国旅游信息网站及覆盖全国的旅游信息管理体系建设。历经 4 年，携程在 2003 年上市，一时间，许多在线旅游平台诞生，为旅游数字化启动奠定了坚实的基础。

3. 启动阶段（2007～2013 年）

2007 年，第一台苹果手机发布，标志着智能手机的出现，智能手机使得数字化信息的获取更加高效，我国旅游数字化发展时代由此到来。国家政府部门出台了相关的政策和举措，并制定了相关行业标准，以支持旅游业数字化发展。2008 年，在国家旅游局的组织下，旅游电子商务标准和饭店信息管理标准编撰完成。2011 年 1 月，全国旅游工作会议提出，鼓励现代信息技术在旅游业中的广泛应用，鼓励电子商务的发展，鼓励在线旅游业发展，实现旅游业向现代服务业的转变，支持有条件的城市发展智慧旅游，推动景区、饭店业的智慧化建设。这一阶段，数字旅游和数字景区采用分布式管理和异构数据的集成管理模式，构建了信息共享、服务共享的机制，涌现出了一批数字化的博物馆、科技馆等，为公众提供数字化的旅游信息服务，为实现全过程的智慧化管理，助力旅游产业优化升级奠定基础。

4. 发展阶段（2014 年至今）

2014 年，国家旅游局倡导智慧旅游产业的发展，我国旅游业数字化发展进入加速阶段。2015 年，国家旅游局印发了《关于促进智慧旅游发展的指导意见》，倡导提高旅游服务、管理、营销、体验的智能化水平，推进智慧旅游发展。同年，为了适应新形势下国家战略与旅游产业发展的需要，国家旅游局成立数据中心。2016 年，《中华人民共和国国民经济和社会发展第十三个五年规划纲要》提出，鼓励运用信息网络、现代科学技术来推动生产管理模式的变革，重塑产业链、供应链、价值链。这一阶段，主要是建立智慧景区，实现更加精细化和动态化的旅游管理，构建智慧决策系统，并且将新一代的数字化技术应用到旅游产业的各个环节，助力旅游产业实现全过程的智慧化管理。2019 数字文旅融合创新发展大会的召开，标志着中国数字文旅时代的到来。

（三）文旅产业数字化发展进程

文旅产业数字化经历了"业务—数据—业务"的发展过程。"业务—数据"，是把不便于管理、传输、表达的东西用量化的方式展现出来，是打基础的过程，是认识世界的过程；"数据—业务"是在认识世界的基础上改造世界的过程，旨在通过大数据、人工智能和数字平台等技术，为文旅融合发展创建更有价值的功能和场景。

结合文化产业数字化和旅游产业数字化发展进程，文化旅游产业数字化时间序列上的演化路径分为三个阶段：一是 1993~2008 年的初创阶段，这一阶段主要是进行硬件建设和软件的初步探索，建设的目的是降低管理运营的成本，提高工作效率，从供给端完善旅游产业链；二是 2009~2017 年的成长阶段，科技界涌现出大量新兴的数字化技术和手段，互联网、云计算技术的发展为智慧旅游的推广提供了必要条件，业界从旅游管理、服务和营销三个层面进行创新，进一步搭建旅游产业链；三是 2018 年以来的成熟阶段，伴随人工智能、大数据、区块链、5G 的发展，数字技术在文旅产业融合发展中快速渗透和运用，对文旅产业的融合方式、融合路径进行全方位、多角度、全链条的升级改造，逐步建立和推广文旅数字化新模式，使文化传播更多元、旅游出行更智能、旅游管理更高效。

三　动力机制

（一）文旅产业数字化发展的外部动因

文旅产业数字化发展的外部动因，主要源自技术－资本的双轮驱动、需求牵引拉动与政策扶持带动，以及技术、资本、需求与政策间的正反馈机制。

1. 技术－资本的双轮驱动作用

蒸汽机引发的工业革命、内燃机催生的汽车革命和半导体出现带动的信息技术革命，分别促进了现代旅游业的诞生、旅游业的规模化发展与旅游业的社会化发展[①]。进入 21 世纪以来，以未来网络、人工智能、沉浸式系统和分布式系统为代表的数字技术，在推动文旅领域发展、赋能文化产业和旅游产业、全程全链提升生产效率的过程中，发挥了极为重要的作用，成为文旅数字化进程中最强大的动力引擎之一。

上述数字技术在文旅领域的应用，得益于国内外资本供给的驱动作用。近年来，中央和地方政府都陆续出台了扶持政策，试图构建多元化的文旅投融资格局。在数字化博物馆、数字美术馆、数字文化馆和各省市的旅游总入口等数字政府建设方面，财政资金发挥了关键作用，但更多的资金来自信贷市场与资本市场。在文旅数字化方面，除银行贷款等间接融资外，近年来日益重要的融资方式是债券和股票等直接融资，其中平台经济与平台型企业发挥了极为重要的作用。

资本供求关系的趋势性变化催生了平台经济，而平台型企业显著促进了文旅领域的数字化投资。对于超大规模市场和持续快速增长的文旅产业而言，拥有丰富多元的文旅产业生态与强大资本运作实力的平台型企业，在文旅数字化投资方面发挥了关键作用。传统的 OTA（Online Travel Agency）平台基本形成三个阵营，即携程系（包括携程、去哪儿、艺龙、途牛、驴妈妈）、美团系和飞猪系。如果从范围更广的文旅或文娱板块来看，阿里巴巴作为控股或主要投资人的投资包括优酷土豆、阿里音乐、口碑网、淘

---

① 宋瑞：《数字经济下的旅游治理：挑战与重点》，《旅游学刊》2022 年第 4 期。

票票、飞猪、阿里文学、大鱼号、高德地图等；腾讯作为控股或主要投资人的投资包括腾讯视频、QQ音乐、酷狗、大众点评、猫眼、携程、阅文集团、王者荣耀、企鹅号、腾讯地图、微视、快手、腾讯体育等。上述公司及其控股公司或参股公司之间还形成了非常复杂的交叉持股关系，复杂的产业组织与微妙的竞合关系进一步加快了文旅产业数字化进程。

2. 需求牵引的拉动作用

首先，文旅需求本身呈现多样化、分层化、个性化、参与化、体验化特征，必然对文旅产品与服务提出更高要求。走马观花和打卡式观光游，曾是旅游休闲的常态。近年来，旅游休闲需求正在经历从"有没有"到"好不好"，从"缺不缺"到"精不精"的转变。探寻文化和高品质的旅游体验，"人在景中，人即是景"的参与式、沉浸式旅游体验，正在成为越来越多消费者的深层次需求。"参与世代"（participation generation）催生了Web 2.0，不再长时间被动地受制于网络内容，而是更积极地参与其中，创造、添加、分享并改进网络内容。在上述背景下，文化产业与旅游产业必须通过包括数字化在内的各种手段加快适应，以提升文旅供需匹配的精准性，改进文旅消费体验，在满足多样化、分层化、个性化、参与化现实需求的同时，不断创造与激发新需求。新冠疫情进一步催生了各种在线化应用场景，加快了文旅数字化进程。

其次，消费者获取信息的渠道日益多元化，对文旅数字化发展产生巨大的拉动作用。在数字技术广泛渗透的背景下，消费者获取文旅信息的渠道，除新闻、报纸、广播、门户网站等传统渠道外，以抖音、小红书、快手、微信朋友圈为代表的新媒体、自媒体日益重要。很多内容和社区平台，通过强化内容建设与内容营销，通过飞速扩散的短视频和直播等形式，成功引发不同人群在内容场景下的消费需求和兴趣，对激发旅行欲望，触发文旅消费发挥了重要作用。携程发布的《2021用户旅行新趋势洞察》显示，2021年浏览过站内直播的观众人数同比增长171%，44%的用户观看直播后会在24小时内下单直播间产品，近70%的用户观看直播后会在30天内下单站内产品。

最后，政府部门服务与治理需求的变化，也促进了文旅数字化发展。一是优化文旅营商环境，需要加快文旅政务服务数字化。推动"互联网+政务服务"全覆盖，推行"一网通办""一网协同"等服务管理新模式，可以打造主动式、多层次创新服务场景，还可以推进政府运行、业务流程与服务模式数字化。二是加强数字化全链条监管，要求加快文旅监管数字化。通过数字化手段和智慧文旅平台，可对主要旅游景区、公共文化场馆、乡村旅游点等文旅场所进行实时监测，探索远程监管、移动监管模式，不断提高文旅市场质量和监管的精准化、智能化水平，优化文旅行业治理与监管。通过大数据等关键要素，可优化文旅行业分析与政府决策。

3. 政策扶持的带动作用

各国政府高度重视数字经济发展，纷纷制定数字经济国家战略或规划，并从战略引导走向落地实施。数字化平台型企业成为新的全球巨头，很多制造业和服务业企业加快了数字化转型步伐。我国政府高度重视数字经济发展，近年来还专门强调文旅数字化发展，为文旅数字化提供了良好的政策环境。早在 2009 年，国务院颁布的《关于加快发展旅游业的意见》就提出，"以信息化为主要途径，提高旅游服务效率"。2015 年至今，各部门发布了十多项与文旅数字化密切相关的政策，《"十四五"文化发展规划》《"十四五"文化和旅游发展规划》《"十四五"文物保护和科技创新规划》等都对文旅数字化或数字文旅提出了要求，不仅明确了相关重点任务，还提出了政策保障措施。

（二）文旅产业数字化发展的内部动因

1. 精准匹配消费需求

在文旅领域，数字化主导的新业态、新模式，较好地实现了从随机匹配或模糊匹配，到精准匹配的转变，得以更高效地满足多样化、个性化和随时变动的复杂需求，更好地适应甚至创造出多种新型消费场景，其供需匹配之高效堪称"精准革命"。这场从零售业成功开启的"精准革命"，已在不少服务领域取得空前成功。优步（Uber）和滴滴通过多种机制，实现了司机与乘客间的在线精准匹配，爱彼迎（Airbnb）等住宿平台也很好地实现了潜在的租房者与房屋出租者间的在线精准匹配，贝壳等租房平台较好地实现了房客与房东间的在线精准匹配。在越来越多的文旅子行业中，通过数字技术更好满足消费者多样化、个性化需求的在线动态精准匹配正在成为标配，甚至会成为优胜劣汰的关键门槛。

2. 深度升级消费体验

数字化可以通过提升文旅消费体验，创造更多需求。在游前、游中、游后，包括移动定位服务、语音搜索、移动支付、个性化推送、移动信息服务和信息互动服务在内的各种数字化服务，使消费更便捷高效，节省了线下的交易时间与交易成本。上述技术在不断提升用户体验，提升文旅供给层级与品质的同时，也有利于引导、刺激和创造更多文旅需求。短视频（以抖音、快手为代表）、交互型长视频（以 B 站为代表）与电竞游戏一起，已形成高效动感的内容消费市场，成为激发游客旅游需求的新触点和旅游分销渠道的新出口①。综合了电子信息、计算机与仿真技术的虚拟现实（VR）与增强现实（AR）技术，给人以深度沉浸感与参与感，在提升消费者体验的同时，还能在沉浸式文旅服务与虚拟现实、增强现实相关的硬件产品（包括高性能的计算机、更高性能的智能手机、高清摄像头和 AR 眼镜等头式设备等）方面，不断创造新需求②。

3. 全面拓展产业边界

数字技术的深入应用与平台化运行机制的广泛应用，一方面导致文化事业、文化产业、旅游产业各类组织（旅游景区、酒店、餐饮、娱乐、购物）与政府部门间的关系更加错综复杂；另一方面也得以有效整合碎片化的产业环节与网络节点，促进了网络化组织生态的发展，推动各方组织竞合方式日趋生态化、智能化、敏捷化、韧性化、柔性化，也使得各组织向

---

① 戴斌：《数字时代文旅融合新格局的塑造与建构》，《人民论坛》2020 年第 C1 期。

② Santoso M, Gook L B, "ARkanoid: Development of 3D game and handheld augmented reality", *International Journal of Computational Engineering Research*, Vol. 2, No. 4, 2012; Yung R, Khoo-Lattimore C, "New realities: A systematic literature review on virtual reality and augmented reality in tourism research", *Current Issues in Tourism*, Vol. 22, No. 17, 2019; Chung N, Han H, Joun Y, "Tourists' intention to visit a destination: The role of augmented reality (AR) application for a heritage site", *Computers in Human Behavior*, Vol. 50, 2015.

着业务边界模糊化、组织结构平台化与创新方式开放化方向发展。因此，文旅产业数字化在催生新工艺、新业态、新模式，并拓展文旅企业交易范围的同时，也引发技术迭代创新浪潮与技术——经济效益的正反馈，推动了文旅消费需求升级与业务流程再造，从供需两端拓展了文旅产业边界。

4. 提升产业运营效率

广泛借助各种数字营销手段和数字技术，可以助力打造文旅 IP，拓展文旅营销的时空范围，显著提升文旅营销的精准度。数字化有助于降低文旅企业运营成本。通过多种来源的数据，包括社交网络数据（出游者通过网上平台发布的图片、视频、文本、定位、评论等非结构化数据）、机器和传感器数据（包括物联网数据、卫星遥感图像数据、移动通信数据等）、业务运行数据（商业交易、信用卡、微信、支付宝交易、淘宝网、携程网等在线业务运行数据），运用大数据技术，助力企业提供包括"游前""游中""游后"的全链路服务，形成闭环，在改进游客体验的前提下增收节支。应用机器人等智能装备，可实现部分运营流程无人化，从而节省人工支出。

四　发展图景

"智能+"时代的中国式数字文旅产业高质量发展，体现出中国特色现代化和技术赋能背景下的四大发展新图景，即消费新图景、应用新图景、平台新图景、模式新图景[①]。

（一）消费新图景：文旅消费需求年轻化、数字化

"智能+"时代数智技术的进步和代际的变迁，使得 Z 世代和元宇宙世代成为数字文旅消费主力，呈现出文旅消费年轻化和数字化的消费新图景。技术的进步和代际的变迁使得 Z 世代和元宇宙世代的"数字原住民"成为主导数字文旅消费的主要力量[②]。年龄和受教育水平是决定游客行为和区分旅游人群的重要变量，极大地影响了技术在旅游中的使用程度。青年群体

---

① 解学芳、雷文宣：《"智能+"时代中国式数字文旅产业高质量发展图景与模式研究》，《苏州大学学报》（哲学社会科学版）2023 年第 2 期。

② 师晓娟、孔少华：《"元宇宙"发展逻辑及其对数字文化消费的影响研究》，《首都师范大学学报》（社会科学版）2022 年第 5 期。

作为旅游体验需求的驱动力早已成为旅游研究的热点对象，成长于高度互联、拥抱智能化时代的 Z 世代现已成为未来旅游争夺的"新战场"。我国是亚洲青年旅游中的新兴市场，年轻游客代表了中国最活跃的消费力量，相对于传统旅游项目，他们更倾向于参与新的旅游活动，追求新的旅游体验[①]，这一需求方向在最年轻、数字化程度最高的人群——Z 世代中得到了完美体现。

根据中国互联网络信息中心数据可知，未来十年 Z 世代即将成为中国消费主体，中国的 Z 世代人群总数约 2.6 亿人，其互联网普及率超过 95%。从在线旅游用户数量来看，2020 年 12 月 Z 世代人群占据在线旅游用户接近 1/4 的比例，Z 世代在线旅游用户次均旅游消费金额已连续三年远超国内用户平均水平。以 Z 世代主导的体验经济等形态逐渐向旅游产业渗透，年轻一代的亚文化圈层、粉丝经济以及 IP 产业链，成为数字文旅产业不可忽视的长尾市场，对其注意力资源的争夺和"悦己需求"的满足将成为未来数字文旅产品的供给导向。在数字文旅产业中，文化要素和体验感越来越得到重视，年轻一代对于文旅产品内容、创意、视觉化和体验感的不断追求，使得文旅产业在数字化技术的赋能下实现创意、呈现创意，并通过打造沉浸式数字创意文旅产品，极大地提高了文旅产业的附加值，延长了数字文旅产业链。

（二）应用新图景：文旅类人工智能应用场景化、丰富化

数字化智能化技术应用于数字文旅产业链的不同环节，形成了多元化和丰富化的应用新场景，深度促进了文化资源的可持续活化利用。人工智能技术丰富和优化了数字文旅产业应用场景，通过技术手段突破时空界限，为用户提供多元化、个性化、沉浸化的数字文旅融合场景。应用场景是在场景基础上通过媒介和技术将用户和时空相连的场域，人工智能的应用场景具备智能化、集成化、交互性以及能够替代性地发挥人的主体性的特

[①] Li F，He C，Qiao G，"Attributes that form romantic travel experience：A study of Chinese generation Y tourists"，*Current Issues in Tourism*，Vol. 24，No. 15，2021.

征[①]，通过数字化智能化技术、元宇宙核心技术在旅游消费、旅游管理、旅游营销以及旅游服务等诸多场景中的应用，提供更为智能化、丰富化和个性化的服务与体验。

其一，数字博物馆、线上美术馆等数字文博新业态提供的数字化产品服务成为吸引顾客的新场景，全息投影、AR技术的加入，为博物馆、美术馆等未开放区域的场景还原、参观细节的放大等提供了技术支持。其二，部分历史文化景区打造了虚实共生的元宇宙场景，基于数字人角色建模技术、全息投影、VR/AR等技术，将现实场景仿真映射为线上虚拟场景，满足观众对虚实互动沉浸式体验的数字文旅需求。通过多元场景打造降低了景区对单一营收模式的依赖。其三，数字藏品是元宇宙的重要切入场景，区块链技术、NFT（Non-Fungible-Token）技术打造的数字藏品，在数字文旅产业中引领文博产品的数字化。国内数字藏品市场自2022年以来进入爆发期，如圆明园"创世徽章""并蒂圆明"等数字藏品一经推出便"一秒售罄"。这些文物类和非遗类文旅数字藏品，高度契合了Z世代和元宇宙场景的价值审美与数字消费习惯，既让游客体会到收藏数字艺术品的乐趣，又通过线上线下联动，激发了人们走进文博场馆的热情，不断形成更多数字文旅产业的新场景、新业态。

（三）平台新图景：数字文旅产业大数据平台化、智慧化

大数据作为数字文旅产业的重要生产要素，推动了文旅产业从资源要素驱动向数据要素驱动的转变，数字文旅产业呈现出以大数据为中心的平台化、智慧化新图景。

首先，建设各级文旅大数据平台，成为数字文旅产业的发展新趋向。根据全国各省份文旅大数据平台统计，全国34个省级行政单位中设立省级文旅大数据平台的省份为24个，占比为70%；全国318家5A级旅游景区中明确有文旅大数据平台/中心的为96个，占比为30%。从省级文旅大数据平台到景区文旅大数据平台的普遍建设，意味着以建立文旅大数据平台为

---

① 李梦薇、徐峰、高芳：《人工智能应用场景的界定与开发》，《中国科技论坛》2021年第6期。

核心的数字化、智慧化文旅体系升级已全面展开。

其次，继"一部手机游云南"后，各地纷纷兴起"一机游"平台建设热潮，以全域旅游数字化模式实现了多方共赢。一方面，以大数据技术作为设施支撑，用区块链技术提高大数据刻画现实的精准性，实现数据既"大"又"真"；另一方面，以智能文旅平台信息感知、技术维护和管理保障功能为设施支撑，用区块链技术提高大数据刻画现实的精准性能，建立起以智能化、大众化服务为中心的智慧服务体系，实现旅游主体之间的信息互联，进行管理创新。此外，通过聚焦营销、分析、服务和管理的智慧化，企业能够精准满足消费者需求并预测需求变化，从而实现文旅资源、环境质量、基础设施及游客密度的实时动态监测。

最后，以文化文物资源、非物质文化遗产为主要旅游资源的景区，通过三维激光扫描和近景摄影测量等技术手段，对文化文物资源进行数字化信息采集，建立起文物安全数字化监管平台，实现了非可再生性文旅资源的数字化保护与数字化复原重现，在实现历史资源保护的同时，满足了游客沉浸式体验的需求。除此之外，许多景区数字化项目为典藏研究、古建修缮等提供了数字化解决方案。可见，通过将非可再生性文旅资源大数据化，既实现了对文物文化的数字化保护，又通过数字化信息采集，使得数字化档案成为新的文旅资源要素，在文物文化资源 IP 化、文创化等方面，形成产业协同发展效应[1]，推动了中华传统文化创造性转化和创新性发展。

（四）模式新图景：数字文旅宅家模式"上云化"、虚拟化

文旅产业在数字化转型升级后，涌现出"云旅游""智慧游""体验游"等智慧旅游新业态，呈现出数字文旅宅家模式"上云化"和虚拟化的模式新图景。云旅游主要有 VR/AR 技术支持的虚拟旅游和旅游直播流媒体两种形式[2]。

其一，VR 可通过计算机生成的 3D 环境，构成与游客交互的虚拟环境

---

[1] 张柏林：《元宇宙赋能文旅产业的理论基础、实践前景与发展策略》，《河南社会科学》2022 年第 11 期。

[2] Lu J, Xiao X, Xu Z, et al., "The potential of virtual tourism in the recovery of tourism industry during the COVID-19 pandemic", *Current Issuesin Tourism*, Vol. 25, No. 3, 2022.

（VE），实时模拟用户感官，在视频、图像和声音等数字资源的组合下，通过沉浸式体验为游客提供远程虚拟旅游①。普通大众在家中可以通过智能手机、电脑或 VR 头盔，通过应用程序上提供的单面 360°VR 技术，享受身临其境的虚拟旅游体验。欧洲博物馆组织网络（NEMO）调查了 48 个国家的600 家博物馆后发现，18% 的博物馆增加了 VR 虚拟参观服务。这些与线下体验相区别的带有虚拟性、沉浸式特点的"云旅游"，使游客产生了全新体验，同时也对旅游资源提高吸引力和品牌化有着重要的推动作用。

其二，旅游直播是云旅游的另一种重要形式。直播具有"虚拟性"，旅游直播包括目的地实景直播、旅游产品带货直播等类型，具有互动性强和体验实时性的特点②，其真实性能够即时、立体地塑造旅游目的地的良好形象③，并通过弹幕实时互动社交，促进用户的经验交流和线上线下的文旅场景联动。淘宝"云春游"直播、携程"景区云旅游"等平台推出云旅游项目，通过大平台吸引流量，通过直播进行旅游预订，刺激旅游消费。旅游直播为游客提供了媒介化、互动性、沉浸式的文旅体验，推动了文旅产业在物理空间和媒介空间协同发展，作为一种新场景营销形式，其强大的营销能力起到了将线上流量引导到线下消费的作用，从而强化了旅游目的地的营销效果。

五 基本逻辑

数字文旅是以数据资源为关键要素，以信息网络为主要载体，以文旅融合创新和数字化转型为主要动力，形成文旅产业数字化、数字产业化和数字治理现代化的新经济形态。数字赋能文旅深度融合发展的过程，是"技术嵌入—文旅交融—产业变革—融合共生"的过程，其基本逻辑包括数

---

① Caciora T, Herman G V, et al., "The use of virtual reality to promote sustainable tourism: A case study of wooden churches historical monuments from Romania", *Remote Sensing*, Vol. 13, No. 9, 2021.

② 梁爽、喻国明：《移动直播"新景观"：样态演进、情感价值与关系连接》，《苏州大学学报》（哲学社会科学版）2021 年第 4 期。

③ 陈俊彤、殷平：《直播场景下旅游凝视行为研究》，《旅游学刊》2021 年第 10 期。

字技术逻辑、产业创新逻辑和共生发展逻辑[①]。

（一）数字技术逻辑：数字技术打造数字文旅生态圈，提升资源配置效率

数字技术向文旅领域的嵌入、渗透和应用，使得数据资源成为全新的生产要素，改变了传统文旅的要素结构和生产、服务与经营管理方式。数据具有覆盖广、流动快、渗透性强、可增值特点，在相关技术和网络平台的支持下，能有效建立数字文旅技术生态圈，实现信息资源集聚、整合和互联共享，有助于文旅决策规划更加科学，市场需求与文旅供给精准匹配，资源优化配置效率和文旅融合发展水平大大提升。而加强文旅数据的采集、处理、存储和创新，健全文旅数据资源体系，挖掘数据要素价值，完善文旅数字基础设施，研发和推广应用关键技术，开发和扩大新技术应用场景，则是赋能文旅深度融合与高质量发展的重要基础和技术保障。

（二）产业创新逻辑：数字技术促进文旅融合创新，提升产业运行质效

数字技术促进文旅要素交融创新。数字技术及其在文旅产业的创新应用，可促进文旅产业相关信息互联互通、交叉融合和产品创新开发，有助于克服由非惯常环境信息不对称造成的文旅购买行为不确定性障碍，降低信息搜索成本，促进文旅市场融合和刺激文旅消费增长。数字技术不仅为文旅资源普查、保护与监管提供技术支持，而且在新的数据逻辑和数字技术支撑下，可创新开发关联性文旅产品及服务与管理系统，衍生新产品业态，构筑新产业体系，创造新的文旅消费体验和服务与管理模式，从而改变原有产业的产品或服务的技术路线和生产成本函数，推动传统产业的数字化升级。

数字技术提升文旅产业运行质效。数字技术推动各类资源要素快捷流动和重组融合，帮助文旅市场主体加速融合和重构组织模式，形成以网络平台为支撑的产业组织模式。可打破传统产业模式的制约，大幅度延伸产

---

① 黄震方、张子昂、李涛等：《数字赋能文旅深度融合的理论逻辑与研究框架》，《旅游科学》2024 年第 1 期。

业链条，形成数字驱动的新价值链，并可促成文旅产业链、供应链和价值链的多链协同，推动文旅新产业组织成长和产业网络的协同发展，进一步扩大市场和产业规模，构建现代化的文旅经济体系，创造更高水平的产业综合价值。数字技术引发文旅发展动力的变革，科技创新成果向文旅生产力加速转化，为提高智慧文旅发展水平和文旅产业现代化水平提供了主要动力，带来文旅新技术、新产品、新业态和新服务，推动产业跨界融合和文旅服务与管理融合，提升文旅新质生产力，提高文旅发展质量与产业效率。

（三）共生发展逻辑：数字技术推动文旅融合协同，构建文旅共生体

数字赋能有助于不断增强文旅深度融合和创新发展动力，促进数字技术和文旅实体经济深度融合，有效推动文旅要素资源重组、文旅经济结构重塑和文旅产业转型升级，提高文旅产业数字化、数字产业化和数字治理现代化水平，构建文旅有机融合、协同发展的文旅共生体，形成更高水平的文旅融合发展新机制、新格局、新业态和新模式，实现文旅深度融合和高质量发展。

在数字经济和信息技术快速发展的新时代，文旅深度融合研究必须突破传统的研究领域，将数字技术及其创新应用作为重要的研究内容，深入探究并不断创新数字赋能文旅深度融合的相关理论、关键技术和动力机制，有效破解数字赋能文旅深度融合的科学问题，为文旅深度融合和产业智能化、现代化和科技化提供理论指导和技术支撑。

第三节　文旅产业数字化转型技术

创新是发展的第一动力，是实现双循环、高质量发展的新引擎。无接触支付、人工智能、区块链等数字技术在为文旅行业提供技术支持的同时，也提出了数字文旅创新发展的新要求。

一　数智赋能文旅产业发展

（一）数字经济重构文旅产业格局

2017 年，"数字经济"被纳入党的十九大报告，我国各经济产业开启了数字产业化。当前，数字化被认为是信息社会的一场革命，数字化转型即"通过开发数字化技术及其支持能力，构建一个富有活力的创新发展模式"①。文化旅游产业的数字化建设开启于近年来"数字文旅""智慧文旅"等相关概念的提出，其核心依然是"融合"，包括旅游与文化等相关产业的融合，科技与旅游、文化的融合，以及资源的进一步融合。"科技+文旅"成为文化旅游数字化建设的主要形式，这里的"+"并不是简单地罗列和叠加，而是要充分遵循信息社会数字经济的发展规律，打造能够使旅游者深度体验和互动的"文旅型"数字产品和服务。

在文化旅游产业的数字化建设中，数字经济扮演着布景和驱动的角色。首先，数字经济具有更为广阔的辐射范围。数字技术提升了不同区域信息传输与经济往来的速率和流量，促使沟通和交易等成本有较大幅度的削减，并且能够突破经济主体以往的交往范围限制，从而实现更大规模的跨界与跨区域交易。对于文化旅游来说，意味着更广阔的市场和更多的潜在旅游者。其次，数字经济拥有更强的融合能力和更快的融合速度，能够进一步深化不同产业间的融合，这使得文化产业与旅游产业在数字化过程中的经营半径互相叠加和融合，更容易迸发出强有力的生机与活力。最后，数字经济能够产生更加强大的规模性效益。根据"梅特卡夫法则"："网络价值以用户数量的平方的速度增长"，而在这一过程中网络资源将呈几何级数增长。信息社会中信息资源的消费过程有可能也是其他信息生产的过程，因此，信息能够创造新的信息，即需求会创造更多的需求。对于文化旅游产业来说，更多的需求则意味着更大的经济和传播效益，因此，数字化有可能为文化旅游产业提供前所未有的"增值"效应。

①　张世珍：《数字经济面临的治理挑战及应对》，《光明日报》2021 年 2 月 9 日，第 11 版。

（二）数字技术推动文旅产业发展

文化旅游的数字化建设，并不是简单将旅游产品与服务进行数字模拟，而是根据信息社会的发展趋势，借助数字化思维与数字技术，以线上线下相结合的方式，实现文化旅游景区、活动、产品、服务的管理和利用的全面信息化。当前，我国文化旅游产业形成了数字技术初步介入的态势。

首先，在国家的大容量和高速率计算机通信网络技术系统，如 5G 技术、光纤光缆和通信卫星等能够快速传输大容量信息的软硬件附属设施的基础上，根据文化旅游景区自身的资源特点、管理形式和发展方向进行延伸，不仅包括利用大带宽的信息存储设施，还包括装备信息监测设施、信息接收和处理设施等，如遥感图像处理系统。

其次，多数文化旅游企业相对重视文化资源的数据存储与处理，建立了相应的资源空间数据库和资源属性数据库等，还有的在此基础上进行了延伸，建立了业务管理数据库和游客管理数据库等。通过对文化资源的存储，有效加强了文化资源的保护与传承，提高了文化资源的配置效率，管理者可以随时对文化资源进行监测和更新。同时，文化旅游产业作为地方经济产业的重要组成部分，经常有与产业链中的利益相关者进行信息沟通的情况。而资源数据库应运而生，成为文化旅游产业与相关管理部门、地方企事业单位，以及数字化和实体供应商进行信息交流和沟通的重要渠道。

再次，数字技术介入文化旅游产业的另一重要表现是构建决策支持平台，这一平台统筹建立在其他应用系统之上，为文化旅游经营者和管理者制定发展目标、了解旅游者偏好、设计产品和服务，以及业务管理等提供定性、定量的数据分析。值得一提的是，由于信息系统对已设定流程的固定化和强制性特性，这一决策支持平台在设计时，便会被植入全面、严格的执行流程，为了防止人为破坏，其逻辑关系紧密且相互制约，从而规范文化旅游经营者与管理者的决策行为，保证标准化的决策在文化旅游产业的日常业务中得到有效的贯彻和执行。

最后，旅游数字平台已成为旅游文化信息传播的新载体。文化旅游活动中的文化信息有着重要作用，它既是旅游者进行旅游决策的重要参考资源，也是文化旅游经营者业务开展的基础与核心，以及提高管理与服务水平的重要手段，同时还是连接文化旅游活动中各个环节的纽带。

近年来，数据可视化、大数据分析、信息网络（特别是移动互联网）技术逐渐兴起，并广泛应用于各行各业，带来了生活和生产方式的巨大变革。对于旅游产业来说，大量的景区基础形象和产品创意也被搬到了网上，旅游信息阅览进入了数字时代。相对于传统旅游信息而言，数字信息传播具有形式多样、信息丰富、搜索筛选便捷、购买便捷等优势，利于吸引广大读者群体。特别是在移动互联网时代，手机、电子阅读器变得十分智能、易于携带，对于信息接收者来说，更容易利用碎片化的时间来浏览旅游信息。同时，对于文化旅游企业而言，新一代计算机硬件和软件性能的优化，使得其进行数字宣传、线上交易与旅游宣传信息的传播更方便、成本更低。因此，旅游数字平台已经成为旅游文化信息传播的新载体。

（三）数字技术建构文旅融合场景

场景理论所倡导的文化消费、记忆认同和舒适物理念及其所重视的文化意涵对游客体验影响，均与文旅融合的理念和机制高度契合，打造文旅新场景成为推动文旅深度融合的有效路径。在现代科技支撑下，文旅融合场景建构需突出场景构建内容的真实性、构建方式的戏剧性和构建原则的合法性，并关注以下要点。

以文化为价值内涵。重视文化资源挖掘、内容生产和创新开发，使场景成为承载文化价值、丰富文化叙事、讲好文旅故事、突出文化品质、彰显文化特色的文化空间。

以旅游为产品形态。充分考虑消费者需求，重视文旅产品、旅游活动的创意设计，打造具有美学意义的旅游舒适物，创造多样化的精彩旅游体验和优质旅游服务。

以科技为支撑手段。将现代技术与文旅紧密融合，集成全息投影、数字孪生、元宇宙、人工智能、高逼真跨时空体验等新技术，创新场景表达方式与手段，构建体验型沉浸式数字文旅新模式，开创文旅消费新空间，搭建数字文旅消费新场景。

以空间为情景载体。积极营造场景文旅氛围，打造情景化、特色化、多维化的文旅公共空间和文旅消费空间，创造全方位的旅游者感官体验，打造更具参与性、体验性和趣味性的沉浸式文旅体验空间。

以游客为参与主体。善于把握消费者需求和价值主张，有效识别流行文化元素，了解和激发消费者的兴趣与爱好，通过加强文旅互动环节与体验方式设计，提升文旅场景消费体验质量并实现文旅场景价值共创。

以产业为场景拓展。推进沉浸式产业与文旅深度融合，扩展文旅场景应用领域，打造一批沉浸式景区、沉浸式博物馆、沉浸式度假区（度假小镇）、沉浸式休闲（街）区、沉浸式主题文化园、沉浸式灯光秀、沉浸式剧场、沉浸式演艺、沉浸式剧本杀、沉浸式饭店、沉浸式餐厅（酒吧）、沉浸式夜游等沉浸式产品业态与服务场景，不断创造和拓展文旅融合新业态及文旅消费新场景。

二 区块链赋能文旅产业发展

推动区块链技术与文化旅游融合应用，有利于提升智慧旅游服务平台效能，引导旅游公共服务模式创新；有利于培育文化旅游发展新内涵，激活旅游发展新动能；有利于培育旅游新业态，为旅游业发展转型提供新契机。很多地区已将文化旅游业作为区块链与实体经济深度融合的示范应用领域进行布局，其基本导向是构建区块链旅游平台、建立多方共识机制、搭建区块旅游信用管理系统、拓展应用领域、丰富应用场景。

（一）区块链技术概述

从狭义上来看，区块链是一种按照时间顺序将数据区块串联而成的链式数据结构，是通过密码学确保不可篡改、不可伪造的全局共享分布式账本。该账本在不同站点、不同地理位置或者多人机构组成的网络中分享。从广义上来看，区块链技术是利用块链式数据结构来验证与存储数据、利用分布式节点共识管法来生成和更新数据、利用密码学的方式保证数据传输和访问的安全、利用由自动化脚本代码组成的智能合约来编程和操作数据的一种全新的分布式基础架构与计算范式①。区块链技术是分布式网络、共识机制、密码学、大数据、物联网、人工智能等多种技术的集成，具有去中心化、可追溯、可还原、规则透明、安全性高等特点②，有利于旅游业促进数据共享、优化业务流程、促进降本增效、提升协同效率、建设可信体系、实现价值传递。块链式数据结构保证了数据的可验证性和可追溯性，分布式意味着去中心化（去中化）和多点共同记账，分布式节点共识算法极大提升了数据篡改的难度和成本，有效保证了不同节点（包括陌生节点）之间信任关系的建立、权利与贡献分配关系的明确，智能合约是一段运行在区块链节点上的能够自动验证和执行预设条款的程序代码，其与共识机制等技术的结合解决了信息不对称问题，保证了去信任环境下多主体间协作关系的建立，具有高度的自治性。按照应用场景以及与之相关的系统准入机制的有无和不同，区块链一般分为公有链（去中心化的区块链）、联盟链（部分去中心化的区块链）和私有链（中心化的区块链）。目前，联盟链是行业落地实践的热点③。

区块链是新一代信息技术产业的重要组成部分，但它并不是一种单一的信息技术。从系统架构来看，区块链技术源于P2P（Peer to Peer）网络技术、非对称加密算法、数据库技术、数字货币等技术的发展，而未来区块链技术的成熟和应用发展也需要其和下一代通信网络（5G）、大数据、云计算、物联网、人工智能、量子信息等新型基础设施（新基建）的深度融合和集成。如果说5G类似于神经传导的信息传输，物联网类似于神经末梢的感知，大数据类似于人的知识和经验积累，人工智能类似于人的行为判断，云计算类似于脑组织的基础设施，那么区块链作为规则和协同的核心工具，则类似人的规则意识和法律意识④。

---

① 任仲文编《区块链：领导干部读本》，人民日报出版社，2018。
② Underwood S, "Blockchain beyond bitcoin", *Communications of the ACM*, Vol. 59, No. 11, 2016; Swan M, *Blockchain: Blueprint for a New Economy*, USA：O'Reilly Media, Inc.，2015.
③ 张小丽：《区块链技术下的旅游公共服务：一个分析框架》，《三峡大学学报》（人文社会科学版）2021年第3期。
④ 《广播电视和网络视听区块链技术应用白皮书（2020）——总体篇》，国家广播电视总局科技司，https://n1.sinaimg.cn/finance/9b213f90/20201106/ZongTiPian.pdf。

（二）区块链技术应用

当前，区块链被普遍认为经历了"数字货币（区块链1.0）—数字资产与智能合约（区块链2.0）—多行业多领域应用（区块链3.0）"3个发展阶段（见表2-1），但这3个阶段并不是逐一演替的关系，而是并行发展同时存在的。我国区块链发展以链圈应用为导向，以推进区块链和经济社会各领域的融合发展为目标，从当前各地出台的关于加快区块链技术应用和产业发展的决策部署和政策措施来看，区块链的应用场景涵盖了优化现代金融服务（供应链金融、资产管理、数字人民币等）、赋能实体经济（智慧农业、智慧能源、重要矿产资源追溯、智能制造、旅游服务、供应链等）、提升公共服务（教育、医疗健康、就业、养老、精准脱贫、商品防伪、食品安全、公益、知识产权保护、社会保障、广播电视和网络视听等）、推进数字政府建设与治理现代化（政务服务、综合监管、公共资源交易服务、司法存证、电子证照、电子发票、生态环境监测等）等领域。

表2-1 区块链技术与应用的发展阶段

	区块链1.0	区块链2.0	区块链3.0
发展阶段	可编程数字货币	可编程金融 （智能合约）	可编程社会 （多行业多领域应用）
典型特征	分布式账本、块链式数据结构、非对称加密、源代码开源	智能合约、虚拟机、分布式应用	超级账本、分片技术
典型应用领域	币圈应用，如比特币	数字金融、数字资产交易，以"以太坊"等为代表	"区块链+实体经济" "区块链+数字经济" "区块链+民生服务" "区块链+智慧城市" "区块链+政府治理"等

（三）区块链赋能文旅产业

2020年11月，文化和旅游部会同国家发展改革委、教育部、工业和信息化部等十部门联合印发了《关于深化"互联网+旅游"推动旅游业高质量发展的意见》，该意见除了继续强调将互联网作为旅游要素共享的重要平台外，还提出要推动区块链等信息技术革命成果应用普及，深入推进旅游领域数字化、网络化、智能化转型升级，培育发展新业态新模式，推动旅游业发展质量、效率和动力变革，这标志着技术赋能智慧旅游发展的视野开始超越"互联网+"。走向区块链技术的集成应用在地方层面上，广西、贵州、云南等地相继把"区块链+智慧旅游"写入关于加快区块链技术应用和产业发展的"指导意见""规划""行动计划"等类型的政策文件中，以推动区块链技术与政府管理、企业运营、游客需求等旅游环节融合，提升文旅服务水平，最终营造公平便捷、诚信透明的全域旅游生态。例如，广西将"提升文旅服务"作为"推动区块链与实体经济深度融合"的四个主要任务之一；贵州将"区块链+智慧旅游"列为区块链与实体经济融合应用八大工程之一；云南提出推动区块链技术与智慧旅游融合，并将智慧旅游作为助力打造世界一流健康生活目的地的重要内容；山西把文旅领域列为区块链四个行业示范应用领域之一；湖南将"建设区块链文旅平台"列入区块链赋能数字文化创新发展工程；江西吉安提出重点在智慧文旅等五个领域开展区块链试点应用场景打造。

通过对国内七个地区出台的区块链专项政策文件中智慧旅游相关内容的分析，研究归纳出了当前推动区块链技术与文化旅游深度融合发展的政策导向与主要任务领域（见表2-2），这实际上也为"十四五"乃至今后一段时期智慧旅游的发展指明了方向，即基于区块链技术，有效整合全域资源，优化全流程服务和管理，构建新消费模式和信用生态，打通智慧旅游"最后一公里"。

表2-2　区块链在文旅产业的主要应用领域

导向	任务	目标
构建区块链旅游平台	①构建以区块链技术为支撑的境内、跨境旅游大数据平台 ②利用区块链优化智慧旅游一站式服务平台、旅游综合管理平台	实现跨地域、跨部门、跨行业数据采集挖掘、共享与融合应用；打造旅游链
建立共识机制	①建立包含政府、企业、游客等多节点的共识机制 ②用户方、平台方、服务商共同参与、共同治理	

续表

导向	任务	目标
搭建区块链旅游信用管理系统	①构建信用评分体系，形成目的地统一的游客和企业信用积分管理制度，推广旅游消费区块链积分 ②完善游客和企业失信黑名单和惩戒机制	为游客提供真实可信的信息资源和个性精准的文化旅游服务
拓展应用领域	宾馆、酒店、民宿、景区景点、博物馆、交通出行、文化娱乐、购物消费等领域	区块链技术与企业运营、游客需求等环节融合
丰富应用场景	分销渠道管理、酒店库存管理、结算、欺骗行为监督、行为不当警示、服务跟踪评价、"区块链+旅游金融"（包括消费金融、供应链金融）、旅游保险、产品溯源、版权存证、游客身份信用认证、行李追踪、免押租车、旅游消费过程留痕可溯、区块链电子发票等	形成公开透明、安全可信的融合应用，构建新型消费模式

三 元宇宙赋能文旅产业发展

2021年，元宇宙关注度迎来爆发式增长，"产业+元宇宙"成为目前推进元宇宙建设的重要手段。文旅元宇宙超越了当前数字文旅所涵盖的范围，是文旅产业发展的未来形态。

（一）元宇宙技术概述

元宇宙数字技术的发展为其与文旅产业融合提供了技术基础条件。元宇宙涉及多项数字技术的集成创新，需要数字孪生、区块链、人工智能和智能网络等技术的支撑。其一，数字孪生技术。数字孪生技术是建模仿真技术经过多年发展后，与虚拟现实和物联网相结合而形成的技术，在工业制造领域率先得到发展。而在数字工业和游戏行业，建模与数字仿真技术的应用十分普遍，为元宇宙技术在文旅行业中的应用提供了重要基础。元宇宙将线下线上融合起来，为文旅产业的虚拟实现提供工具和机会。其二，区块链技术。2018年3月，戴斌在区块链技术与旅游业创新闭门会议的总结中指出，国内已经开始探索区块链在具体旅游场景中的应用，在创新商业模式的探索中解决市场的痛点[①]。区块链技术在现实旅游产业中的应用场

---

① 戴斌：《区块链旅游的混沌与理性——区块链技术与旅游业创新闭门会议的总结发言》，《中国旅游评论》2018年第2期。

景已经拓展到旅游金融、旅游信用、旅游服务等方面。比如，区块链技术在旅游的信用管理和顾客忠诚管理等方面的应用将重塑传统旅游业务模式①。其三，人工智能技术。人工智能指对人类的意识和思维过程进行模拟，利用机器学习等方法赋予机器类人的能力。而虚拟数字人是存在于非物理世界并具有数字化外形的虚拟人物，它在文旅产业中常见的定位是文旅形象大使，实现人类虚拟化身的身份职能。其四，智能网络技术。5G/6G技术是元宇宙提供实时、流畅体验的技术基石，是元宇宙底层的基础设施。文旅元宇宙所要求的实时和流畅的沉浸式体验，需要智能网络的高速度、低时延、高算力的规模化接入技术。

（二）元宇宙技术应用

国内一些领域在元宇宙与文旅产业融合发展方面已有一些创新探索案例。其一，数字文旅项目。将景区吃喝玩乐与VR设备相关项目进行紧密结合，元宇宙成为文旅产业数字化转型的新尝试。比如，2022年9月29日，新华网宣布即将推出数字文旅空间——"山海中国"元宇宙，助推中华文化传播形式数字化升级。"山海中国"计划引入100家博物馆、100家名胜景区、100家艺术院团和演艺机构、100家数字科技企业和100家品牌，共建"五个100+"生态合作计划，并以沉浸式空间体验为切入点推出两大先行示范项目——"中华文化云展馆"和"山海中国元宇宙发布厅"。此外，为了复原长安城的历史风貌，数字光年公司与国内知名的数字古建筑团队"明城京太学"和"史图馆"合作，通过数字化技术进行元宇宙项目"大唐·开元"的内容搭建和创作，按照真实比例搭建唐长安城建筑沙盘。项目以虚拟的大唐不夜城建设为开端，通过逐步完善公共设施、经济系统、玩法模组等各个环节，来充实该元宇宙的文旅生态链。其二，文旅数字人。虚拟人在文旅元宇宙中作为重要的交流媒介，可以从事虚拟导游、讲解员乃至文旅IP代言人工作。在文旅品牌营销中，虚拟人实现了内容创意效率的大幅度提升。2022年7月，国家对外文化贸易基地（上海）宣布由数字

① 黄先开：《区块链技术在旅游业的应用创新及未来发展》，《北京工商大学学报》（社会科学版）2020年第5期。

虚拟人"之"担任其"文旅推广大使"。各地文旅部门也都借助虚拟人，致力于对外推动传统文化、非遗、城市风貌等的传播与推广。其三，文旅数字藏品。元宇宙是虚拟与现实强交互的空间，数字藏品则是现实与虚拟密切联系的典型案例，是现实物品在虚拟世界中真实对应、不可复制和篡改的物品，具有不可篡改、不可分割、唯一性等特征①。中国文化传媒新文创藏品平台于 2022 年 6 月正式上线，该平台致力于探索数字技术和文化艺术的创新融合发展，对各类文化内容（IP）进行二次创作，以"区块链+数字化"内容的方式呈现。成熟的商业模式、能够落地的应用场景和盈利的实现，是文旅元宇宙持续发展的条件，数字藏品有可能成为文旅元宇宙实现商业变现的重要渠道。

（三）元宇宙赋能文旅产业

近年来，云旅游、云观展、云演艺、云课堂等新兴业态蓬勃发展，艺术中心、文博场馆、公园景区等也不断推出沉浸式演艺、沉浸式展览、沉浸式旅游等项目，促使文旅场景时空体验不断延展，元宇宙无疑为实现文旅数字化转型提供了更好的平台。"元宇宙+数字"文旅应用场景，不仅能够促进文旅深度融合，实现全面数字化，还能满足公众对文旅产品和体验服务不断升级的需求。

1. 文旅演艺内容的优化

2018 年以来，沉浸式文旅体验兴起，沉浸式数字艺术演出、艺术戏剧、艺术展览等产品逐步受到公众的追捧，出现了大唐不夜城、超级文和友、百度希壤空间、冬奥数字人主播等沉浸式文旅演艺的实践项目。这些项目通过技术手段，实现了与用户的深度交互，使用户能够全身心地投入沉浸式场景中，提升感知质量，但在应用过程中仍存在内容稀缺、复制性差、推广困难等问题。元宇宙作为多种新技术的集成应用，在提升演艺产品体验、优化演艺产品内容、增强用户角色融入等方面具有巨大潜力，可为传

---

① 《2022 年中国数字藏品行业研究报告》，澎湃新闻，https://www.thepaper.cn/newsDetail_forward_21857626。

统沉浸式演艺所面临的问题提供新的解决路径①。首先，元宇宙可通过 AR、VR、体感设备等，为用户提供更具质感、更加真实的场景体验，一定程度上降低了传统沉浸式演艺对设备及现场人员的依赖；其次，元宇宙完美的体验效果，可将沉浸式演艺的重心由原来场景呈现的技术支撑转变为价值呈现的内容创作；最后，元宇宙带来的体验方式和价值变革，将为演艺产品提供更多的商业接口、周边产品及知名 IP，为文旅演艺创造更多的价值增长点。2021 年以来，我国已有多个文旅机构进行了演艺元宇宙的探索和尝试，为用户带来更丰富的人文体验，如打造全球首个以唐朝历史文化为背景的元宇宙项目"大唐·开元"，让大唐盛世在元宇宙里再次呈现②。

2. 虚拟文化空间的再造

数字文化的兴起，让公众体验文化的方式更加多元化，也更具层次感，不仅突破了物理空间限制，也提高了细节展示程度和微观视觉效果，达到了整体与局部相配合的场景独特优势。元宇宙是数字技术的集成与融合，由元宇宙构建的虚拟文化空间、场景建设可高度还原去中心化的传播模式，也将打破博物馆、图书馆、文化馆等文化机构传统的传播壁垒，使现实与虚拟之间的数字鸿沟得以跨越，为用户带来更好的文化传播体验。比如，从 2018 年 4 月巴黎第一座艺术中心"光影工坊"开展至今已接待游客超过200 万人次，游客慕名前来，在新的沉浸式场景中欣赏梵高、莫奈等艺术大师的伟大作品。2020 年 10 月，湖南省博物馆利用 VR/AR、三维影像制作等技术，以"闲来弄风雅——宋朝人慢生活镜像"为主题，策划了 360 度全景线上虚拟展厅，在悠扬的古琴声中呈现了宋朝人的慢生活，全方位立体化地展示了 80 余件文物。2022 年 6 月，苏州寒山美术馆举办了中国首个元宇宙数字艺术展，整个展厅同时运用"互联网+AI+VR+AR+MR+游戏引擎"

---

① 石培华等：《元宇宙在文旅领域的应用前景、主要场景、风险挑战、模式路径与对策措施研究》，《广西师范大学学报》（哲学社会科学版）2022 年第 4 期。

② 《旅游景区纷纷"搭车"元宇宙概念，是噱头还是风口》，腾讯网，https://news.qq.com/rain/a/20211122A0985B00。

等技术，展现了"网络分身"在数字宇宙中的当下生态与未来境遇①。元宇宙将为虚拟文化空间的再造提供一个突破性端口，使得文化影响力更加直观且震撼。

3. 资源保护方式的重构

新时期博物馆、图书馆、非遗馆等公共文化机构面对文旅资源不可再生的事实，如何兼顾资源的保护和开发，将馆藏资源最大限度地转化成为社会公众共享的文化成果，是其共同面临的新问题和新挑战。元宇宙技术能够实现资源的信息化，通过数字化方式对文物、古籍、遗址等各类文化遗产进行挖掘、保护、传承，让有限的资源在元宇宙中创造无限的可能。《关于博物馆积极参与建构元宇宙的倡议》的发布，标志着博物馆领域将积极投身元宇宙建设，以实现资源共享、场景共创、标准共建、责任共担。目前，由中国文物交流中心发起打造的文博资源交流平台"元什"，将接入元宇宙"苍穹"，推动文物活化利用，拥有"数字藏书"区块链图书和数字藏书票的用户，可在"苍穹"里搭建自己的图书馆，还可将"数字藏书"产品在元宇宙里转赠、流转。上海图书馆东馆正在打造"红色骑行""家族迁徙""古籍区块链"等元宇宙项目，将更好地传承弘扬中华优秀传统文化。福建泉州创新了世界遗产的展现形式，推出将当地 22 个世界遗产景点以"国潮城市剧本+AR"形式展现的文旅元宇宙项目，吸引年轻人更多参与、更深体验。

4. 数字藏品平台的打造

文旅行业发布数字藏品有着独特的优势。数字藏品有着深厚的历史文化底蕴和极具中国特色的 IP 属性，相比馆藏文物或古籍字画，购买者可实现以更低的价格，在线上购买、观赏和收藏，从中了解到文物及其背后的故事，体会更多的乐趣，甚至激发他们走进线下景区及博物馆的热情。目前已有数十家博物馆、文化遗产保护单位，探索利用 VR、AR、MR、XR 等各项技术，打造元宇宙场景并发行文旅数字藏品。据不完全统计，国内数

---

① 《2022 年文旅与教育元宇宙应用场景》，亮见数字城市公众号，https://mp.weixin.qq.com/s/SB7LjZRpbl1FhDM504TXeQ。

字藏品交易平台已高达 500 家，按这种爆发式增长趋势，2022 年将至少出现 1500 家数藏平台。中国文化传媒新文创藏品平台已正式上线，该平台可为博物馆、非遗馆、景区等各类 IP 资源提供数字资源采集支撑服务，具备确权、交易、专区、定制等多重服务功能。未来，还会有更多文创作品，依托数字化技术进行传播，推动数字藏品的创新形态与实体经济结合，更好发挥其场景性、社交性、互动性的先天优势，创新历史文化的传承方式，推动文创产品以更受年轻群体青睐的形态持续发展。

5. 线上云游模式的构建

元宇宙的时空整合、目的地扩展等特性给旅游业发展开辟了更加广阔的空间。旅游元宇宙的构建，可以使人们足不出户就能瞬间"位移"，环游世界，一键操作便可时光流转，穿越古今，领略不同时代不同地域的文化魅力。国外早已抢先布局，迪士尼的"愿望号"游轮与甲板游乐场配备了各种声光电特效，令人能够完全沉浸在童话世界中。目前，国内也有多家文旅景区、主题乐园开始探索旅游元宇宙，如首家以 IP"冒险小王子"为核心的元宇宙主题乐园将落户深圳，使孩子身临其境获得更有沉浸感、互动感的体验；崂山将建设以航天博物馆为核心的全国首个元宇宙公园，打造青岛旅游新名片；上海"乐游豫园"项目打造"豫小象"等豫园虚拟人，推动虚拟人服务化，实现人与场景互动、虚拟人与虚拟人同游、虚拟人与虚拟场景互动等。在未来的旅游元宇宙中，多人可共游虚拟世界中的同一景点，增强交互体验。

6. 传统文化教育的革新

未来，在人工智能、物联网、区块链等数字技术的支持下，文化教育将突破传统的线下教育活动和线上直播授课场景，跨越时空限制，实现资源共享，并能分析公众个体的知识结构，施以个性的知识引导，使其主动融入文化教育活动中，切身感受中华优秀传统文化的魅力。而元宇宙的出现，将会加快推进文化系统构建与实体文化设施阵地教育服务相适应的数字空间，实现社会教育模式的转型。教育元宇宙将成为文化教育的重要形态，呈现出虚拟重现、虚拟仿真、虚实融合、虚实联动的情景化学习、个性化学习、游戏化学习、互动化学习等应用场景。目前，教育元宇宙正通过线上教育与线下活动，虚拟空间与实体课堂的融合而不断完善。比如，美国斯坦福大学开设的"Virtual People"课程，学生只要携带 VR 头盔，即可完全沉浸于 VR 环境中远程上课，课堂场景有虚拟博物馆、火山口等人烟稀少的角落，让学生有如身临其境般的实景体验。再如，雅昌在已推出的"艺术知识图谱"基础上，正在利用现有艺术数据资源与不断进阶的 XR 扩展现实与数字技术应用，积极构建虚实结合的"元宇宙艺术知识版图"，让虚拟空间再现"世界艺术史"，为全民艺术教育提供沉浸式体验[①]。在这里，人们可随时身处大唐盛世的沉香亭中听李白轻吟"云想衣裳花想容"；亦可坐在 15 世纪的意大利圣玛利亚感恩修道院，见证达·芬奇名作《最后的晚餐》的诞生，艺术文化可以得到更好的传承。另外，文化教育通过远端场景教学，还可帮助残障人士解决不便参与线下教育活动的问题。

第四节　文旅产业数字化转型趋势

数字化技术在文旅产业的广泛应用，不仅拉近了旅游客源地和目的地之间的时空距离，提高了旅游产品供给的丰富度、游客体验的满意度、管理部门的安全度，还有效延伸了文旅产业链，甚至为游客带来超越感官的全新体验。

一　数字化开启文旅产业发展新时代

以"强通用性、强交互性、高集智性和高增值性"为特征的数字时代的到来，不仅激活了文旅产品资源，也为文旅产业发展注入了新的活力。

（一）数字技术赋能公共服务与行业监管

政府是公共治理体系的重要组成部分，信息技术特别是网络和数据技术的发展，为政府提高履职能力和人民群众依法管理公共事务及自身事务

---

① 《雅昌艺术元宇宙：虚实共生，艺术共荣》，雅昌艺术网，https://baijiahao. baidu. com/s? id=1723099835211223389&wfr=spider&for=pc。

提供了新的更多的有利条件①。尤其是在经济调节、市场监管、社会管理和公共服务等方面，数字技术为政府更好履职提供了支撑。政府治理能力的提升，也是推动产业发展与变革的重要力量。因为数字技术的发展，会带来公共服务效率的提升和行业监管模式的改变，从而推动产业创新发展。随着数字技术在文旅产业的应用，数字技术也正在赋能文旅产业的公共服务与行业监管，使文旅产业的智能化管理成为可能。而依托文旅产业运行的各类数据，更容易识别差异化、个性化的公共服务需求，由此可以提升文旅产业的公共服务效率，也可以为管理部门的市场监管提供技术支撑，从而推动数字文旅产业的进一步发展。比如，在旅游目的地管理方面，依托游客行为形成的大数据，可以为旅游客源地提供更好的营销服务。

（二）数字技术推动产业模式和业态变革

产业发展大体经历以下发展过程：技术发展打破既有产业体系—推动形成新的产业生态—实现商业模式变革与创新—最终重塑整个产业体系②。在新技术革命的推动下，变革发展模式已成为价值创造和获取利益的重要手段。可以预见的是，随着数字技术在文旅产业的应用，文旅产业基于获取利益和实现价值的动机，会逐步推动产业组织结构的调整，由此会带来文旅产业发展模式的变革和新业态的发展，形成新的发展动能。近年来，VR、AR、5G 等数字技术在文旅产业的加快应用，进而诞生的诸如虚拟现实景区、虚拟现实娱乐、数字博物馆等全新的文旅业态即是佐证③。随着数字技术的进一步渗透，各类传统的文化资源和旅游资源借助数字技术得以"活起来"，由此将不断创造文旅产业新资源，催生文旅融合新业态，推动形成数字文旅新生态和数字化新型产业链。在此基础上，将会不断改善文旅产业发展的基础设施、改变文旅产业发展的商业模式、提升文旅产业的有效供给水平、开辟文旅产业发展的新空间。

---

① 江小涓：《大数据时代的政府管理与服务：提升能力及应对挑战》，《中国行政管理》2018 年第 9 期。

② 李东、苏江华：《技术革命、制度变革与商业模式创新——论商业模式理论与实践的若干重大问题》，《东南大学学报》（哲学社会科学版）2011 年第 2 期。

③ 夏杰长、肖宇：《数字娱乐消费发展趋势及其未来取向》，《改革》2019 年第 12 期。

（三）数字技术改变大众行为与体验认知

个体对时空的感知差异会带来个体消费行为与体验认知的改变，而技术变革是影响个体时空感知的重要因素。伴随技术的发展，必然会带来个体消费行为与体验认知的改变。近年来，以抖音、快手等为代表的短视频App 的快速发展，折射的是数字化时代大众行为与体验认知的改变。数字技术的应用，将会不断改善大众的体验内容、体验方式、体验质量，也将会逐步改变大众的行为与体验认知，多样化、个性化的需求将会随之发展，大众对沉浸式和交互式的体验会更加青睐。未来，随着数字技术在文旅产业的加速应用，大众在吃、住、行、游、购、娱等各个环节的行为与体验认知将进一步变革，这意味着只有推动数字技术在文旅产业的应用，才能满足数字时代大众的新体验与新需求。

二　文旅产业数字化转型面临新挑战

一切新兴事物的崛起，往往会引发它与旧事物迭代断裂的矛盾，同时也会面临以往不曾有过的新问题，文化旅游产业的数字化建设也不例外。目前，虽然文化旅游产业的数字化发展势头正强，但是文化旅游经营者和相关管理部门不可忽视其已经显现的矛盾和问题，需明白信息社会中文化旅游产业的数字化建设仍处于探索和起步阶段，只有明确这些矛盾与问题，才能在瞬息万变的数字市场中行得更稳、走得更远。

（一）"数字化"的过热现象影响文化旅游发展

当前，数字化文化旅游活动虽然处于新兴阶段，却已迅速升级成为信息社会文旅产业转型升级的重要代表，尤其是 2020 年，新冠疫情加速了5G、人工智能等新技术在文旅领域的应用，以历史文化、古迹资源为依托的"文旅1.0"发展模式，正迅速向以科技为驱动的"文旅2.0"发展模式转型。然而，正是这一波"科技转型"的浪潮，引起了一定程度的过热倾向和非理性发展趋势。

从文化旅游数字化建设的提出、相关管理部门的顶层设计到产业实践，再到旅游参与者的体验与感知，相关步骤与过程需要各利益相关方长期跟进和相互协作。同时，在产业转型期，比较容易出现对"数字化"概念的泛化、偏离以及跟风模仿现象。此种现象的出现，使能够产品化并真正能被旅游者接受和感知的文化产品与服务显得尤为稀缺。自文化和旅游部提出"文旅融合"概念以来，"数字文旅""区块链文旅"等新概念层出不穷，不少国内旅游企业也以"某某文旅"形式命名。其中不乏"挂羊头卖狗肉"者，打着"数字文旅"的旗号，对旅游目的地和产品进行泛化炒作，甚至虚假宣传，殊不知，这些泛化甚至虚化的"数字文旅"产品，并没有真正将数字技术和文化创意融为一体，也有些企业将处于概念导入阶段的大数据、人工智能和遗产活化等技术用于数字化文化旅游，其实少有真正成熟的产品与服务，知名品牌更是少之又少。比如，有些文化旅游数字平台所搭建的场景号称具有人工智能功能，实际却无法达到应有的"智能化"水平，这样做往往使旅游者失去对其整个数字平台的信任，影响其口碑与长期发展。

（二）数字化文化输出与旅游消费之间存在矛盾

相较于传统旅游，文化旅游对文化的输出与传播作用更为突出，当前许多文化旅游目的地成为地域文化、历史文化等的主要共享者。然而，由于旅游产业的营利性，文化旅游产业发展中的经营者在平衡文化输出与旅游消费之间的关系时常常出现矛盾，这种矛盾对文化旅游数字化建设形成了一定阻碍。

许多文化旅游经营者并没有认识到，"私有"和"共享"本来就是一个对立统一的整体。因此，在文化旅游数字化的建设中，文化旅游经营者更偏向于追求经济利益，而忽视了对文化输出功能的数字化建设。这种过于强调旅游活动收益的行为，虽然对旅游企业的资本实力和产业规模有一定的帮助，但是忽略了产品和创意的传播，使得产品和创意被封闭起来，以至于它们无法在信息社会发挥其对旅游者应有的吸引力，这与文化旅游产品设计的初衷以及互联网的共享精神是背离的，也不利于文化旅游的文化内涵扩大输出范围。相应地，如果反过来过于强调文化旅游产品的传播和共享，却忽略利益相关者的应有权益，可能会使同质化问题进一步升级，甚至会挫伤其继续创作的积极性，反而不利于文化旅游数字化的创新和进步。

（三）优质数字产品内容和服务供给不足

当前，我国数字化文化旅游产品与服务处于高产但相对低质的阶段。一方面，数字技术的专业性导致专业人才出现一定缺口，且不同数字化供应商所能够提供的基础设施和技术支持也参差不齐，使得文化旅游的数字化建设无法在短时间内供给大量优质产品和服务；另一方面，许多文化旅游经营者对数字平台及数字技术等的了解并不深刻，或者单纯将"数字化"作为文化旅游活动的"新外衣"看待，并不在数字化的产品与服务上投入应有的成本，也使得优质产品和服务稀缺。

首先，以复杂的网络应用操作来迷惑旅游者，实际线上产品和服务单一。这种单一的产品和服务无法与需求相平衡，服务效率严重低下，旅游者体验性差。其次，有些文化旅游数字平台提供的产品和服务并不成熟，有的偏向以令人眼花缭乱的媒体处理技术为噱头，吸引旅游者关注，有的则只是以最简单的图文形式展示产品或服务，这种不成熟的产品与服务使得旅游者参与度较低，令人依然有传统观光旅游之感。

（四）文化旅游产品信息同质化情况严重

作为商品经济领域的一个基本概念，同质化是指"同一大类中不同品牌的商品在性能、外观甚至营销手段上相互模仿，以至逐渐趋同的现象"。相关资料显示，随着数字市场竞争的日益激烈，我国各地的文化旅游数字平台所展示的产品信息同质化问题突出，如旅游行程千篇一律、旅游体验内容过于雷同等。此外，虽然如今的专利权、著作权和商标权能够为文化旅游创意提供一定的保护，但其保护范围在文化旅游数字化建设方面仍存在一定的不足，在具体的法律规范中，也没有明确界定出数字文化信息抄袭和剽窃的相关概念，最终导致文化旅游数字化平台上模仿和抄袭现象层出不穷，造成了不正当竞争，对文化旅游产业的数字化建设造成了消极影响。

同质化现象容易造成旅游者的审美疲劳，导致游客对景区，甚至对景区所在地区的旅游景点所提供的文化旅游产品和服务质量产生怀疑，削弱其对文旅产品和服务的期待值。长此以往，会打击游客对景区文化旅游产品和服务体验的信心，这种恶性循环让文化旅游经营者无法得到相应的收益，在一定程度上也打击了工作人员的积极性。

（五）文化旅游数字化的相关治理体系不完善

我国文化旅游活动的相关法律法规比较多，形成了以《中华人民共和国著作权法》《中华人民共和国专利法》《中华人民共和国商标法》为核心，以《中华人民共和国反不正当竞争法》为辅助的基本法治框架。需要注意的是，这些重要法律都是在一定程度上"以具有特定形式的智力成果或标识、标记为保护对象"。但文化旅游数字化建设的现实情况远比法律界定复杂，数字技术的多元化和海量的网络数据使其产品形态呈现多元化，既有有形的文化旅游产品，也有无形的文化旅游体验服务；既有内涵丰富的自然遗产，也包含创意十足的科学创造，再加上文化旅游产业链的特殊性与复杂性，使得文化旅游产业发展中的不少智力成果无法完全纳入当前相关治理体系中。同时，现有法律框架内也缺少一些涉及文化旅游数字化管理问题的直接性法律依据，如在文化旅游数字化产品规划过程中所产生的文案、创意等，虽然其中一部分元素可以被纳入著作权的保护范围内，但是整体性的规范方案创意却无法得到全面保护。

新一代信息技术的发展促进了文化旅游产业的数字化建设进程。同时，由于新技术的出现，对现有的文化旅游数字化相关治理体系的完善性提出了挑战。这些挑战主要表现在以下几个方面：第一，对"即时分享"的界定。当用户通过网站浏览文化旅游产品的相关资料时，计算机会自动在后台把这些内容临时复制一次，然后呈现给用户，当关闭网页或者电脑之后，这些临时存储的内容会自动清除。现有的法律法规尚未对这种"临时复制"做出描述和判断。第二，对"个人复制"的界定。数字时代，由于先进的数字化技术，文化旅游专利产品信息的复制变得非常便利，一键操作或下载就能完成。当有大量的用户进行了同样的复制，所有的复制加起来无异于公共复制。因此，个人复制和公共复制的界限其实很模糊，法律层面无法界定清楚。第三，数字时代文化旅游宣传信息的传播，需要内容提供商、技术服务商、网络服务商三方参与合作完成。内容提供商是电子内容的提供者；技术服务商指信息网站、涉旅公众号等信息发布终端，用于电子内容的发布；网络服务商指移动、联通、电信等网络信号的提供商。三方缺一不可。当出现所有权纠纷时，各方应该承担什么样的责任，现有法律没有做出明确规定。

三　数字化擘画文旅产业发展新愿景

（一）数字生态建设：夯实文旅开发基础

数字生态建设是文旅产业数字化转型可持续发展的基本保障，数字生态建设离不开战略规划的引领和各要素的保障协同。制定清晰的开发愿景和目标，是数字化开发工作落地的根本遵循，各要素保障机制的建立，是推进战略规划实施的关键环节。通过完善数字基础设施、引进数字人才、保障资金支持、维护数字安全等要素保障，促进文旅产业形成良好的数字生态，有效夯实文旅数字化开发基础。

1. 制定数字战略规划，把握数字化开发规律

文旅产业数字化开发是一项系统性、长期性工程。目前各地文旅产业数字化建设，存在开发目标模糊、匆忙效仿其他文旅景区数字化转型实践，缺乏战略层面顶层设计的核心问题。数字战略规划是文旅产业数字化开发顺利进行的先决条件，只有深刻领会数字战略规划在文旅产业数字化转型实践中的指导地位，对其文旅产业数字化开发进行战略性规划与前瞻性思考，找准切入点，明确数字化开发愿景与目标，推动战略规划先行，才能以牵引带动全局，形成良好的数字生态。

首先，制定数字战略规划。需发挥政策引领的重要作用，积极响应国家政策的号召，以《"十四五"国家信息化规划》《关于深化改革创新促进数字经济高质量发展的若干措施》等一系列支持政策为支撑，找准发展方向，把握利好政策，拓宽转型升级的战略思路。其次，提升领导层的数字化认知水平。文旅企业的高层管理人员应提高对文旅产业数字化开发的重

视程度，掌握数字化应用的发展动态，通过将数字化建设的决心与信心融入企业文化，进而影响员工层面数字化思维模式的转变，推动其文旅产业数字化开发战略的贯彻落实。最后，确定文旅数字化开发的目标定位。突出创新引领的文旅数字化开发理念，遵循可持续发展、科学发展和包容性发展规律，系统梳理当前数字文旅市场的消费需求与建设短板、难点、痛点问题，根据其资源要素以及数字产品匮乏、虚拟空间缺位等开发问题，在系统咨询文旅数字化研究领域的专家学者、充分调研借鉴行业内数字化转型成功案例的基础上，从业务重组、组织模式、部门设置等企业架构层面和开发目标、开发重点、行动计划等开发路径层面，全面规划符合其文旅发展规律的数字化开发战略与愿景，制定实施战略目标的计划清单，吸纳外部人才及内部业务骨干组建数字开发部门，根据市场环境变化，及时调整数字化开发战略方向，以把握市场先机。

2. 构建要素保障机制，夯实数字化开发基础

数字战略规划为文旅产业数字化开发指明方向道路，而要真正实现文旅产业数字化开发目标，关键在于充分利用各要素全面保障规划的落地实施，通过完善数字基础设施建设、保障资金支持、引进数字人才、维护数字安全、推动数据共享等要素保障，优化文旅产业数字生态环境，夯实文旅产业数字化开发基础。

在完善数字基础设施方面，文旅产业应加强与中国移动、中国联通、中国电信等公司的合作，推进景区内 5G 基站建设，实现景区 5G、千兆网的全覆盖，为游客提供高质量的 5G 网络，同时，积极完善景区智能监控系统大数据中心、物联网感知设备、人脸识别闸机等软硬件数字化基础设施建设。在保障资金支持方面，文旅产业需争取当地政府产业数字化转型的专项基金支持，增加文旅数字化产品、项目开发的专项资金预算，建立多元化的融资体系，吸收社会资本，保障资金高效稳定投入。数字人才的数量与质量是影响文旅产业数字化开发的核心要素。在引进数字人才方面，文旅产业需加大人才引进力度，吸引具备数字思维、数字技术、数字创新能力的复合型数字人才。首先需提高引进人才待遇，为高学历的数字化人才

提供住房、医疗、子女教育等方面的优惠政策。其次需建立完善的培养机制，搭建专业化数字人才队伍，以"引进+培养+共享"模式创新人才培养机制，培养本单位的数字化领军人物，保证核心系统核心技术的自主可控，同时还需加强与同行业龙头企业、当地重点院校、科研机构的合作，形成产学研一体化发展格局，有效整合人才资源。在维护数字安全方面，文旅产业应加强数字治理能力，从网络链路、数据库服务、域名解析、网站应用等方面着手，筑牢基础网络、云平台、数据中心、数据和应用安全屏障。合理利用流量、数据争取数字文旅市场份额，规范采集用户个人信息，有效防范数据安全风险。

（二）数字资源整合：深化文旅体验内涵

资源整合作为文旅产业数字化开发的逻辑起点，为形成开发主题、推动产品升级和实现空间延伸奠定了坚实的基础。依托数字技术，将已存在的文旅资源转入现代传播语境，通过汇总分类、内容提炼、价值整合，形成文旅数字云平台，提炼文旅数字化开发主题，打造文化图谱云，为文旅资源内容的创造性转化提供素材库。

1. 创新数字资源云平台，搭建区域开放素材库

多样文化资源及其所蕴含的时代精神与价值内涵，是文旅产业数字化开发的内容依据，依托大数据、AI 知识图谱等数字技术，打造数字资源云平台，建立文化资源的关联数据模型，为用户提供文旅资源数字化展示服务，有助于游客全面了解文化资源，促进企业根据文化图谱云及用户的信息反馈进行文旅资源数字化创意转化。体验经济理论下文旅数字化资源平台的搭建主要包含以下两个方面。

一是资源数据库的系统搭建。对于物质形态、精神形态和信息形态的旅游资源，进行全面系统的数字化采集、存储与呈现。针对区域内以线下物理空间为载体的文旅资源，采用激光扫描、摄影测量等技术，建立物质形态建筑的立面、剖面图，并存储至在线资源数据库，为用户深入了解区域文化资源信息提供参考，如故宫博物院将故宫内的建筑、文物进行三维建模、摄影测量，搭建文物大数据库，并在"数字故宫"小程序内呈现

720°故宫全景。二是搭建区域开放素材库。基于区域数字化海量资源，构建数字资源授权利用体系，针对风景图片、建筑文物的建模视图、非物质文化遗产等原真性内容，以照片、视频、录影等多样化形式呈现；针对历史故事、民间传说、大战史实等文本性素材，进行三维动画、创意手绘漫画等形式的二次创作；针对区域特色的文化图案元素，可以进行二次创作，用于红包封面、主题壁纸等有关设计实现内容的再生产。多元化的资源呈现形式，有助于从多维度呈现区域旅游资源的文化内涵与价值意蕴，在开放素材库内，用户可以通过付费下载相关资源，获得便捷化、智能化、个性化的资源服务，实现文旅数字资源的资产化开发，提高区域文旅资源的转化利用率，同时为用户提供素材二次创作，并上传获取收益的互动平台，实现传统文化、数字技术与公众的互联互通，为推动区域文化创意发展提供新动能。

2. 打造区域文化图谱云，精准提炼主题主线

文旅产品数字化开发过程中，文化内涵作为旅游核心吸引物，是精准提炼核心主题的重要环节，文化萃取与主题的提炼，需立足于区域特色文化资源，依托大数据技术，根据用户搜索偏好发现客源市场的潜在需求，寻找符合用户兴趣点的文化主题线索，将数据信息转化为数据生产要素，用于文旅数字化产品的开发。同时，应以多样化的呈现方式，实现数字资源的活态再生，通过用户的主动参与，形成消费者与生产者双向互动赋能内容生产的良好局面。

首先，需根据搜索偏好设计主题内容，依托"区域文旅资源智能检索服务""区域文化图谱云"等平台功能，综合运用大数据分析用户搜索热词，整合用户关注的文化资源要素，从奇特度、丰富度、娱乐性、延伸性等方面，对文化元素进行综合分析与评价，选取最具垄断性的资源来有效提炼文化特色价值，突出差异性与区域特有性，形成用户关注度较高的文化主题与主线，为后续开发彰显主题主线的系列文化旅游数字化产品提供参考依据。其次，需构建区域文化图谱云，根据主题、时间、人物、事件等要点建立关联索引，包含诸如大战故事、相关人物、历史沿革、相关作

品、古城风景、国际影响、出土文物、文化资源等主题内容，构建在线知识图谱，以数字可视化技术实时生成"区域云时空"，基于资源数据库整合线性空间维度和时间维度，将同一主题不同时空、不同类型的文化元素串联在一起，使得文化资源孤岛变成相互连接的群岛。比如，台儿庄古城的运河文化资源，其线性时间维度包含了运河开通及台儿庄商贸形成的全过程，其空间维度与台儿庄古城本地民俗节日渔灯节、非物质文化遗产招幌的形成有着紧密联系，不同时空但又紧密联系的文化内容主题，通过联结集聚在一起，有助于用户深度挖掘文化基因，实现文旅资源管理者与消费者、使用者的有效连接，推动数字合作共享[①]。

（三）数字产品升级：提升文旅体验感知

体验经济理论提出，感官刺激有助于支持和加强旅游主题内容，富有多维感官体验的文旅活动项目能够更加精准地传递信息与情感，制造消费者记忆点[②]。数字技术参与感官表达主要表现为，通过多方位刺激消费者的感官系统，有效提升体验项目的感官冲击力。针对目前文旅数字化产品体验类型单一、感官体验融合度低等问题，可根据文旅产业数字化转型的内在机理，布局区域数字产品矩阵，丰富产品多维感官元素，通过产品升级进一步提升游客的体验感知度。

1. 丰富体验产品种类，形成数字产品矩阵

体验经济理论将体验类型划分为"娱乐的""教育的""审美的""逃避现实的"四个部分[③]。数字技术的加持下，文旅数字化体验在原有基础上进行了一定的升级转化，可以分为感官互动体验、数字艺术体验、沉浸教育体验和场景叙事体验四大类型。这四个组成部分互相兼容，联系紧密，最丰富的体验往往包含四个领域中的每一个部分，通过模糊其边界

---

① 唐月民：《台儿庄古城再生的经验与启示》，载于平、傅才武《中国文化创新报告（2015）No. 6》，社会科学文献出版社，2015。

② 欧阳辰姗：《基于游客行为分析的台儿庄古城消费空间优化研究》，硕士学位论文，山东师范大学，2020。

③ 倪吴玥：《体验经济理论下台儿庄古城文化旅游数字化开发研究》，硕士学位论文，山东大学，2023。

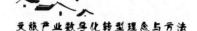

能够提高旅游体验的真实性与吸引力。参照文旅数字化体验类型，数字技术应从模糊体验产品类型边界、融合四大体验类型发力，以区域内文化资源为主题主线，深度参与文旅数字化产品矩阵搭建，布局数字内容新体验。

以台儿庄古城景区为例，其数字产品矩阵在搭建过程中，可根据大战文化、运河文化、民俗文化、建筑文化四大文化主题主线，对四种体验类型进行组合。借助数字技术在文化内容呈现、互动效果、沉浸式体验环境营造方面发力，打造台儿庄古城核心爆款数字文旅产品。大战文化主题，可在古城内打造台儿庄战役数字体验馆，将互动显示屏、互动捕捉、虚拟影像等技术融入体验场馆，虚拟复原台儿庄大战原址及战争场景，运用多媒体影像数码科技将《血战台儿庄》巨幅全景画进行 3D 数字动态化转化呈现，彰显场景叙事体验、感官互动体验与沉浸教育体验的融合。同时，设计在线"英雄台儿庄"数字体验游戏，制作大战动画，开发供用户选择人物身份、进行角色配音的在线游戏，加深沉浸式教育体验。运河文化主题，可借助 360°球幕技术、摄影成像技术、动感座椅、裸眼 5D 等数字技术，搭建"穿越运河 梦回台儿庄"球幕影院项目，以运河的开通以及台儿庄商贸的繁荣为叙事主线，结合众多文人墨客来此游历留下的逸闻传说，进行创意性改编，为游客带来沉浸式数字体验。民俗文化主题，可依托互动显示屏、多媒体技术等，对台儿庄古城四大家族兴衰故事、乾隆下江南等民间传说的文本内容进行艺术性改编，打造"四大家族风云""乾隆下江南"等古城实景剧本杀，在体验过程中增设机关特效，将搜证地图与古城实景相结合，打造融合场景叙事、沉浸式教育体验的文旅体验产品，提升年轻游客黏性。建筑文化主题，可依托现有古城夜间光影秀的基础进行升级改造，一方面丰富光影秀呈现内容，在传统节目《迎宾秀》《烽火家园》光影实景秀的基础上，编排展现运河文化、大战精神的裸眼 3D 数字光影动画内容；另一方面拓展古城光影秀的建筑载体，将运河沿岸的吊脚楼、市楼、古城墙等建筑，作为光影载体进行内容的投射，结合声光电技术，使其与原建筑融为一体，营造独特的数字艺术体验。

2. 深化产品感官体验，提升游客体验感知

感官体验作为消费者体验最直接、最基础的形式，在体验经济时代逐渐受到旅游市场的青睐。一个完整丰富的文化旅游体验活动，已经从视觉、听觉的二维度，拓展到触觉、空间感等多维度沉浸体验，感官的有效刺激能够影响游客感知和行为，帮助游客从多渠道接收信息，满足深度化、多元化旅游消费体验需求。目前的文旅产品以视觉为主，其他感官维度利用不充分，亟须进一步丰富产品的感官体验维度。

旅游产品在进行数字化开发的过程中，需对多维感官体验元素进行提取和整合，进而丰富产品的感官维度，延伸游客的自我感觉系统，形成多维感官包围的体验氛围。在丰富产品感官体验时需注意，感官刺激不是简单地将多元感官体验叠加，而是需要研究感官体验是否有利于文旅活动项目呈现。只有找到适宜的感官刺激，才能使体验长期地留存在顾客的记忆里。比如，台儿庄古城的视觉旅游资源包含了景区的八大建筑风格、自然风景和民俗生活的呈现，运用数字还原、三维建模、精度扫描、摄影等技术，可以复刻在地视觉资源，并据此进行二次创作，形成的在线视觉资源可运用于在线文旅平台内容呈现、数字藏品开发、文旅数字体验等活动项目。听觉资源包括自然音律和人文音律，自然音律包括古城内的运河流水声、水街的流水声等，人文音律包含商贩的叫卖声、运河船工号子声、摇橹船歌声、柳琴戏唱腔等，依托数字技术系统采集听觉资源，并运用于文旅体验产品，如在线文旅平台页面，在搜索不同类型文化资源信息时，可以自动播放与之相关的音乐，进而提升游客的情感共鸣；打造"梦回台城"球幕影院体验产品，在呈现运河兴起，台儿庄沿岸商贸兴盛的叙事内容时配以运河船工号子声、沿岸商贩的叫卖声、摇橹船歌声等，丰富体验产品的声音系统，打造沉浸式体验场景①。嗅觉资源包括景区内的美味菜肴、大自然中的花草清香等，具有放松心情，释放压力的特殊作用，可运用气味特效配合 5D 电影中的画面场景呈现。触觉资源主要表现为景区内各类体验

---

① 刘畅、王思思等：《传统聚落水适应性空间格局研究——以台儿庄古城为例》，《现代城市研究》2017 年第 4 期。

场馆，可与其他感官体验相结合，如结合互动投影屏，借助多点触控、激光延时、光感交互等科技，实现景区内数字场馆的触觉刺激。多元感官的组合，将最大限度地提升文旅数字化开发效果，满足游客参与性、沉浸性的旅游产品需求，打造具有一定影响力的爆款数字文旅产品。

（四）数字空间延伸：营造文旅体验氛围

旅游地作为"文化区域"，不仅仅是一个传统意义上的"物理性地域空间"，而且是一个有人类文化创造活动的、有意义的、游人可以体验的文化空间。针对区域在空间营造环节的虚拟空间拓展不足、虚实联动薄弱、氛围营造欠缺等问题，可依托数字技术优化线下实体空间、营造叙事场景、搭建线上虚拟空间、促进虚实空间联动，以实现原生空间的创新与再生产，区域文化和旅游空间包含了实体的景观空间、展示空间、演艺空间与虚拟的在线空间。利用数字技术基于文旅资源进行空间延伸，实现场景复刻与意义的深化，淡化文旅空间生产与消费的行为边界，是适应时代发展与文旅消费体验需求的必然趋势。

1. 优化实体旅游空间，营造空间叙事场景

空间不是被动的、静止的或空洞的，而是积极的、能动的、充实的，线下实体空间是游客感知旅游地文化，参与叙事体验的直接场域。数字技术对于线下实体空间的优化主要体现为空间的物质性改造，即通过叙事性、语境性、功能化的重新阐释，对现场展示空间进行景观再现与氛围营造，进而生发意义生产，营造叙事场景，提升消费者对于空间的审美感知能力与创新能力。区域空间叙事场景的营造，需运用当代语境阐释其文化资源内容，实现活态再现，以进一步提升游客现场感知、领悟和体验水平。

例如，台儿庄古城的线下实体空间包括景观空间、静态文化展示空间和动态演艺空间，景观空间以景区内自然景观和人文景观为主，进行本真自然的展现，无需过多的技术介入。静态文化展示空间主要包括运河招幌博物馆、税史博物馆、酒器博物馆、运河奏疏馆、梦的礼物文创体验店等博物馆、文化馆类体验场所，目前景区的文化展示空间大多以平面图像、

文字、文物等展示物进行简单的线性叙事和单一空间的表达，在空间、展示内容与游客的关系中，空间仅仅作为背景，用以"盛放"展品，发挥"容"的作用①。针对传统静态文化展示空间的数字化转型升级，应运用数字技术、多媒体技术，融合景区文化资源内容与空间背景，营造具有故事情节的空间叙事场景。比如，运河招幌博物馆可结合数字动画、立体电影等方式，在空间内呈现"商贾迤逦、入夜、一河渔火、歌声十里、夜不罢市"的运河沿岸商贸景象，设置人机交互装置结合展馆内容，以对话、问答的方式与游客进行互动；台儿庄大战故事馆可运用数字技术对大战环境、古迹进行复刻模拟，借助数字显示屏在实体空间内搭建台儿庄大战裸眼 3D 立体场景，实现线下实体空间的沉浸式体验；针对动态演艺空间，可借助数字技术丰富实景演艺空间的场景构建，如柳琴戏表演场所可根据表演内容进行实景还原，利用数字光雕投影、立体环绕音效等技术配合《白蛇传》《杨八郎》等表演剧目，为游客打造叙事性强、具有丰富语境的实景演艺环境。数字技术赋能下，线下实体旅游空间通过叙事内容的表达、环境氛围的营造，与游客形成情感联结与良性互动关系，推动台儿庄古城文化资源成为可体验、触摸、对话、亲近的对象，实现文化空间由静观美学向动态体验的转变。

2. 搭建虚拟体验空间，实现虚实空间联动

线上虚拟旅游空间作为线下实体旅游空间的补充，在互联网时代成为人们足不出户了解世界各地名胜古迹的重要途径，尤其在传统文化旅游难以实现的场景复原再现领域，在线虚拟旅游体验空间彰显出优势与核心竞争力，景区在线旅游平台主要作为线下旅游的辅助工具，提供预订门票酒店、景区导览等服务，处于提供云端信息的初级阶段，尚未形成多维立体的线上虚拟旅游体验空间，不能满足游客对于互动感、叙事性、私密感的线上虚拟旅游消费空间的需求，亟须搭建线上虚拟体验空间，形成创新性文旅延伸场景，促进线上线下空间互动，打造平等沟通的文化交流平台。

---

① 王明远：《台儿庄古城的重建：记忆重构、公共记忆与国家话语》，《民俗研究》2016 年第 1 期。

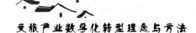
首先，可借助数字技术还原、重现历史时空场景元素，打造场景再现型文化旅游空间。比如，在台儿庄古城虚拟体验平台搭建"云游古城""大战风云""穿越运河"等虚拟旅游场景，通过云端游览的方式构建台儿庄古城虚拟漫游空间，再现运河历史文化风貌，复原台儿庄大战场景，补充线下旅游短板，在生产端对文本性文化内容进行编码和创意性在线转化，模拟现实或超现实景观，延展古城历史时空体验。其次，可在拟态环境中开发在线文化旅游体验活动，主要表现为打造线上虚拟体验游戏，赋予游客角色身份实现在线互动交流。可根据台儿庄四大家族故事，凤凰台、白果树等民间传说，打造在线互动小游戏，借助代入式场景、互动叙事手法，使游客沉浸于虚拟娱乐互动游戏，游客对于虚拟在线旅游时空的体验回应，也正是主动进行创意解码的过程，将进一步加深其对于古城文化资源的了解。最后，需加强线上线下的联动效应，即将线上体验空间与线下体验空间相融合，设计在线景区虚拟数字吉祥物，为游客线下旅游提供专属智能互动导览服务。同时，运用 AR 增强现实、LBS 等领先数字技术，打造台儿庄古城 AR 创意交互体验，游客在旅游过程中可通过手机扫描 AR 标识牌，实现虚拟场景的再现与复原；创新推出的 AR 实景实时导览功能，还能让游客扫描景区内的建筑标签，即时获取建筑名称、方位及相关文化内容，为游客提供沉浸立体的空间参观体验。借助手机屏幕，丰富完善线下旅游空间展示内容，依托虚拟空间与现实空间的联动，创新台儿庄古城空间场景的呈现形态，增强游客与台儿庄古城的互动关系，实现时间与空间的弹性伸缩与自由延展。

（五）数字营销宣传：重塑文旅体验消费

体验经济时代，互动、场景、内容、关系、情感依赖成为营销革命的爆发点。数字营销是伴随网络信息技术的发展，以市场需求和用户关系建立为导向的新型营销方式，旅游地直播、旅游 VLOG 等营销形式，彰显了文旅行业从传统的广告投放，向互联网数字化营销转变的生动实践。针对目前商业营销聚合力较低、获取流量和沉淀用户不足等问题，应积极搭建并完善线上数字服务、管理、营销平台，推动智慧景区平台建设，精准投放营销内容，构建多平台营销渠道，深耕用户流量运营，以实现智慧营销体系的搭建。

1. 搭建智慧景区平台，精准投放营销内容

通过搭建智慧景区平台对大数据进行反馈分析，有效整合信息资源，可以充分了解游客消费偏好、旅游体验需求及在线浏览行为，便于有针对性地投放营销内容，优化产品研发方向，满足目标消费者和潜在消费者旅游体验需求，提升景区智慧管理运营效能。

以台儿庄古城景区为例，截至 2021 年该景区累计接待客流量达 5030 万人次，形成了较大规模的销售数据，台儿庄古城应优化并整合现有平台"古城预订网"与"台儿庄古城智慧管家"，将数字技术贯穿景区数字资源云平台、管理服务平台及线上线下营销体验端口，推动智慧景区建设①。搭建由智慧服务平台、智慧管理平台和智慧营销平台构成的智慧景区平台，智慧服务平台可基于古城预订网现有功能进一步增加互动体验功能，主要包含古城景区门票、餐饮、住宿预订，活动预告，景区导览，文化探秘，互动游戏，精彩直播等功能分区，致力于为游客提供一站式高效便捷的旅游服务，形成景区文旅消费线上总入口，引导消费者在私域平台进行旅游信息搜索、门票住宿预订、文旅资源搜索、在线游戏体验等行为。智慧管理平台需进一步落实数据收集，实现数据的有效积累，可将景区内服务企业门店交易数据统一并网，同时整合联通面向 C 端文化消费互联网平台及第三方旅游平台，打通数据壁垒，获取多方数据信息，实时呈现游客消费水平、消费偏好、客源地分布等数据，集数据的分析与应用、流量的归集与分发、消费的牵引与释放于一体，为文旅产业管理者在产品开发、营销宣传、安全预警等方面的工作提供决策支持，进一步提升景区管理信息化、智能化水平。智慧营销平台根据景区服务平台、管理平台海量数据的挖掘、采集与分析结果，识别不同类型游客在旅游体验前、中、后期的差异化旅游体验需求，据此准确定位直播方向、短视频拍摄主题、活动策划主题等内容，将差异化、精准化的营销内容分发至贴合目标受众的多样化营销平

---

① 高晓东：《台儿庄古城景区营销策略研究》，硕士学位论文，山东大学，2012。

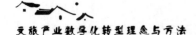
台，进而实施高效的数字营销策略。

2. 构建多渠道营销体系，注重用户互联互动

景区营销内容既包括旅游地推广，同时也包括景区内文旅体验项目、文创产品的营销，数字营销渠道包括直接渠道与间接渠道，直接渠道涵盖了景区官方微信公众号、微博公众号、抖音平台、小红书、哔哩哔哩等，间接渠道主要指通过中间旅游网站向消费者进行推广，如去哪儿网、飞猪、携程等。构建多渠道营销体系，需充分考虑各渠道用户特征及优势，从历史、文化、风景、美食等多角度切入，融通全媒体渠道，依靠媒介矩阵推进景区立体式、全方位地展示宣传。

数字营销具有重要的社交属性，即利用社交媒体运营、管理、维护市场关系。数字化时代，消费者是体验价值创造的核心力量。因此，企业需要通过深度关系营销，实现从单向内容呈现到双向互动生产的转变，从而深化与消费者的联系，提升用户黏性。比如，台儿庄古城在营销宣传方面存在营销链路不完整、与用户互联互动关系不紧密等问题，应从以下几个方面着手。一是布局多元新媒体营销平台。目前，台儿庄古城粉丝数量较大的内容营销平台为微信公众号和抖音，与台儿庄古城受众特征相贴合的小红书、哔哩哔哩、微博等新媒体平台的营销力度不足，调研报告显示，消费者运用抖音、小红书、微信公众号等平台，搜索旅游目的地信息的比重较高，景区应系统分析各营销平台优势，根据用户特征进行古城文旅内容投放，及时衡量内容投放的具体转化率，提升数字营销效率。二是提升流量运营能力，注重用户的互联互动，深耕关系营销。台儿庄古城官方账号在抖音、小红书、微博等平台与受众互动性不强，话题热度不高，企业与用户关系不紧密，难以实现流量的留存与裂变，对于旅游活动而言，持续的、深入的互动关系，既有利于促成线下旅游行为、提升用户黏性，同时还能为企业营销策略的制定与优化提供依据①。因此，台儿庄古城官方账号可在不同营销平台采取奖励机制，鼓励用户参与营销内容的点赞、关注、分享、反馈、测评等互动行为，营造良好体验反馈环境，维护新老用户关

①　张腾方：《台儿庄古城景区整合品牌传播研究》，硕士学位论文，广西大学，2020。

系。三是构建用户内容创作生态。创作者以用户的视角去生产内容并触达消费者时，具有天然的亲和力。景区官方账号不能仅局限于自己制作经营内容，还应引导头部博主、用户参与营销内容的生产，如发起抖音、微博热门话题活动，邀请旅游、美食、文化类博主，在景区内拍摄视频内容，并在其账号进行推广，将短视频达人纳入整个营销链路，利用粉丝效应为景区引流，提升台儿庄古城知名度与品牌影响力。联合抖音短视频平台举办系列话题挑战赛，参与"抖 in City""遇见新国潮"等有一定影响力的挑战赛，依托其高流量曝光、高用户互动、高粉丝留存等优势，助力景区品牌营销，鼓励用户参与创意设计与内容生产过程，引导其参与线下旅游活动，自主拍摄并上传挑战赛内容，形成数字营销用户的创作生态，拉近景区与游客的距离，形成更大的传播声量。

第三章
文旅资源数字化管理

从工业文明到数字社会，文化和旅游业的数字化进程从未停止，数字化正与资本、知识、创新等要素一起，激活传统文化和旅游资源，叠加催化产业新动能①。数字化技术在文化和旅游行业的广泛应用，潜移默化地改变着游客的需求、行为与体验，大幅提升了文化和旅游的智能基础设施建设水平和公共服务效能。5G、4K、IOT 等新科学技术，将对未来的文化休闲和旅游消费产生革命性影响，重塑文化和旅游产业赖以生存和发展的资源基础。

第一节　文旅资源数字化管理的基础内容

近年来数字化技术的广泛应用，催生了 VR/AR 体验、全息投影、灯光秀等新的文旅业态。很多人认为数字文旅就是酷炫的技术、华丽的场景，片面地把科技手段当作发展数字文旅的重心②。数字文旅不仅仅是技术，更是对科技的应用。数字化管理是一种高效、便捷且富有创新性的管理方式，它不仅可以提高资源的利用效率，还可以为文旅行业的发展注入新的活力和动能。文旅资源数字化管理不仅推动着消费市场的扩大，实现产品的增值，驱动着新业态、新模式、新内容的产生，还能满足人们多元化、个性

---

① 戴斌：《数字时代文旅融合新格局的塑造与建构》，《人民论坛》2020 年第 C1 期。
② 《数字文旅高质量发展的文成实践和对策建议》，中国社会科学网，https://www.cssn.cn/glx/glx_llsy/202312/t20231228_5723387.shtml。

化、差异化的旅游需求。

一　文旅资源数字化管理概述

资源指的是一切可被人类开发和利用的物质、能量和信息的总称，它广泛地存在于自然界和人类社会中，包括自然存在物或人类创造的、能够为人类带来价值的要素。或者说，资源就是指自然界和人类社会中一种可以用以创造物质财富和精神财富的具有一定量的积累的客观存在形态，如土地资源、矿产资源、森林资源、海洋资源、石油资源、人力资源、旅游资源、信息资源等。

从资源客观存在的发生源可以将资源分为自然资源和社会资源两大类。自然资源一般是指人类可以利用的自然生成物以及作为这些成分之源的环境功能。自然资源通常包括土地资源、矿藏资源、水利资源、生物资源、海洋资源等。社会资源又称社会人文资源，是直接或间接作用于生产的社会经济因素，其中，人口、劳动力是社会资源中比较重要的内容。社会资源主要包括人力资源、资本资源、信息资源以及经过劳动创造的各种物质财富。自然资源、社会经济资源、技术资源通常被称为人类社会的三大主要资源[①]。

文化影响经济、政治的发展，旅游增进不同城市、不同国家之间的交流。文化旅游资源能够拉动消费，带动经济增长。在目前文化旅游资源领域的研究中，有学者认为凡是"客观地存在于一定地域空间并因其所具有的文化价值而对旅客产生吸引力的自然存在、历史文化遗产或社会现象"[②]都属于文化旅游资源的范畴；还有学者认为文化旅游资源是"以文化资源为基础，对旅游者产生吸引力并且能为旅游业开发利用而产生经济效益和社会效益的旅游资源"[③]。文化旅游资源兼具文化资源和旅游资源的双重属性，决定了其形态具有多重性的特点，即"文化旅游资源既有物化形态的

[①]　程金龙主编《旅游目的地管理》（第二版），中国旅游出版社，2019，第30~31页。
[②]　吴芙蓉：《我国文化旅游资源开发问题初探》，《南京财经大学学报》2005年第2期。
[③]　章怡芳：《文化旅游开发中的资源整合策略》，《思想战线》2003年第6期。

实在物，也有非物化形态的模式或意境，同时还有综合性的人文事项活动"①。文化旅游资源是指客观存在于一定地域空间，主要因其所具有的文化价值或赋存的文化元素而对旅游者产生吸引力的能被旅游业利用并产生社会、经济、生态效益的各事物或因素，包括人类文化遗址遗迹、历史建筑与文化空间、旅游商品、人文活动等②。

"数字化"是一个由来已久的词语，是一种将现实世界的信息转化为计算机可读的二进制代码的过程。随着科技的快速发展，数字化的应用越来越广泛，不仅改变了我们与世界互动的方式，也推动了社会的进步。狭义上看，"数字化"是对现实世界的事物或信息的模拟信号，经由数字设备的转化，转变为数字信息技术能够进行存储、处理、表现、传播等加工的二进制代码的过程。广义上看，将数字技术整合进日常生活方方面面的过程，均可被视为"数字化"③。从"数字化生存"概念的提出，到近年来的"数字人文""数字经济"等概念，都体现了"数字化"在当前意味着虚拟与现实的融合，传播主体的"物化"及其带来的结果和效果。

文化旅游资源具有无法替代的历史、艺术和科学价值，但同时也面临着风蚀、岁月和其他自然、人为等因素的破坏，导致留存保护困难。为了更好地保护和传承这些珍贵的遗产，数字化管理成为重要的手段。文化旅游资源数字化可以将文化遗产的实物形态转化为数字信息，形成数字化档案，实现永久性保存。

在数字化档案基础上，搭建专业系统的文化遗产数字资源库，通过整理、分类，把零乱的文化信息整合起来，实现数字化、可视化建模，不仅可以全方位、多视角立体展现昔日文化遗产风貌，使民众能够便捷学习了解中华优秀传统文化，更便于文化遗产的展示研究和活化利用④，为文化资

---

① 侯兵：《南京都市圈文化旅游空间整合研究》，博士学位论文，南京师范大学，2011，第78页。

② 许春晓、胡婷：《文化旅游资源分类赋权价值评估模型与实测》，《旅游科学》2017年第1期。

③ 张铮：《文化产业数字化战略的内涵与关键》，《人民论坛》2021年第26期。

④ 《数字技术助推中华优秀传统文化传承创新》，中国政府网，https://www.gov.cn/xinwen/2022-11/09/content_5729268.htm。

源的长期保存、传承和展示提供全新的可能性。

文旅资源数字化管理是指利用计算机、通信、网络等技术，对各类文旅资源进行系统化、标准化的处理、存储、保护和利用的过程。通过统计技术量化管理对象与管理行为，对文化和旅游资源进行研发、计划、组织、生产、协调、销售、服务、创新等。

通过文旅资源的数字化管理，管理者可以将"吃、住、行、游、购、娱"等旅游元素信息，以集成化的系统呈现模式贯穿其中，通过数据采集、分析和应用，实现对文旅资源的实时监测、数据分析、决策支持和优化配置。

二　文旅资源数字化管理特征

（一）整合性

数字资源整合是对数字资源系统的结构性优化整合[①]。文旅资源数字化管理通过建立一个资源整合平台，将分散的文化和旅游资源集中到一个平台上。这个平台包含了各种文化和旅游资源的信息，包括文物、艺术作品、景区景点等。通过数字技术，这些资源可以被数字化存储和管理，方便用户进行搜索、了解和观看。

大数据技术对各类文旅资源的数据进行了整合，形成一个庞大的数据库。这不仅使得资源得以跨时空共享，还为研究者、旅游者等提供了更全面、准确的信息。此外，数据的应用促进了不同文化、不同地区之间的交流与理解，这也体现了文旅资源数字化管理的整合性。

（二）高效性

数字化管理可以提高文旅资源的管理效率。数字化技术为旅游目的地推广和营销带来创新[②]。通过数字化技术，可以实现文旅产品交易、供求信息对接、内容分享的快速高效。例如，借助高速的信息传输和网络平台，

---

① 马文峰：《数字资源整合研究》，《中国图书馆学报》2002 年第 4 期。
② 韩冰、张波、刘翠焕等：《数字化技术推动文化和旅游发展的应用对策研究》，《互联网周刊》2023 年第 22 期。

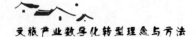

游客可以更加便捷地搜索、了解、观看相关文物和资源。

数字化管理系统可以实时监控文旅资源的状态，收集游客的行为数据、资源的使用情况等，为管理者提供及时、准确的信息，便于决策。通过技术手段，许多传统的、烦琐的管理流程可以被自动化，如门票销售、信息发布等，大大节省了人力成本。文旅资源数字化管理，使景区的管理、管理者的决策、文旅产品的交易等更加高效。

（三）个性化

智慧旅游是基于新一代的信息通信技术集成，为满足游客个性化需求，提供高品质、高满意度服务，为实现旅游资源及社会资源的共享与有效利用的系统化、集约化的变革①。通过数字技术，系统可以根据用户的需求和偏好，进行推荐和定制化服务，提供更加精准和个性化的文旅体验。

通过收集游客的消费习惯、偏好、行为轨迹等数据，系统可以深入了解每一位游客的需求和特点，为个性化服务提供数据支持。基于大数据分析，可以构建个性化推荐系统。该系统能够根据游客的兴趣和需求，为其推荐合适的旅游路线、住宿、餐饮等，提升游客的个性化旅游体验。

（四）共享性

数字化管理可以实现文旅资源的互联互通，可以建设起资源统筹、信息贯通、应用丰富的旅游信息系统集群②。通过数字技术，可以将不同地域、不同类型的文旅资源进行连接和共享，促进资源的流动和交流，丰富文旅产品的供给。

数字化技术还可以增强文旅资源的交互性和通用性，使游客能够更加深入地了解和体验资源。例如，虚拟现实、增强现实等技术，可以让游客与资源进行互动，提供更加丰富和真实的体验。

（五）创新性

在信息技术飞速发展的背景下，文旅资源数字化管理正逐渐展现出其

---

① 张凌云：《智慧旅游：个性化定制和智能化公共服务时代的来临》，《旅游学刊》2012年第2期。

② 李欣、钟阳、魏海林等：《景区智慧旅游平台研究及初步构建》，《科技风》2018年第18期。

独特的创新性。当前，人民群众的消费需求呈现多样化、个性化、多层次特征，走马观花式的旅行已经不能满足大众需求，在旅游过程中消费者更加注重体验感。稳定、安全、沉浸式、场景化的数字体验模式，能够增强旅行体验的可触、可感、可知效果。

科技的飞速发展和互联网的普及，促使数字化管理不断探索和引入新技术，如物联网、大数据、人工智能等，也使文化旅游资源实现了高效采集、存储和利用。比如，依托"云上都江堰、数字青城山"智慧景区管理服务体系，青城山-都江堰景区能够为游客提供游前、游中、游后的全程个性化服务。

三　文旅资源数字化管理类型

文旅资源的数字化管理成为文旅行业转型升级发展的主要方向。文旅资源的全面数字化，能提高管理效率，优化游客体验，推动产业创新发展。

（一）资源信息数字化

资源信息数字化，包括地理信息系统和多媒体展示等技术。通过数字化技术，能够更有效地采集、处理、管理和展示文旅资源信息，提升产业价值，满足公众需求。

文旅资源信息的开发，注重自然景观资源信息和人文资源信息的结合[①]。通过 GIS 技术，可以实现对文旅资源的空间信息数字化，为资源的查询、定位、分析和可视化提供技术支持。利用数字技术，可以将文旅资源转化为数字格式，以图片、视频、音频等形式进行展示，为游客提供更加丰富和真实的体验。

（二）资源保护数字化

资源保护数字化是指利用现代信息技术，特别是数字技术，对文旅资源进行数字化处理和管理，从而提高资源保护的效率和质量。通过数字化技术，对文旅资源进行全方位、多角度的采集。高精度扫描、摄影等技术，可以将文物转化为数字格式，实现永久保存，为文物的保护和研究提供数

---

① 　阮莉萍：《论若尔盖湿地旅游资源的数字化建设》，《现代情报》2010 年第 11 期。

据支持。

利用传感器、物联网等技术，可以实时监测文旅资源的环境变化，及时预警可能出现的风险，为资源的保护提供技术支持。数字文旅产业也可以通过巧妙的开发设计，让游客和消费者在享受文化体验的过程中，同时体会到人类与自然、文化与自然互生共存的紧密关系①，资源保护数字化技术在文旅资源保护中起到了至关重要的作用。

（三）资源推广数字化

资源推广数字化是指利用数字技术和互联网平台，通过数据分析和精准定位，实现更加精准、高效和个性化的营销。通过创意赋能5G、虚拟现实、全息投影等新技术的运用，创新云旅游、云游戏、云演艺、云展览、数字孪生景区等新业态，在极大提升旅游体验的同时，使旅游信息获取、出行决策、旅游产品预订到回顾评价各个环节都得到优化提升②。

通过建立官方网站和移动应用，提供在线预订、导览、讲解等服务，能提高游客的便利性和满意度。同时，利用社交媒体平台发布文旅资源的相关信息，与游客互动，能提高品牌知名度和影响力。文旅资源的数字化推广，综合运用了各种技术手段和营销策略，通过不断创新和优化，能在市场竞争中取得优势。

（四）资源开发数字化

资源开发数字化是指利用先进的技术手段，如大数据、云计算、人工智能等，对资源进行数字化处理、整合和优化，以提高资源的利用效率和管理水平。文旅资源开发数字化，能帮助文旅行业更好地理解消费者需求，从而推动文旅行业的健康发展。

比如，嘉兴市运河数字诗路e站南湖体验中心利用数字化打造专属IP，创作了大量本土传说手绘插画，构建了线上线下相结合的数字化"嘉兴大运河诗路数据库"，让参观者能够身临其境地感受千年文脉在嘉兴奔涌不

---

① 姜艳艳：《互联网背景下区域数字文旅的创新发展策略》，《社会科学家》2021年第9期。
② 《强化创新驱动 推动数字文旅产业高质量发展》，中国旅游新闻网，http://www.ctnews.com.cn/gdsy/content/2023-05/12/content_141950.html。

息、传承至今。

四 文旅资源数字化管理内容

通过数字化管理，不仅可以实现文旅资源的数据化、智能化和统一化，提高资源的利用效率和管理水平，还可以促进文旅资源的传承与发展，打造更加便捷、智能、个性化的旅游服务体系。

（一）数字化平台与交流

文化旅游资源数字化平台利用物联网、大数据、云计算、人工智能等新一代信息技术，将旅游行业内的各种资源整合并进行数字化升级，实现旅游信息的共享、交流与管理。通过数字化平台，游客只需要拿一部手机，动一动手指，就可以查询旅游信息、浏览景区、在线预订和办理电子票务等，方便其获取旅游信息和规划旅游行程。

数字化平台是数字文旅发展的重要方向之一，数字化平台能够整合旅游行业内的各种资源，给旅游行业的各种业务提供全方位的数字化支持。数字化平台以游客需求为导向，充分利用面向大众的多种现代信息化手段，打造最便捷、开放、实惠的应用平台以及工具，满足游客旅游的全程需求。比如包头市建设的"一键游包头"平台，以 5G、大数据、互联网为依托，以微信小程序为载体，立足于包头市丰富多样的文化旅游资源，整合"吃、住、行、游、购、娱"等数字化文旅要素，构建大数据中心、智慧游客体验服务平台、智慧营销平台和智慧监管平台，为广大游客和市民提供游前、游中、游后一站式智慧文旅服务。

（二）数字化展示与体验

科技的发展使旅游单一的展示模式被打破，现代化的展示模式应运而生，突出表现在参与、互动和场景化体验中。新媒体技术及数字化展示通过整合不同媒介信息，创新表现手段，优化旅游环境，提升游客的体验感，为旅游行业增色，新媒体技术及数字化展示将成为未来文化旅游业发展的新趋势，更具互动性及时代契合度[①]。

---

① 刘田田：《新媒体艺术在文化旅游数字化展示的研究》，《中国民族博览》2023 年第 2 期。

随着数字化、智能化趋势的日益增强，文旅资源也需要结合现代科技，充分发挥互联网、VR、AR等数字技术手段的优势，提高文旅资源的信息化水平，为游客提供更便捷、丰富、个性化的服务体验。比如，通过图像识别技术，可以准确地辨识出文物中的各种元素；通过虚拟现实技术，可以在不同的时间和空间里，身临其境地欣赏各种文化瑰宝。通过大数据分析和挖掘技术，可以更好地了解旅游市场的需求和趋势，为旅游规划和资源配置提供科学依据。

（三）数字化分析与决策

数字经济浪潮正在渗透到文旅产业链的各个环节，为文旅产业的发展注入创新动力和强大助力。文旅资源数字化管理系统通过基础数据源，对大量文化旅游资源信息进行整理和分类，建立数据标准规范，并根据不同的主题建立分类数据库，梳理文化旅游资源目录系统，最终实现数据共享、交换和应用集成[①]。

通过对文旅资源的数据采集、分析和挖掘，为管理者提供数据驱动的决策支持，帮助管理者进行资源规划、市场预测、运营优化等工作。通过大数据归集分析游客出游特征，能为政府部门提供应急监测分析，为文旅企业提供运营管理决策支持，可形成数据驱动业务的新模式，创新数据指标应用，实现时间、空间多维度、多角度指标分析，化繁为简，构建综合指数，加强行业决策能力。

（四）数字化技术与应用

旅游业为数字技术提供丰富的应用场景，数字技术助推旅游业发展创新，重塑旅游业发展格局。数字化技术能实现对文旅资源的集中管理、高效利用和优化配置，可建立电子化的文旅资源管理系统，包括景区管理系统、酒店管理系统、旅行社管理系统等，实现对文旅资源的统一管理、信息化处理和数字化运营。

数字化技术以互联网为依托，能够为管理者和游客带来更便捷的体验，管理者可以更加方便地获取信息、发布信息，如景区活动、优惠政策等，

---

① 丁勇：《智慧旅游系统架构设计》，《电子技术与软件工程》2019年第17期。

而游客可以通过信息展示选择适合自己的旅游项目、餐饮酒店等。数字技术的应用是旅游业发展创新、高质量发展的主要推动力。

（五）数字化营销与管理

通过云计算和大数据技术，构建文旅资源数字化管理云平台，可以实现资源共享、数据交换和协同管理，提高资源利用效率和服务质量。比如游客在 App 中对某个景区提出的意见，可以通过直播间、小程序等第一时间传递给景区的管理人员，来促成旅游服务优化的闭环。在这个闭环中，服务质量不断提升，还能拓展用户在旅程中的数据触点。

涵盖客流监测、车流监测、游客画像分析等功能的文旅大数据分析系统，能对全域范围的运行状况进行精准的感知与输出，包括对游客属性、市场运营效果、节日活动运营效果等进行分析，实现市场营销的精准化与产品服务的个性化匹配，提高市场营销的效能。比如黄山景区利用大数据技术，获取并深度挖掘旅游消费信息大数据，在"黄山"支付宝小程序上，旅游者可预订景区门票、索道票，并享受"先游后付"的数字化服务，可以先预订、使用后再扣款，不用不付，让行程安排更加灵活。除此之外，消费者还可以免押金预订和入住酒店，可享受极速退房服务，减少手续办理环节。

五　文旅资源数字化管理意义

传统的文旅资源管理方式存在着信息闭塞、效率低下、资源浪费等问题，数字化管理意味着将文旅资源转化为数字化数据，通过技术手段实现对资源的集中管理、精确分析和智能决策，能极大提升资源管理的效率和水平，为文旅资源的可持续发展提供有力支持，为游客提供更优质的旅游体验。

（一）提高文旅资源管理效率

通过数字化管理，文旅资源的信息可以被准确、高效地记录、存储和管理。这有助于提高资源的利用率和运营效率，减少人力和时间成本。文旅企业可以通过数字化技术对文化资源、旅游资源等进行数据技术加工，形成可持续利用的数字文旅资源。在存储、交易、利用、产品开发等方面持续创新,将数字文旅资源转变为数字文旅资产。比如,广东海上丝绸之路博物馆加强"南海1号"考古发掘中文物数字化信息采集,丰富了数字旅游产品和服务供给,提升了"南海1号"历史文化传播效果,具有较强的社会效益。

通过引入先进的技术和理念,文旅行业的运作更为高效、便捷,从而提升了整个行业的竞争力。比如,粤读通依托广东数字政府的"粤省事"平台和广东省身份统一认证平台,联合省内各级图书馆逐步实现区域内用户信息互联、互通、互认,有效促进馆际公共文化资源和服务的共享,为读者提供在全省范围内享受公共图书馆"一证通"的便利;采用了人脸识别、图像识别联网解码技术,创新了公共文化服务形式,促进了馆际公共文化资源共享,提升了公共服务效能。

(二)促进文化遗产保护传承

文旅资源数字化管理是一种利用现代信息技术手段,对文化遗产进行有效保护和传承的方式。它将传统的文化遗产与数字技术相结合,通过数字化、虚拟化、互联网等手段,实现对文化遗产的准确记录、全面管理。

数字化管理可以将古代文物、建筑、历史遗址等重要的文化遗产进行精确测量、拍摄和建模,生成数字化的三维模型。这样,即使原物无法长期展示或受到自然灾害的侵害,依旧能够通过数字模型还原,实现对文化遗产的永久保存。

数字化管理能够提供更加立体化、多样化的文化遗产展示方式。通过虚拟现实、增强现实等技术,可以创造出更加沉浸式的文化遗产展示体验。比如,通过虚拟现实技术,游客可以身临其境地参观古代宫殿、寺庙等文化遗产,感受真实的历史氛围。这种展示方式不仅可以吸引更多的游客,还能够让人们更好地理解和传承文化遗产。

数字化管理也能够方便文化遗产的学术研究和传媒宣传。通过数字化的方式,学者可以更加方便地对文化遗产进行研究和探索。学者可以通过对数字化模型的研究和分析,还原文物的历史背景、制作工艺等重要信息,推动对文化遗产的深入认识和研究。同时，数字化管理还可以为传媒宣传提供更加丰富、多样的素材，用于制作纪录片、展览等，向公众传播文化遗产知识，提高社会对文化遗产的认知和重视程度。

（三）提供决策分析数据支持

数字化管理可以提供大量的数据和信息，为决策分析提供科学依据。大数据在旅游服务类企业的应用主要包括旅游产品的个性化推荐、景区服务体系优化、景区智能管理①。通过获取游客的偏好和行为数据，企业能了解市场需求和趋势，从而优化资源配置和开发策略。运用大数据技术去抽取、存储、分析和准确研判相关信息，企业能更好地把握旅游市场脉搏，深刻理解消费者需求。

通过采集、存储、处理和分析海量的旅游数据，文旅企业能够挖掘出有价值的信息，为旅游者决策提供支持。这些数据包括但不限于景点客流量、酒店入住率、航班信息等，通过大数据技术对这些数据进行处理和分析，可以得出景点热度、游客兴趣点、旅游趋势等信息，帮助游客更好地规划和安排行程。

通过对文旅资源的数字化管理和分析，可以监测和评估文旅项目的运营效果和社会影响，为决策者提供决策参考。借助文化旅游大数据平台，可协助旅游监管部门实现旅游信息互通和行业协同办公，结合互联网的旅游相关舆情讨论，跟踪游客对特色文化活动的反馈。政府部门利用这些舆情信息，可挖掘旅游特色文化 IP，为落地旅游文化活动等重大决策提供有力的数据支撑。

（四）优化提升游客旅游体验

为旅游者提供个性化的且能够获得愉悦的旅游体验，是旅游业发展的重点②。数字化管理可以为游客提供更便捷、个性化的服务。通过数字技术，游客可以提前了解景区的信息，预订门票、导览服务和餐饮住宿等，提高游览的便利性和满意度。数字化管理还可以提供更多的互动体验和虚

---

① 许宪春、王洋：《大数据在企业生产经营中的应用》，《改革》2021 年第 1 期。
② 管倩：《智慧旅游提升旅游体验途径研究》，硕士学位论文，北京林业大学，2013，第 1 页。

拟参观方式，让游客在不同的时间和地点都能够享受到文旅资源的魅力。同时，数字化管理还可以提供相关景区的实时人流量信息，帮助用户选择合适的参观时间，避免拥堵和等待。

通过分析用户的偏好和历史访问数据，数字化管理系统可以推荐适合用户的文旅资源，提供个性化推荐服务，帮助用户更好地发现和了解相关内容，增加兴趣和参与度，提升用户体验。通过虚拟现实或增强现实技术，为用户提供逼真的虚拟导览体验，使用户在家中或者远离景点的地方就能感受到文化旅游的乐趣。通过人工智能技术，引入智能导游机器人，根据用户的需求和兴趣，为游客量身定制旅游路线和讲解内容，提供更加贴心和个性化的服务。

（五）促进文化旅游教育和研究

科技的飞速发展使文旅资源的数字化已经成为一个不可逆转的趋势。这种转变不仅改变了旅游和文化研究的方式，还为旅游教育和文化研究提供了前所未有的机会。传统的旅游教育方式往往依赖于实地考察和纸质教材，而数字化文旅资源为旅游教育提供了更高效、更便捷的教学工具。通过数字地图、虚拟现实和增强现实等技术，学生可以在虚拟环境中体验和学习，这不仅降低了教学成本，还提高了学生的学习效率和参与度。通过运用数字技术，可以将各种文化现象转化为数字信息，并存储在数据库中，使研究者可以更方便地获取和利用这些资源，提高了研究的效率和准确性。

文旅资源数字化为旅游教育与文化研究提供了新的视角，研究者可以从数据中挖掘规律，从现象中看到本质。比如，通过分析在线旅游评论，可以了解游客对目的地的认知和情感；通过分析社交媒体数据，可以了解文化的传播和演变。这些新视角，不仅丰富了研究内容，还开拓了研究视野。

第二节　文旅资源数字化管理的关键环节

文旅资源数字化管理是将传统的文化和旅游资源通过数字技术进行整合、优化和管理，从而提升资源保护、传承和利用效率，推动文化旅游与数字化融合深入发展，以期为行业的可持续发展提供有力支持。

一　文旅资源数字化管理步骤

（一）资源分类编码

信息分类与编码是一项随着社会的发展而产生的信息资源管理技术。随着信息化的推进，信息的管理、传播和使用，都要求必须做好信息分类编码这一项基础性的工作，否则，无法保证信息采集、存储、传输和使用整个环节的一致性、高效性和安全性，生产的自动化和管理的科学化都会落空[①]。通过合理的资源分类与编码，可以实现对文旅资源的全面管理和高效利用。

资源分类是根据文旅资源的属性和特点，将资源划分为不同的类型。常见的资源类型包括文化遗产、景区景点、文物古迹等。通过资源分类，可以对不同类型的资源进行有针对性的管理，提高管理的针对性和效率。信息编码是根据信息内涵和特征，将信息分类体系结果用数字、字母等符号体系表示，有序存储在计算机中。编码是信息标准化的基础，也是实现数据库数据存储、交换、共享的要求，编码有利于计算机处理和数据库管理，保证分类检索具有统一的执行标准，方便用户检索使用[②]。资源编码包括资源属性编码、资源管理编码、资源位置编码、资源关系编码等。资源编码便于计算机系统对资源进行识别和处理。

常见的文旅资源属性包括名称、年代、等级、品位、规模等。通过资源属性编码，可以快速、准确地获取资源的详细信息，为后续的管理工作提供基础数据。资源管理编码是对文旅资源的管理信息进行编码，包括资源的编号、管理者、管理级别等，通过资源管理编码，可以实现对资源的全面跟踪和管理，确保资源的有效利用和保护。资源位置编码是对文旅资源的位置信息进行编码，包括地理坐标、所在区域等，通过资源位置编码，

---

① 李锡臣、张建华：《强化信息分类与编码 促进信息资源标准化》，《电力信息化》2007 年第 1 期。

② 王俊霞：《旅游信息三维分类体系与编码研究》，硕士学位论文，陕西师范大学，2012，第41 页。

可以实现对资源的精准定位，便于管理人员快速找到资源。资源关系编码是对文旅资源之间的关系进行编码，包括资源的关联关系、继承关系等，资源关系编码可以实现对资源的全面了解和掌握，为资源的整合和优化提供基础数据支持。

（二）资源数据采集

数据的采集和监测是智慧旅游目的地推进的基础[1]。其目的是获取文旅资源的详细信息，为后续的管理工作提供基础数据。在采集资源数据时，需要注意数据的准确性和完整性，并确保数据的安全和隐私。同时，也需要考虑数据的更新和维护问题，以保持数据的有效性和可靠性。

资源数据采集的方法多种多样，包括但不限于：第一，实地调查。通过实地考察，记录文旅资源的类型、位置、状态等信息，并拍摄照片或视频作为数据支撑。第二，文献资料收集。查阅相关文献资料，收集文旅资源的背景信息、历史沿革、文化价值等信息。第三，数字化扫描。利用数字化扫描技术，将文旅资源，如文物、古籍等转化为数字信息。第四，遥感技术。利用遥感技术获取文旅资源的地理信息、环境信息等数据。第五，社交媒体采集。通过社交媒体平台获取游客对文旅资源的评价、反馈等信息。第六，数据集成。通过通信运营商（移动、联通等）、OTA（同程、携程等）、目的地自有企业（如景区、酒店、码头等），进行数据集成。

（三）资源数据分析

资源数据分析在文旅资源数字化管理中扮演着重要的角色。通过对采集到的资源数据进行分析，可以更好地理解文旅资源的特性、关系和趋势，为决策者提供科学的依据。在进行数据分析之前，需要先对数据进行预处理，包括数据的清洗、整理和转换等，以保证数据的准确性和可靠性。同时，需要选择合适的分析方法和技术，并根据具体问题，进行分析模型的构建和优化。

资源数据分析的结果，可以为文旅资源的管理和保护提供科学的指导。

---

[1] 李锡臣、张建华：《强化信息分类与编码 促进信息资源标准化》，《电力信息化》2007年第1期。

比如，预测性分析可以预测文旅资源的客流量和承载力，为景区的管理和保护提供依据；关联性分析可以找出文旅资源的协同发展模式，为资源的整合和优化提供思路；可视化分析可以将数据以直观的形式展示出来，为决策者的决策提供支持。

（四）资源数据整合

数据整合并不是对企业原有技术和模式的颠覆，而是把企业中各种各样的资源整合起来为业务服务①。在资源数据整合的过程中，可以采用一些先进的技术和工具，例如 ETL 工具②、数据仓库③、数据湖④等，来提高数据整合的效率和准确性。同时，也需要建立一套完善的数据管理制度和规范，明确数据的来源、使用权限、共享规则等，以确保数据整合的合法性和规范性。资源数据整合的意义在于能够提高文旅资源的管理效率和使用价值。通过将不同来源的数据进行整合，可以更好地了解文旅资源的分布、状况和特点，为资源的保护和开发提供科学依据。同时，整合后的数据也可以更好地服务于公众，提高游客的满意度和体验感。

在全域旅游时代，旅游地的每一个要素都有可能激发消费者的旅游动机，这要求旅游地必须对区域内闲置或未得到最优配置的各类资源进行挖掘、合并、转移、重组，实现资源共享、品牌共建、综合统筹管理，以满足游客多元化的需求。通过全域赋能多产业端融合，为游客提供旅游目的地最齐全、最富有时效性的资讯内容、产品和导购信息。

（五）资源数据呈现

可视化技术是利用计算机图形学和图像处理技术，将数据转换成图形或图像在屏幕上显示出来，并进行交互处理的理论、方法和技术⑤。资源数据可视化是文旅资源数字化管理的重要环节之一，它可以通过图形、图像等形式将文旅资源数据呈现出来，使数据更加直观易懂。在智慧旅游的应

① 余晓平、瓮正科、张振宇等：《数据整合技术研究》，《兵团教育学院学报》2006 年第 1 期。
② 黄云康：《基于 ETL 技术的不动产数据整合策略研究》，《地理空间信息》2017 年第 6 期。
③ 谢榕：《基于数据仓库的决策支持系统框架》，《系统工程理论与实践》2000 年第 4 期。
④ 郭文惠：《数据湖——一种更好的大数据存储架构》，《电脑知识与技术》2016 年第 30 期。
⑤ 刘勘、周晓峥、周洞汝：《数据可视化的研究与发展》，《计算机工程》2002 年第 8 期。

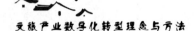
用中，GIS 可视化技术可以将景区的地理信息、资源分布、游客行为等数据以图形化方式呈现。

资源数据可视化可以通过多种方式实现。比如，通过地图将文旅资源的地理位置和分布情况呈现出来，如景点分布图、游客热力图等；通过柱状图、饼图等形式展示文旅资源的统计数据，如游客数量、门票收入等；通过 3D 模型将文旅资源呈现出来，如博物馆的展品、古建筑等；通过故事的形式将数据呈现出来，使数据更加生动有趣，易于理解。

（六）资源数据应用

资源数据应用是文旅资源数字化管理的最终目的，它通过采集、整合和可视化数据，支撑文旅资源的保护、管理和开发等工作。文化旅游资源数据容量大、类型多、处理速度快、分析可信度高。基于文化旅游大数据，可预测景区热度、游客饱和度，为景区排除安全隐患、建立自上而下的安全监管体系和矛盾纠纷排查机制，进而建立"可监控、可互动、可引导、可疏散"的安全预警机制，推动文化旅游业健康可持续发展。资源数据应用的实现，需要跨部门、跨领域的合作和协同，促进数据的共享和交流。同时，也需要加强人才培养和技术创新，提高数据应用的水平和能力。

通过数据整合和可视化，能为游客提供更加个性化、便捷的服务，例如智能导览、定制化旅游路线等。利用大数据对游客来源地、年龄、性别、兴趣、轨迹、景区偏好等进行专门研究，能实现游客市场细分及精准营销，这些都是后续开展旅游规划工作时，进行诸如整体项目设计、旅游路线设计、旅游交通规划、旅游基础服务设施规划等工作的重要依据①。通过数据共享和开放，资源数据也可以促进文旅科研和教育的发展，例如学术研究、专业培训等。

二 文旅资源数字化管理方式

在数字化浪潮的推动下，文旅资源的管理和服务正面临前所未有的变

---

① 刘志霞：《大数据在旅游管理中的应用探讨研究》，《广东技术师范学院学报》2016 年第 4 期。

革。随着大数据、云计算、人工智能等技术的深入应用，文旅资源的数字化管理已成为提升产业效率、优化游客体验的关键，为文旅产业注入新的活力，引领产业向更高层次发展。

（一）数字化采集与存储

数字化采集与存储在文旅资源数字化管理中发挥着重要作用。数字化采集是基础工作，其主要目的是将文旅资源转化为可被计算机处理和存储的数字信息。这一过程需要借助专业的采集设备和技术，如高清摄像头、传感器、无人机等，确保信息的完整性和准确性。数字化采集不仅提升了文旅资源的利用率，还为后续的数据处理和分析提供了便利。

在完成数字化采集后，如何安全、有效地存储这些数据成为关键。传统的数据存储方式，如硬盘、光盘等，已经无法满足海量文旅资源的存储需求。因此，云存储技术应运而生。云存储具有容量大、可扩展性强、安全性高等优势[1]，为文旅资源的管理和利用提供了强有力的支持。同时，通过数据备份和容灾技术，可以确保数据的安全性和完整性。

（二）数字化展示与推广

数字化时代的到来，让文旅产业的展示与推广方式经历着深刻变革。数字化展示与推广指利用先进的技术手段，将文旅资源以更生动、直观的方式呈现给目标受众，从而提升文旅品牌的知名度和吸引力。数字内容创作是数字化展示与推广的核心，它利用多媒体技术将文旅资源转化为数字形式。数字内容创作不仅包括文字、图片、视频等多媒体素材的制作，还包括交互式界面和动态效果的实现。通过精心的数字内容创作，能够为游客提供沉浸式的文旅体验，使文旅资源更具吸引力[2]。社交媒体平台已经成为人们获取信息和分享经验的主要渠道。文旅企业应充分利用社交媒体进行品牌推广和营销活动。通过发布高质量的内容、积极互动和合作，树立良好的口碑和品牌形象。同时，运用数据分析工具，了解目标受众的需求

---

① 张龙立：《云存储技术探讨》，《电信科学》2010 年第 1 期。

② 周晓彤：《基于移动短视频的城市形象传播策略》，硕士学位论文，山东师范大学，2019，第 64 页。

和兴趣，制定精准的营销策略，提高转化率和用户黏性。

交互技术运用为游客提供与文旅资源互动的机会，提升游客的参与感和体验感。虚拟现实（VR）、增强现实（AR）、智能导览等技术广泛应用于文旅产业。通过这些技术，游客可以获得身临其境的沉浸式体验，深入了解文旅资源的独特魅力和历史文化内涵。同时，交互技术的运用还为文旅企业提供了创新的产品和服务，虚拟旅游、智能导览等满足了游客个性化、多样化的需求，如，埃及政府推出了一系列埃及最著名的博物馆以及考古遗址的虚拟游览活动，让游客有机会在家中体验埃及的古代遗产。通过这项活动，人们可以踏上非凡的 3D 虚拟之旅，在任何地方游览发现于1898 年的拉姆西斯六世法老墓（KV9 墓穴）。

（三）数字化监控与保护

传统的监控系统已经无法满足现代文旅资源管理的需求，数字化监控系统通过高清摄像头、传感器等设备，实现了对文旅资源的实时监控和数据采集。数字化监控与保护是利用先进的技术手段，实现对文旅资源的实时监控、数据存储保护、网络安全防护等多个方面的有效管理。数字化监控与保护在文旅资源保护中发挥着不可替代的作用。通过实时监测，可以及时发现文旅资源的异常情况，迅速采取应对措施，避免造成重大损失。数字化监控还提高了管理效率，减少了人工干预和误差，为文旅产业的可持续发展提供了有力支持。比如，西安城墙是我国第一批全国重点文物保护单位，共设置了 3090 个文物变形监测点，并将 1027 个监控点的图像数据接入信息中心，实时监控城墙墙体及附属建构筑物变形情况，还实现了客流统计、护城河水位监测、热成像周界监测、区域绊线入侵监测。

文旅资源的数字化信息需要得到妥善的存储和保护。数据存储保护包括数据加密、数据备份、数据恢复等多个方面。通过合理的数据存储保护措施，确保文旅资源的数据安全，防止数据丢失或被非法访问。网络安全防护是数字化监控与保护的重要环节。通过建立防火墙、入侵监测系统等安全设施，有效防止网络攻击和数据泄露。同时，定期进行安全漏洞扫描和风险评估，及时发现和处理安全问题，确保文旅资源管理系统的稳定性和安全性。

（四）数字化教育与培训

通过数字技术的运用，能够更好地挖掘、保护和传承文旅资源，同时为相关从业人员和爱好者提供高质量的教育与培训。

数字文旅资源平台是一个集资源管理、展示和互动于一体的综合性平台。通过该平台，用户可以方便地获取文旅资源的数字信息，进行在线展示、互动交流和学习。利用社交媒体、网络广告和搜索引擎优化等技术，可以将文旅资源的独特魅力传递给更广泛的受众，吸引更多人前来参观、学习和体验。在线学习平台可以利用数字技术为观众提供更加灵活、便捷的学习方式。通过在线课程、视频教程、互动问答等方式，可以让观众随时随地学习文旅资源的相关知识，加深他们对文旅资源的认知和理解。同时，在线学习平台还可以为观众提供个性化的学习计划和推荐，满足不同观众的学习需求和兴趣。

（五）数字化传承与创新

通过数字化采集与存储、数字化修复、数字化展示、数字化传播以及创新性应用等，可以更好地保护和活化文旅资源，为文化传承和旅游发展注入新的活力。以中国戏曲为例，数字技术深度介入戏剧舞台空间的建构，数字灯光、数字影像、数字投影、数字音响等技术与演员共同完成戏剧创作，为传统戏剧注入了创新活力。古典舞剧《水月洛神》演出中，流水的动态影像投影到纱幕上，在灯光的配合下，与舞台上穿梭在纱幕间的人物表演形成叠透关系，营造出梦幻的舞台意蕴。实景版《寻梦牡丹亭》大量运用全息数字影像技术、巨型圆环装置投影等声光电手段，同时拓展了戏剧的叙事空间和演员的表演维度。

此外，数字技术可以对受损文旅资源进行修复。通过高精度扫描、虚拟修复、3D 打印等技术手段，可以将受损的文物、古迹等恢复到原来的状态，提高其保存价值和历史真实性。数字化修复技术的应用，不仅提高了修复工作的效率和准确性，还为文旅资源的保护和传承提供了新的途径和方法[1]。

---

① 谷岩、曾鹏：《古建筑破损构件的数字化修复应用策略分析》，《艺术与设计》（理论）2022年第 11 期。

三 文旅资源数字化管理目标

数字化技术为文旅资源的管理提供了高效、智能的手段，同时也带来了更加多元化的服务方式和更加严格的保护要求。

（一）实现便捷管理

随着移动设备的普及，多平台数据整合与展示成为数字化便捷管理的重要需求。通过建立跨平台的数据管理和展示机制，确保数据能够在不同设备、操作系统和浏览器上实现无缝对接和一致性展示，从而提高用户体验感和工作效率。目录管理提供了结构化的框架，方便用户分类、组织和查找信息。通过创建清晰的目录结构，用户可以快速定位到所需文件或项目，提高工作效率。同时，目录管理还有助于提高数据安全性，确保重要信息的存储和访问得到有效控制。通过电子导览，游客可以获取景点介绍、路线规划、展品解说等信息，提高游览的便利性和趣味性。

随着时代的发展，观众不再需要简单的说教式讲解，而是更需要知识讲解与音效、画面结合。采用数字导览讲解可以通过多媒体技术的处理，使游客获得身临其境的体验[①]。电子导览还可以为游客提供多语种服务，满足不同国家和地区游客的需求，提升游览的便捷性。

（二）促进区域联动

通过数字化管理，促进不同地区和机构之间的文化旅游资源共享和合作，推动资源整合和跨界合作，实现资源优势互补，实现更大的经济效益和社会效益。比如，进行行业数字资源整合和数据开放共享，加快推动行政管理部门治理方式的变革，推动政府、机构、企业、组织、协会、文旅消费者等协同治理；组建数字文旅产业联盟，建设全行业数字化平台，打破数据壁垒，构建数字化的场景服务能力，实现行业全方位、全角度、全链条的数字化。

数字化平台使不同地区的文旅资源可以实现信息共享，方便各地了解

---

① 周晓茵：《数字导览讲解技术在博物馆信息化建设中的应用》，《东方博物》2006 年第 2 期。

彼此的资源状况、发展动态和合作机会，有助于促进区域间的交流与合作。数字化管理还可以将不同地区的文旅资源进行整合，打造跨区域的特色旅游线路。这种方式可以满足游客对多元化、个性化的需求，提升区域整体吸引力。比如，中国共产党历史展览馆中，"长征"沉浸体验项目以"4D+6面"全景影院立体直观还原长征场景，让参观者感受血战湘江、飞夺泸定桥时的战火纷飞，体会红军爬雪山、过草地时的艰苦卓绝，展现了中国共产党"革命理想高于天"的崇高气概。

（三）提高管理效率

数字技术的发展为旅游业带来了新机遇，旅游企业可以开展新的业务模式和服务方式，加快传统旅游业与其他相关产业的融合，实现旅游业的多元化发展。

数字技术可以帮助企业提升管理效率[1]，如，通过大数据分析，旅游企业可以实时掌握旅游资源的使用情况，及时调整旅游计划，减少资源浪费。通过运用最新的科技手段，智慧景区能够显著提升游客体验和管理效率，进一步推动旅游行业的创新与发展。智能票务系统采用电子门票、人脸识别等技术，实现快速、准确的票务管理，提高售票、验票效率。智能安防监控通过视频监控、人脸识别等技术，实现景区安全管理的智能化和实时化，提高景区安全性。

数字化的发展和普及增强了企业对运营管理各个环节的洞察力，可以更好地制定运营管理决策、提高运营效率[2]。旅游企业通过数字化的应用，可以更好地促进管理工作的进行，贯通管理业务。数字化的管理将传统的分销、ERP、OA、CRM、财务等多套系统融合为单一平台，覆盖企业经营管理的所有业务和财务数据。各业务模块通过流程紧密集成，用户通过一套系统即可掌控全局，实现资源高效整合，并支持个性化定制，持续获得更新迭代服务，省心省力更省钱。

---

[1] 沈志锋、许桂泽、焦媛媛等：《数字环境下企业项目管理效率提升机理》，《科技管理研究》2019年第17期。

[2] 陈剑、黄朔、刘运辉：《从赋能到使能——数字化环境下的企业运营管理》，《管理世界》2020年第2期。

（四）强化服务功能

依托云计算、物联网等现代信息技术的"智慧旅游"的迅速兴起，说明数字化管理能够强化旅游服务的功能。随着网络技术的不断成熟，人们越来越习惯于在外出旅游成行之前，借助网络平台了解相关旅游景点信息，以此作为旅游决策的重要依据[1]。比如古城数字讲解系统，不仅可以向游客介绍古城内的文化场馆、文物景点，还可以通过数字文旅平台、数字讲解系统等公共服务系统，向游客导览文娱新业态、夜经济主题街区等新消费业态。通过人工智能、大数据等技术，为游客提供智能化的旅游服务。例如，通过语音识别技术和人工智能导游，游客可以随时随地获取有关景点的详细介绍和讲解。

智慧旅游系统甚至可以根据旅游者的个性要求，设计多种出游方案供其选择，使旅游过程更顺畅。"物联网"以及移动通信技术，实现了各类信息的快速感知、及时处理和实时交换。"智慧导游软件"让智能手机和平板电脑变成"自助式贴身导游"，景区介绍、景点推荐、地图导航、旅游攻略、在线预订等服务"尽在掌握"之中。"虚拟现实"技术和多媒体技术的使用，让旅游信息以语音、图像、视频等直观的方式呈现出来，游客可提前享受到"虚拟旅游"的新奇体验[2]。

（五）优化服务体验

文旅资源的数字化管理能够实现全面、精准的数据收集。通过应用云计算、物联网等技术手段，可以对游客行为、旅游需求等进行实时监测和分析。这些数据有助于了解游客的喜好、习惯，从而为其提供量身定制的旅游推荐和服务。文旅资源的数字化管理能够实现资源的全面整合与优化。通过建立统一的数字化平台，将旅游景区、酒店、餐饮等资源进行统一管理，实现信息的共享与协同。游客可以更加便捷地获取各类旅游资源信息，预订机票、酒店等服务也更加方便快捷。同时，通过对各类资源进行整合

---

[1] 李培雄、宋保平、吴冰等：《基于网络调查的旅游景区网站服务功能分析》，《资源开发与市场》2011年第12期。

[2] 李伟、李慧凤、杨洁：《基于智慧旅游视角的景区网站服务功能及其评价——以华北地区10家5A级旅游景区网站为例》，《资源开发与市场》2015年第9期。

与优化，还可以提供更加多样化的旅游产品和服务，满足不同游客的需求。

通过全面、精准的数据收集、资源整合，可以不断优化游客体验、提升服务水平。当然，数字化管理也需要充分保护游客隐私和数据安全，同时与传统旅游业进行良好融合，实现文化传承与创新发展的有机结合。只有如此，才能更好地满足游客的需求，推动旅游产业的可持续发展。

第三节　文旅资源数字化管理的框架体系

伴随着以人工智能、大数据、区块链、5G 等现代信息技术为核心的新技术革命的来临，数字经济成为全球经济创新发展的新动力①。文旅资源数字化管理的框架体系，是利用数字技术和信息化手段对文旅资源进行管理和运营的一套体系，包括数字技术支持、系统运营管理、资源目录定位、信息交换服务、建设制度体系、网络安全保障等。

一　数字技术支持

（一）提供文旅综合服务

智慧旅游的发展，给游客带来了更加便捷的旅游方式。智慧旅游建设的重点是在现代通信新技术的应用支撑下，在云平台基础上，采用结构化系统，构建一个资源统筹、信息贯通、应用丰富的综合服务平台，包含旅游信息服务、旅游行程服务、旅游商业服务、旅游营销和旅游管理等多方面子项目与系统，其提供公共服务的覆盖面更广，除政府部门、景区、旅行社、酒店等传统旅游服务环节外，还包含了交通、医疗、安全等旅游服务配备保障体系②。

通过智能手机和移动终端，游客可以随时随地获取旅游信息，无论是景点介绍、交通出行、酒店预订，还是导游服务，都可以通过手机一体化

---

① 夏杰长、贺少军、徐金海：《数字化：文旅产业融合发展的新方向》，《黑龙江社会科学》2020 年第 2 期。

② 张凌云：《智慧旅游：个性化定制和智能化公共服务时代的来临》，《旅游学刊》2012 年第2 期。

完成。此外，数字化旅游还提供了更多定制化的服务，游客可以根据个人需求选择感兴趣的旅游线路、主题、活动等，实现个性化的旅游体验。通过数字化手段，文化资源可以得到更好的保护、整理和利用。通过互联网和电子商务平台，文化产品可以更加便捷地推广和销售，进而推动文化产业的繁荣。通过将数字化旅游资源与文化表演、展览等相结合，可以为游客提供更加丰富多样的文化体验。

（二）进行数据挖掘分析

一直以来，各种数字化技术对企业创新都起着重要的推动作用，当前数字化进程不断加快，对企业创新的影响也愈加深入[①]。通过现场调研、用户反馈、相关机构数据采集等方式，收集文旅资源的相关数据，包括游客数量、游客满意度、景点热度指数等，建立文旅大数据中心，助力文旅资源数据数字化管理。

可建立完整的文旅资源数据库、适当的数据存储系统，并定期对数据库中的数据进行更新和维护，确保数据的安全性、可靠性、准确性和实用性。可使用数据挖掘技术，挖掘文旅资源的潜在价值和发展趋势。可通过数据挖掘算法，从大数据中发现规律、模式、趋势，为文旅资源的发展提供参考。可通过图表、地图等可视化方式，使文旅资源数据更加直观和易于理解。可通过数据可视化工具，如 Tableau、Power BI 等呈现出数据背后的故事和规律。可通过对历史数据和市场趋势的分析，预测未来文旅资源的发展情况，为资源规划和决策提供参考。比如，通过分析历史游客数量数据和相关影响因素，预测未来某景区的客流量变化情况。可利用统计分析方法对文旅资源数据进行深入分析，探索资源的利用率、游客偏好、市场需求等方面的问题。

（三）创新技术模式应用

创新技术和创新模式的应用，包括旅游景区营销软件开发、旅游景区

---

① 陈剑、黄朔、刘运辉：《从赋能到使能——数字化环境下的企业运营管理》，《管理世界》2020 年第 2 期。

运营软件升级、旅游景区管理软件优化、旅游景区支持技术创新①。文旅资源数字化创新技术的应用，为旅游业带来了巨大的变革。通过虚拟现实、无人机、大数据、人工智能和移动互联网等技术手段，用户可以获得更丰富、个性化的旅游体验，促进文化传承和旅游产业的发展。文旅资源数字化管理的技术支持，可以提升文旅资源的管理效率和用户体验，推动文旅产业数字化转型和高质量发展。

旅游类 App 为旅游者和旅游企业带来了很大的便利，促进了旅游业的快速发展，并且拥有巨大的发展潜力②。通过分析用户的浏览和购买记录，App 可以为用户提供个性化的旅行推荐，帮助用户发现新的目的地和旅行方式。通过佩戴虚拟现实设备，游客可以在家中游览世界各地的景点，感受不同的文化和风景。这种模式打破了时空的限制，为那些无法亲身前往目的地的游客提供了方便。

二　系统运营管理

（一）系统开发

在文旅资源数字化管理开发中，需要建立适应文旅行业特点的信息系统和平台，包括数据采集、存储、处理和分析等功能。同时，还需要开发相应的应用软件和移动端 App，方便游客进行在线预订、导览、评价等操作。此外，还需要建立完善的数据安全和隐私保护机制，确保文旅资源的数字化管理过程安全可靠。文旅资源数字化管理系统包括系统架构设计、软件开发、性能优化、故障排查与修复、系统部署与配置等多个方面。系统的设计需要遵循多方面的原则，包括满足要求、遵从标准、具备统一的出口与扩展性等③。同时，需要采用模块化的设计方式，便于平台的维护和升级。

---

① 林炜铃、朱艳萍：《"互联网+"时代旅游景区供应链智慧模式的应用创新研究》，《中国管理信息化》2019 年第 24 期。
② 谭乐霖、王慧：《旅游类 APP 应用分析及创新策略》，《北方经贸》2016 年第 1 期。
③ 于建韬：《智慧旅游管理系统的分析与应用》，《佳木斯职业学院学报》2022 年第 3 期。

系统开发是文旅资源数字化平台建设的基础，内容是文旅数字化系统开发的核心竞争力。在系统开发阶段，安全性与保密性是首位的要求，系统运行的数据信息，包括文化数据、旅游数据、游客数据等，这些数据对保密性的要求特别高。在架构设计阶段，需要充分考虑平台的稳定性、可扩展性和安全性，确保平台能够满足未来业务发展的需求。在内容创作与运营阶段，需要注重内容的品质和丰富度，提供有关乡村文化、旅游、美食等方面的优质内容。

（二）系统维护

文旅资源数字化管理需要进行定期的系统维护和更新，确保系统的稳定性和安全性。随着文旅行业的不断发展和变化，文旅资源数字化管理系统需要不断适应新的业务需求。要根据用户反馈和业务需求，对系统进行功能优化与调整，这包括但不限于新增部分功能、改进现有功能、调整功能布局等，以提升系统的实用性和易用性。

同时，还需要对数据进行及时更新和清洗，保证数据的准确性和完整性。在系统运行过程中，可能会出现各种故障和问题。要建立故障诊断与修复机制，及时发现并解决问题。具体措施包括但不限于，优化故障报告和处理流程、提供故障诊断工具、实施问题跟踪和修复等。同时，要对常见问题进行总结和归纳，形成知识库和解决方案库，以便快速响应和解决问题。

（三）升级扩展

为确保文旅资源数字化管理系统的稳定性，需定期对系统进行性能升级和拓展，包括系统响应时间、吞吐量、并发用户数等关键指标。根据测试结果，对系统进行调试和优化，提升系统的处理能力和稳定性。同时，需关注新技术和新硬件的发展和应用，不断提升系统的性能和效率。根据用户反馈和市场需求，对系统进行功能升级和扩展，以优化用户体验并满足新的管理需求。

随着技术的发展，要及时引入新的技术和工具，对系统进行技术升级，保持系统的先进性。其中，数据是文旅资源数字化管理系统的核心，因此完善数据备份与恢复机制至关重要。系统可以采用定期自动备份和手动备份相结合的方式，确保数据的完整性和可恢复性。文旅资源数字化管理的升级是一个复杂而重要的工作，需要充分利用数字技术和信息化手段，建立起适应文旅行业特点的信息系统和平台，并定期维护和更新，同时提供及时的技术支持和服务，以推动文旅产业的创新发展。

三　资源目录定位

（一）文化资源目录

文化资源目录是对文化遗产、文物、非物质文化遗产等文化资源进行分类和管理，包括数字化的文物馆藏品、文化街区、非遗场景等。文化资源的目录通过数字化技术的应用，可以让更多的人方便地了解、参与和享受丰富多样的文化旅游资源。通过数字化文化资源的呈现和传播，不仅可以推动旅游业的发展，还能够促进文化的传承与交流，让更多人感受到文化带来的美好和力量。

其中，历史文化资源包含历史事件、历史人物、考古遗迹、文化古迹等。民族文化资源包含民族风俗、民族艺术、民族音乐、民族节庆等。宗教文化资源包含宗教建筑、宗教艺术、宗教音乐、宗教节庆等。自然景观资源包含山水景观、自然风光、动物植物等。当代文化资源包含现代艺术、文化活动、节日庆典等。

（二）旅游资源目录

旅游资源目录是对旅游景区、旅游线路、旅游活动等旅游资源进行分类和管理，包括数字化的旅游景区、度假区、工业遗产等。旅游资源目录可以用于整理、分类和记录各类旅游资源，其主要目的是帮助旅游管理和规划人员全面了解和合理利用旅游资源，促进旅游业的可持续发展。

旅游资源目录的重要性在于，它能够通过数字化技术，实现对旅游资源的精细化管理，提高资源的利用率，同时也利于资源的保护和传承。此外，数字化管理旅游资源目录，还可以为旅游者提供更便捷的查询服务，提升旅游体验。

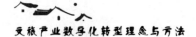
（三）数字技术目录

数字技术目录指对数字化技术和工具进行分类和管理，包括人工智能、云计算、大数据、区块链、物联网、5G、虚拟现实、增强现实等技术的应用和发展。

人工智能是模拟、延伸和扩展人类智能的理论、方法、技术及应用系统的一门新的技术科学。云计算是以虚拟化技术为基础，以网络为载体提供基础架构、平台、软件等服务形式，整合大规模可扩展的计算、存储、数据、应用等分布式计算资源，进行协同工作的超级计算模式①。大数据指的是无法在一定时间范围内用常规软件工具进行捕捉、管理和处理的数据集合。区块链是一种分布式数据库，它通过多节点共识算法来验证和记录交易，并使用加密技术保证交易的安全性和匿名性。物联网是指通过网络技术将物理世界的各种事物连接到互联网上，实现智能化识别和管理。5G技术是第五代移动通信技术，它的传输速度比4G更快，延迟更低，能够支持更多的设备连接。虚拟现实是一种仿真技术，通过虚拟现实技术可以创建出逼真的虚拟环境，让人感觉身临其境。增强现实是一种将虚拟信息与真实世界相结合的技术，通过增强现实技术可以将数字信息叠加到真实世界中，为用户提供更加丰富的交互体验。

（四）服务资源目录

服务资源目录是对文旅行业的服务资源进行分类和管理，如在线预订、导览服务、互动体验等数字化服务。服务资源目录包括在线预订系统、虚拟现实旅游体验、智慧导游服务、电子导览地图、移动支付与结算、社交媒体营销、旅游 App 开发等。

随着科技的进步，服务资源目录会更加完善和智能化。例如，未来的目录可能会加入更多的智能推荐功能，根据用户的喜好自动推荐他们可能感兴趣的文旅资源。同时，随着人工智能等技术的发展，文旅资源的呈现方式会更加多样化和沉浸化，能让用户获得更好的体验。

---

① 吴吉义、平玲娣、潘雪增等：《云计算：从概念到平台》，《电信科学》2009 年第 12 期。

四 信息交换服务

（一）资源展示与合作

随着市场竞争加剧，资源、环境、成本等刚性约束日益增强，众多企业迫切需要变革企业模式，建立以创新和高质量为核心、提高多样化发展效率的新发展模式。通过建立数字化平台，可对文旅资源进行统一管理和整合，包括景区、文化遗产、旅游线路等，从而实现资源的分类、标注、存储和检索，提高资源的利用效率和管理水平。

通过数字化资源管理，能够建立一个统一的平台，不同地区的文旅资源可以在这个平台上进行展示、交流和合作。游客可以通过这个平台，轻松地了解各地的文旅资源，规划自己的旅行路线。同时，各地的文旅机构也可以通过这个平台分享自己的资源和经验，促进相互之间的合作与发展。当然，要实现这样的交换服务，需要克服很多技术和管理上的难题，尤其要做好文旅数字化的资源管理。

随着全球化的加速和国际交流的增多，未来文旅企业将加快国际化发展，积极参与国际竞争与合作。同时，未来文旅产业将全面实现数字化转型，从资源整合、产品开发到市场推广等各个环节，都将融入数字化元素。数字化将成为文旅产业创新发展的重要驱动力。

（二）数据交换与共享

在文旅资源数字化管理中，信息互通是重要内容。通过构建统一的信息平台，实现实时信息共享，如景区介绍、游客流量、天气预报、交通状况等，使游客能更加便捷、全面地了解旅游信息。文旅企业通过文旅资源数据的交换与共享，可以对旅游市场进行深入分析。比如，分析游客的旅游需求、消费习惯、出行趋势等，为旅游企业制定营销策略、优化产品和服务提供参考，促进旅游市场的繁荣与发展。

文旅资源数据交换与共享可以实现跨界合作发展。通过与相关行业、企业和机构开展深度合作，实现资源共享、优势互补和互利共赢。比如，与交通、餐饮、住宿等行业合作，提供一站式旅游服务；与文化、教育、

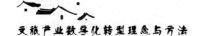
科技等领域合作，丰富旅游产品和体验。

通过数字化平台的数据交换和共享，提高资源利用效率。同时，推动文旅资源的有效整合和利用，提升旅游业的整体竞争力和可持续发展能力。

（三）服务预订与管理

通过数字化平台中服务预订与管理系统的引入，不仅极大地便利了消费者的旅行规划，也为文旅企业提供了强大的后台支持。文旅数字化可以通过大数据分析，帮助游客制订更加合理的旅游计划。例如，早在 2020 年 4 月，携程就发布了景区智慧云平台整合方案，为景区提供免费版、升级版和拓展版等定制级智慧化升级方案。该方案针对景区购票、入园、游玩和售后四大环节，提供技术解决方案，支持景区实现"全渠道、全场景、全业态"的实名预约。此外，携程大数据还为各个环节提供支持，为用户画像、服务质量、市场大盘和交叉引流提供多方位的服务。

数字化平台能够提供直观的产品展示界面，包括文旅产品图片、详细介绍、价格等信息，使用户能够快速了解产品详情。同时，通过高效的搜索功能，用户根据关键词、地理位置、价格范围等条件进行产品搜索，能够提升用户体验。比如，游客可以通过移动应用或网站预订门票、导游服务、酒店住宿等，景区和旅行社可以通过平台进行订单管理和服务跟踪，游客可以通过手机 App 或网站查询旅游攻略、比价酒店和机票、预约景点门票等，实现一站式的旅游服务体验。数字化平台打破了地域限制，让文旅资源得以更广泛地传播，吸引更多潜在消费者，平台自动化、智能化的管理手段也极大地减轻了文旅企业的工作压力。

五　建设制度体系

（一）标准化数据管理服务体系

文化和旅游部出台《关于推动数字文化产业高质量发展的意见》，要求落实国家文化大数据体系建设部署，共建共享文化产业数据管理服务体系，促进文化数据资源融通融合；把握科技发展趋势，集成运用新技术，创造更多产业科技创新成果，为高质量文化供给提供强有力支撑[①]。2021 年，浙江省文化和旅游厅印发《浙江省文化和旅游厅文化和旅游数字化改革方案》，提出省市县联动，共同探索数字化平台建设新模式，统一建设数据采集标准和数据采集系统；鼓励市、县（市、区）打造个性化应用场景，由一地先行或多地并行、择优遴选，全省共享。这意味着在数字化管理中，需要建立起文化数据资源的共享平台，实现数据的互通和融合，以提高文化产业的发展效益。

（二）数字化公共服务制度体系

2022 年 5 月，中共中央办公厅、国务院办公厅印发了《关于推进实施国家文化数字化战略的意见》，明确了"提升公共文化服务数字化水平"是国家文化数字化战略的重要任务，对公共文化服务数字化建设做出了总体部署和战略安排。2022 年 7 月，江苏省文化和旅游厅印发了《江苏文化和旅游领域数字化建设实施方案》，提出加快数字化建设的目标和措施，包括推动文旅公共服务数字化应用便捷高效，实现公共服务的全覆盖；推动文旅行业数字化监管有效覆盖，建立完善的数字化监管机制；推动文旅产业数字化发展国内领先，培育领军企业和数字文旅产业集群[②]。数字化公共服务制度体系的建立，是实现文旅产业高质量发展的重要手段。数字化公共服务制度体系可以为游客提供更加便捷、高效、个性化的文旅服务，推动文旅行业的创新与发展。

（三）数字化文旅市场监管体系

随着数字化技术的快速发展和应用，监管体系也面临着从传统向数字化的转型。建立数字化监管机制是适应数字化时代发展的重要举措。监管机制可为提升监管效能、保障社会稳定和经济发展提供有力支持。

国务院印发《"十四五"市场监管现代化规划》，要求统筹优化线上线下市场竞争生态，提出要完善线上市场监管体系。这对我国数字经济健康

[①] 《文化和旅游部关于推动数字文化产业高质量发展的意见》，中国政府网，https：//www. gov. cn/zhengce/zhengceku/2020-11/27/content_5565316. htm。

[②] 《江苏文化和旅游领域数字化建设实施方案》，江苏省文化和旅游厅网站，https：//wlt. jiangsu. gov. cn/art/2022/7/22/art_48956_10581989. html。

发展将起到长远的引导和促进作用。2022 年，国务院印发《关于加强数字政府建设的指导意见》，提出大力推行智慧监管，提升市场监管能力，充分运用数字技术支撑、构建新型监管机制，加快建立全方位、多层次、立体化监管体系，实现事前事中事后全链条全领域监管，以有效监管、维护公平竞争的市场秩序。

六 网络安全保障

（一）加强信息安全管理

建立健全的信息安全管理制度和规范，包括数据分类、权限管理、访问控制、加密技术等方面，确保资源的安全存储和传输。行政机构应促进各领域、各层面的智慧环境的发展，规划和建设共性能力服务平台，并配套建设安全管理平台，使信息安全机制得以在不同主体之间被快速确认[①]。建立完善的安全管理制度是加强信息安全管理的重要手段，制度应明确信息安全责任、操作规程、安全控制要求等，确保组织机构在各个层面都得到有效的安全保障。

对于信息系统运行相关的软硬件系统设备，要有计划地开展安全防护检查。强化口令控制、病毒扫描、漏洞补丁等基础安全，确保各类硬件设备安全可控。对信息系统的操作行为进行身份标识、口令限制、访问控制和管理。规范数据库管理操作，加强数据操作记录审计和追溯，避免数据信息泄露。

（二）完善网络安全防护

在计算机网络中，计算机病毒在网络中渗透很可能造成数据文件的关键信息在传输过程中丢失，严重的情况下可能造成计算机设备死机等现象，所以必须重视防毒软件对计算机病毒的渗透阻挡作用[②]。完善网络安全防护可以采用防火墙、入侵监测系统、安全监控等技术手段，及时发现和阻止

---

① 郭骅、苏新宁：《智慧城市信息安全管理的环境、挑战与模式研究》，《图书情报工作》2016 年第 19 期。
② 邓才宝：《计算机网络安全防护技术》，《电子技术与软件工程》2019 年第 10 期。

网络攻击，保护文旅资源的网络安全。

网络安全不是简单的单点防护，而是一个系统工程。需要通过技术手段、法律法规和政策措施，形成多层次、全方位的安全体系。同时，各个环节的安全态势感知和信息共享也是至关重要的。面对日益复杂和多样化的网络威胁，需要不断推动技术创新，加强网络安全技术的研发和应用。同时，建立与国际接轨的标准和规范，促进技术交流和合作，共同应对全球化的网络安全挑战。

（三）加强风险评估及处置

安全风险评估是指对潜在风险进行全面、科学的评估，旨在确定可能的威胁和漏洞，并采取相应的控制措施。安全风险评估和事件处理是很重要的任务，为了保护文旅数字化资源，加强安全风险评估和事件处理至关重要。随着技术的不断发展，使用现代化的安全评估工具和方法可以更准确地评估安全风险。例如，可以采用安全评估框架、风险模型、漏洞扫描工具等来全面评估系统的安全性。

此外，加强事件处理也是非常重要的。事件处理是在安全事故发生后，采取相应的应急措施以及及时的修复和预防措施。对于发生的安全事故，应及时进行调查和分析，了解事件的起因、经过和影响，并找出相关责任人。同时，要加强对事件数据和日志的分析，以便发现潜在威胁和漏洞。

（四）提升员工安全意识

网络安全威胁日益增多，员工作为企业的第一道防线，必须具备相关的意识和知识来保护企业的信息安全。可组织定期的网络安全培训和教育活动，向员工传授有关网络安全的基本知识和技能，包括密码泄露、社交工程攻击、钓鱼邮件等常见网络安全威胁的识别和防范方法。培训内容可以采用生动有趣的案例分析和互动实操，以便员工更好地理解和掌握。提升员工网络信息安全意识的工作是一个长期而细致的过程。通过全面培训、制度建设和技术支持，企业能够提高员工的网络安全意识，减少安全风险，并保护企业的重要信息资产。

同时，企业应该制定和实施明确的网络安全政策，明确员工在使用企业网络和设备时的责任和义务。政策内容包括密码要求、数据备份、设备使用规范等方面，明确告知员工不得随意泄露敏感信息、不得访问未经授权的网站等。账号和密码是个人信息安全的重要保护措施，员工应该使用强密码，并定期更新密码。企业可以引导员工使用密码管理工具，妥善保存密码，不在多个平台使用相同密码。

第四节　文旅资源数字化管理的实现途径

近年来，随着数字化技术的快速发展，文旅产业管理也面临着数字化转型的迫切需求。文旅资源的数字化管理，既可以提高资源的利用效率，也可以提升旅游服务质量，进一步激发人们对于文化旅游的热情。实现文旅资源数字化管理可以通过数据化收集和整理、数据化储存和管理、数据化分析和应用、虚拟化展示和推广以及数据化服务和交易五个途径。

一　数据化收集和整理

数据化收集和整理是实现文旅资源数字化管理的重要环节。这一环节的目标是全面、准确地获取文旅资源的各类信息，并将这些信息转化为可被计算机处理和理解的数据。

（一）建立数字化平台

建立数字化平台，用于收集、存储和管理文旅资源的数据。这个平台可以是一个数据库系统，集成各种数据采集工具和技术，如传感器、摄像头、扫描仪等，以便收集各种类型的数据。在数字化商业中，数字化平台已经进入企业的核心领域，并且帮助企业产生收入。同时，可以促成商业生态圈的资源共享和交易，以满足、创造和交换多元化的服务[①]。

数字化平台可以通过自动化、智能化的方式，整合和处理大量的文旅资源数据，提高管理效率，减少人力成本和时间成本。数字化平台还可以

---

① 张石：《探索数字化平台建设之路——从 ING 银行看商业银行数字化转型》，《新金融》2019 年第 5 期。

将各类文旅资源进行集成和共享，方便相关机构、企业和个人获取所需信息，促进资源的合理利用和整合。

建立数字化平台，需要充分利用现代技术手段，依托法律法规和政策支持，倡导合作共建和用户参与。在数字化平台的支持下，文旅资源管理会迎来更加智能和便捷的发展。

（二）数据采集和整理

数据采集和整理是指利用各种技术和工具，如大数据分析、人工智能、机器学习等，对文旅资源进行数据采集和整理。这包括收集和整理文化遗产、旅游景点、艺术品、文化活动等方面的数据，以及相关的统计数据、用户反馈等。

数字化采集的数据，可以包括文物的外貌、尺寸、年代、历史背景等信息，景区的地理位置、交通路线、特色项目等信息，以及旅游线路的行程、景点介绍、服务设施等信息。这些数据采集，可以通过现场调查、测量、摄影等方法，也可以通过文献、档案、图书、地图等多种途径进行。

采集到的数据需要进行整理和管理，使其更结构化、更具有可用性。数据整理的过程包括校对、分类、归档、描述等环节。校对是为了确保采集到的数据准确无误，分类是将不同类型的资源进行分类管理，归档是将数据存储到相应的数据库或系统中，描述是为了更好地呈现和传播这些数据。

数字化数据采集和整理，是为了更好地保护、传播和利用文化旅游资源。通过数字化采集和整理，可以将传统资源转化为数字数据，并通过各种渠道共享和利用，促进文化旅游事业的发展。

（三）数据安全和保护

大量事实表明，大数据未被妥善处理会对用户的隐私造成极大的侵害①。在进行数据收集和整理时，需要注意数据的安全性和隐私保护。采取必要的措施，如数据加密、访问控制、签订隐私保护协议等，确保数据的安全性和合规性。

---

① 　冯登国、张敏、李昊：《大数据安全与隐私保护》，《计算机学报》2014年第1期。

建立健全的数据安全管理体系至关重要，包括制定相关政策和规定，明确责任人和处理流程，确保数据采集、存储、传输和处理过程中的安全性。同时，加强对数据安全技术的研发和应用，采用加密、防护、备份等策略，保障数据的完整性和稳定性。此外，加强数据隐私保护。在用户使用文旅资源的过程中，要收集一定的用户信息，但必须遵循合法、正当、必要的原则。必须经过用户明确同意，并明确告知用户数据的收集目的和使用范围。同时，建立健全的隐私政策和用户协议制度，明确用户的权益保护和数据使用规则，保护用户的隐私权。最后，加强立法和监管。

（四）数据共享和开放

在大数据时代，数据的开发与再次利用，在很大程度上依赖于数据共享，数据共享成了大数据公司重要的盈利模式，没有数据共享，将难以对数据进行二次开发，数据也难以成为财产，数据产业也难以发展①。为了促进数字化管理，可以考虑将收集到的数据进行共享和开放。这样可以为相关的研究机构、企业和公众提供更多的数据资源，促进创新和合作。

通过共享数据，各个机构可以更好地了解市场需求和用户需求，有针对性地进行资源的优化和升级。同时，数据的开放也为各方提供了丰富的创新创业机会，吸引更多的人才和资本投入文旅产业中。

在进行数据共享和开放时，也需要注意保护个人隐私和商业机密。相关管理机构应该建立健全的数据安全措施，确保数据的安全和合法使用。同时，也需要制定相应的法律法规，来规范数据的共享和开放行为，保证各方在共享和开放数据时能够合规合法。

二　数据化存储和管理

数据化储存和管理是实现文旅资源数字化管理的重要环节。通过数据化储存和管理，可以有效地整合、存储和管理文旅资源的相关信息，提高资源利用效率和管理水平。

---

① 　王利明：《数据共享与个人信息保护》，《现代法学》2019 年第 1 期。

（一）数据采集和整合

数据采集和整合是数字化管理的基础工作，它为各方面的应用提供了可靠的数据基础。通过采集和整合旅游资源的相关信息，可以更好地了解和把握旅游资源的特点、趋势和潜力。

通过各种技术手段，如传感器、摄像头、扫描仪等，对文旅资源进行数据采集，包括图片、视频、声音、文本等多种形式。通过采集数据、处理数据，构建资源初步整合体系和确定最优方案，完成智慧旅游资源一体化整合①。同时，将不同来源的数据进行整合，建立统一的数据存储和管理系统。通过数据采集和整合，可以实现旅游资源的智能化管理和运营，提高工作效率和管理水平。

（二）数据存储和处理

将采集到的数据进行存储和处理，可以使用云存储、数据库等技术手段，确保数据的安全性和可靠性。同时，利用数据处理技术，如数据清洗、数据挖掘、数据分析等，对数据进行加工和分析，提取有价值的信息。

数据安全已成为信息时代的一个主要话题。多年来，软件攻击面一直是安全漏洞的主要领域②。需要遵循数据安全和隐私保护的原则，利用技术手段加强对数据的保护，确保数据的真实性、完整性和可靠性。数据储存和处理还需要社会各界的共同参与，实现资源共享与协同发展。政府、企业、学术界和公众，应加强合作与沟通，共同推动文旅资源数字化管理的发展。

（三）数据标准化和分类

对采集到的数据进行标准化和分类，建立统一的数据标准和分类体系，便于数据的管理和利用。通过对数据进行标准化和分类，可以提高数据的可比性和可查询性，方便用户进行检索和利用。

数据标准化的好处不仅体现在管理效率的提升上，更能够为文化遗产保护、旅游规划、旅游体验等提供支持。通过各类文旅资源数据的统一管

---

① 魏青：《智慧旅游时空数据库资源一体化整合方法仿真》，《计算机仿真》2020 年第 5 期。

② 徐双、刘文斌、李佳龙等：《大数据背景下的数据安全治理研究进展》，《太原理工大学学报》2024 年第 1 期。

理和标准化，可以更好地挖掘资源的价值，保护文化遗产的完整性和传承性；可以为旅游规划提供科学依据和决策支持，实现旅游产业的可持续发展；可以提供更精准的服务和个性化的体验，满足游客的多样化需求。

三 数据化分析和应用

数据化分析和应用是实现文旅资源数字化转型的重要方面。数据化分析和应用需要整合各种数据资源，运用先进的分析方法和模型，为旅游企业的各个方面提供有力支持。通过数据化分析和应用，可以实现资源的集中管理和统一调度，更好地了解旅游市场的需求和趋势，为旅游科研和规划提供重要支持。

（一）助力资源管理和调度

数据化分析和应用可以实现资源的集中管理和统一调度。通过大数据分析，可以实时监测 5G 网络中的资源利用情况，如功耗、能效等，从而通过优化资源分配和管理，减少能源消耗，提高网络的能效性[1]。以文化遗产景区为例，通过应用数字化技术，可以对景区的游客流量、资源开放情况、安全状况等进行实时监控和管理。同时，利用大数据分析技术，可以对游客的行为轨迹和游览偏好进行分析，从而为景区运营提供有针对性的改进意见和优化方案。不仅可以提高景区运营效率，减少资源浪费，还可以提高游客的满意度和体验感。

（二）了解市场需求和趋势

数据化分析和应用可以帮助旅游从业者更好地了解旅游市场的需求和趋势。通过收集和分析游客的数据，可以获取有关游客来源、消费水平、旅游偏好等方面的信息。这样，旅游从业者就可以根据数据分析结果，制定更加准确、精细的市场营销策略，提高旅游产品的差异化竞争力，满足不同游客群体的需求，推动旅游业的发展。

（三）进行旅游科研和规划

此外，数据化分析和应用还可以为旅游科研和规划提供重要支持。通

---

[1] 陈玉汝：《5G 网络大数据智能分析技术探究》，《科技创新与应用》2024 年第 5 期。

过收集和分析旅游产业的相关数据，可以为旅游景区的规划、管理和保护提供科学依据。同时，通过对游客行为、旅游资源分布等数据的分析，可以发现潜在的问题和风险，为旅游产业的可持续发展提供参考和指导。

四　虚拟化展示和推广

在数字化时代，文旅资源数字化的管理已经成为当务之急。通过虚拟化展示和推广，可以将宝贵的文化、历史和旅游资源，以更加便捷、生动和沉浸式的方式展现给广大观众。

（一）信息获取和体验

利用虚拟现实（VR）和增强现实（AR）等技术，可以将文旅资源以数字化的形式呈现给用户。用户可以通过网络进行远程参观和互动。同时，建设数字化平台，提供在线预订、导览、评论等功能，方便用户获取信息和参与互动。

通过虚拟/增强现实技术，人们可以足不出户地欣赏世界各地的美景，获得更加丰富的信息和沉浸式体验，甚至会有身临其境之感；同时也不必被拥挤的交通和人山人海困扰[①]。

（二）信息传播与推广

通过社交媒体平台（如微博、微信、抖音等）和在线旅游平台（如携程、去哪儿等），将文旅资源的虚拟展示和推广信息传播给更多的用户。可以通过发布精彩的虚拟展示内容、推出线上活动和优惠等方式，吸引用户的关注和参与。

虚拟化展示使人们可以在不受时间和空间限制的情况下，近距离参观世界各地的文化遗产和名胜古迹。无论是欣赏艺术品的细节、参观历史遗址的全貌还是体验传统手工艺的魅力，人们都可以通过数字化技术在家中或办公室里实现这些美妙的体验。这不仅为广大观众提供了更加便利的参观方式，也增强了文旅资源的传播力和影响力。

[①]　谭梓鑫、张雷、王志深等：《关于虚拟现实和增强现实技术在旅游业上相关应用的研究》，《科技与创新》2018 年第 23 期。

五 数据化服务和交易

数据化服务和交易是指利用电子技术和服务平台，来管理和交易文化旅游数据资源。通过数字化管理，实现文旅资源的在线预订、购买、查询等功能，可以提高资源的利用效率、提升服务质量，同时也方便了用户的交易和体验。

（一）加强数字化转化应用

对文化遗产资源、文化资源、旅游资源等进行数据技术加工，形成可持续利用的数字文旅资源，在存储、交易、利用、产品开发等方面持续创新，将数字文旅资源转变为数字文旅资产。

加强文旅资源的数字化转化应用，可以促进文化传承与创新。数字化技术可以帮助保护和传承各类传统文化，通过数字化保存，可以将珍贵的文化遗产永久保存下来，并且通过互联网等平台进行传播和分享。同时，数字化转化也能为文化创意产业提供新的发展机遇，通过数字化创作和展示，促进文化创新和创意产业的融合发展。

数字化转化也可以提高旅游管理和服务水平，通过数字化平台可以实现线上预订、导览、支付等功能，可以提升游客的满意度和便利性。同时，数字化转化还可以提高文旅资源的利用效率，通过数据分析和智能化管理，优化资源配置，提高旅游业的效益和竞争力。

加强文旅资源的数字化转化应用对于促进电子化服务与交易具有重要意义。通过丰富旅游体验、促进文化传承与创新、提升旅游业质量和效益，可以让更多的人享受到文化旅游的乐趣。

（二）提升数字化发展水平

文旅企业数字化转型应充分考虑企业发展基础和能力，从资源转化、基础完善、模式创新、服务形式和圈层构建等方面予以强化，不断提升企业数字化发展水平，促进产业高质量发展。为了适应市场需求，提高服务水平和效率，文旅企业需要加快数字化转型步伐，并不断提升数字化发展水平。

文旅企业应该加大对网络基础设施的投资力度，确保网络畅通和高速稳定，以便于进行在线预订、云端展示和在线交流。同时，建立良好的数据安全和隐私保护机制，提升用户信任和满意度。引入人工智能、大数据和物联网等技术，实现旅游业务的智能化、自动化和个性化。通过智能客服、智能导游等技术手段，提供更精细化和定制化的服务，满足用户多样化和个性化的需求。打造一个集线上线下于一体的全渠道统一平台，整合各种资源和服务，提供一站式解决方案。通过移动应用、微信公众号、网站等渠道，让用户可以随时随地进行预订、查询和分享，提升用户体验和黏性。

文旅企业提升数字化发展水平，需要注重技术创新、数据驱动和合作共赢。通过积极拥抱数字化时代，不断适应市场变化和用户需求，文旅企业可以更好地满足用户的旅游文化需求，提升电子服务与交易能力。

（三）建设数字化基础设施

建设数字化基础设施包括建设高速稳定的网络环境，提供安全可靠的数据存储和传输设施，为电子化服务和交易提供支撑。网络基础设施建设为企业选优配强数字技能人才和管理人员提供极大便利，企业与人才双方通过数字平台进行实时沟通，实现劳动市场供求双方更优匹配，满足数字化转型人才需求[1]。数字化基础设施是支撑数字化发展的基石，能够为各行各业提供强大的技术支撑和保障。

在建设数字化基础设施中，需制定统一的数据标准和交易规范，确保不同平台之间的数据互通和交易安全可靠。同时，建设文旅资源的电子化服务平台，提供在线预订、购买、查询等功能，方便用户进行交易和获取信息。通过数据分析和人工智能技术，为用户提供个性化的推荐服务，提升用户的旅游体验。另外，政府可以出台相关政策和措施，鼓励和支持文旅资源的数字化管理和电子化服务交易，促进行业的发展和创新。

建设数字化基础设施并非一蹴而就的任务，它需要全社会的共同努力和支持，需要政府、企业和个人的智慧和力量相结合，形成强大的合力。只有通过广泛的合作和共识，我们才能够真正建成数字化基础设施，让每个人都享受到数字化带来的便利和好处。

---

[1] 王磊、李吉：《网络基础设施建设与企业数字化转型：理论机制与实证检验》，《现代经济探讨》2024年第1期。

第四章
文旅需求数字化监测

文旅需求数字化监测是指利用数字化技术对文旅需求进行数据化、数字化的监测和分析，可以帮助文旅行业更好地了解市场需求、优化资源配置、提高服务质量，从而推动文旅产业的转型和升级。通过分析消费者的行为、强化消费者的需求管理，可以开发出更加符合消费者偏好的旅游产品。通过建立完善的数据收集和监测系统、健全的数据管理和保护机制，可以更好地实现文旅需求数字化监测的目标，推动数字文旅发展。

第一节　建设数字文旅基础设施

从工业文明到数字社会，文化和旅游业的数字化进程从未停止[1]。在数字化和信息化的时代背景下，数字文旅基础设施建设已经成为文旅产业发展的重要组成部分。数字文旅基础设施是以新发展理念为引领，以技术创新为驱动，以信息网络为基础，面向高质量发展需要，提供数字转型、智能升级、融合创新等服务的设施体系[2]。通过建设和完善数字文旅基础设施，不仅方便游客获取信息、提升体验，还可以提升产业管理水平、运营效率和服务质量。同时，建设数字文旅基础设施，也是顺应时代发展需要，提升文旅产业效益和发展质量的重要举措。

---

[1]　戴斌：《数字时代文旅融合新格局的塑造与建构》，《人民论坛》2020 年第 C1 期。
[2]　罗培、卫东、徐鹏：《数字文旅发展思考》，《数据》2021 年第 C1 期。

一　搭建核心框架

（一）技术支持层

技术支持层是数字文旅基础设施建设的核心，包括云计算、大数据、人工智能等技术的应用。这些技术的支持，是数字文旅基础设施建设的基础。

1. 云计算

云计算是一种新兴的共享基础架构的方法，它可以将巨大的系统资源池连接在一起，以提供各种 IT 服务云[①]。云计算技术不仅被广泛应用于社会及经济发展中，同时也被广泛应用于旅游业。

云计算技术为文旅产业发展提供了强大的数据储存和处理能力，使数字文旅平台能够对大量的用户数据和信息进行处理，从而对消费者的偏好进行分析，以更好地了解和掌握消费者的需求。同时，云计算还可以提供安全可靠的数据备份和恢复功能，从而保障数字文旅基础设施的稳定运行，为更好地迎合消费者需求提供后备保障。文旅产业想要更长久稳定地发展下去，需要云计算强大的数据处理能力和稳定的系统保障能力，云计算在文旅产业的应用也将为数字文旅的发展提供源源不断的活力与支持。

2. 大数据

大数据就是容量巨大的数据资源，是由数量巨大、结构复杂、类型众多的数据构成的数据集合，是基于云计算机的数据处理与应用模式，通过数据的整合共享、交叉利用形成的智力资源和知识服务能力[②]。作为近年来快速兴起的一项技术，大数据正在对经济的发展产生越来越重要的影响。

对于旅游业而言，大数据将作为数字文旅发展的重要技术支持，为数字文旅的发展提供强有力的支撑。大数据技术中的用户画像、行为分析、预测分析等，可以为消费者提供更加精准的服务，满足消费者的个性化需

---

① 刘鹏主编《云计算》，电子工业出版社，2010，第 3 页。

② 〔英〕维克托·迈尔-舍恩伯格、肯尼思·库克耶：《大数据时代》，盛杨燕、周涛译，浙江人民出版社，2013。

求。同时，大数据可以通过对海量的用户数据进行分析，帮助文旅行业进行市场分析和预测，更好地了解用户需求，提供更加个性化的服务。此外，大数据通过对实时数据的监控和分析，也可以及时发现问题，根据舆论风向来及时做出调整，迎合游客的需求，从而帮助文旅企业提升运营效率。

3. 人工智能

人工智能是一种能够模拟人类智能的技术，可以通过学习、推理和自我修正等方式，实现对人类智慧的模拟和超越。20 世纪 50 年代，人工智能和人工智能系统的概念被首次引入。人工智能经历萌芽、瓶颈、应用、低迷、平稳发展阶段，现如今，已处于繁荣发展的阶段[①]。人工智能技术被应用于社会经济的各个方面，在数字化旅游中也被广泛应用，可以通过多种方式，为数字文旅基础设施的建设提供强大的支持。

人工智能可以通过图像识别技术，实现对图像、视频等信息的智能处理和分析，实现对游客的面部识别、人流量统计，以及数字文旅基础设施的场景分析、景区安全监控等，从而为数字文旅发展提供有力的安全保障支持。比如，通过对人流量的统计，景区可以对客流量进行智能化分析及调控，从而满足游客不希望景区过于拥挤的旅游需求。同时，人工智能技术通过数据挖掘，可以实现对数据的智能处理和分析，实现对游客行为轨迹、消费偏好等信息的智能分析，并根据不同的游客画像提供个性化的服务，以满足游客的多样化需求。

4. 物联网

物联网的概念最早于 1999 年由麻省理工学院的研究人员提出，他们认为，物联网就是将所有物品通过无线射频识别等信息传感设备与互联网连接起来，实现智能化识别和管理的网络[②]。作为一种快速发展起来的信息通信技术，物联网被广泛应用于各行各业，其在旅游业中的应用是数字旅游发展的重要内容。

---

① 李雪、刘益、高伟：《用户评论信息特征与信息采纳——产品涉入与社区涉入的不同调节作用》，《情报科学》2018 年第 11 期。

② 姚国章等：《智慧旅游新探索》，东北师范大学出版社，2016，第 85 页。

物联网技术可以为用户提供更加便利和个性化的服务，并且满足其个性化需求，通过将各种设备和服务连接到互联网，实现用户对设施的远程控制和定制化服务，如通过手机 App 预订门票、导览服务和餐饮服务等。物联网技术可以帮助数字文旅实现智能化管理，通过在各种设备上安装传感器和连接到互联网的模块，可以实现对设施内部环境、设备状态和安全情况的实时监测和管理，提高设施的运行效率和安全性，为消费者提供更高效的服务。同时，物联网技术还可以满足文旅产业的可持续发展需求，通过对各种设备和资源的实时监测和管理，可以实现对能源、水资源和物资的智能调配和节约。这样不仅可以降低设施的运行成本，也有助于减少对环境的影响，实现可持续发展。

5. VR 技术

VR 技术是一种通过模拟现实环境来创建沉浸式体验的技术，它通过使用头戴式显示器和其他传感器设备，让用户可以身临其境地感受虚拟世界。Sherman 和 Craig 将其定义为 "一种由感知参与者的位置和行动的互动性计算机模拟和对一种或者多种感官知觉的替代或者增强所构成的媒介，能给人一种在模拟环境（一种虚拟世界）中精神意识上沉浸或者在场的感觉"[1]。

在实践中，VR 技术能够实现虚拟与现实之间的相互融合，同时能以信息技术为核心，为受众营造 3D 体验场景，带来更加真实的视觉、听觉、触觉等感官体验，从而使受众在数字化环境下获得更加真实的感官体验[2]。在数字文旅中，VR 技术也被广泛应用在多个方面，以满足数字文旅不断发展的需要，满足人们对体验感日益提升的需求。通过 VR 技术，用户可以在不同的时间和空间中感受到历史文化的魅力，满足游客对数字化旅游的需求。同时，VR 技术还被应用于视频讲解导览中，游客用手机就可以将讲解员带到身边，边听边看，满足了游客对数字文旅便捷性的需求。比如，河南博物馆借助 VR 技术推出的视频讲解导览服务，涵盖了九大镇馆之宝和 14 个

[1]　Sherman W R, Craig A B, *Understanding Virtual Reality: Interface, Application, and Design*, Morgan Kaufmann, 2018.

[2]　宋琴敏：《基于 VR 技术的贵州省非物质文化遗产蜡染文旅融合发展研究》，《文物鉴定与鉴赏》2020 年第 3 期。

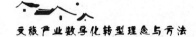

精品展厅，由数十位金牌讲解员倾情讲述，为游客提供 VR 全景沉浸式导览服务，游客仅需微信扫码就可体验，大大提升了游客的沉浸式体验感。

6. 元宇宙技术

元宇宙技术是一种融合了虚拟现实、增强现实和混合现实的新型数字技术，它在数字文旅领域有着广泛的应用前景。随着社会的发展，人们对旅游和文化体验的需求不断增长，元宇宙技术为满足这一需求提供了全新的可能性。

首先，元宇宙技术可以满足游客对沉浸式体验的需求，为游客提供更加身临其境的体验。通过虚拟现实技术，游客可以在不同的文化场景中感受到真实的文化氛围，如在古代宫殿中漫步、参观历史名胜、参与传统文化活动等。这种体验不仅可以满足游客对文化的好奇心，还可以为他们提供更加深入的学习和感悟。其次，元宇宙技术可以为数字文旅提供更加个性化的服务，满足游客的个性化需求。通过增强现实技术，游客可以根据自己的兴趣和需求定制旅游路线和体验项目，如选择特定的文化主题、参与定制化的文化体验活动等。这种个性化的服务，可以让游客更加深入地了解和体验当地的文化，提升他们的旅游满意度。最后，元宇宙技术还可以为数字文旅提供更加丰富的互动体验，满足游客对互动式体验的需求。通过混合现实技术，游客可以参与到文化场景中，与虚拟人物互动、参与虚拟文化活动等。这种互动体验可以让游客更加深入地融入当地文化，增强他们的参与感和沉浸式体验感。

7. 区块链技术

区块链技术也被称为分布式账本技术，其通过多方维护以及密码学方式，实现安全传输、访问，同时该技术还具备数据存储一致性、无法篡改性、防抵赖性等优势[①]。区块链技术作为一种新兴的技术，最早出现在 2008年，比特币开创者中本聪首次提到区块链技术，在其代表性应用——加密比特货币取得成功后，区块链技术受到全球各个领域的关注。在旅游业中，

---

① 中国通信院：《区块链白皮书（2019 年）》，中国信息通信研究院可信区块链推进计划，2019，第 35 页。

以 TUI Group 为代表的国际大型旅游集团在预订与支付系统中率先引入区块链技术。德国国家旅游局紧跟加密货币的创新浪潮，采用类似比特币等加密货币作为其工作与服务的支付方式，同时将在财务管理方面试验性地运用区块链技术①。

数字文旅在发展中，其数字化的特征使其在数据的安全性方面，有着较高的需求，而区块链技术具有匿名性以及加密性的特征，这恰恰可以更好地保证数据的安全。基于区块链技术的加密货币支付，正是满足了文旅产业的这一需求而在文旅产业中被广泛应用。区块链技术可以满足数字文旅产业对于安全性及便捷性的需求。区块链技术被应用于住宿业管理中，大大提升了用户信息的安全性和管理的便捷性，被应用于支付管理、会员管理以及房间的库存控制上。基于区块链技术的预订类旅游 App，也满足了用户在线预订的需求。消费者可在手机、平板电脑等移动客户端上，下载登录提供旅游产品或服务的应用软件（如携程、去哪儿等），进行旅游景区、酒店、机票等产品或服务的预订②。

（二）数据管理层

1. 数据采集

数据采集是指通过各种技术手段和工具，收集与数字文旅基础设施建设相关的数据信息。数据采集类型包括结构化和非结构化的数据，利用网络爬虫等工具获取所需分析的数据对象，数据主要来源于旅游基础数据、旅游行业数据（景区、旅行社、酒店、乡村等）、搜索引擎数据、OTA（在线旅游服务商）数据（携程、去哪儿、马蜂窝等）、新媒体数据（微博、微信等）、游客行为数据等③。

数据采集为数字文旅产业的发展以及基础设施的建设提供了基础，通过对各种信息进行收集和整理，以便后续的数据分析和应用，从而更好地

① Rashideh W, "Blockchain technology framework: Current and future perspectives for the tourism industry", *Tourism Management*, Vol. 80, 2020.

② 杨扬、杨尚鹏、章牧等：《基于 DEMATEL 法的旅行预订类 App 评价指标体系》，《旅游学刊》2016 年第 2 期。

③ 党群：《旅游大数据分析实践教学应用研究》，《高教学刊》2020 年第 4 期。

对文旅需求进行调控。通过收集用户的行为、偏好等数据信息，企业可以深入了解用户的需求和偏好，为用户提供更加个性化的产品和服务。通过大量的数据分析，企业可以及时发现产品和服务中存在的问题和不足，从而根据市场规律及时做出调整，推出符合用户需求的产品以及服务。同时，数据采集可以满足用户提升体验感的需求，通过分析用户的行为数据和反馈意见，企业可以根据用户的偏好推荐个性化的旅游路线、景点等，提升用户的出行体验。在未来，随着技术的不断发展和创新，数据采集的应用也将变得更加广泛和深入，为数字文旅基础设施的发展和完善提供更多的支持和保障。

2. 数据储存

数据储存涉及如何有效地管理和存储大量的数据，以便在需要时能够快速访问和使用。在面对数字化时代背景下需要处理的庞大数据时，过去老旧的计算方式已经不能满足大数据时代的计算存储要求，而在云技术的基础上，可以及时区分数据的属性，对于不同类型、不同资源属性的数据，都可以单独存放①。

在实际应用中，数据储存可以满足文旅产业升级的多种需求。首先，数字文旅需要储存各种形式的数据，包括文字、图片、音频、视频等。只有通过高效的数据储存系统，这些数据才能得到充分的保障和支持，从而为用户提供稳定、流畅的数字文旅体验。其次，数字文旅的发展需要有良好的数据储存系统作为支撑，随着数字文旅的不断发展，数据量也在不断增加。而良好的数据储存系统能够为数字文旅的发展提供坚实的基础支持，保障数据的安全和稳定，为数字文旅的创新和发展提供有力保障。最后，随着数字文旅的发展，提供个性化服务的需求正在慢慢凸显。数据储存也为数字文旅的个性化服务提供了可能。通过对用户数据的收集和分析，数字文旅可以更好地了解用户的需求和偏好，从而为用户提供更加个性化的服务和体验，提升用户满意度和忠诚度。

---

① 田密：《云计算背景下的大数据处理技术研究》，《电子元器件与信息技术》2017 年第 2 期。

3. 数据分析

数据分析是指利用各种数据分析工具和技术，对数字文旅发展过程中产生的大量数据进行收集、整理、分析和应用的过程。随着数字化时代的到来，人们对文化旅游的需求也在不断增加，而数据分析可以帮助文旅行业更好地了解消费者需求，优化产品和服务，提高用户体验，从而更好地满足市场需求。

首先，数据分析可以帮助文旅产业更好地了解消费者的消费需求以及偏好。通过分析用户的浏览记录、搜索记录、购买记录等，文旅企业可以更好地了解消费者对于文化旅游产品的喜好，从而针对性地推出更受欢迎的产品和服务。其次，数字文旅的进一步发展离不开对产品和服务的不断优化，通过对用户反馈数据的分析，文旅企业可以及时发现产品和服务的不足之处，从而进行改进和优化，提高用户体验，增强用户黏性。最后，数据分析可以帮助文旅行业进行精准营销。通过对用户数据的分析，文旅企业可以更好地了解目标用户群体的特点和需求，从而进行精准营销，提高营销效果，降低营销成本，满足文旅行业扩大宣传的需求。

4. 数据应用

数据应用是将收集到的数据通过分析整理，应用到文旅行业发展的各个方面，使得行业的各个环节运作更加高效，进而提高整体运营效率和管理水平。数据应用可以满足数字文旅发展的多方面需求，包括市场分析、用户体验优化、资源整合和智能推荐等方面。

首先，数据应用可以通过市场分析，帮助数字文旅行业更好地了解目标受众的需求和偏好。通过收集和分析游客的数据，可以了解他们的年龄、性别、兴趣爱好等信息，从而有针对性地进行市场推广和产品开发，提高文旅产品的吸引力和竞争力。其次，数据应用可以优化用户体验，通过收集用户在数字文旅平台上的行为数据，可以分析用户的习惯和需求，为他们提供更加个性化、精准的推荐和服务。比如，根据用户的浏览记录和点赞信息，可以为他们推荐更加符合品位的文旅产品和活动，提高用户满意度和忠诚度。再次，数据应用还可以帮助文旅机构整合资源，提高运营效率。通过数据分析，可以了解资源的利用率和瓶颈，从而进行合理的资源调配和管理，提高资源的利用效率和经济效益。最后，数据应用还可以实现智能化推荐，为用户提供更加个性化、智能化的服务。通过人工智能和大数据技术，可以为用户推荐符合其需求和偏好的文旅产品和活动，提高用户的体验感和满意度。

（三）网络安全层

网络安全是数字文旅基础设施建设的重中之重，对于保障数字文旅基础设施的安全运行至关重要。它涉及网络设备、网络通信、数据管理、系统运行等多个领域，因此，在网络安全方面需要综合考虑多个层面。

1. 网络设备

网络设备在操作过程中，会受到很多外部网络安全风险的影响，并且会遇到很多的网络攻击，因此需要采取一些措施，来提升网络设备操作的安全性①。网络设备的安全性，不仅可以保护数字文旅行业的数据安全，是满足文旅产业安全发展需求的基础，也可以为数字文旅的发展提供多方面的保障，满足数字文旅发展的多方面需求。

首先，文旅产业涉及大量的客户信息、交易记录和业务数据，这些数据一旦泄露或被攻击，将对企业造成严重损失。网络设备的安全性，可以确保这些重要数据不会被未经授权的访问所获取，从而保障企业的核心利益。

其次，随着数字技术的广泛应用，文旅企业的业务往往依赖于网络设备的稳定运行。如果网络设备存在安全隐患，可能会导致网络故障、服务中断甚至系统崩溃，对企业的正常运营造成严重影响。网络设备的安全性，可以确保客户能够正常使用企业的产品和服务，保障文旅企业业务稳定，满足数字文旅行业稳定发展的需求。

最后，网络设备的安全性，可以满足企业维护良好口碑的需求。在信息化时代，企业的口碑和信誉，对于企业的长远发展至关重要，如果企业的网络设备存在安全漏洞，可能会导致客户信息泄露或业务中断，进而影

---

① 袁明姐：《关于网络安全设备的发展趋势与技术应用探讨》，《消费电子》2023 年第 7 期。

响客户对企业的信任感和满意度。网络设备的安全性，可以帮助企业树立良好的品牌形象，提升客户对企业的信任度。

2. 网络通信

网络通信安全的定义，需要从多个发展角度进行分析。根据国际组织的相关释义，网络通信安全应确保信息的可靠性、完整性和可用性，并尽可能提高信息的保密性[①]。在数字文旅基础设施中，网络通信是信息传输的重要手段，因此通信的安全性显得尤为重要，可以保障旅游业的稳定发展。

首先，网络通信的安全性，可以满足用户追求安全性的心理需求，在数字文旅中，用户会通过网络进行预订酒店、购买门票等活动，他们的个人信息和财务数据需要得到有效的保护，以防止被黑客攻击或泄露。其次，网络通信的安全性，还可以保障文旅企业的正常运营。如果企业的网络通信系统遭受攻击或病毒感染，可能会导致系统瘫痪，影响企业的正常运营。最后，网络通信的安全性，可以保障文旅企业的商业机密不被泄露，有利于其保持竞争优势。许多文旅企业拥有自己独特的资源和服务，这些商业机密需要得到保护，以防止被竞争对手获取。网络通信的安全性，可以防止企业的信息被窃取或篡改，从而使企业保持竞争优势。

3. 数据管理

随着数字化时代的到来，文旅行业对于数据的管理和安全性的要求越来越高。数字文旅的发展涉及大量的数据管理工作，需要采取措施确保数据不受损坏、丢失或被盗用。这不仅仅是保护客户的个人信息，还涉及了企业的商业机密和竞争优势。

首先，数据管理的安全性，可以满足客户对于安全性的需求，保护客户的个人信息，包括证件号码、联系方式、信用卡信息等敏感数据，确保客户的隐私不受侵犯。如果这些信息泄露或被盗用，将会对客户造成严重的损失，同时也会严重影响企业的信誉。通过确保数据管理的安全性，可以有效地保护客户的个人信息，增强客户对企业的信任感。

其次，数据管理的安全性，可以保护企业的商业机密，满足文旅企业

---

① 吴冰：《网络通信安全技术的分析与思考》，《经济技术协作信息》2023 年第 7 期。

对于企业信息保密度的需求。在文旅行业，企业可能拥有大量的商业机密，包括市场营销策略、客户数据库、合作伙伴信息等。如果这些信息泄露给竞争对手，将会导致企业的竞争优势丧失，甚至可能导致企业倒闭。通过严格管理数据的安全性，可以有效地保护企业的商业机密，维护企业的竞争优势。

最后，数据管理的安全性，可以满足企业提升运营效率的需求。在文旅行业，企业可能需要处理大量的数据，包括客户信息、订单信息、财务信息等。如果这些数据管理不当，将会导致数据丢失、错误和混乱，从而影响企业的正常运营。通过确保数据管理的安全性，可以有效地提升企业的运营效率，减少人为错误的发生，提高工作效率。

4. 系统运行

数字文旅的运行涉及多个系统的运行和管理，包括网络操作系统、数据库管理系统、应用系统等。系统运行的安全性，直接关系到用户的个人信息安全、交易安全以及整个行业的信誉，对整个文旅基础设施的稳定运行起着至关重要的作用，关乎广大用户的利益。

系统运行的安全性，保障了用户对安全性的需求，可以有效保护用户的个人信息和财产安全，维护用户的合法权益，提升用户的满意度和信任度。同时，系统运行的安全性，保障了交易的安全性。在数字化技术广泛应用的背景下，用户需要在线上进行支付、预订酒店、购买门票等交易操作。如果系统运行不安全，用户的支付信息有可能被篡改、盗用，给用户带来经济损失。因此，系统需要有安全的支付接口和交易验证机制，确保用户的交易安全可靠。系统运行的安全性，保障了数字文旅产业稳定发展的需求，为文旅产业的发展提供了一个稳定的环境，可以有效保护信息安全，有助于建立健全的网络安全体系，确保数字文旅基础设施的安全运行。

（四）用户体验层

用户体验是数字文旅基础设施建设的最终目标，也是其核心框架最上层的结构。提升用户体验的质量，对促进数字文旅的发展，推动旅游业的可持续发展，都有着重要意义。

1. 便捷性

随着旅游业的快速发展，用户对旅游体验的要求也越来越高，其中便捷性是提升用户体验的一个重要方面。数字化技术的应用，可以从多个方面满足用户便捷性的需求。

首先，数字化技术的应用，为用户提供了便捷的数字化服务，例如在线预订、移动支付和电子门票等，在线预订 App 的开发，方便了用户购票以及订房，提升了用户的出行效率，节省了来回奔波的时间。同时，移动支付的广泛应用，极大地方便了人们的日常生活以及旅游出行。其次，通过数字化的平台和服务，用户可以更加便捷地获取各种旅游和文化信息，可以实时了解到各种活动和景点的情况。这种便捷的获取方式，可以激发用户的兴趣，增加他们参与的积极性。同时，通过数字化平台，用户可以自主选择和定制专属的旅游行程和文化体验类型，可以根据自己的兴趣和需求进行个性化的安排。这种个性化的服务，可以更好地满足用户的需求，提升他们的满意度，增强他们对数字文旅行业的信赖和忠诚度。

2. 舒适性

在数字文旅基础设施建设中，基础设施的设计和布局，应考虑到用户的舒适度和安全性，如合理的交通规划、清晰的标识和紧急救援设施的设置。通过充分发挥技术的作用，建立健全的管理体系和规范，提供优质的服务，可以有效地保证用户体验的舒适性和安全性。

舒适的用户体验能够满足用户对于文化旅游的需求。文化旅游是一种对于文化、历史、艺术等方面的探索和体验，用户希望通过数字文旅产品来获取更多的文化信息。舒适的用户体验能够让用户更加专注于文化的探索和体验，而不会被烦琐的操作所干扰，从而满足他们对于文化旅游的需求。同时，舒适的用户体验能够提升用户的忠诚度。在竞争激烈的数字文旅市场中，用户往往会选择最符合其需求并且使用体验最好的产品。舒适的用户体验能够让用户更加愿意长期使用产品，并且愿意将产品推荐给他人，从而提升用户的忠诚度。舒适的用户体验能够让用户更加愿意使用数字文旅产品，提升他们的好感度。

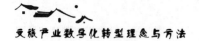

3. 个性化

在数字化的时代背景下，人们对于旅游体验的需求也在不断发生变化，他们希望能够获得更加个性化的服务和体验，更好地满足用户的需求，提升用户满意度，从而促进文旅行业的发展。

首先，个性化的用户体验可以提升用户对文化旅游的参与度和体验感。通过数字化技术，文化旅游企业可以更加精准地了解用户的兴趣和需求，为用户量身定制个性化的旅游线路和体验项目。这样一来，用户在参与文化旅游时，能够更加深入地了解当地的文化和历史，从而增强参与感和满足感。

其次，个性化的用户体验可以提高用户对文化旅游的满意度和忠诚度。通过数字化技术，文化旅游企业可以实现对用户行为和偏好的精准分析，从而及时调整和优化用户体验。比如，根据用户的历史浏览记录和偏好，为其推荐相关的文化旅游活动和景点，提高用户对文化旅游的满意度。

最后，个性化的用户体验也能够促进文旅行业的创新发展。通过个性化的用户体验，文旅企业可以更好地了解用户的需求和喜好，不断地进行产品和服务的创新和升级。这样不仅能够满足用户的需求，还能够推动整个文旅行业的发展，促进行业的创新和进步。

4. 传承性

用户体验的传承性是指在数字文旅产品和服务中，传承和弘扬传统文化价值观念，同时满足用户多样化的需求。数字文旅产品和服务应当在满足用户个性化需求的同时，积极传承和保护传统文化，让用户在体验中感受到文化的传承和延续。这种传承性的用户体验，不仅能够满足用户的需求，还能够促进文化传统的传承和发展。

数字化技术可以对传统文化资源进行数字化保存和展示，这使得用户可以通过数字平台了解和体验传统文化，从而更便捷地获取文化知识，满足精神需求。这不仅可以让用户在数字化的环境中感受到传统文化的魅力，也可以使传统文化得到传承和保护。如果数字文旅的基础设施能够保证用户体验的传承性，就可以吸引更多的用户参与文化旅游，提升文化旅游的吸引力和竞争力，数字文旅的基础设施才能够更好地发挥其作用，为文化传承和旅游体验提供更好的支持和保障。

二 完善主要内容

（一）融合基础设施

融合基础设施是指深度应用互联网、大数据、人工智能等技术，支撑文旅产业传统基础设施转型升级，进而形成的文旅产业融合基础设施，是将文化旅游资源数字化呈现的数字化展示平台，包括数字博物馆、数字图书馆、数字文化馆、数字科技馆等①。

1. 数字博物馆

数字博物馆是一种基于数字技术的虚拟博物馆，它利用数字技术和互联网平台，将传统实体博物馆的展览、教育和研究功能与现代数字技术相结合，利用虚拟现实、增强现实、互联网等技术手段，为观众提供更加丰富、生动的文化体验。不同于实体博物馆，数字博物馆可以通过数字化技术，储存足够多的数字藏品信息，拥有实体博物馆无法比拟的、丰富多样的表现方式②。数字博物馆的建设对于数字化文旅的发展具有重要意义，既是为了满足当代社会对文化遗产的需求，同时也是推动文化产业发展和促进文化交流的重要举措。同时，数字博物馆还可以促进文物活化，促进文化传承和交流，让文物的价值得到更好的挖掘和利用。

数字博物馆在满足观众线下看展的需求的同时，也为无法亲临现场的人提供了线上参观的可能。这种线上线下结合的方式，丰富了观众的参与方式，使得更多人能够享受到博物馆的资源和服务。比如，在疫情期间，很多观众不能实现线下参观，河南多地的博物馆推出了"云"上看展，让游客在线上就能感受历史文物的魅力。2021年12月21日，"金相玉式——沿黄九省区金玉特种工艺瑰宝展"在河南博物院正式亮相，展览使用了精

---

① 《数字文旅发展思考》，清华大学互联网产业研究院网站，http://www.iii.tsinghua.edu.cn/info/1058/2064.htm。

② 陈刚：《数字博物馆概念、特征及其发展模式探析》，《中国博物馆》2007年第3期。

心挑选的 5000 余件套精品文物，包括镇院之宝等珍贵文物，以及近几年的考古新发现也在陈列展览中①。故宫数字博物馆的建设也使游客的参观不受故宫闭馆时间的限制，让参观者在工余时间内，能在这里较为集中地看到数字故宫的各种展示节目，充分领略端门这个独特的展示场所的魅力，尽享文化盛宴。未来这个数字博物馆的开放，将会成为故宫博物院现代传播的一个有特色的亮点②。

2. 数字图书馆

数字图书馆是基于互联网而产生的一种分布式信息系统，它将图书馆中不同的信息资源，以编码的形式进行加工和存储，以方便用户进行检索和利用③。数字图书馆在满足数字文旅需求方面发挥着关键作用，它不仅为用户提供了便捷的文化服务，还推动了文化产业和旅游业的创新和发展。

首先，数字图书馆通过提供丰富多样的数字化资源，满足了人们对文化内容的需求，为人们提供便捷的阅读和学习环境，人们可以通过网络随时随地阅读。截至 2019 年底，国家数字图书馆服务网络已覆盖全国 3000 余家县级以上公共图书馆，各级图书馆累计建设数字资源超过 2.1 万 TB，电子图书总藏量近 8.66 亿册，当年网站访问量达 21.18 亿页次④。

其次，数字图书馆能够促进文化产业和旅游业的数字化转型，利用大数据、人工智能等新技术，数字图书馆可以为文旅行业提供云展览、网络直播等新型服务，这些服务不仅丰富了游客的体验，也为文旅行业的发展注入了新动力。

最后，数字图书馆可以促进文化传承和交流。通过数字化技术，数字图书馆可以将传统文献资料进行数字化保存，并通过网络传播，使得这些文献资料能够被更多的人所了解和利用，从而促进文化传承和交流。在数

---

① 《"云"端漫步河南各大博物馆 足不出户沉浸式逛展》，河南省文物局网站，https://wwj. henan. gov. cn/2022/11-29/2647873. html。

② 《故宫将建"数字博物馆"不受故宫闭馆时间限制》，中华人民共和国文化和旅游部网站，https://www. mct. gov. cn/whzx/zsdw/ggbwy/201305/t20130508_775463. html。

③ 初景利、段美珍：《智慧图书馆与智慧服务》，《图书馆建设》2018 年第 4 期。

④ 《现代图书馆越来越"智慧"》，人民网，http://culture. people. cn/n1/2020/1113/c1013-31929285. html。

字化时代，人们对于文化旅游的需求也越来越高，而数字图书馆作为文旅基础设施的一部分，可以为游客提供丰富的文化资源和服务，从而提升文旅景区的吸引力和竞争力。

3. 数字文化馆

数字文化馆是现代公共服务体系建设的重要支撑，是依托数字化技术，为文化馆业务职能服务的线上线下联通互动的系统。随着数字科技的不断发展，数字文化馆在满足人们文化需求的同时，也逐渐成为一种新型的文旅产品。

在数字化时代，人们对文化的需求不再局限于传统的博物馆和展览馆，他们更加希望通过数字化的方式，来获取文化信息和体验文化魅力。数字文化馆的出现正迎合了这一需求，它可以通过虚拟现实、增强现实等技术手段，让观众在不同的空间和时间里感受到丰富多彩的文化体验。数字文化馆同时包含线上平台和线下互动体验空间。群众既能在文化馆建筑空间里享受在场服务，又能在离开文化馆时，随时随地享受在线服务。这不仅可以满足游客足不出户就能享受到服务的需求，又能满足他们在线下体验文化服务的需求，同时进行线上和线下数据的联通，相互促进。

我国已经开发了多个数字文化馆云平台，其中文化上海云是全国第一个成熟的省级数字文化馆网络云平台。2016年3月26日，2016年上海市民文化节"文化服务日"当天，随着5位市民代表指尖滑动，作为全国第一个实现省级区域全覆盖的公共文化数字化服务平台——"文化上海云"正式上线。这也标志着上海在加快公共文化服务向"智慧"和"互联网+"转型中迈出了坚实的一步[①]。

4. 数字科技馆

数字科技馆是一种结合数字技术和传统文化的展示空间，旨在通过数字化展示和互动体验，让观众更好地了解和体验文化遗产和科技创新。数字科技馆不仅仅是一种展示空间，更是一种文旅融合的创新模式，为当地

---

① 《"文化上海云"正式上线》，中华人民共和国文化和旅游部网站，https://www.mct.gov.cn/whzx/qgwhxxlb/sh/201603/t20160330_781723.htm。

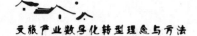

的文化产业和创意产业注入了新的动力，促进了文化资源的开发和利用，推动了文化产业的转型升级。

数字科技馆的建设与发展顺应了数字化时代的潮流，也满足了人们对文化和科技的需求。随着数字技术的不断发展和普及，人们对于参观体验的需求也在不断提升。传统的博物馆和展览馆虽然有着丰富的文化积淀，但在满足现代观众对于互动性、趣味性和个性化体验的需求方面，却显得有些力不从心。数字科技馆的出现填补了这一空白，为观众提供了全新的参观体验，也为文化和科技的传承与创新注入了新的活力。

同时，数字科技馆通过数字化手段，将各类科学知识进行整合和展示。这些科学知识可以满足游客对科学的好奇心和探索欲望，为他们提供更多的科学体验。结合虚拟现实、增强现实等技术，数字科技馆可以为游客提供沉浸式的旅游体验。游客可以通过数字科技馆参观远在千里之外的科技博物馆、科学实验室等，感受仿佛身临其境的体验。

数字科技馆也可以满足不同年龄、不同兴趣的游客的需求。无论是对科技创新感兴趣的中老年人，还是追求新奇体验的年轻人，数字科技馆都能为他们提供丰富多样的选择。在数字科技馆建设过程中，中国数字科技馆坚持以内容建设为中心，重点建设精品栏目库、数字化展览展品库和优质移动端科普传播作品库，数字资源库建设规模初显；包括 PC 端网站、手机 App、微博、微信及短视频平台在内的科学传播公众服务综合体系，定向精准地将科普资源送达目标人群①。

（二）信息基础设施

信息基础设施是指基于新一代信息技术演化生成的基础设施，如通信网络基础设施、文旅大数据中心、数据整合与共享平台、数字化展示和交互技术等。

1. 通信网络基础设施

通信网络基础设施是数字文旅信息基础设施的基础，包括用于数据传

---

① 《科技馆基础设施建设实现突破 覆盖乡村的科普服务网络基本形成》，中国政府网，https://www.gov.cn/xinwen/2022−06/17/content_5696137.htm。

输和通信的硬件和软件设施，如光纤、卫星、无线电波等通信媒介，以及相关的网络设备和协议。数字文旅的通信网络基础设施能够满足多种文旅需求，为数字文旅的发展提供保障。

首先，通信网络基础设施可以提供实时的旅游信息和服务，通过通信网络，游客可以随时随地获取景点信息、导航和预订等服务。其次，为游客提供了在线支付和电子票务服务，使得游客可以在线预订门票、酒店等，并完成支付，满足他们对方便快捷的需求。再次，结合虚拟现实技术，通信网络可以为游客提供沉浸式的虚拟旅游体验，如在线参观博物馆、景区等。同时，通过通信网络，游客可以与导游或客服人员进行实时沟通，获取旅游咨询和支持。最后，通信网络基础设施保障了游客的个性化体验，基于用户的旅游历史和偏好，通信网络可以为其提供个性化的旅游推荐和服务，满足不同游客的个性化需求。总之，数字文旅的通信网络基础设施为文旅产业提供了强大的支持，满足了游客多样化、个性化的需求，提升了游客的旅游体验。

2. 文旅大数据中心

文旅大数据中心是指利用先进的信息技术和大数据分析手段搭建起的一个集文化旅游资源信息、游客行为数据、市场需求分析等多方面数据于一体的综合平台，旨在为数字文旅行业提供数据支持和决策依据。文旅大数据中心汇聚各类旅游相关数据，包括游客人数、游客偏好、景点热度、交通流量、酒店预订情况等，通过数据分析和挖掘，为政府部门、旅游企业和游客提供更加精准的信息和服务，帮助相关部门和企业更好地开展文化旅游业务，提升服务质量和市场竞争力。

文旅大数据中心可以帮助政府部门进行旅游资源的合理规划和管理。通过对游客流量和偏好的分析，政府可以更好地调配旅游资源，避免资源过度集中或浪费，提高旅游资源的利用效率。同时，文旅大数据中心可以为旅游企业提供市场调研和客户分析的支持。通过对游客行为和偏好的分析，企业可以更好地了解市场需求，调整产品和服务，提高竞争力。文旅大数据中心也可以为游客提供更加个性化和便捷的旅游体验。通过对游客

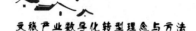

的需求和行为数据的分析，企业可以为他们提供更加贴合个人需求的旅游建议和服务，提高他们的满意度。

3. 数据整合与共享平台

数据整合与共享平台是集数据收集、处理、分析和应用于一体的系统，这类平台能够整合来自不同渠道的数据，包括文旅资讯、活动报名信息以及场馆服务详情等，并通过建立各种应用模块，如直播点播服务，来为公众提供数字化的公共文化服务，为文旅产业提供丰富的数据资源。

首先，数据整合与共享平台为了适应不同用户的需求，通常支持 PC 端、移动端以及智能硬件终端等多种访问方式，不仅提供线上服务，还能与线下实体馆的体验相结合，形成完整的文旅服务链条。同时，展示各种文化和旅游信息，并支持用户进行在线交互，如参与活动报名、观看直播等。其次，平台能够处理和分析收集到的大量数据，帮助政府和企业更好地了解市场动态和用户需求，从而做出更加精准的决策。同时，政府部门可以通过这样的平台实现政务数据的集中共享和业务应用的协同联动，提高政府管理水平和服务效能。最后，通过大数据分析平台，能够为文旅产业的营销和管理提供有效依据，推动文旅产业的数字化转型。

4. 数字化展示和交互技术

数字化展示和交互技术包括虚拟现实（VR）、增强现实（AR）、3D 打印等技术，它们用于创建沉浸式的文旅体验，使用户能够以更加生动、直观的方式了解文化遗产、艺术品等。

数字化展示和交互技术可以为游客提供更有质感的体验，利用人工智能、虚拟现实等技术，游客可以在旅游前、中、后获得更高品质的体验，如云旅游、沉浸式观看表演等。数字化展示和交互技术还可以满足游客快速获取信息的需求，游客可以通过互联网、App 等多种信息渠道，获取关于目的地的全方位信息，使旅游出行更加便捷。数字化展示和交互技术，不仅丰富了文旅产品的形式和内容，还提高了服务的质量和效率，为游客提供了更加便捷、高效、个性化的旅游体验。随着技术的不断发展，未来的文旅产业将会更加多元化和智能化，满足人们日益增长的文化和休闲需求。

（三）服务基础设施

服务基础设施是指智慧旅游平台等，主要为游客提供个性化、便捷化的旅游服务，包括智能导览、虚拟导游、在线预订、云上观景等基础设施。

1. 智能导览

智能导览是指利用数字化技术和智能化设备，为游客提供个性化、精准化的导览服务。智能景区导览系统的核心功能是导游功能，主要包括定位功能、地图浏览、导航功能、景区推荐等[①]。

首先，智能导览可以满足游客个性化的需求。通过识别游客的位置信息和兴趣点，为其提供定制化旅游路线、景点介绍、历史文化解说等服务，同时游客也可根据自己的兴趣和需求，选择适合自己的参观路线和时间安排。其次，智能导览支持多种语言，可满足不同国籍游客的需求，提升国际游客的旅游体验。再次，智能导览可以实时更新景区的人流情况、天气状况等信息，帮助游客做出更合理的行程安排。从次，智能导览可以提升游客的文化体验感。通过智能导览，游客能够更加便捷、深入地了解目的地的文化和历史，参观体验更加丰富和深入。最后，智能导览可以替代传统的人工导游服务，降低景区的人力成本和运营压力。通过收集游客使用智能导览的数据，文旅企业可以更好地了解市场需求和客户偏好，从而优化产品和服务，提高运营效率。

2. 虚拟导游

虚拟导游是指充分应用 3D 场景技术、交互菜单、全景照片、模型交互和 Flash 动画等技术，以直观的、可交互的、富有趣味性的展现方式，将一定时间、空间中不能充分展示的某一场所内部的设施、主体功能等基本信息呈现在游客面前，让游客在了解场所基本信息的基础上，获得身临其境的感受。虚拟导游的建设需要依托先进的虚拟现实技术和数字系统，同时还需要与文化旅游资源进行深度融合，以达到更好的效果[②]。

---

① 杨健、杨邓奇、杜英国：《基于云计算的移动智能旅游导览系统》，《大理学院学报》2013年第 10 期。

② 王语玺：《基于"虚拟导游"探讨数字媒体技术对旅游经济的发展与促进作用》，《数字通信世界》2019 年第 1 期。

　　首先，传统导游可能无法满足所有游客的需求，而虚拟导游可以根据游客的兴趣和需求，提供个性化的导览服务，增强游客的参观体验；根据游客的个人喜好和兴趣，为其定制独特的旅游路线和内容，满足不同游客的需求。其次，虚拟导游还可以提高景点的吸引力和竞争力，通过数字化的方式，虚拟导游可以将景点的历史、文化等信息以更加生动、直观的方式呈现给游客，吸引更多游客前来参观。同时，虚拟导游作为一种创新的旅游服务形式，可以为游客带来全新的旅游体验，提高游客满意度和忠诚度。再次，传统导游需要人力资源，而虚拟导游可以实现自动化导览服务，减少景点管理的人力、物力、财力成本，提高景点的管理效率。最后，对于数字文旅产业来说，虚拟导游推动了文旅产业的数字化转型和创新升级，为文旅产业的发展提供了有力支持。

　　3. 在线预订

　　在线预订是指利用互联网和移动设备，为游客提供便捷的预订服务。通过在线预订，游客可以在任何时间和地点预订门票、酒店、餐饮等服务。游客不再需要亲自前往景区或文化场所购买门票或预订服务，只需通过手机或电脑就可以完成预订，大大提高了预订的效率和便利性。

　　在线预订可以满足游客和数字文旅产业的多种需求。首先，在线预订可以满足游客追求方便快捷的需求，游客可以随时随地通过互联网进行预订，不受时间和地点的限制。其次，在线预订可以满足游客选择多样化的需求，在线预订平台通常提供丰富的选项，包括酒店、机票、景点等，游客可以根据自己的喜好和需求进行选择。再次，在线预订可以满足游客对价格透明的需求，在线预订平台上的价格信息一目了然，游客可以轻松比较不同产品的价格，做出更明智的消费决策。从次，在线预订可以满足游客安全可靠的心理需求。在线预订平台通常会采取多种安全措施，确保游客的交易信息安全和资金安全，在线预订完成后，游客通常会立即收到预订确认信息，这为他们的旅行计划提供了保障。最后，在线预订可以优化资源配置，促进数字化转型，促进文旅产业的可持续发展。通过在线预订，文旅企业可以更好地了解市场需求和客户偏好，从而优化资源配置，提高运营效率。同时，在线预订有助于减少纸质票据的使用，有利于环境保护和可持续发展。

4. 云上观景

云上观景是一种通过虚拟现实技术，将用户带入不同的景观场景的体验方式。这种新兴的形式，已经在旅游业中得到了广泛的应用，为游客提供了全新的旅游体验。作为数字文旅的一种新形式，云上观景满足了人们对于旅游体验的需求。云上观景利用虚拟现实（VR）等技术，为用户提供了一种新的旅游形式，游客在家中就能够欣赏到世界各地的美景，不仅节省了时间成本，还能够避免一些旅途中的不便之处。同时，云上观景也为那些身体不便或无法亲临景点的人提供了一种全新的旅游体验方式。除此之外，云上观景还可以给旅游业带来更多的商机和发展空间。随着数字技术的不断发展，云上观景的体验效果也在不断提升，吸引了越来越多的用户。

云上观景不仅仅是一种新型的旅游方式，它还能够帮助文化产业与数字经济、实体经济深度融合，构建数字文化产业生态，从而激发消费潜力，成为数字文旅新引擎。因此，旅游机构和相关企业可以通过开发更多的云上观景产品，为用户提供更加丰富多样的旅游体验，推动产业的数字化建设和发展。

三 健全实施路径

（一）政府引导

政府在政策、资金、技术等方面，对数字文旅基础设施建设进行引导和支持，对数字文旅基础设施的建设有着重要的意义。政府通过加强旅游市场监管体制的顶层设计，在监管中引导各方加入，既释放了旅游市场主体的活力，还可以维护基本的旅游市场秩序，从而实现旅游市场的秩序化、规范化[①]。政府在数字文旅基础设施建设中的引导作用可以促进行业的健康

---

① 印伟：《旅游市场监管法治化路径——以回应性监管为视角》，《社会科学家》2021 年第
10 期。

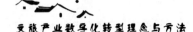

发展，提升文化旅游服务水平，从而满足消费者日益增长的对数字文旅产品的需求，推动经济增长，增强国家软实力。

1. 政策支持

政策是指导和规范社会行为的重要手段，政府可以通过出台相关政策，来引导数字文旅基础设施的建设。文旅数字化建设需要各方面的协调配合，需要政府对顶层设计的统筹规划，来为文旅数字化建设提供政策支持①。政策的制定要考虑到数字文旅的特点和需求，制定出切实可行的政策措施，从而保障数字文旅基础设施建设顺利进行。比如，政府可以出台促进数字文旅发展的政策，从而鼓励企业投资建设数字文旅基础设施。

2. 资金支持

数字文旅基础设施建设需要大量的资金支持，政府可以通过采取多样化的措施，来为基础设施建设提供强有力的支持。首先，政府可以设置专项资金，并成立相关的项目小组来负责管理，将资金用于数字文旅基础设施的研发、设计和运营。其次，政府可以通过税收优惠的政策，为数字文旅基础设施的建设提供支持。对于投资数字文旅的企业，可以采取一定的税收优惠或者减免政策，一定程度上降低企业的开发和运营成本，增强其行业竞争力。最后，政府还可以通过 PPP（政府和社会资本合作）等融资方式来推动数字文旅基础设施的建设，引入社会资金与政府共享资源、共担风险，从而强化资金支持。

3. 技术支持

数字技术的支持是数字文旅不断发展的基础，数字文旅依托于先进的数字技术才得以发展，政府应该发挥其引导作用，从多个方面促进技术的提升。首先，政府可以组织技术指导和培训等相关论坛和会议，鼓励相关旅游企业引进智能导览系统以及虚拟现实等技术，推动数字技术在文旅行业的应用，完善数字文旅基础设施的建设。其次，政府可以与高校以及相关的科研机构合作，提供政策支持来鼓励科研人员研发相关技术，提高数

---

① 刘静、曹艳英：《文化旅游数字化建设价值共创模式研究》，《鲁东大学学报》（哲学社会科学版）2021 年第 4 期。

字文旅行业的技术水平。最后，政府还可以加大人才引进的力度，招聘相关专业的人才进入文旅系统，参与到数字文旅的运营和发展中来，为数字文旅基础设施的建设和完善添砖加瓦。

4. 加强监管

数字文旅基础设施建设需要规范的管理，政府可以通过加强监管、建立管理机制等方式，来引导数字文旅基础设施的建设。首先，政府应该建立健全监管机制，加强对数字文旅企业的监管，规范数字文旅企业的行为，保障数字文旅基础设施建设的质量和安全。2021 年 12 月 22 日，国务院印发的《"十四五"旅游业发展规划》指出，国家建立旅游工作协调机制，加强对全国旅游业发展的综合协调，完善文化和旅游融合发展体制机制，宣传部门发挥好指导协调作用，文化和旅游部门加强对旅游业发展的统筹规划，完善有关政策法规，推动重大项目实施，牵头开展督查①。其次，政府可以通过加强技术监管手段，来提高监管效能。利用大数据、人工智能等技术手段，对数字文旅企业的经营活动进行监测和分析，及时发现异常情况并进行处置。最后，政府还可以建立行业监管平台，实现信息共享和协同监管，制定相关的管理规定和标准，从而保证数字文旅基础设施建设的有序进行。

（二）企业推进

企业主体是指文化旅游企业作为建设主体，积极投入数字文旅基础设施建设中。建设数字文旅基础设施是当前数字化时代的必然趋势，对于企业来说，要想在这一领域取得成功，需要从多个方面实施。

1. 引进先进技术

为了满足消费者不断升级的个性化体验的需求，需要依托先进的技术手段建设数字文旅基础设施，包括云计算、大数据、人工智能等。企业需要投入资金和人力资源，进行技术研发和创新，以确保自身在数字文旅领域的竞争力。首先，相关文旅企业需要密切关注行业动态和相关科技进展，

①　《国务院关于印发"十四五"旅游业发展规划的通知》，中华人民共和国文化和旅游部网站，https://zwgk.mct.gov.cn/zfxxgkml/ghjh/202201/t20220121_930613.html。

及时收集相关信息并学习相关技术的应用。了解当前数字文旅市场的需求和趋势，以及竞争对手的技术应用情况，可以帮助企业更好地选择适合自身发展的先进技术。其次，企业可以与相关的技术公司和科研机构保持长期合作，及时推动并引进先进技术，资助并推动相关技术的研发。企业还应该鼓励员工参与技术创新和研发工作，不断提升企业的技术实力和竞争力。最后，企业也需要不断推进相关基础设施的建设和升级，以便新技术的有效实施和应用。

2. 注重人才引进

人才是企业建设数字文旅基础设施的重要保障。数字化视域下的旅游专业人才，应具备先进的管理理念、扎实的信息素养、良好的创新能力和过硬的实践操作能力等①。企业应该注重人才引进，培养一支懂技术、懂文旅的复合型人才队伍，这些人才要能够熟练运用先进技术，同时具备对文化旅游行业的深刻理解和丰富经验。首先，企业应该明确自身的发展方向和需求，在招聘之前深入了解企业的发展战略和目标，通过科学合理的招聘机制，选择与企业需求和发展相匹配的人才。其次，企业应该注重人才培养和激励机制。不仅要有一双发现人才的慧眼，还要掌握如何能留住人才的技能，这就需要企业完善相关的福利政策和激励机制，让人才在公司发展中充满活力与动力，更好地为企业发展贡献自己的力量。

3. 加强营销推广

为了使文旅产品更受消费者的欢迎，企业在数字文旅基础设施建设的过程中，还需要重视市场营销和推广。数字化的文旅产品需要通过市场推广和宣传，才能够被更多的用户接受和使用。首先，在数字化时代，社交媒体已经成为人们日常生活中不可或缺的一部分，企业需要充分利用社交媒体的力量。通过在社交媒体上发布文化旅游产品的信息和活动，可以吸引更多的目标客户群体。企业可以通过微信、微博、抖音等平台，发布各种形式的内容，如图片、视频、文章等，来展示产品的特色和优势，吸引

---

① 史云虹：《文旅产业数字化视域下旅游专业人才特征分析和培养策略》，《辽宁师专学报》（自然科学版）2022年第1期。

用户的注意。此外，企业还可以通过社交媒体平台与用户进行互动，回答他们的问题，收集他们的反馈意见，提升用户体验，增强用户黏性。其次，在数字文旅的基础设施上，建立一个专业的网站是至关重要的，通过优化网站的内容和结构，使其更容易被搜索引擎收录并排名靠前，从而吸引更多的潜在客户。最后，企业还可以利用在线广告和合作推广来扩大影响力。通过在知名旅游网站、文化平台等发布广告和合作推广活动，可以让更多的用户了解企业的产品和服务，提升品牌知名度和美誉度。企业可以选择合适的合作伙伴，共同开展营销推广活动，互相促进，实现共赢。

4. 相应政策支持

政策支持也是企业建设数字文旅基础设施的重要因素。政府在数字文旅领域出台相关政策和支持措施，可以为企业提供更多的发展机遇和资源支持。企业也需要密切关注政策动向，积极参与政策制定和落实，争取更多的政策支持和资源倾斜。首先，企业应该充分了解政府对数字文旅产业的支持政策。只有了解政策的具体内容和目的，企业才能更好地制定发展战略，合理规划资源投入。其次，企业要积极参与政府组织的相关活动和项目。政府可能会组织一些数字文旅产业的交流会议、展览活动、培训课程等，企业可以通过参与这些活动，了解行业最新动态，拓展人脉资源，获取更多合作机会。最后，企业还应该加强与行业协会和研究机构的合作。行业协会和研究机构通常会对行业发展趋势、技术创新进行研究和分析，为企业提供行业报告、数据分析等支持。企业可以通过与这些机构的合作，及时了解行业最新信息，把握市场动态，提升企业的竞争力。

（三）社会参与

在数字文旅的发展进程中，除了政府和企业的积极参与，社会各界也需要从多个方面做出贡献。社会参与是指广泛动员社会各界力量参与到数字文旅基础设施建设中，形成合力。

1. 教育和学术界

教育和学术界作为研究先进技术的主导者，对于数字文旅基础设施的建设有着引导作用。因此，教育和学术界也应该从多方面努力，加入数字

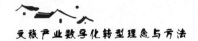

文旅基础设施的建设中。首先，应当加强对数字化技术的研究，教育和学术界可以通过设立相关专业课程，培养更多懂得数字技术的人才，为数字文旅的发展提供坚实的人才支持。同时，学术机构也可以加强与企业和政府的合作，共同探讨数字技术在文旅领域的应用，推动数字文旅基础设施的建设。其次，教育和学术界应该注重文旅人才的培养。数字文旅的发展需要各个领域的人才共同参与，包括文化、旅游、设计、技术等领域。教育界可以通过跨学科的教学模式，培养具备多方面知识和技能的人才，为数字文旅行业输送更多优秀人才。同时可以组织相关的研讨会和培训班，提升从业人员的专业水平，推动数字文旅产业的不断发展。

2. 社会组织和公益机构

首先，社会组织和公益机构可以通过提供资金支持和技术支持，来促进数字文旅基础设施的建设。数字文旅的发展需要大量的资金投入和技术支持，而社会组织和公益机构往往具有丰富的资源和经验，可以为数字文旅项目提供必要的资金和技术支持。其次，社会组织和公益机构可以通过组织文化活动、推广文旅产品等方式，积极参与到数字文旅基础设施的建设中来。他们可以提高公众对数字文旅基础设施建设的认知水平和参与度，营造良好的社会氛围。最后，社会组织和公益机构可以通过组织培训和推广活动，来促进数字文旅基础设施的普及和应用。数字文旅的发展不仅需要先进的基础设施，还需要有足够的人才和用户群体来支撑。社会组织和公益机构可以通过组织培训活动，培养数字文旅领域的专业人才和技术人员，为数字文旅项目提供人才支持和保障。

3. 媒体和公众

媒体和公众在数字文旅的建设中发挥着至关重要的作用。他们不仅可以传播信息、引导舆论，还可以监督建设的进程，促进数字文旅行业的健康发展。媒体可以通过报道相关新闻、发布评论文章等方式，引导公众关注数字文旅的发展现状和未来趋势，扩大社会影响力。同时，媒体还可以通过专题报道、深度分析等方式，推动数字文旅基础设施的建设和完善。媒体的报道不仅可以提高公众对数字文旅的认知度，还可以引起政府和企业的重视，推动相关政策的出台和执行，监督相关政府部门和企业，推动数字文旅基础设施建设的顺利进行。

4. 个人

数字文旅基础设施的建设不仅仅是政府或企业的责任，更需要个人的参与和支持。首先，公众在日常生活中，可以通过参与文旅活动、购买文旅产品等方式，支持数字文旅基础设施的建设。积极参与文旅活动不仅可以丰富公众的生活，还可以为数字文旅基础设施的建设提供支持。公众可以通过参加各种数字文旅展览、活动和体验，了解最新的数字文旅产品和技术，为数字文旅的发展贡献自己的力量。其次，公众还可以通过分享和传播有关数字文旅的信息，来推动数字文旅基础设施的建设。通过在社交媒体上分享自己的数字文旅体验、观点和见解，可以吸引更多人关注数字文旅，从而推动数字文旅基础设施的建设。同时，公众还可以通过提出建设性意见和建议，为数字文旅基础设施的优化和改进提供思路和方向。

四　提供发展建议

建设数字文旅基础设施是文化旅游产业数字化转型的必然趋势，也是促进文化旅游产业发展的重要举措。在建设数字文旅基础设施的过程中，需要加强技术创新、数据管理、文化传承和保护以及国际合作等，共同推动数字文旅基础设施的发展，为文化旅游产业的发展注入新的活力。

（一）加强技术创新

加强技术创新不仅可以推动数字技术与文化旅游深度融合，提升数字文旅基础设施的科技含量和创新能力。同时，也可以帮助提升数字文旅产业的效率和竞争力，为游客提供更好的体验，满足消费者多样化的需求。

1. 加强技术研发

不断地研发和应用新的数字技术，不仅可以提升数字基础设施的建设水平，给数字化旅游的发展提供更多新的技术支持，还可以为数字旅游市场注入新的活力，促进数字文旅产业的发展。首先，加强技术研发需要专业人才。数字文旅涉及多种技术，如人工智能、大数据、虚拟现实等，需要具备跨学科知识和技能的专业人才。因此，政府和企业应加大对数字文旅领域人才的培养和引进力度，建立健全的人才培养体系，培养出更多高素质的技术人才。其次，加强技术研发需要加大投入力度。数字文旅需要大量的资金支持，而技术研发是基础设施建设的核心。政府和企业应增加对数字文旅技术研发的投入，支持科研机构和企业加强技术研究，推动数字文旅技术的创新和发展。最后，加强技术研发需要加强合作。数字文旅涉及多方面的技术和资源，需要各方共同努力，形成合作共赢的局面。政府、企业、科研机构等应加强合作，共同推动数字文旅基础设施的建设，实现技术的共享和互利。

2. 加强技术应用

互联网技术已经深刻改变了人们的生活方式，也对文旅产业产生了深远影响。加强互联网技术的应用，可以实现景区的信息化管理，提高服务水平，拓展营销渠道，从而实现数字文旅基础设施的建设和完善。首先，可以通过引入先进的技术设备和系统，来提升数字文旅基础设施的建设水平。比如，可以引入虚拟现实（VR）技术来打造更加生动逼真的文化遗产展示场景，让游客身临其境地感受历史的魅力。其次，可以通过建设智能化的导览系统和交互式展示设备，为游客提供更加个性化的导览服务，增强游客的参与感和体验感。最后，还可以通过整合各种数字化平台和应用，为游客提供更加便捷的旅游信息查询和预订服务，提升旅游体验的便利性和舒适度。

3. 加强技术推广

创新技术的推广和普及是技术创新的关键环节，只有让更多的景区和企业了解并应用创新技术，才能真正实现技术创新。首先，加强技术推广可以提升数字文旅基础设施的用户体验。通过引入先进的技术手段，如人工智能、大数据分析等，可以实现个性化定制服务，满足不同游客的需求。其次，加强技术推广可以提高数字文旅基础设施的管理效率。传统的文旅景区管理往往存在人力资源浪费、信息不对称等问题，而引入技术手段可以实现信息共享和智能化管理。比如，通过建设智能化监控系统和大数据分析平台，可以实时监测景区的人流量和安全状况，提前预警和处理突发事件，提高景区的管理水平和服务质量。最后，加强技术推广可以促进数字文旅基础设施的创新发展，为游客带来更加丰富多彩的旅游体验。通过加强技术推广，可以不断引入新技术、新产品，推动数字文旅基础设施的创新发展，提升景区的吸引力和竞争力。

4. 加强人才培养

技术创新需要有高素质的人才支撑，加强人才培养和引进，可以为数字文旅产业输送更多的技术人才，推动技术创新。加强数字文旅人才的培养，需要建立健全的教育体系。学校应该开设相关的数字文旅专业，为学生提供系统化的培训和教育。同时，学校还应该与数字文旅行业建立紧密联系，开展实践教学，让学生在实践中掌握相关技能和知识。数字文旅行业是一个实践性和综合性都很强的行业，只有具备丰富的实践经验和能力以及广泛的知识和技能，才能在这个行业中脱颖而出，因此还需要注重对人才综合素质以及实践能力的培养。学校、企业和政府应该共同努力，加强人才培养，为数字文旅产业的发展注入新的活力和动力。

（二）加强数据管理

数字文旅是在大数据的基础上发展起来的，数据安全对于数字文旅产业的发展以及保护消费者的隐私安全都有着重要作用。因此，加强数据管理和分析对数字文旅基础设施的建设至关重要。

1. 建立数据收集系统

在数字文旅基础设施建设中，需要收集和存储大量的数据，包括游客数量、消费行为、游览偏好等信息。由于大部分数据较为分散，获取完整的数据，打破"数据壁垒"，提高游客对信息的信任度，成为智慧文旅发展亟待解决的问题[①]。因此，建立健全的数据收集和存储系统是非常重要的。这需要投入足够的资源和技术支持，确保数据能够准确地收集和储存，并且能够随时随地进行访问和分析。健全的数据收集系统可以为数字文旅提

---

① 　蔡保忠、李晶、刘进、何真：《我国智慧文旅发展的现状、模式与路径创新研究》，《中阿科技论坛》（中英文）2023 年第 5 期。

供准确、全面的数据支持。同时，通过数据的实时监测和分析，数字文旅还可以及时调整运营策略，提高经营效率，实现可持续发展。基于数据的分析和挖掘，还可以制定科学合理的发展规划和策略，提高管理决策的科学性和准确性，推动数字文旅的健康发展。

2. 加强数据质量管理

随着大数据被普遍应用于实际业务当中，数据质量问题逐渐显现，由于大数据具有规模大、种类多、来源广、频次高、更新速度快、价值密度低等特征，数据质量极有可能存在一定问题[①]。数据的质量对于数据分析的准确性和可靠性至关重要。因此，需要加强数据质量管理。可以通过数据清洗工具和算法来识别和修复异常数据，包括数据清洗、去重、校对等工作，确保数据的准确性和完整性。同时，还需要建立数据质量评估机制，定期对数据进行质量评估，及时发现和解决数据质量问题。建立数据质量反馈机制，及时发现和解决数据质量问题，确保数据的时效性和准确性。

3. 建立数据分析平台

加强数据管理需要借助先进的数据分析平台和工具，以实现对数据的深度挖掘和分析。因此，需要建立适合数字文旅行业发展的数据分析平台和工具，包括数据可视化工具、数据挖掘工具、人工智能分析工具等，以提高数据分析的效率和准确性。首先，建立数据分析平台可以帮助文旅企业更好地了解用户需求。通过收集用户数据，分析用户行为和偏好，可以更精准地把握用户需求，为用户提供更加个性化的产品和服务。其次，建立数据分析平台可以帮助文旅企业优化产品和服务。通过分析用户反馈和评价数据，可以及时发现产品和服务存在的问题和不足之处，及时进行调整和改进。最后，建立数据分析平台还可以帮助文旅企业提高运营效率。通过数据分析，可以及时了解市场需求和竞争情况，为企业制定更加科学合理的市场营销策略和运营计划。

4. 加强数据安全保护

随着数据的不断增加和应用范围的扩大，数据安全问题变得日益突出。

[①] 韩晓峰：《大数据时代数据质量管理研究》，《中国多媒体与网络教学学报》（上旬刊）2021年第5期。

因此，需要加强数据安全保护，包括建立完善的数据安全管理制度、加强数据权限管理、加密数据传输和存储等措施，确保数据不被非法获取和篡改。首先，加强数据安全保护，需要从技术上采取措施。数字文旅基础设施通常包括网络系统、数据库、云服务等，这些系统都需要采取有效的安全措施来防范潜在的安全威胁。其次，加强数据安全保护，还需要从管理层面进行规范。建立健全数据安全管理制度，明确责任分工，确保数据安全工作能有效落实和执行。最后，加强数据安全保护，还需要加强与第三方的合作。数字文旅基础设施往往涉及多个合作伙伴，包括技术提供商、服务提供商等，这些合作伙伴也可能成为数据安全的潜在风险点。

5. 加强数据应用共享

数据管理与分析不仅仅是为了收集和储存数据，更重要的是要将数据应用到实际的经营管理中。因此，需要加强数据应用能力的建设，包括建立数据驱动的经营管理模式、开发数据分析应用系统等。同时，还需要加强数据共享，促进行业内外数据的共享和交流，实现数据资源的最大化利用。首先，加强数据应用共享，可以促进信息的互联互通。在数字文旅建设中，各个旅游景点、酒店、餐饮等相关机构都会产生大量的数据。通过数据共享，这些机构可以更好地了解和分析游客的需求和行为，从而更好地为游客提供个性化的服务。其次，加强数据应用共享，可以提高资源利用效率。在数字文旅建设中，各个旅游机构可能会有重复的数据采集和处理工作，进而造成资源的浪费。通过数据共享，可以避免重复劳动，提高工作效率。最后，加强数据应用共享，可以提升行业的创新能力。在数字文旅建设中，数据是创新的重要驱动力。通过共享数据，可以为行业内的企业和机构提供更多的创新思路和灵感，促进新产品和新服务不断涌现。

（三）加强文化传承和保护

加强文化传承和保护有利于数字文旅的可持续发展，对于数字文旅基础设施的建设以及消费者对文化体验需求的满足有着重要作用。

1. 加强文化资源整合

数字文化资源包括文化遗产、文化文物、文化图片、文化音视频等。

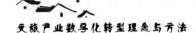

在数字化时代，文化资源的数字化处理和整合对于文化传承和保护具有重要意义。文化资源是数字文旅的灵魂和核心竞争力，只有充分整合各类文化资源，才能为游客提供更加丰富多样的文化体验。通过整合文化资源，可以实现文化遗产的保护和传承，提升文化产业的附加值，促进文化与科技、商业、旅游等产业的融合发展，推动数字文旅产业的可持续发展。同时，可以更好地保护文化遗产和文化文物，使其得到更好的传承和利用，同时也可以为文化旅游行业的发展提供更多的资源支持，促进文化旅游行业的发展。

2. 加强文旅产品开发

数字文旅产品的开发是加强文化传承与保护的重要手段，通过将传统文化和数字文旅产品相结合，可以更好地传承和发扬传统文化，通过数字化技术，将文化遗产和文化文物的价值传递给更多的人。同时，在数字文旅产品的设计和开发中，应该充分考虑文化遗产和文化文物的保护，避免对文化遗产和文化文物的破坏和损害，更好地传承和保护文化遗产。首先，作为文旅产业的核心，文旅产品的研发是推动产业发展的关键。政府、企业和研究机构应当加大对文旅产品研发的资金投入力度，支持文旅产品的创新和开发。其次，加强文旅产品开发需要加强合作。文旅产品的开发需要多方合作，政府、企业和高校等各方应当加强合作，共同推动文旅产品的研发和应用。最后，加强文旅产品开发需要注重用户体验和创新设计。通过不断创新和突破传统设计模式，打造独具特色的文旅产品，提升产品的市场竞争力和吸引力。

3. 加强数字技术应用

数字技术在文化传承与保护方面的作用日益凸显，它为传统文化的传承提供了新的途径和手段，同时也为文化遗产的保护提供了更多可能性。首先，数字技术可以更好地记录和保存文化遗产。传统的文化遗产往往存在着易损坏、易丢失的问题，而数字技术可以通过数字化的方式将文化遗产永久保存下来。其次，数字技术可以更好地传播和推广传统文化。随着互联网的普及，人们可以通过网络平台随时随地了解和学习各种文化知识。

利用数字技术，可以将传统文化以数字化的形式呈现给更广泛的受众群体，如通过建立数字文化馆、博物馆等在线平台，让人们在虚拟空间中感受和体验传统文化。最后，数字技术还可以更好地实现智能化管理和保护。传统的文化遗产管理往往存在着管理不善、保护不力的问题，而数字技术可以通过建立数字化的文化遗产管理系统，实现对文化遗产的全面监测和管理。

4. 加强文旅行业监管

在数字文旅基础设施的建设中，应该加强对文化旅游行业的监督和管理，保障文化遗产的传承与发展。首先，加强文旅行业监管可以规范旅游市场秩序，防止一些不法分子利用文化资源谋取私利。通过加强监管，可以建立健全监督机制，规范市场秩序，保护文化遗产的完整性和真实性。其次，加强文旅行业监管可以促进文化传承和保护。旅游业作为文化传承和保护的重要途径，可以通过吸引游客来宣传和传播文化遗产。再次，加强文旅行业监管可以确保文化遗产的传承和保护不受到侵害，让更多的人了解和尊重文化遗产，从而促进文化的传承和发展。最后，加强文旅行业监管也可以提升旅游业的品质和水平。通过加强监管，可以提高旅游业的管理水平，改善服务质量，提升游客体验，从而吸引更多的游客，促进旅游业的可持续发展。

（四）加强国际合作

随着数字化技术的不断发展，数字文旅已经成为旅游行业的重要组成部分。数字文旅的发展不仅仅是国内的事情，而且是全球性的。因此，在建设数字文旅基础设施中，加强国际合作显得尤为重要。通过借鉴国外先进经验，可以加强与国际文化旅游机构的交流与合作，从而推动数字文旅基础设施的国际化发展。

1. 加强技术交流

加强技术交流可以促进数字文旅基础设施建设的创新和发展。不同国家和地区在技术方面都有自己的优势和特色，通过技术交流可以促使各国加强技术创新和合作。这将有助于数字文旅基础设施的不断完善和发展，为用户提供更加优质的服务和体验。因此,加强技术交流是非常必要的,不仅可以促进各国之间的合作和资源共享,还可以推动创新和提高效率。同时,国际上可以通过举办技术交流会议、组织技术培训班等进行技术交流。在交流中,各国可以分享自己的经验和技术成果,共同探讨数字文旅的发展方向和技术应用趋势。

2. 加强标准制定

不同国家和地区有着不同的技术标准和规范,这给数字文旅基础设施的建设带来了困难。通过加强国际技术交流,各国可以共同制定统一的标准和规范,从而降低建设成本,提高建设效率,促进数字文旅基础设施建设的标准化和规范化。数字文旅的发展需要有一套统一的标准,以便不同国家之间的数字文旅产品可以相互兼容。因此,各国可以在国际标准化组织的框架下,共同制定数字文旅的标准和规范,以促进数字文旅的国际化发展。

3. 加强人才交流

教育部高等教育司吴岩司长在 2022 年全国高教处长会上的讲话中提到,要深化"四新"建设、调整优化学科专业、加快紧缺人才培养、加强拔尖人才培养[1]。数字文旅的发展需要有一批专业的人才支持。各国可以在人才培养方面进行合作,共同开展数字文旅相关专业的教育和培训,提高数字文旅从业人员的专业素养和技能水平。首先,国际合作可以为培养专业人才提供更广阔的发展平台。通过与国际合作伙伴的交流与合作,专业人才可以接触到更多国际先进的技术、理念和经验,从而提升自身的综合素质和竞争力。其次,国际合作还可以促进专业人才之间的交流与合作。在国际合作项目中,专业人才往往需要与来自不同国家和文化背景的人员合作,这种跨文化的交流可以促进专业人才之间的相互理解和学习,从而提升团队的凝聚力和创新能力。最后,国际合作也可以为专业人才提供更多的合作机会,可以让他们结识更多的同行和合作伙伴,共同推动数字文旅基础

---

① 《"深化新教改、打造新形态、提高新质量"2022 年全国高教处长会召开》,新华网,ht-tp://www.xinhuanet.com/edu/20220225/7ca927e6cdf043619a758fb15d4ffadc/c.html。

设施的建设。

4. 加强资源整合

数字文旅的发展需要依托各种资源，包括文化资源、旅游资源、科技资源等。在当今数字化时代，数字文旅基础设施建设已经成为各国重要的发展方向。而资源整合可以帮助各国共享资源，避免重复建设，提高效率，降低成本。各国可以在资源整合方面进行合作，共同整合和开发数字文旅相关资源，实现资源共享和优势互补。加强政府间合作是推动资源整合的重要举措。政府在国际合作中扮演着重要角色，只有加强政府间合作，才能实现资源整合。政府应加强政策协调与支持，推动各国资源整合，共同推动数字文旅基础设施的建设。

5. 加强市场推广

数字文旅的发展需要广阔的市场支撑，各国可以在市场推广方面加强合作，共同开展数字文旅产品的推广和宣传，扩大各国数字文旅的知名度和影响力，以达到更好地发展数字文旅、完善数字文旅基础设施建设的目的。首先，市场推广是吸引投资和合作伙伴的关键。通过市场推广，可以向全球展示数字文旅基础设施的重要性和潜在价值，吸引更多的投资者和合作伙伴参与到建设过程中来。其次，市场推广可以促进数字文旅的国际化发展。通过市场推广，可以将数字文旅的优势和特色传播到全球各地，吸引更多的国际游客和投资者。这不仅可以为数字文旅带来更多的收入和资源，还可以促进不同国家和地区之间的交流与合作，推动数字文旅的全球化发展。最后，市场推广还可以提升数字文旅的竞争力和可持续发展能力。通过市场推广，可以了解市场需求和趋势，及时调整和优化数字文旅基础设施建设的方向和策略，提高数字文旅产业的市场竞争力。

第二节　搭建数字文旅服务平台

数字文旅服务平台是指利用数字化的技术和手段所搭建的数字技术与互联网平台，整合了各种文化旅游资源，包括票务预订、景点信息、导游服务以及旅游线路信息等，可以为游客提供全面多样的信息以及更方便高效的旅游服务。通过搭建数字文旅服务平台，不仅可以提升游客的旅游体验感和满意度，还可以使游客更好地规划自己的行程，减少旅途中的不便和麻烦。同时，数字文旅服务平台的搭建，还可以推动数字文旅行业的发展和升级，提高运营的效率和服务质量，提升行业竞争力，降低管理成本，促进行业的可持续发展。

一 服务平台概况

（一）建设背景

数字化时代的到来，使得人们的观念发生了巨大的变化，传统的文旅服务方式已经无法满足人们的需求，人们更加追求便捷、快速、高效。

首先，提供全面、便捷文旅服务的需要。随着国民经济的增长以及文旅产业的快速发展，人们的文旅消费水平也在不断提高，他们对于旅游目的地、景点、文化活动等方面的需求也在不断增加。传统的旅游和文化服务模式已经无法满足人们的需求。

其次，提升文旅服务质量和效率的需要。随着互联网、大数据、人工智能等技术的不断发展和应用，数字化已经深刻地改变了人们的生活方式和消费习惯。搭建数字文旅服务平台，可以充分利用科技手段，为用户提供更加便捷、高效、个性化的服务。

最后，促进文旅健康发展和繁荣的需要。随着"互联网+"行动计划的提出和实施，政府部门也在积极推动旅游和文化产业的数字化转型，鼓励和支持相关企业和机构开发和建设数字文旅服务平台。《"十四五"旅游业发展规划》提出，加快推进以数字化、网络化、智能化为特征的智慧旅游，深化"互联网+旅游"，扩大新技术场景应用，加快新技术应用与技术创新；同时，加快推动大数据、云计算、物联网、区块链及 5G、北斗系统、虚拟现实、增强现实等新技术在旅游领域的应用普及，以科技创新提升旅游业发展水平[1]。

---

[1] 《国务院关于印发"十四五"旅游业发展规划的通知》，中华人民共和国文化和旅游部网站，https://zwgk.mct.gov.cn/zfxxgkml/ghjh/202201/t20220121_930613.html。

数字文旅服务平台的搭建，既受到了科技发展和产业需求的推动，也得到了政府政策和社会需求的支持。随着数字文旅服务平台的不断完善和发展，在为人们的生活带来更多便利和乐趣的同时，也将为文化和旅游产业的发展注入新的活力和动力。

（二）建设目标

1. 提供全面服务

搭建数字文旅服务平台是为了给游客提供更加全面的服务。在数字文旅服务平台上，用户可以获取到更加全面和及时的文旅信息，包括旅游资讯、景点介绍、活动推荐、交通信息等。这些信息可以帮助用户更好地规划自己的行程，避免一些麻烦和浪费时间，提高旅行的效率和便利性。同时，数字文旅服务平台还可以提供实时信息和在线客服，帮助用户解决在旅行中遇到的问题，提高了全面服务的可靠性。

2. 提升旅游体验

搭建数字文旅服务平台是为了提供更好的服务，提升游客的旅游体验。首先，搭建数字文旅服务平台可以提供更加便捷的旅游服务。通过数字化平台，游客可以在手机或电脑上轻松完成预订机票、酒店、景点门票等操作，省去了排队等待的时间，提高了旅游的效率和便利性。其次，数字文旅服务平台可以为游客提供个性化的旅游建议和推荐。通过数据分析和人工智能技术，平台可以根据游客的偏好和需求，量身定制旅游路线、景点推荐、美食推荐等，使得每位游客都能够享受到与众不同的旅游体验。最后，搭建数字文旅服务平台还可以丰富游客的旅游体验。平台可以提供丰富多样的旅游资讯、导览服务、虚拟体验项目等，让游客在旅行中不仅能够欣赏美景，还能够了解当地的历史文化、民俗风情，增加旅游的趣味性和深度。

3. 促进产业发展

数字文旅服务平台不仅仅提供了旅游服务，更重要的是促进了旅游产业的发展。作为一种新型的服务模式，数字文旅将数字技术与文化旅游产业相结合，为行业发展注入了新的活力和动力。首先，数字文旅服务平台

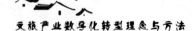
为文化旅游产业提供了更广阔的发展空间。数字文旅服务平台通过整合资源、提供一站式服务，实现了信息的共享和互通。这不仅提高了服务效率，还为文化旅游企业提供了更多的发展机会和平台，促进了产业的多元化和专业化发展。其次，数字文旅服务平台的搭建有利于提升文化旅游产业的竞争力和创新能力。数字文旅服务平台通过引入智能化、个性化的服务，提升了用户体验，同时也为文化旅游企业提供了更多的创新空间，推动了产业的转型升级和创新发展。最后，数字文旅服务平台的搭建有助于实现文化旅游产业的可持续发展。数字文旅服务平台通过数字化的手段，可以更好地保护和传承文化遗产，同时也可以实现资源的合理利用，推动文化旅游产业向着绿色、可持续的方向发展。

4. 保障旅游安全

旅游安全是旅游行业发展的基础，直接关系到人民生命财产和国家形象。因此，数字文旅服务平台要提供安全可靠的旅游服务，如旅游保险、紧急救援等，保障用户的旅游安全。首先，数字文旅服务平台可以提供更加全面和及时的信息服务。通过平台，游客可以获取到目的地的实时交通、天气、住宿等信息，及时调整行程，避免出现意外情况。其次，数字文旅服务平台可以提供便捷的应急救援服务。在旅途中，如果游客遇到突发情况，可以通过平台快速联系到当地的应急救援机构，及时得到帮助。最后，数字文旅服务平台还可以加强对旅游从业人员的管理和培训。通过平台，可以对导游、酒店员工等旅游从业人员进行实时监管和培训，提高他们的服务质量和应急处理能力，为游客提供更加安全和舒适的旅游体验。

（三）建设保障

搭建数字文旅服务平台，涉及技术、服务、用户、合作伙伴和市场等多个方面。只有在这些方面都具备了足够的规模和能力后，平台才能够具有长期的竞争优势，实现可持续发展。

1. 技术规模

数字技术是数字文旅服务平台存在的基础，也是其运营和发展的支撑。数字技术使数据成为重要的生产要素，数据与传统生产要素融合，改变了投入产出关系[①]。数字文旅服务平台的技术规模正处于不断发展和完善的阶段。随着技术的不断进步和应用，数字文旅服务平台将会为用户带来更加便捷、个性化、高品质的旅游体验。

首先，数字文旅服务平台的技术规模在不断扩大。随着人工智能、大数据、云计算等技术的不断创新和应用，数字文旅服务平台能够提供更加个性化、精准化的服务。通过对用户数据的分析和挖掘，平台可以为用户推荐更符合其需求和偏好的旅游产品，提高用户满意度和体验感。

其次，数字文旅服务平台的技术在不断升级。为了适应市场需求和技术发展趋势，平台不断引入新技术、新功能和新服务。比如，一些平台已经开始尝试使用虚拟现实、增强现实等技术，为用户提供更加沉浸式的旅游体验。同时，一些平台还在不断优化用户界面和交互设计，提升用户体验和便利性。

最后，数字文旅服务平台的技术也在不断优化。平台为了提高运营效率和降低成本，不断优化平台架构和技术体系，提升系统稳定性和安全性。同时，平台还加强与第三方服务商和合作伙伴的合作，拓展服务范围和提升服务质量。未来，可以期待数字文旅服务平台在技术规模上取得更大突破，为旅游行业的发展注入新的活力和动力。

2. 服务规模

数字文旅服务平台的兴起已经成为当今旅游行业的一个显著趋势。随着科技的不断发展和普及，越来越多的旅行者选择通过数字化平台获取旅游信息、预订行程和体验服务。数字文旅服务平台的服务规模也随之不断扩大，为旅行者提供了更加便捷、高效的旅游体验。

首先，数字文旅服务平台为旅游者提供了全面多样的服务，涵盖了机票预订、酒店预订、景点门票购买、导游服务、交通工具租赁等各个方面。通过这些平台，旅行者可以在家中通过几个简单的步骤就能完成整个旅行计划，省去了传统旅行中烦琐的预订过程。

[①]　谢康、夏正豪、肖静华：《大数据成为现实生产要素的企业实现机制：产品创新视角》，《中国工业经济》2020年第5期。

其次，数字文旅服务平台为旅行者提供了个性化、定制化的服务选择。通过平台的大数据分析和智能推荐算法，旅行者可以根据自己的喜好和需求，获取到更加符合自己品位的旅游产品和服务。这种个性化服务不仅提升了旅行者的体验感受，也为旅游行业带来了更多的商机和更大的发展空间。随着科技的不断创新，相信数字文旅服务平台的发展前景将会更加广阔，为旅游行业带来更多改变和机遇。

3. 用户规模

首先，数字文旅服务平台的用户规模正在持续增长。越来越多的人选择使用这些平台来规划和预订他们的行程。这主要归功于这些平台提供的个性化推荐和定制化服务，让用户能够更加方便地找到符合自己需求的旅行产品。

其次，数字文旅服务平台的用户群体也在不断扩大。从年轻人到老年人，从个人旅游者到商务旅行者，不同类型的用户都在积极使用这些平台。这表明数字文旅服务平台已经成为旅行者不可或缺的工具，无论是在国内还是在国际旅行中。

再次，数字文旅服务平台的用户规模存在地区差异。在一些发达国家和地区，这些平台的用户规模已经相当庞大，几乎成为旅行预订各种服务的主要渠道。而在一些新兴市场和偏远地区，数字文旅服务平台的普及程度还有待提高，但也在逐渐增长。

最后，数字文旅服务平台的用户规模正在稳步增长，这为旅游行业的发展带来了新的机遇和挑战。未来，随着科技的不断进步和用户需求的不断变化，数字文旅服务平台将会继续发挥重要作用，为旅行者提供更加便捷、高效的旅游体验。

4. 合作伙伴规模

数字文旅服务平台的合作伙伴具有多元化和综合性，只有与不同领域的伙伴建立合作关系，平台才能够拥有更丰富的内容和更广阔的市场。

首先，数字文旅服务平台的合作伙伴中包含文化机构和旅游机构。其中文化机构包括博物馆、图书馆、文化中心等，它们可以为平台提供丰富的文化资源和展览内容。而旅游机构则可以提供各种旅游线路、景点推荐等服务，为平台的用户提供更全面的旅游体验。

其次，数字文旅服务平台的合作伙伴还有科技公司和互联网企业。科技公司可以为平台提供技术支持，包括平台建设、数据分析、人工智能等方面的技术服务。而互联网企业则可以通过自身的平台资源和用户基础，为数字文旅服务平台带来更多的流量和曝光度。

最后，数字文旅服务平台的合作伙伴还包括文化创意公司和艺术家。文化创意公司可以为平台提供创意产品和设计服务，为用户带来更具有文化特色的体验。而艺术家则可以为平台提供艺术作品和表演，为用户带来视听享受。

5. 市场规模

首先，从全球范围来看，数字文旅服务平台的市场规模正在不断扩大。数据显示，全球数字旅游市场规模已经达到数千亿美元，而且仍在逐年增长。数字文旅服务平台作为数字旅游的重要组成部分，其市场规模也在不断扩大。各大互联网公司纷纷进入数字文旅服务领域，推出各种新的服务和产品，进一步促进了市场规模的增长。

其次，从国内市场来看，数字文旅服务平台的市场规模也在迅速扩大。中国作为世界上最大的旅游市场之一，数字文旅服务平台在中国市场上有着广阔的发展空间。随着中国经济的快速发展和人民生活水平的提高，人们对旅游和文化体验的需求也越来越高。数字文旅服务平台通过提供更便捷、个性化的服务，满足了人们对旅游和文化体验的需求，因此市场规模也在不断扩大。

最后，数字文旅服务平台的市场规模还受到政策和技术的影响。政府对数字文旅服务平台的支持，可以进一步促进市场规模的增长。同时，随着技术的不断创新，数字文旅服务平台可以提供更多更优质的服务和体验，吸引更多用户，从而进一步扩大市场规模。

二 服务平台功效

（一）促进资源整合

随着数字化时代的到来，文旅行业也面临着新的挑战和机遇。传统的文旅行业存在着信息不对称和资源分散的问题，导致行业内部的资源浪费和效率低下。而数字文旅服务平台通过数字化手段，将文化和旅游资源整合在一个平台上。

数字文旅服务平台可以为文化旅游从业者提供线上推广和销售的渠道，帮助他们更好地推广自己的产品和服务，扩大市场影响力。文旅企业也可以更好地推广自己的产品和服务，为文化旅游企业提供合作和交流的平台，促进各方资源的整合和共享，实现优势互补，提高整体竞争力。

同时，数字文旅服务平台可以促进不同文化旅游资源之间的交流和合作，实现资源共享和互补。通过数字文旅服务平台，各地的文化旅游景点、文化表演、文化传统等资源，可以在更广的范围内被人们了解和认可，从而吸引更多的游客和投资者。

（二）提升服务质量

随着数字化时代的到来，数字文旅服务平台的搭建对于旅游企业提高服务质量具有重要意义。首先，建设数字文旅服务平台可以提高文旅服务的便捷性和效率，通过数字化手段，游客可以更加方便地获取相关信息，预订门票、酒店和交通等服务，从而节省时间和精力。传统的文化旅游往往需要游客提前预订门票、导游等服务，而数字文旅服务平台则可以让游客通过手机或电脑随时随地完成预订。这种便捷的预订方式大大节省了游客的时间和精力，提升了游客的满意度，从而吸引更多的人参与文化旅游活动。

其次，数字文旅服务平台可以提升文旅服务的个性化和定制化水平，通过大数据和人工智能技术，文旅企业可以更加准确地了解客户的需求和偏好，为他们提供个性化的定制服务，提高服务质量。这样一来，游客可以更加满意地享受到符合自己需求的文化旅游体验，从而增加他们对文旅产品和服务的认可度和满意度。

再次，数字文旅服务平台为服务提供商提供了更多的机会和平台。在传统的文化旅游中，服务提供商往往需要花费大量的时间和精力去宣传和推广自己的服务，而在数字文旅服务平台上，他们可以通过平台的推广和推荐功能吸引更多的客户。这样一来，服务提供商可以更加专注于提升自己的服务质量，为客户带来更好的体验。同时，数字文旅服务平台还可以通过数据分析和反馈机制来提升服务质量。平台可以收集游客的反馈和评价，分析这些数据并及时调整服务内容和质量。通过不断地优化和改进，服务提供商可以更好地满足客户的需求，提升服务质量。

最后，数字文旅服务平台的搭建还可以提升文旅服务的安全性和可靠性。通过数字化手段，文旅企业可以更好地监控和管理游客，提供更加安全可靠的服务，特别是在遇到突发事件和紧急情况时，数字化手段可以更加快速地响应和处理，保障游客的人身安全和财产安全，提升旅游服务质量。

（三）促进产业发展

产业数字化是传统产业利用数字技术对业务进行升级，进而提升生产的数量以及效率的过程①。通过数字化手段，可以提高旅游和文化产业的效率和竞争力，促进产业的转型升级和创新发展。

首先，数字文旅服务平台为文化旅游产业提供了更广阔的市场空间。传统的文化旅游产业主要依靠实体店面和线下渠道进行销售和推广，受到地域和时间的限制。而数字文旅服务平台通过互联网的全球化特性，使得文化旅游产品能够在全球范围内进行推广和销售，为产业拓展了更大的市场空间。消费者可以通过数字文旅服务平台轻松了解和购买各种文化旅游产品，从而提高了产业的知名度和销售额。

其次，数字文旅服务平台提供了更便捷的服务体验。传统的文化旅游产业存在信息不对称和服务不规范的问题，消费者往往需要花费大量时间和精力来寻找合适的文化旅游产品和服务。而数字文旅服务平台通过大数

---

① 肖旭、戚聿东：《产业数字化转型的价值维度与理论逻辑》，《改革》2019 年第 8 期。

据和人工智能技术，可以根据用户的需求和偏好推荐个性化的文化旅游产品，提高了消费者的体验感和满意度。同时，数字文旅服务平台还提供了在线支付、预订和导航等功能，使得消费者可以更便捷地享受文化旅游服务，促进了产业的发展。

最后，数字文旅服务平台还促进了文化旅游产业的创新和升级。传统的文化旅游产业往往以传统文化和景点为主，缺乏新颖的元素和体验。数字文旅服务平台通过引入虚拟现实、增强现实和互动体验等新技术，为文化旅游产品注入了新的活力和创意，提升了产业的竞争力和吸引力。同时，数字文旅服务平台还可以通过数据分析和用户反馈，及时了解市场需求和趋势，为产业的发展提供有力支持。

（四）推动文化交流

随着全球化进程的加快，文化旅游产业面临着国际化发展的机遇和挑战。数字文旅服务平台可以为国际游客提供多语种的服务和信息，也可以为国际合作和交流提供便利。这有利于推动文化旅游产业的国际化发展，也有利于促进不同国家和地区之间的文化交流和互动。

首先，数字文旅服务平台为文化交流提供了更加便捷和广泛的途径。通过数字技术和网络平台，人们可以在不同地域、不同国家之间进行文化交流和互动。传统的文化交流往往受限于时间和空间，而数字文旅服务平台则打破了这些限制，使得人们可以通过互联网平台随时随地进行文化交流。无论是通过在线展览、数字化艺术品展示，还是通过虚拟旅游体验，数字文旅服务平台都为人们提供了更加便捷和多样化的文化交流方式。

其次，数字文旅服务平台为文化交流提供了更加丰富和多样化的内容。通过数字技术和互联网平台，人们可以轻松获取到丰富的文化资源和信息，了解不同地域、不同文化的特色和魅力。同时，数字文旅服务平台也为文化机构和从业者提供了展示和推广的平台，促进了文化资源的共享和传播。通过数字文旅服务平台，人们可以更加全面地了解和体验不同文化，促进文化交流和互动。

最后，数字文旅服务平台也为文化交流提供了更加个性化和定制化的服务。通过数字化技术和大数据分析，数字文旅服务平台可以根据用户的兴趣和需求，为他们提供个性化的文化体验和服务。无论是文化旅游线路、文化活动推荐，还是文化产品选购，数字文旅服务平台都可以精准满足用户的个性化需求，提升文化交流的质量以及拓展文化交流的深度。

三　服务平台类型

经过 20 余年的发展，中国数字文旅服务平台已十分成熟。在市场力量的作用下，中国在线旅游行业已逐步形成了以携程系（携程、去哪儿、同程、艺龙、途牛）、阿里系（飞猪）、新美大（美团、大众点评）三大体系为主的格局①。不同类型的数字文旅服务平台各具特色，为用户提供了丰富多样的文旅体验和服务，推动了文旅产业的数字化转型和升级。

（一）在线预订平台

数字文旅在线预订平台是指通过互联网技术，为用户提供数字化的文化旅游服务，并允许用户在线预订各种旅游项目和服务的平台。通过在线预订平台，用户可以实时了解各种文旅产品的价格和供应情况，方便快捷地完成预订和支付流程，大大提高了旅行的便利性和效率。

首先，这类平台包括了各种旅游项目和景点的在线预订功能。用户可以通过平台浏览各种文化旅游景点、博物馆、艺术展览等项目，并进行在线预约和购票。这种方式方便了用户，避免了排队购票的麻烦，提高了游览效率。

其次，这类平台包括了文化旅游产品和活动的在线预订功能。用户可以通过平台浏览各种文化旅游产品，如文化衍生品、特色手工艺品等，并进行在线购买。同时，平台也会提供各种文化旅游活动的在线预订服务，如文化体验活动、主题演出等，让用户能够更加便捷地参与到当地的文化活动中。

再次，这类平台还包括了相关服务的在线预订功能。这些服务可能包

---

① 《周洁如、黄姿瑜：在线旅游平台模式、现状及其发展趋势》，上海交通大学安泰经管学院官网，https://www.iir.sjtu.edu.cn/comments/47238.html。

括了当地的交通、酒店、餐饮等，让用户可以在同一个平台上完成整个文化旅游行程的预订，提供了一站式的服务。

最后，这类平台还会提供相关的文化旅游信息和指南，帮助用户更好地了解当地的文化特色、历史背景、旅游注意事项等。这些信息可能包括了景点介绍、文化解说、导游路线等，让用户在旅行前对目的地有更充分的了解。

（二）内容分享平台

数字文旅内容分享平台是指为用户提供数字化文化和旅游服务的平台，数字文旅内容分享平台包含十分多样化的内容。在内容分享平台上，年轻人是主要群体。年轻人是各类手机 App 用户的绝对主力，大学生群体本身就是旅游的狂热爱好者，相较于其他群体，大学生群体具有旅游时间集中、旅游资金有限、倾向于"网红打卡地"作为旅游目的地、旅游消费人口多的特征[①]。同时，这类群体在旅游的地点、时间、爱好、兴趣等方面上具有很大的相似性，因此，同类人群的旅游心得对其他人具有较大的参考价值[②]。这在一定程度上促进了内容分享平台的繁荣发展，其包含的内容也十分丰富。

首先，内容分享平台包括了文化信息的分享，如各种文化活动、展览、表演等的信息分享，用户可以通过平台获取到各种文化活动的举办时间、地点以及票价等信息，方便用户了解和参与各种文化活动。

其次，旅游信息也是内容分享平台的重要组成部分。用户可以通过平台获取到各种旅游目的地的介绍、交通、住宿、美食等信息，帮助用户更好地规划和安排旅游行程。同时，用户也可以在平台上分享自己的旅行经历和心得体会，为其他用户提供宝贵的旅行建议。

最后，内容分享平台还包括了历史和艺术等方面的内容。用户可以通过平台了解到各种历史文化知识和艺术作品的相关信息，拓宽自己的文化

---

① 张蕾：《基于 Android 的短视频制作分享平台的设计与实现》，硕士学位论文，北京交通大学，2021。

② 陈志永：《以村落为载体的旅游研究：田野追踪与话题选择——贵州郎德苗寨 10 年跟踪研究的心得与体会》，《旅游研究》2018 年第 1 期。

视野。用户也可以在平台上分享自己对历史和艺术的理解和感悟，促进用户之间的交流和学习。

（三）虚拟体验平台

数字文旅虚拟体验平台是指利用数字技术和虚拟现实技术，为用户提供全新的旅游体验。众多博物馆、文化遗产、历史古迹等旅游景区，引入虚拟现实（VR）技术，为大众创造了虚拟旅游的线上体验平台，为用户打造身临其境的虚拟旅行体验，让用户在家就可以感受到不同地域的风景和文化，满足他们对旅行的向往和好奇心。虚拟体验平台不仅为用户提供了全新的旅行方式，也为文旅产业拓展了新的发展空间。这种平台不仅仅是传统旅游网站的升级版，它可以通过虚拟体验技术，让用户在不出门的情况下就能感受到真实旅游的乐趣。

首先，虚拟体验平台可以让用户通过虚拟现实技术，身临其境地感受各类景点的美丽和神奇。用户可以通过头戴式显示设备或者智能手机进入一个虚拟的世界中，宛如亲临现场。无论是世界著名的自然风光，还是历史悠久的文化遗迹，用户都可以通过这种方式得到身临其境的体验，足不出户享受旅行的乐趣。

其次，虚拟体验平台也可以通过数字技术，让用户参与到各种文化交流活动之中。比如，用户可以通过虚拟现实技术，参与到各种文化节日的庆祝活动中，感受不同文化的魅力。同时，用户还可以通过平台上的互动功能，与其他用户进行文化交流，了解不同国家和地区的风土人情，拓宽自己的国际视野。

最后，虚拟体验平台还可以为用户提供各种旅游信息和服务。用户可以通过平台，了解到各种景点的详细信息，包括历史背景、地理位置、开放时间等。同时，用户还可以通过平台预订机票、酒店和旅游团等，方便快捷地安排自己的旅行计划。

（四）政务服务平台

数字文旅政务服务平台是以网络为载体，利用数字技术和信息通信技术与文旅产业深度融合的新产业形态，是政府为了提供更便捷、高效的公共服务而建立的一种综合性平台。它整合了政府部门的各种服务资源，包括行政审批、公共信息查询、在线办事等，旨在为民众和企业提供更便捷、高效的政务服务，其核心在于通过数字化手段提升文化旅游的管理效率和服务质量。比如，"文旅市场通"App 就是依托全国文化市场技术监管与服务平台、全国旅游市场监管服务平台开发建设的，是推进文化和旅游市场政务服务"掌上办、指尖办"的重要载体①。数字文旅政务服务平台包括的服务有：线上数字化服务、创新数字文化服务、全国文化市场技术监管服务以及公共数字文化应用服务等。

首先，线上数字化服务涵盖了文旅体资讯、活动报名、场馆服务等多个模块，能够智能地提供资讯查询、活动报名、培训等服务。例如，"芙蓉文旅体云"平台就是在"互联网+公共文化服务体系"新模式的背景下应运而生的，该平台于 2021 年 10 月 1 日上线试运行，上线近三个月便吸引了3000 余名群众注册使用，有效提升了芙蓉区文旅体领域公共事业的服务效能，为居民群众提供了更智能便捷的公共文化服务。

其次，政务服务平台提供了创新数字文化服务，为推动数字文化服务国际合作提供了交流平台。

再次，政务服务平台提供了全国文化市场技术监管服务，涉及文化市场经营单位、管理部门、执法机构等主体，以及演出经纪人员资格考试报名等。

最后，政务服务平台提供了公共数字文化应用服务。政务服务平台基于互联网、移动互联网、数字电视网为基层群众构建了一站式集成服务系统。文化和旅游部全国公共文化发展中心以公共文化云"十四五"建设项目为抓手，全新改版国家公共文化云平台，并研发了面向基层公共文化机构的"公共文化云基层智能服务端"，提供免费的一站式快速建站工具，现已有 436 个基层单位部署应用。截至 2022 年 4 月，平台累计注册个人用户

---

① 《文化和旅游部建设应用"文旅市场通"APP 推进政务服务"掌上办、指尖办"》，中华人民共和国文化和旅游部网站，https://www.mct.gov.cn/preview/whzx/bnsj/jdgls/202306/t20230613_944467.html。

达 74.3 万人，较 2020 年增长 89.5%[①]。

（五）营销服务平台

数字文旅营销服务平台是一种为企业提供营销解决方案的平台，通过该平台，企业可以利用各种营销工具和资源推广产品和服务，吸引客户，提升品牌知名度和销售业绩。随着数字化时代的到来，营销服务平台也逐渐向数字化转型，为数字文旅行业提供了更多的营销工具和服务。

首先，营销服务平台提供了网站和社交媒体运营服务，平台会建立官方网站和社交媒体账号，发布各种旅游信息、攻略、产品和服务，以吸引用户访问和关注。通过搜索引擎优化、搜索引擎营销和社交媒体推广等方式，提高网站的曝光度和排名，从而增加流量和提高转化率。

其次，营销服务平台提供了大数据分析与个性化营销服务，利用大数据分析和人工智能技术，来了解客户的需求和偏好，定制个性化的营销方案，提升用户体验感和满意度。这种数据驱动的营销策略有助于精准定位目标客户群，提供更加符合他们需求的旅游产品。

再次，营销服务平台提供了创新科技应用服务，运用虚拟现实（VR）、全息投影、数字化导览等创新科技手段，来提升旅游产品和服务的质量和特色，增强用户黏性和促进口碑传播。这些技术的应用，使得旅游体验更加丰富和吸引人。

最后，用户的推荐是提高品牌信誉和吸引新用户的有效途径。营销服务平台提供的口碑营销服务，通过用户的正面反馈和分享，来建立良好的口碑，吸引更多潜在客户。

（六）全域旅游平台

数字文旅全域旅游平台是一个集多种服务于一体的系统，旨在提供全面的旅游体验和管理。依托微信公众号、小程序、H5 等移动互联网端，搭建全域旅游综合服务平台，将"游客离散中心"功能迁移至线上，让游客在游前、游中、游后都能轻松享受触手可及的一站式服务。

---

① 《用数字化赋能公共文化服务》，人民网，http://ent. people. com. cn/n1/2022/0426/c1012-32409010. html。

首先，全域旅游服务平台包含了产业监管、商品交易、旅游服务以及咨询投诉等服务模块，为用户提供多种多样的旅游服务，以满足他们多样化的旅游需求。

其次，全域旅游服务平台具有多种平台优势。它借助互联网拉近客源地、游客与目的地的空间距离，为游客提供多种出行选择，并覆盖从线上咨询、预订到线下体验的全流程服务。

再次，全域旅游服务平台通过信息化手段实现高效旅游监管，降低游客维权成本，提升了地方旅游产业的监管效率，有效整合了当地优势旅游资源，实现了平台化运营。

最后，全域旅游平台还有利于旅游商户间的互动与合作，增强其营销能力，形成地方特色的线上旅游商圈，提升周边商户参与旅游产业的积极性，增加当地财政收益。

（七）文化交流平台

数字文旅文化交流平台是指通过数字化技术和网络平台促进不同文化间的交流和互动的平台，为用户提供了线上讲座、艺术展览、文化书庆等服务，促进不同文化之间的交流与对话。

首先，数字文旅文化交流平台通过语言交流，促进文化之间的理解和沟通。通过语言翻译和语音识别技术，数字文旅服务平台可以实现多语言交流，让用户能够以母语进行交流，这对于促进跨文化交流具有重要意义。

其次，数字文旅文化交流平台通过举办各种文化活动，如文化节庆、艺术展览、传统表演等，为不同文化之间搭建交流的平台。通过这些活动，人们可以了解和体验不同文化的特色和魅力，从而增进对其他文化的理解和尊重。

再次，数字文旅文化交流平台还致力于文化遗产的保护和传承。利用数字技术对文化遗产进行保护和展示，使更多的人能够了解和欣赏到这些宝贵的文化遗产。同时，数字文旅服务平台也可以通过虚拟现实等技术手段，为用户提供沉浸式的文化体验，让人们能够感受到不同文化的魅力。

最后，数字文旅文化交流平台还包括数字化展示，通过数字化技术，将各种文化资源进行数字化展示和推广，让更多的人能够通过网络平台了解和体验到不同文化的魅力。这对于促进文化的传播和交流具有重要意义。通过这些方面的努力，数字文旅文化交流平台将会成为促进不同文化之间交流和互动的重要平台，为促进世界各国之间的文化交流和理解发挥重要作用。

四　服务平台架构

（一）前台展示层

前台展示层是用户直接接触的界面，包括了网站、App 等。前台展示层是整个平台的重要组成部分，它直接面向用户，是用户与平台之间进行交互和信息传递的窗口。前台展示层的设计和建设，对于用户体验和平台形象至关重要。

首先，前台展示层需要美观、简洁、易用的界面设计。用户在使用数字文旅服务平台时，第一眼看到的就是前台展示层的界面。如果界面设计不佳，可能导致用户操作不便或体验感下降。因此，前台展示层的界面设计，需要符合人机工程学原则，使用户能够轻松地找到所需信息，完成所需操作。

其次，前台展示层需要提供全面、准确、实时的旅游信息服务。旅游信息是数字文旅服务平台的核心内容，也是用户使用平台的主要目的。前台展示层需要展示各种旅游信息，包括景点介绍、旅游线路、酒店信息、交通信息、天气预报等。这些信息需要及时更新，保证准确性和实时性，为用户提供最优质的服务。

再次，前台展示层需要提供多种旅游产品的在线预订和购买服务。数字文旅服务平台的一个重要功能是提供多种旅游产品，如门票、酒店、机票、旅游线路等的在线预订和购买服务。前台展示层需要提供这些功能，方便用户完成在线支付，提升用户的购买体验。

从次，前台展示层需要提供个性化推荐和定制化服务。数字文旅服务平台需要根据用户的个性化需求，提供相应的旅游产品和服务。前台展示层需要根据用户的历史行为和偏好提供个性化推荐和定制化服务，提高用户的满意度和忠诚度。

最后，前台展示层需要提供社交化的旅游体验分享功能。数字文旅服务平台需要提供社交化的旅游体验分享功能，让用户可以分享自己的旅游经历和感受，与其他用户互动和交流。这些功能的完善，将有助于增强用户的社交体验，提高用户的参与度和黏性，有助于数字文旅服务平台的发展和用户体验的提升。

（二）中台服务层

中台服务层是平台的核心，包括文化旅游信息、预订服务、体验活动等模块，它负责连接上层的业务需求和下层的基础设施，为整个平台提供稳定、高效的支持。

首先，中台服务层包括数据中台，这是整个平台的数据基础设施。数据中台负责数据的采集、存储、处理和分析，为上层业务提供准确、及时的数据支持。在数字文旅服务平台中，数据中台可以包括用户信息、产品信息、交易信息等多种数据类型，这些数据对于平台的运营和发展至关重要。

其次，中台服务层还包括应用中台，这是整个平台的业务逻辑基础设施。应用中台负责业务逻辑的实现和管理，为上层业务提供统一的接口和功能支持。在数字文旅服务平台中，应用中台可以包括用户管理、产品管理、订单管理、支付管理等多个模块，这些模块共同构成了平台的核心业务流程。

再次，中台服务层还包括技术中台，这是整个平台的技术基础设施。技术中台负责平台的技术架构和基础设施的建设和维护，为上层业务提供稳定、高效的技术支持。在数字文旅服务平台中，技术中台可以包括服务器、网络、存储、安全等多个方面，这些方面共同构成了平台的技术基础。

最后，中台服务层还包括运营中台，这是整个平台的运营基础设施。运营中台负责平台的运营管理和监控，为上层业务提供稳定、高效的运营支持。在数字文旅服务平台中，运营中台可以包括用户运营、产品运营、营销运营、客服运营等多个方面，这些方面共同保障了平台的良好运营。

在搭建数字文旅服务平台的体系架构中，中台服务层的建设至关重要，它不仅关乎平台的运营效率和用户体验，也关乎平台的长远发展和竞争力。因此，在平台建设过程中，中台服务层的建设应该得到充分重视，以确保平台的稳健发展和持续创新。

（三）后台管理层

后台管理层是平台的运营管理部分，包括数据管理、用户管理、营销推广等。这样的体系架构能够保证数字文旅服务平台的稳定运行和持续发展，可以帮助平台管理者更好地监控和管理平台的各项业务。

第一，后台管理层包含用户管理模块。这个模块主要负责管理平台的用户信息，包括用户的注册、登录、修改密码、注销账号等操作。同时，用户管理模块还需要支持用户信息的查询、统计和导出，方便平台管理者对用户数据进行分析和管理。

第二，后台管理层包含订单管理模块。这个模块主要负责管理平台的订单信息，包括订单的生成、支付、发货、退款等操作。同时，还需要支持订单信息的查询、统计和导出，方便平台管理者对订单数据进行分析和管理。

第三，后台管理层包含商品管理模块。这个模块主要负责管理平台的商品信息，包括商品的添加、修改、删除等操作。同时，还需要支持商品信息的查询、统计和导出，方便平台管理者对商品数据进行分析和管理。

第四，后台管理层包含内容管理模块。这个模块主要负责管理平台的内容信息，包括文章、图片、视频等内容的添加、修改、删除等操作。同时，还需要支持内容信息的查询、统计和导出，方便平台管理者对内容数据进行分析和管理。

第五，后台管理层还需要包含数据统计模块。这个模块主要负责对平台的各项数据进行统计分析，包括用户数据、订单数据、商品数据、内容数据等。同时，数据统计模块还需要支持数据可视化，方便平台管理者更直观地了解平台的运营情况。

第六，后台管理层还需要包含系统管理模块。这个模块主要负责管理平台的系统信息，包括系统配置、日志管理、权限管理等操作。同时，系统管理模块还需要支持系统信息的查询、统计和导出，方便平台管理者对系统数据进行分析和管理。

此外，这些模块需要支持数据查询、统计、导出和可视化等，方便平台管理者对数据进行分析和管理。只有这样，才能为用户提供更好的服务和体验，实现数字文旅服务平台的长期发展。

第三节　分析数字文旅消费行为

数字文旅服务平台为游客提供了全面多样的信息，以及方便高效的旅游服务。因此，为了进一步为游客提供更好的服务，需要对游客的消费行为进行分析，迎合游客的消费偏好，不断优化升级旅游产品，从而提升游客的旅游体验，促进数字文旅的发展。通过数字平台收集到的消费行为数据，可以对游客的消费偏好进行分析，从而开发出更加符合消费者偏好的旅游产品，实现旅游产品的个性化和创新化发展。同时，分析数字文旅游客的消费行为，对于文化传承与创新以及数字文旅的产业融合都有重要作用。

一　文旅消费心理

消费心理是指在购买和消费过程中，个体在心理层面所表现出来的一系列心理活动和行为倾向。数字文旅的兴起不仅改变了人们的旅游方式，也对消费心理产生了深远影响。从消费心理来看，由于数字文旅更注重个性化和定制化的体验，消费者通常也更加注重个人感受和情感共鸣，追求独特、个性化的消费体验。同时，消费者通常具有较强的创新意识和对科技的追求，他们对数字技术与传统文化旅游的结合充满好奇与期待，希望通过数字文旅体验获得全新的感官享受和文化认知。数字文旅想要进一步发展，需要深入了解消费者的心理需求，不断优化产品和服务，满足消费者对个性化、品质和价格的多重需求，从而提升消费者的满意度和忠诚度，推动行业持续健康发展。

（一）便利心理

数字文旅为人们出行提供了更加便捷、丰富的条件，包括便利的交通基础设施、旅游景点的可达性、信息的可用性及优质的酒店服务等①。在数字文旅的消费过程中，消费者往往更偏向于选择更加便捷和舒适的旅游方式。通过数字文旅，人们不出门就能够享受到各种各样的文化旅游资源，这也满足了人们追求便捷性的消费心理。现代生活节奏加快，人们的时间成本增加，导致消费者在旅游过程中更加追求高效和便捷。他们希望能够快速获取信息、完成预订和支付等操作，以节省时间并提高旅行效率。同时，互联网和移动设备的普及，使得消费者能够随时随地通过手机或电脑获取旅游信息和服务。这为消费者提供了更多的便利性选择，使得他们在旅游过程中更倾向于使用数字化服务。

（二）求异心理

数字文旅消费者的求异心理是指，这一群体在旅游消费时，更加倾向于选择独特、与众不同的体验。消费者追求个性化、创新化的旅游方式，在选择旅游产品时，往往偏向更加独特的旅游产品，寻求不同寻常的文化、历史、自然景观等元素，以满足自己的好奇心和探索欲望。这种心理的形成，与数字化、信息化的时代背景密切相关。随着经济的发展和社会的进步，消费者的消费观念也在不断升级。他们更加注重消费的品质和体验，而不仅仅是产品价格或数量。这种消费观念的转变，使得消费者在追求文化旅游产品时，更加注重其独特性和创新性。数字技术的发展为文化和旅游产业带来了新的机遇和挑战。消费者可以利用数字技术获取更加丰富和深入的旅游信息，同时也可以享受到更加便捷和个性化的服务。

（三）求质心理

随着经济的发展和社会的进步，消费者的消费观念也在不断升级。他

---

① 沈科：《景区数字化视角下游客旅游体验及重游意向研究——以花山谜窟景区为例》，《旅游纵览》2023 年第 4 期。

们更加注重消费的品质和体验，而不仅仅是价格或数量。这种消费观念的转变，使得消费者在追求文化旅游产品时，更加注重其质量和内涵，如高品质的住宿、精美的景点、深入的文化体验等。信息获取渠道也逐渐增多，互联网和社交媒体的发展使得消费者能够轻松地获取大量的文化和旅游信息。这使得消费者在选择旅游产品时有更多的比较和参考，从而产生更高的期望和更注重品质的需求。消费者对于文化旅游产品的需求越来越多样化和个性化。他们希望通过旅游活动，来展示自己的独特品位和个性，满足自我实现的需求。这种个性化需求的满足，也要求旅游产品能够提供更高品质和更具特色的服务。因此，数字文旅消费者的求质心理对于数字文旅行业来说是一个挑战，也是一个机遇。企业需要更加关注消费者的需求，提供更加个性化、高品质的产品和服务，提供更加优质的体验，以满足数字文旅消费者的需求。只有这样，才能够赢得消费者的青睐，获得竞争优势，促进数字文旅行业的健康发展。

（四）选价心理

随着社会经济的发展和人们生活水平的提高，消费者的消费观念也在不断变化。他们更加注重产品的质量和服务，但同时也关注其价格。这种消费观念的变化，使得消费者在选择数字文旅产品时，会综合考虑各种因素。同时，随着互联网的发展，消费者可以方便地获取包括产品和服务价格在内的各种信息。这使得消费者能够更加容易地比较不同产品和服务的价格，从而形成选价的消费心理。在市场经济条件下，消费者普遍具有一定的价格敏感性。他们会比较不同产品的价格，选择性价比较高的产品和服务。在数字文旅领域，消费者也会关注产品的价格，根据自己的预算和需求进行选择。为了吸引消费者，企业会采取各种促销策略，如打折、满减、返现等。这些促销活动会影响消费者的购买决策，使他们更倾向于选择价格优惠的产品和服务。

（五）安全心理

随着数字化时代的到来，数字文旅消费已经成为一种新的消费趋势。旅游过程中的健康和安全问题日益受到消费者关注。他们更加关注旅游目的地的卫生状况、食品安全、交通安全等方面的问题，希望选择一个安全的旅游环境，避免潜在的风险和危险。在数字文旅消费中，消费者的安全心理显得尤为重要。数字文旅消费者尤为关注其个人信息和支付安全，以及在虚拟旅游中的安全感。首先，消费者需要确保其个人信息和支付安全。在进行数字文旅消费时，消费者通常需要提供个人信息和进行支付操作。因此，平台需要加强信息加密和支付安全，以保护消费者的个人信息和财产安全。其次，消费者在虚拟旅游中也需要获得安全感。虚拟旅游是一种依托数字技术提供的旅游体验，消费者需要避免虚拟环境中的安全问题，如网络攻击或意外事件。最后，消费者的个人经历和旅游目的地的口碑也会影响他们的安全消费心理。如果消费者曾有过不安全的旅游经历，或者听到过关于某个目的地的负面评价，他们可能会更加倾向于选择一个安全的旅游环境。

（六）从众心理

数字文旅消费者的从众心理是一个备受关注的话题。在数字化时代，人们越来越倾向于通过社交媒体和数字平台，来获取旅游信息和体验。然而，这种依赖也易进一步形成从众心理。消费者往往会受到他人意见和行为的影响，导致他们偏向于跟随主流趋势，而不是根据自己的喜好做出选择。这种从众心理在数字文旅消费中尤为突出，因为人们更容易受到网络上的热门景点、美食和活动的影响。在互联网时代，口碑传播迅速且广泛。消费者会通过网络、社交媒体等渠道了解到他人的评价和推荐，这些信息会影响他们的购买决策，使他们更倾向于选择那些受到多数人好评的产品和服务。同时，企业会通过各种促销手段来吸引消费者，如打折、满减、返现等。这些促销活动往往会吸引大量消费者参与，形成一股消费热潮。在这种氛围下，消费者可能会受到他人的影响，选择那些正在进行促销的产品和服务。

二　文旅消费特征

（一）多样化

正是由于数字科技的运用和完善，才促进了文旅领域的整合，也使得大范围的文旅消费成为可能①，数字文旅消费行为呈现出多样化的消费特征。在过去，人们进行文化和旅游消费主要是通过实体的方式，如到博物馆、艺术馆、旅游景点等进行参观和消费。但随着互联网的普及和发展，人们可以通过手机、电脑等数字设备进行文化和旅游消费，这种消费方式具有更多的便利性和选择性，因此数字文旅消费特征也随之发生了变化。

首先，数字文旅消费特征的多样化体现在消费形式上。在过去，人们进行文化和旅游消费主要是通过线下实体的方式，如到博物馆、艺术馆、旅游景点等进行参观和消费。而在数字化时代，人们可以通过网络平台进行在线观展、虚拟旅游等。消费形式的多样化使得人们可以更加灵活地选择消费内容和方式，满足了不同人群的消费需求。

其次，数字文旅消费特征的多样化体现在消费内容上。在过去，人们进行文化和旅游消费的内容相对单一，主要是围绕着博物馆、艺术馆、旅游景点等展开。而在数字化时代，人们可以通过网络平台获取到更加丰富多样的文化和旅游内容。这种消费内容的多样化，使得人们可以更加全面地了解和体验不同地域的文化和旅游资源，拓宽了消费的视野和范围。

最后，数字文旅消费特征的多样化还体现在消费体验上。在过去，人们进行文化和旅游消费主要是通过实地参观和体验，而在数字化时代，人们可以通过虚拟现实、增强现实等技术，进行更加丰富多样的消费体验，消费体验的多样化，使得人们可以更加身临其境地感受到文化和旅游的魅力，增强了消费的乐趣和吸引力。

（二）个性化

数字文旅消费行为具有个性化和定制化的消费特征。在数字化时代，消费者可以根据自己的兴趣爱好和需求，选择符合个性化需求的文化旅游产品和服务。比如，一些消费者可能更倾向于参与虚拟旅游，而另一些消费者则更喜欢线下实地参观。这种个性化和定制化的消费特征，使得数字文旅消费行为更加符合消费者的个性化需求，提升了消费体验和满意度。

---

① 夏杰长、贺少军、徐金海：《数字化：文旅产业融合发展的新方向》，《黑龙江社会科学》2020 年第 2 期。

首先，随着经济的发展和生活水平的提高，消费者越来越注重旅游体验的独特性和个性化。他们希望通过旅游活动来展示自己的独特品位和个性，满足自我实现的需求。因此，他们更倾向于选择那些能够提供个性化和定制化服务的旅游产品。

其次，互联网和社交媒体的发展，使得消费者能够轻松地获取大量的文化和旅游信息。这使得消费者在选择旅游产品时有更多的比较和参考，从而产生更高的期望和更多样化的需求。为了满足这些期望和需求，旅游企业需要提供更加个性化和定制化的服务。

再次，随着社会经济的发展和人们生活水平的提高，消费者的消费观念也在不断升级。他们更加注重消费的品质和体验，而不仅仅是价格或数量，这种消费观念的转变，使得消费者在追求文化旅游产品时，更加注重其个性化和定制化的服务。另外，虚拟现实技术的应用也为消费者提供了更加沉浸式的文化旅游体验，满足了他们对于个性化体验的需求。

最后，数字文旅消费的定制化，也是当前消费趋势的一个重要特征。消费者希望能够根据自己的需求和偏好，定制符合自己口味的文化旅游产品和服务。他们不再满足于传统的团体旅游方式，而是更加倾向于个性化定制的文化旅游体验。

（三）互动化

在数字化时代，消费者不仅可以线下享受文化旅游产品和服务，还可以通过互联网平台进行互动和参与。比如，一些文化旅游平台提供了用户评论、分享和互动的功能，消费者可以通过这些方式，与其他消费者进行交流和分享自己的文旅体验。这种互动性和参与性的消费特征，使得数字文旅消费行为更加具有社交性和参与性，增强了消费者的参与感和归属感。

首先，数字文旅消费特征的互动性，体现在消费者与文化旅游产品之间的互动程度上。传统的文化旅游消费往往是一种被动的体验，消费者只能通过观赏或参与一些简单的活动来感受文化的魅力。随着数字化时代的到来，虚拟现实、增强现实等技术手段使消费者可以更加直观地感受到文化旅游产品所蕴含的历史、艺术和民俗等元素。比如，利用虚拟现实技术，消费者可以仿佛置身于古代建筑之中，亲身感受古人的生活场景，这种互动性大大提升了消费者的体验感和参与度。

其次，数字文旅消费特征的参与性，体现在消费者对文化旅游产品的参与程度上。在传统的文化旅游消费中，消费者往往只是被动地接受文化产品的呈现，缺乏主动参与的机会。而在数字化时代，文旅消费更加注重消费者的参与性，消费者甚至可以参与到文化旅游产品的创作和设计中。比如，一些文化旅游景点会推出互动体验项目，让消费者直接参与文化传承，如制作传统手工艺品、参与民俗表演等。这种参与性大大提升了消费者对文化旅游产品的认同感和忠诚度。

（四）社交化

数字文旅消费行为呈现出社交化的特点。这是由于旅游活动本身就具有很强的社交属性。人们通常会与家人、朋友或同事一起出游，共同体验和分享旅行中的快乐和难忘的时刻。数字文旅平台能够提供便捷的社交功能，如组队旅游、分享行程等，可以让消费者在旅游过程中更加方便地与他人进行互动和交流。

社交媒体的广泛使用使消费者习惯于通过社交媒体来分享自己的生活和旅行经历。消费者希望通过数字文旅平台来分享自己的旅游体验和感受，与他人进行互动和交流，分享自己的旅游心得和攻略。他们在旅游消费之前，也会在社交媒体上搜索评价并进行对比，选择出自己最满意的一种旅游产品。这种信息交流不仅能够帮助消费者更好地规划和安排旅行，还能够增加他们的旅游乐趣和参与感。为了满足这种消费特征，文化和旅游产业需要充分利用社交媒体和数字技术来创新产品和服务模式，提供更加便捷和有趣的社交功能和服务选择，以吸引消费者并保持市场竞争力。

（五）年轻化

数字文旅的消费者群体通常具有一定的年轻化特征。随着数字技术的发展，年轻人成为数字时代的主力军。他们的生活习惯、消费行为和价值观念，都与数字技术密切相关。在这种背景下，数字文旅作为一种新型的旅游方式自然会受到年轻人的青睐。

首先，年轻人通常对新技术有着更高的接受度和更强的学习能力。他们更加熟悉和依赖数字技术，如智能手机、社交媒体、在线支付等，这些技术在数字文旅中得到了广泛应用。年轻人的这种消费习惯，使得数字文旅呈现出年轻化的特点。

其次，年轻人对旅游体验有着更高的要求，他们不仅关注旅游目的地的景点和文化，还关注整个旅游过程中的体验感受。数字文旅能够提供更加便捷、高效和有趣的旅游服务，如智能导游、虚拟现实（VR）体验等，这些服务能够为年轻人带来更加丰富和深入的旅游体验。

最后，年轻人更加注重个性化和定制化的消费体验。他们希望通过旅游活动来展示自己的独特品位和个性，满足自我实现的需求。数字文旅能够提供丰富多样的产品选择和个性化的服务，正好满足了年轻人的消费需求。

因此，在激烈的市场竞争中，旅游企业需要不断创新和提升产品质量以吸引消费者。年轻人是旅游市场的主要消费群体之一，因此旅游企业会更加注重满足年轻人的需求，提供更加年轻化和高科技化的产品和服务。

（六）科技化

随着生活水平的提高，消费者对于旅游体验的要求也越来越高，科技化的消费特征也日益明显。他们不再满足于传统的旅游方式，而是追求更加便捷、高效和有趣的旅游体验。科技化的产品和服务，正好能够满足消费者的这些需求，如在线预订、电子支付、智能导航等，这些科技应用为消费者带来了更加便捷和舒适的旅游体验。同时，互联网和移动设备的普及，使得消费者能够轻松地获取大量的文化和旅游信息。他们可以通过在线搜索引擎、社交媒体、旅游论坛等途径，来获取所需的信息，并根据这些信息做出旅游决策。科技化的信息获取渠道为消费者提供了更加丰富和深入的旅游信息，同时也促进了他们的科技化消费行为。因此，在激烈的市场竞争中，旅游企业需要不断创新和提升产品质量以吸引消费者。科技化为旅游企业提供了新的机遇和挑战，通过引入科技元素来创新产品和服务模式成为吸引更多消费者的重要手段之一。

三 文旅消费偏好

消费偏好是指由于消费者对某种品牌的信任或使用习惯，特别喜爱和偏爱某种商品，进而经常地购买和使用①。随着数字化技术的迅猛发展，消费者对于文旅产品和服务的需求也在不断变化，文旅消费者的消费偏好成为一个备受关注的话题。在数字化时代，消费者的消费偏好受到多种因素的影响，包括个人喜好、社会文化、经济状况等。因此，了解数字文旅消费者的消费偏好，对于文旅行业的发展至关重要。

（一）对数字技术的偏好

数字技术是数字文旅的核心，人们对于数字技术的需求也越来越高。2020年10月，中国信息通信研究院发布的《全球数字经济新图景（2020年）——大变局下的可持续发展新动能》指出，全球经济数字化发展趋势愈加明显，传统产业加速向数字化、网络化、智能化转型升级，数字经济规模持续扩大，数字经济增加值规模由2018年的30.2万亿美元扩张至2019年的31.8万亿美元，规模增长了1.6万亿美元，数字经济已成为全球经济发展的新动能②。

首先，数字技术为消费者提供了更便捷的消费方式。通过数字化平台，消费者可以轻松地预订门票、酒店和交通工具，避免了排队等候和烦琐的手续办理。此外，数字化平台还可以提供实时的导航和推荐服务，帮助消费者更好地选择景点和规划行程，大大提高了旅行的便利性和效率。

其次，数字技术为消费者带来了更丰富的消费体验。通过虚拟现实、增强现实和全息技术，可以为消费者呈现更加生动、多样和趣味的文化和旅游内容。消费者可以通过数字技术参与互动体验，身临其境地感受文化景观和历史故事，从而获得更加深刻和丰富的消费体验。

最后，数字技术为消费者提供了更个性化的消费选择。通过大数据和

---

① 万克德、董洪日：《市场经济知识手册》，山东大学出版社，1993，第219页。
② 《全球数字经济新图景（2020年）——大变局下的可持续发展新动能》，中国信息通信研究院，http://www.caict.ac.cn/kxyj/qwfb/bps/202010/P020201014373499777701.pdf。

人工智能技术，数字文旅平台可以根据消费者的兴趣爱好和消费习惯，为他们推荐个性化的文化活动和旅游线路，满足其个性化的消费需求。消费者可以根据自己的喜好和需求，定制专属的文化体验活动，获得更加个性化和满意的消费体验。

（二）对沉浸体验的偏好

消费者在对旅游产品进行选择时，由于选择越来越多，对于旅游体验的要求越来越高，不再满足于传统的观光旅游方式，而是追求更加真实和深入的体验，更加偏好沉浸式的旅游方式。沉浸式旅游能够为消费者提供更加真实的体验，使他们仿佛身临其境，感受目的地的文化、历史和风俗。同时，随着科技的发展，沉浸式旅游得到了技术支持。数字文旅通过 AR、VR 和数字孪生等技术，为文化的传承和保护注入新动力，为消费者带来沉浸式与场景化的升级体验，同时也创造了新的经济增长点。据统计，2023年暑期，24 家全国智慧旅游沉浸式体验新空间网络传播受众达 3.4 亿人次，消费同比增长 200% 以上，营收总额超过 1 亿元，消费人数达 300 万人次[①]。沉浸式旅游能够引发消费者的情感共鸣和认同感，可以让消费者更好地了解目的地的文化内涵和人文精神，使其产生情感上的共鸣和认同，从而促进消费。为了满足这种消费偏好，文化和旅游产业需要充分利用科技手段来创新产品和服务模式，提供更加丰富和深入的沉浸式旅游体验，以吸引消费者并保持市场竞争力。

（三）对文化体验的偏好

消费者对于旅游目的地的文化有着强烈的认同感和好奇心，希望通过旅游来更好地了解和体验不同的文化背景和传统习俗，从而满足自己的文化需求。越来越多的年轻消费人群开始注重追求旅游品质，主要体现在对文化元素的追求上，马蜂窝旅游发布的《NEW WAVE 年轻人品质旅游报告》显示，2020 年国内文化类景区门票的订单占比同比提升 11.3%[②]。消

---

① 《文化和旅游部组织开展智慧旅游沉浸式体验新空间试点培育工作》，中华人民共和国文化和旅游部网站，https://www.mct.gov.cn/vipchat/home/site/2/420/abstract/2023092211592839.html。

② 孙九霞：《文旅新消费的特征与趋势》，《人民论坛》2022 年第 5 期。

费者希望通过数字技术和互联网平台了解更多的文化信息，深入了解当地的历史、文化和风俗习惯。消费者喜欢通过数字文旅平台参加文化活动、体验传统文化、感受文化氛围。比如，通过数字文旅平台，消费者可以参加民俗节庆、传统手工艺制作、文化讲座等活动，感受文化的魅力。同时，人们对于数字文旅中的文化和旅游体验的需求也越来越高。他们希望通过数字文旅来了解不同的文化，体验不同的旅游景点，享受更加便捷和多样化的文化和旅游体验。

（四）对互动体验的偏好

消费者对于旅游体验的要求越来越高，他们不再满足于被动地接受信息和服务，而是希望通过互动和参与，来获得更加丰富和深入的体验。互动体验能够增强消费者的参与感和互动性，使他们成为旅游活动的积极参与者，而不仅仅是旁观者。首先，消费者希望能够通过数字文旅平台，与目的地的文化和历史进行互动，通过虚拟现实技术，身临其境地感受目的地的风土人情，了解当地的历史和文化。其次，消费者对互动体验的消费偏好源自其对于新鲜感和刺激性的追求。互动体验能够激发消费者的好奇心和探索欲，使其在数字化的文旅环境中获得身临其境的体验。在传统的文旅消费中，消费者往往只是被动地接受文化信息和景观，而数字文旅则赋予了消费者更多的参与性和体验性，满足了其对于新奇和刺激的追求。最后，消费者在数字文旅中对互动体验的消费偏好也受到了社交需求的影响。随着社交媒体的普及和互联网的发展，消费者对于社交化体验的需求日益增强。数字文旅提供了丰富多样的互动体验，消费者可以通过分享、互动和参与，与他人共同营造独特的文旅记忆，满足了其对于社交化体验的渴望。

（五）对价格优势的偏好

数字文旅的消费偏好还体现在对性价比的追求上。价格是影响消费者消费决策的重要因素之一，人们希望通过更加合理和透明的价格，享受到更加优惠和实惠的消费体验。随着数字技术的普及和互联网的发展，数字文旅的价格相对于传统旅游方式更加灵活和透明。消费者更倾向于选择价格适中、服务质量高的文旅产品，以平衡成本与体验。例如，越来越多的年轻人在旅游时，会选择在美团、抖音、携程等平台上进行团购，选择更具性价比的旅游产品。随着数字技术的不断发展和消费者需求的不断增加，数字文旅的性价比将会成为消费者选择旅游产品的重要考量因素。因此，企业应该不断提升产品性价比，推出多样化的产品供消费者选择，满足消费者多样化的需求，促进数字文旅行业的健康发展。

（六）对服务质量的偏好

数字文旅的消费偏好还包括对于服务质量的追求。数字文旅消费者更加注重体验式消费，希望数字文旅能够提供更加优质和周到的服务，让他们感受到更加舒适和愉悦的消费体验。首先，消费者对服务质量有着较高的要求，希望通过数字化平台快速、便捷地获取信息和预订服务。数字文旅服务平台需要为用户提供友好的界面和高效的预订系统，以满足消费者对便利性和效率的需求。其次，消费者对数字文旅服务质量的追求还体现在服务的专业性和可信度上。他们希望数字文旅平台能够提供专业的导览解说和文化传播服务，确保所提供的信息具有权威性和可信度。最后，消费者对于服务平台的服务质量也有较高的要求，包括安全性、隐私保护和客户服务等方面。因此，数字文旅平台需要不断提升自身的服务质量，以满足消费者对优质文化旅游体验的需求。

四　文旅消费模式

消费行为学在市场营销学中占有举足轻重的地位，许多学者对其进行了大量研究，并且提出许多模型，其中比较有代表性的消费者行为模式包括 5W+1H 模式、EKB 模式等。其中 EKB 模式是由 Engel、Kollat 和 Blackwell 三位学者提出的，也叫作恩格尔模型，该模式认为消费者的决策是一个问题解决的过程，包括了问题确认、信息搜寻、方案评估、购买选择以及购后反应五个决策阶段[①]。

---

① 　赖胜强、唐雪梅：《口碑营销的宏微观效应研究》，吉林大学出版社，2021，第 67 页。

（一）问题确认——网络信息的影响

问题确认阶段始于消费者知觉到理想状况和实际状况存在差异时产生的问题认知。随着数字文旅的发展，人们通过互联网和社交媒体可以接触到多种多样的旅游信息以及推荐，这提高了他们对数字化旅游的期望。对于旅游目的地而言，可以通过网络信息传播，让游客在出游前对其形成初步的形象感知，从而激发游客出游意向和购买决策[1]。

在互联网和大数据发展如此快速的今天，铺天盖地的信息对消费者旅游决策产生的影响也是双面的。旅游者在前往一个地方旅游之前会受到网络营销以及评论的影响，有的消费者看到这些营销信息会想要去亲身体验一下，然而过度营销也会引发一些消费者的反感，从而影响其旅游消费决策。

（二）信息搜寻——信息渠道多样化

数字文旅中，消费者的行为模式呈现出信息获取途径和决策过程多样化的特点。研究发现，通过社交媒体平台进行信息搜索后产生旅游产品购买行为的消费者比例显著[2]。

首先，在数字化时代，消费者获取信息的渠道变得更加多样化。消费者可以通过互联网、社交媒体、手机应用等多种渠道，获取关于文化旅游的信息。因此，消费者的决策过程也变得更加复杂，消费者会比较不同渠道和来源的信息，进行深入的调研和分析，最终做出更加理性和符合个人需求的决策。此外，信息获取渠道的多样化也使得消费者可以更加便捷地了解到不同的文旅产品和服务，从而增加了消费选择的多样性。

其次，信息渠道多样化也使消费者更容易受到不同渠道信息的影响。通过社交媒体，消费者可以看到其他消费者的点评和推荐，从而影响其对文旅产品和服务的看法。此外，数字化渠道还可以通过个性化推荐和广告定位，来影响消费者的消费决策，使得消费者更容易受到不同渠道的影响。

最后，信息渠道多样化也使得文旅行业竞争更加激烈。随着消费者获

---

① Oppermann M，"Tourism destination loyalty"，*Journal of Travel Research*，Vol. 39，No. 1，2000.
② 蔡冰逸、汪锦锦、毛仙仙：《大学生社会媒体情境下旅游信息搜寻行为研究》，《市场周刊》2022 年第 4 期。

取信息途径的增加，文旅企业需要更加努力地吸引消费者的注意力。这可能会导致企业加大营销力度，提升产品和服务质量，以及更加注重消费者体验，从而影响消费者的消费行为。

（三）方案评估——做好旅游攻略

数字文旅中，消费者在这一阶段的行为模式表现为对信息的多样化选择。在互联网时代，旅游攻略和景点等相关信息十分丰富，大多消费者在进行旅游消费前会进行信息搜寻，对各个方案进行评估，进而形成一份适合自己的旅游攻略。

首先，在消费前，消费者可以通过各种在线平台和应用程序，获取丰富的旅游信息，包括目的地介绍、景点推荐、交通路线、住宿餐饮、旅游攻略等，从而提前做好旅游准备。这对旅游消费者后续的出行提供了极大的便利，可以减少很多麻烦，降低旅游的"踩坑"概率，从而提升旅游消费者的旅游体验。

其次，数字文旅使消费者能够更加个性化地定制旅游行程。通过在线平台，消费者可以根据自己的兴趣爱好和时间安排，自由选择目的地、景点和活动，制定符合自己需求的旅游攻略。而且，他们还可以通过查看其他游客的评价和建议，更好地了解目的地的特色和实际情况，从而避免盲目跟风和走马观花。

最后，数字文旅为消费者提供了更便捷和安全的旅游预订服务。在制定旅游计划时，消费者可以直接通过在线平台预订机票、酒店、门票和导游等服务，节省了时间和成本，同时也降低了信息不对称带来的纠纷风险。这不仅节省了时间和金钱，还提高了旅游的安全性和可靠性。

（四）购买选择——偏向个性化需求

数字文旅中，消费者在这个阶段的行为模式表现为个性化和定制化需求增加。随着社会经济的发展和人们生活水平的提高，消费者对于文化旅游的需求不再局限于传统的旅游线路和景点，而是更加倾向于个性化和定制化的文旅产品和服务。他们希望能够根据自己的兴趣爱好和需求，定制符合个人口味的文旅体验。因此，数字文旅企业需要更加关注消费者的个性化需求，提供多样化的产品和服务。

首先，个性化需求是消费者表达自我和展示个性的一种方式。在社交媒体的普及下，人们越来越重视自我身份的建构和展示。通过选择个性化的数字文旅产品和服务，消费者可以表达自己的独特品位和价值观，展示自己的生活方式和审美取向。

其次，个性化需求是消费者对于个性化体验和服务的追求。在数字文旅消费中，消费者希望能够获得符合自己特殊需求和偏好的产品和服务。通过个性化需求，消费者可以获得更加贴心和个性化的体验，提高消费满意度和忠诚度。比如，一些消费者会选择参加私人定制的文化体验活动，享受专属的服务和关怀，满足自己对个性化体验的追求。

最后，个性化需求也是消费者个人价值和情感诉求的体现。在数字文旅消费中，消费者希望通过选择符合自己个人价值观和情感需求的产品和服务，实现自我认同和情感连接。通过个性化需求，消费者可以找到与自己志同道合的文旅产品和服务，建立情感共鸣和纽带。比如，一些消费者会选择参加具有特定主题和情感共鸣的文化活动，分享共同的情感体验。

（五）购后反应——注重情感与体验

在数字化旅游时代，数字文旅消费者更加注重体验和情感共鸣，希望通过文化和旅游活动获得愉悦和满足，追求与自然、历史、艺术等元素的情感共鸣。情感体验也影响了消费者对于数字文旅产品的忠诚度和复购率。当消费者在单次消费中获得了愉悦和满足的情感体验后，更有可能再次选择同样的产品或者将该产品推荐给他人。因此，数字文旅提供商需要注重产品的情感设计，以吸引并留住消费者。

注重情感与体验的消费者更加倾向于选择能够唤起情感共鸣的数字文旅产品，希望通过产品所呈现的文化、历史和风土人情来获得情感上的满足。比如，一些数字文旅产品通过虚拟现实技术呈现历史名胜的场景，让消费者仿佛置身其中，这种沉浸式的体验能够深深吸引注重情感体验的消费者。

注重情感与体验的消费者希望能够在数字文旅产品中找到与自己情感

和兴趣相关的内容和服务。因此，数字文旅企业需要通过大数据分析和个性化推荐算法，为消费者提供符合其需求的个性化体验，从而增强消费者的满意度和忠诚度，进而提高产品或服务的复购率。

第四节 强化数字文旅需求管理

通过分析数字文旅的消费行为，可以更好地迎合游客消费偏好，促进数字文旅产业升级。同时，为了更好地满足游客的需求、提升游客体验，强化数字文旅的需求管理也是十分重要的。强化数字文旅的需求管理，可以更好地了解游客的需求，从而根据游客需求调整服务的内容、提升服务的质量。强化数字文旅的需求管理，可以更好地了解市场需求，从而灵活调整服务和产品的定价、升级和创新旅游产品，从而更好地迎合游客的消费偏好，提升旅游效益。

一 文旅需求挖掘

（一）加强用户管理

在进行数字文旅需求挖掘时，用户管理是非常重要的一环。用户管理是指通过科学的方法和技术手段，对用户进行有效的识别、分类、分析、跟踪和管理，以实现对用户的有效管理和服务。

首先，要加强用户需求分析，其目的是更好地为旅游决策提供依据。具体来讲，旅游需求的准确预测不但可以为政府旅游规划决策提供重要依据，还可以有效服务于旅游服务供应链上的各个环节，实现上下游的有效协同。对于经常使用数字平台的游客，尤其是数字平台注册用户，应当通过数字平台查询其信息服务记录，分析其旅游消费行为和个性化信息需求[1]。可以通过问卷调查、用户反馈等方式对用户需求进行调查和分析，了解用户的需求和期望，以更好地为用户提供服务，满足用户的需求和期望。

---

[1] 徐岸峰、王宏起：《数字平台生态系统视角下智慧旅游服务创新模式研究》，哈尔滨工业大学出版社，2021，第94页。

其次，要加强用户的沟通管理，了解用户的需求。通过各种方式，如问卷调查、用户访谈、社交媒体互动等，可以更加直接地了解用户的需求和反馈，从而及时调整产品和服务，提高用户满意度。

再次，要提升用户参与度，即用户参与数字文旅的程度。数字文旅可以通过各种方式提高用户的参与度，如提供互动体验、开展线上活动等。通过提高用户的参与度，数字文旅可以更好地吸引用户，提高用户的满意度和忠诚度。

最后，要提高用户体验质量。用户体验是指用户在使用数字文旅时的感受。数字文旅可以通过提供良好的用户界面、优化用户流程等方式，提高用户的体验质量。通过提高用户体验质量，更好地满足用户的需求和期望，提高用户的满意度和忠诚度。

（二）进行市场研究

通过对市场趋势、竞争对手、新技术等方面的研究，可以更好地把握市场的需求和变化，及时调整产品和服务，以满足市场的需求。随着数字化时代的到来，文旅行业也面临着新的挑战和机遇。只有通过深入研究市场趋势、竞争对手和新技术，才能更好地把握行业发展的脉搏，满足客户需求，保持竞争优势。

首先，随着社会经济的不断发展，人们对文旅产品和服务的需求也在不断变化。比如，随着年轻一代消费者的增多，对文旅产品的品质和体验要求也越来越高。因此，需要通过市场调研和数据分析，及时了解消费者的需求和喜好，以便及时调整产品和服务，满足市场需求。

其次，了解竞争对手的产品和服务特点、市场份额、营销策略等信息，可以帮助企业更好地制定自己的发展策略。通过对竞争对手的分析，可以找到自身的优势和劣势，从而有针对性地进行产品创新和市场定位，提升竞争力。

最后，随着人工智能、大数据、云计算等新技术的不断发展和应用，文旅行业也在不断进行数字化升级。通过研究和应用新技术，可以提升产品和服务的质量和效率，提升用户体验，降低成本，实现可持续发展。

（三）强化数据分析

随着数字文旅的快速发展，分析和挖掘需求管理数据变得愈发重要。通过对市场需求数据、用户行为数据、资源优化数据等方面的分析和挖掘，可以深入了解用户的需求和行为，为产品的改进和优化提供数据支持。

首先，通过对市场需求数据进行分析和挖掘，可以更好地了解不同地区和群体的旅游偏好和需求特点，为文旅资源的开发和推广提供有力的数据支持。比如，通过对不同地区的旅游热点和旅游产品的需求进行分析，可以有针对性地开发相应的文旅产品，提高产品的市场竞争力和吸引力。同时，对市场需求数据的挖掘，也可以帮助企业更好地把握市场动向，及时调整产品策略，提高市场反应速度和产品灵活性。

其次，通过对用户行为数据进行分析和挖掘，可以更好地了解用户的偏好和行为习惯，进而为消费者提供个性化的服务和产品。随着互联网和移动设备的普及，用户行为数据成为数字文旅需求管理中的重要数据来源。比如，通过分析用户在平台上的浏览和搜索行为，可以为用户推荐更符合其兴趣和需求的文旅产品和活动，提高用户体验感和满意度。同时，对用户行为数据的挖掘，也可以帮助企业发现潜在的用户需求和市场机会，为企业的产品创新和市场拓展提供有力的支持。

最后，通过对资源优化数据进行分析和挖掘，可以更好地了解资源的利用率和效益，为企业提供科学的决策依据。资源优化是数字文旅发展中的一个重要环节，通过对资源的合理配置和利用，可以提高文旅产品的吸引力和竞争力。比如，通过对景区和文化资源的游客流量和满意度数据进行分析，可以帮助景区和文化机构优化资源配置，提高资源利用效率和游客满意度。同时，对资源优化数据的挖掘，也可以帮助企业发现资源的潜在价值，为企业的资源开发和利用提供新的思路和方向。

（四）完善需求管理

建立健全需求管理机制，对于数字文旅行业的发展至关重要。通过建立完善的需求管理流程和机制，可以更好地收集、分析和落实用户的需求，确保产品和服务能够及时、准确地满足用户的需求。

首先，需求识别和收集是需求管理的第一步。数字文旅企业需要通过市场调研、用户反馈等手段，及时准确地识别和收集用户的需求。只有深入了解用户的需求，才能有针对性地进行产品和服务的开发和改进。

其次，需求分析和优先级确定是需求管理的核心环节。在收集到用户需求后，文旅企业需要对需求进行分析和评估，确定需求的优先级和紧急程度。通过科学的方法和数据支持，制订合理的需求实施计划，确保资源的有效分配和利用。

再次，需求变更管理是需求管理的重要环节。随着市场和用户需求的变化，数字文旅产品和服务的需求也会发生变更。因此，企业需要建立灵活的需求变更管理机制，及时响应和适应市场变化，确保产品和服务始终能够满足用户的需求。

从次，需求跟踪和评估是需求管理的持续环节。企业需要建立完善的需求跟踪和评估机制，及时了解产品和服务的使用情况和用户反馈，不断优化和改进产品和服务，确保其持续满足用户的需求。

最后，需求管理机制的建立需要有明确的责任人和流程。企业需要明确需求管理的责任人和流程，建立健全需求管理制度和规范，确保需求管理工作有序推进，达到预期的效果。

二　文旅需求识别

（一）基础需求

基础需求是指用户对于文化旅游产品和服务的基本要求，如安全、便利、舒适等。在数字化时代，数字文旅企业需要不断提升自身的服务水平，满足消费者日益增长的旅游需求，为其提供更加丰富、便捷、安全、愉悦的旅游体验。

首先，最基本的需求就是安全需求。随着旅游产业的发展和旅游方式的转变，旅游者对旅游安全保障服务的需求愈发迫切[①]。在旅游过程中，消

---

① 　王佳欣、张再生：《基于游客需求视角的旅游公共服务供给次序研究》，《贵州社会科学》2017 年第 7 期。

费者首先关注的是自身的安全，希望得到安全可靠的产品和服务，通过平台提供的安全支付、保险保障、紧急救援等服务，确保自己在旅行中的安全，避免发生意外。因此，企业需要重视安全管理工作，确保产品和服务的安全可靠性，提高消费者的安全感，增强其信任感和满意度。

其次，基础需求还包括舒适需求。消费者希望在旅游过程中，能够享受到舒适的环境和服务。企业应该注重产品和服务的舒适性设计，提供舒适的住宿环境、舒适的交通工具、舒适的用餐体验等，满足消费者的舒适需求。

最后，随着数字技术的发展，消费者对于旅游过程中的便利性要求越来越高，希望能够通过数字平台轻松地完成旅游产品的预订和购买，获取旅游信息和导航服务，享受便捷的旅游体验。因此，企业需要通过技术手段提供便利的服务，满足消费者对便利的需求。

（二）个性需求

个性需求指用户对于文化旅游产品和服务的个性化要求，如个性化定制旅游线路、个性化推荐文化活动等。在数字化时代，个性需求的重要性愈发凸显，管理者需要通过数据分析和智能推荐等手段，更好地满足用户的个性需求，从而提升用户满意度和忠诚度。消费者的个性需求体现在以下几个方面。

首先，消费者希望能够体验到更加个性化的行程规划。传统的旅游团通常安排固定的行程和景点，但在数字化时代，消费者更希望根据自己的兴趣和需求来定制行程。数字技术可以通过智能算法和大数据分析，为消费者提供个性化的行程建议，包括推荐适合的景点、活动和餐厅等。

其次，消费者希望体验到更加个性化的服务。在旅途中，消费者可能会遇到各种问题，希望能够通过数字化平台，随时随地获得帮助和支持。数字文旅可以通过在线客服、即时通信和虚拟导游等方式，为消费者提供个性化的服务和支持。

最后，消费者还希望能够有更加个性化的文化体验。文化旅游是数字文旅的核心内容之一，消费者希望能够通过数字化平台了解当地的文化、历史和传统，参与到更加深入和丰富的文化体验中。数字文旅可以通过虚拟现实、增强现实和互动体验等技术，为消费者打造更加个性化和沉浸式的文化体验。数字文旅企业应该根据消费者的需求，不断推陈出新，提供更加个性化、高品质的旅游产品和服务，推动数字文旅行业的快速发展。

（三）体验需求

体验需求是指用户对于文化旅游产品和服务的体验要求，如文化活动的丰富性、文化场馆的互动性等。在数字化时代，用户对于文化旅游产品和服务的体验要求越来越高。管理者需要通过数字化手段，提升文化旅游产品和服务的体验性，从而吸引更多用户并提升用户满意度。

随着数字技术的发展，消费者在数字文旅中对个性化体验的需求越来越高。数字文旅平台应该根据消费者的兴趣爱好和需求，提供个性化推荐和定制化服务，让消费者在数字文旅中能够得到符合自己品位的文化体验。同时，消费者在数字文旅中对交互体验的需求也越来越高。数字文旅不同于传统的文化旅游，它更加注重消费者与文化之间的互动。

因此，数字文旅平台需要提供丰富多样的互动体验，比如虚拟参观、互动展览、在线讲座等，让消费者能够更加深入地参与到文化体验中去。数字文旅平台应该充分考虑这些需求，提供优质的文化体验服务，满足消费者对于文化的追求。只有这样，数字文旅才能够真正吸引消费者，成为人们获取文化信息和体验文化的首选方式。

（四）情感需求

情感需求是指用户对于文化旅游产品和服务的情感体验要求，如对于文化活动的情感共鸣、对于文化场馆的情感认同等。在数字化时代，用户对于文化旅游产品和服务的情感需求愈发凸显。管理者需要通过数字化手段，提升文化旅游产品和服务的情感体验性，从而拉近用户与文化的距离，提升用户的情感认同。

首先，消费者的情感需求包括对于文化传承和历史传统的情感认同和情感共鸣。数字文旅通过数字化的方式，将文化遗产和历史景观呈现给消费者，让消费者能够在虚拟的世界中，感受到真实的历史文化氛围，从而激发其对文化传承和历史传统的情感认同和情感共鸣。消费者希望通过数字文旅，更加深入地了解和感受自己所关注的文化和历史，从而增强自己的文化认同感和自豪感。

其次，消费者的情感需求还包括对于情感交流和社交互动的需求。数字文旅不仅仅是单向的文化体验，更是一种可以促进人与人之间情感交流和社交互动的平台。消费者希望通过数字文旅与他人分享自己的文化体验和感悟，与他人交流自己的情感体验和情感共鸣，从而丰富社交圈子，增进人际关系，满足自己对于情感交流和社交互动的需求。

最后，消费者的情感需求还包括对于个性化和定制化体验的需求。随着数字技术的不断发展和应用，数字文旅已经可以精准匹配消费者个性化需求，为其提供定制化体验活动。消费者希望通过数字文旅获得与众不同的文化体验，满足自己特定的情感需求和情感体验，从而获得更加个性化和定制化的文化旅游体验。

三　文旅需求匹配

（一）完善需求管理机制

需求管理机制是指对游客需求进行全面、系统地管理和分析的一种机制，它能够有效指导数字文旅的发展方向，提高游客满意度，促进数字文旅产业的健康发展。在数字文旅的运营中，要建立起完善的需求管理体系，包括需求采集、需求分析、需求评估、需求反馈等环节。通过完善需求管理机制，可以更好地了解旅游者的需求，从而更好地进行需求匹配。在数字文旅的发展过程中，需求管理机制的完善至关重要。

首先，通过对游客的需求进行调研和分析，可以深入了解他们的喜好、习惯和需求，从而为数字文旅的产品和服务提供有针对性的改进和优化建议。此外，需求管理机制还应该结合市场趋势和行业发展动态，及时调整和优化数字文旅的产品和服务，以满足游客不断变化的需求。

其次，通过对游客需求的评估，可以确定数字文旅的发展重点和方向，制定相应的规划和策略。同时，需求管理机制还应该充分考虑资源配置和成本效益，合理规划数字文旅的发展路径，确保其在满足游客需求的同时实现可持续发展。

最后，通过对游客需求的跟踪和反馈，可以及时了解他们对数字文旅产品和服务的满意度和意见建议，为数字文旅的改进和优化提供有力支持。同时，需求管理机制还应该建立健全反馈机制，及时处理游客的投诉和意见，提高数字文旅的服务质量和口碑。

（二）优化数字文旅产品和服务

数字文旅产品和服务是实现需求匹配的重要基础。为此，需要优化数字文旅产品和服务，使其更加贴近旅游者的需求。比如，通过增加个性化定制服务、提供多样化的旅游体验等方式，来满足不同旅游者的需求。

首先，数字文旅产品和服务的优化需要充分发挥数字技术的优势。随着人工智能、大数据、云计算等技术的不断发展，数字文旅产品和服务可以通过智能化、个性化和定制化来提升用户体验。比如，利用大数据分析用户的偏好和行为习惯，为用户提供个性化的推荐服务，满足用户的个性化需求。利用人工智能技术打造智能导览系统，为游客提供更加便捷和精准的导览体验。

其次，数字文旅产品和服务的优化需要注重内容创新和体验设计。优质的内容和精心设计的体验，是数字文旅产品和服务的核心竞争力。文旅机构可以通过挖掘本地文化资源，打造独特的文化体验产品；通过与艺术家、设计师等合作，打造具有创意和艺术感的文旅产品。

最后，数字文旅产品和服务的优化需要注重多方合作和共享发展。数字文旅涉及的领域广泛，需要多方合作才能实现优势互补、资源共享。文旅机构可以与互联网平台、科技企业、文化机构等合作，共同推动数字文旅产品和服务的创新和发展，可以与当地政府、社区组织等合作，共同推动本地文化的传承和保护。

此外，数字文旅产品和服务的优化还需要注重共享发展，通过开放式的合作模式，实现资源共享、利益共享，推动数字文旅产业的共同繁荣。

（三）加强数字技术应用

数字技术是数字文旅发展的重要支撑。通过数字技术的应用，可以更好地实现需求匹配。比如，通过大数据分析、人工智能等技术手段，可以更加精准地了解旅游者的需求，并进行更加精准的需求匹配。

首先，数字技术可以为数字文旅提供更丰富的内容，满足数字文旅产业升级的需求。通过虚拟现实、增强现实等技术，可以将历史文化场景、名胜古迹等，以数字化的形式呈现给游客，使其在虚拟世界中感受到真实的历史文化氛围。这种数字化的内容，不仅可以吸引更多的游客，也可以让游客在体验中获得更多的历史文化知识。

其次，数字技术可以提升数字文旅的服务质量，满足游客对更高质量服务的需求。通过人工智能、大数据分析等技术，可以为游客提供更个性化、更精准的服务。比如，可以根据游客的兴趣爱好推荐适配的文化旅游线路，可以通过大数据分析游客的行为习惯，改进景区的管理和服务，提升游客的满意度。

最后，数字技术还可以拓展数字文旅的营销渠道。通过社交媒体、移动应用等平台，可以将数字文旅的信息传播给更广泛的受众群体，吸引更多的游客。同时，可以通过数字技术为游客提供在线预订、在线购票等便捷服务，提升数字文旅的营销效果和运营效率。

（四）建立合作共赢模式

数字文旅的发展需要各方的共同努力。建立合作共赢的模式，可以更好地实现需求匹配。比如，数字文旅企业可以与旅游行业的其他企业、政府机构等建立合作关系，共同推进数字文旅的发展，实现需求匹配。

首先，各方需要建立起良好的合作关系，共同对数字文旅需求进行统一调控。这需要各方在合作过程中保持诚信、公平和透明，遵守合作协议，尊重彼此的权益。只有在良好的合作关系基础上，才能实现合作共赢。此外，各方需要充分发挥自身优势，共同建立合作共赢模式。

其次，数字文旅的发展需要技术支持、资源整合、市场推广等多方面的支持。各方应该根据自身的特点和优势，积极参与合作，为数字文旅的发展贡献自己的力量。只有各方充分发挥自身优势，形成合作共赢的模式，才能满足数字文旅可持续发展的需求。

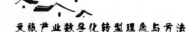

再次，各方还需要加强沟通与协调，形成合作共赢的模式。数字文旅的发展涉及多方面的利益关系，需要各方进行密切的沟通与协调。只有通过充分的沟通与协调，才能有效解决各种问题，推动数字文旅的发展。

最后，需要各方共同努力，形成合作共赢的合作文化。这需要各方在合作过程中，不断学习、不断创新，形成共同的合作理念和合作文化。只有形成合作共赢的合作文化，才能够持续推动数字文旅的发展，满足产业升级的需求，实现文旅需求匹配。

四　文旅需求调控

（一）调控市场需求

调控市场需求是数字文旅需求调控的中心环节。由于社会经济的发展和人们生活水平的提高，数字文旅产业的需求也在不断发生变化。因此，需要根据市场的变化来进行调控。通过市场调研和分析，可以了解不同地区和不同人群对数字文旅产品的需求情况，进而制定相应的市场策略和营销方案，来满足市场需求并调节市场供给。

首先，了解市场需求。通过市场调研，数字文旅企业可以了解消费者对于数字文旅产品和服务的需求和期待，以及他们的消费习惯和行为。随着人们对旅游和文化娱乐需求的增加，数字文旅行业的需求也会随之增加。通过对市场需求的深入了解，把握消费者不断变化的需求，数字文旅企业可以有针对性地开发和推出符合消费者需求的产品和服务，提高市场竞争力。

其次，加强需求管理。在数字文旅行业中，需求管理需要根据市场需求和企业自身实际情况制定合理的需求管理策略，包括产品定位、价格策略、营销策略等，对需求进行引导、调节和控制，以便更好地满足市场需求，提高产品和服务的竞争力。

再次，健全反馈机制。数字文旅企业要与消费者进行沟通和互动，及时了解消费者的反馈和意见。通过建立健全反馈机制和客户服务体系，及时了解消费者对产品和服务的评价和意见，采用科学的预测方法和工具对消费者的需求进行预测，从而及时调整和优化产品及服务，更好地满足消费者的需求。

从次，进行精准营销。数字文旅企业还可以通过差异化定位和精准营销更好地满足不同消费群体的需求，提供个性化的产品和服务，实现市场需求的调控。同时，通过精准的营销策略，数字文旅企业可以将产品和服务推送给潜在消费者，提高市场覆盖率和市场份额。

最后，加强产业合作。数字文旅企业还可以通过与其他相关产业的合作和整合，实现市场需求的调控。通过与这些产业的合作和整合，数字文旅企业可以更好地整合资源，提供更丰富和多样化的产品和服务，满足消费者不断增长的需求。

（二）升级产品服务

随着消费者需求的不断变化和数字技术的不断发展，数字文旅产品和服务的优化和升级变得至关重要。数字文旅行业可以通过不断优化和升级产品和服务，来满足消费者的需求，提高消费者的满意度，从而调节需求。

首先，数字文旅产品和服务的优化和升级需要从技术和平台的角度进行。随着人工智能、大数据和云计算等技术的不断发展，数字文旅企业可以利用这些技术来提升产品和服务的质量，满足消费者对于高质量产品及服务的需求。比如，通过人工智能技术，可以实现个性化推荐和定制化服务，满足消费者个性化需求。通过大数据分析技术，可以深入了解消费者行为和偏好，从而优化产品和服务的设计和营销策略。通过云计算技术，可以实现产品和服务的智能化管理和运营。此外，数字文旅企业还可以利用互联网平台拓展产品和服务的覆盖范围，提升产品和服务的可及性和便利性。

其次，数字文旅产品和服务的优化和升级需要从内容和体验的角度进行。数字文旅企业可以通过丰富和优质的内容来吸引消费者，提升产品和服务的吸引力和竞争力。比如，可以通过数字化技术来呈现丰富多样的文化遗产和旅游资源，为消费者提供更加丰富和深入的文化体验，提升消费者的参与感和满意度。

最后，数字文旅产品和服务的优化和升级需要从管理和运营的角度进行。数字文旅企业可以通过建立健全管理体系和运营机制，提升产品和服务的可持续发展能力。比如，可以建立完善的数据安全和隐私保护机制，保障消费者的权益，同时建立高效的供应链和服务网络，提升产品和服务的交付效率和质量，不断改进、完善产品和服务的质量和性能，满足市场需求。

（三）加强技术创新

加强技术创新是数字文旅需求调控的基础，数字文旅行业作为一个竞争激烈的行业，市场需求受到市场竞争的影响。因此，行业企业可以通过提高自身的竞争力来调节市场需求。可以通过提升品牌知名度、降低成本、提高产品质量等方式，来增强自身的竞争力，从而影响市场需求。

首先，数字文旅企业需要加强自身的创新能力。随着科技的不断进步，新技术、新产品和新模式层出不穷，数字文旅企业必须不断进行技术创新和业务模式创新，以满足消费者不断变化的需求。比如，可以通过引入人工智能、大数据分析等技术，提升产品和服务的个性化和智能化水平，从而提高自身的竞争力。

其次，数字文旅企业需要加强品牌建设和营销推广。在竞争激烈的市场环境下，品牌是企业竞争力的重要体现。数字文旅企业应该树立良好的品牌形象，提升品牌知名度和美誉度，吸引更多的消费者。同时，通过多样化的营销推广手段，如线上线下相结合的营销活动、社交媒体营销等，提升产品和服务的曝光度和影响力，从而扩大市场需求。

最后，数字文旅企业需要加强产业的合作与融合。数字文旅产业是一个多元化、交叉融合的产业，与旅游、文化、科技等多个领域有着密切的联系。数字文旅企业可以通过与其他相关产业的合作，实现资源共享、优势互补，提升自身的综合竞争力。比如，可以与旅行社、文化机构、科技公司等展开合作，共同推出跨界产品和服务，满足消费者多样化的需求。

（四）完善政策法规

随着数字技术的不断发展和普及，数字文旅在全球范围内得到了迅猛发展，成为旅游业的新热点。然而，随之而来的需求过剩和市场混乱问题也日益突出，因此，需要通过政策法规来进行需求调控。政府可以通过制定相关政策和法规，利用税收政策、补贴政策、监管政策等引导和调控需求，促进行业的健康发展。

首先，政府可以通过出台相关的产业政策引导数字文旅产业的健康发展。比如，可以制定专门的数字文旅产业发展规划，明确数字文旅的发展方向和目标，同时加大对数字文旅企业的扶持力度，鼓励企业进行技术创新和产品升级，提高数字文旅产品的质量和竞争力。

其次，政府可以通过加强监管和规范市场秩序来进行需求调控。强化旅游市场监管的必要性在于保护消费者权益、促进旅游市场的健康发展、维护社会稳定和提升旅游业的国际竞争力[①]。建立健全数字文旅市场监管体系，加强对数字文旅企业的监督管理，规范数字文旅产品和服务的质量标准，严厉打击虚假宣传和欺诈行为，维护市场秩序，以保护消费者权益。

再次，政府还可以通过税收政策和财政补贴来进行需求调控。对于符合政府政策导向和发展方向的数字文旅企业，可以给予税收优惠和财政补贴，降低企业成本，增强市场竞争力，同时对于市场需求过剩的领域，可以适当提高税收，引导市场资源向其他领域转移，实现需求的合理调控。

最后，政府还可以通过加强行业自律和企业内部管理来进行需求调控。通过鼓励数字文旅企业自觉遵守行业规范和道德规范，加强行业自律，规范市场行为，共同维护数字文旅市场的良好秩序。

---

① 屈文丽、胡益萍、唐小琳、薛鸿舰：《旅游市场监管现状综述与体制规范完善措施》，《现代企业》2022 年第 8 期。

第五章
文旅业态数字化升级

从产业发展历程看，技术发展能够打破现有的产业体系，重塑整个产业体系。全球数字化时代已经到来，数字文旅开始重塑文化和旅游业，创新数字文旅商业模式、拓展数字文旅场景应用、优化数字文旅产品体验、提升数字文旅服务效能，让优秀文化资源借助数字技术"活起来"。

第一节　创新数字文旅商业模式

随着数字技术的应用，文旅产业基于获取利益和实现价值的动机，正逐步推动产业组织结构调整，由此带来文旅产业发展模式的变革和业态的发展，形成新的发展动能。近年来，VR（虚拟现实）、AR（增强现实）、XR（扩展现实）、5G（第五代移动通信技术）等数字技术在文旅产业加快应用，诞生了虚拟现实景区、虚拟现实娱乐、数字博物馆等全新的数字文旅业态，为各地文旅行业发展注入新活力、新动能。

一　搭建分析框架

（一）强化市场分析

1. 市场供给分析

虚拟现实、增强现实等数字技术打破了时间和空间的限制，让游客在旅游过程中能够更加深入地了解和体验当地的文化和历史。文旅企业积极通过元宇宙、虚拟空间、全民共创等，为消费者提供虚实结合、共创共融的新奇体验，与包括文博机构、旅游景区、互联网企业等在内的领域进行合作，通过合作整合资源，提高数字文化体验旅游产品的供给质量，并实现线上线下的互动交融，提升游客的体验效果[1]。虽然数字文旅市场具有巨大的发展潜力和广阔的前景，但也面临着一些挑战，如技术的成熟度不佳、游客的接受度不高、产品的创新性不足等，需要在发展中不断探索和创新。

2. 市场需求分析

从全球来看，相关数据统计显示，全球文旅市场规模正在逐年扩大，预计未来几年仍将保持较快的增长速度。从国内市场看，2022 年国内旅游收入为 20444 亿元，国内游客为 25.3 亿人次[2]；2023 年国内旅游收入为 49133 亿元，同比增长 140.3%，国内游客为 48.9 亿人次，同比增长 93.3%[3]。"特种兵打卡式旅游""盖章式旅游""进淄赶烤"热潮，贵州榕江"村超""村 BA"、"City Walk"爆火，以及"国风国潮沉浸穿越"等新现象、新业态，无不体现数字旅游为文旅产业注入的动力和资源。未来，数字文旅业态的市场规模将会更加庞大。

3. 政策环境分析

数字技术推动文化产业发展的重要动力作用不断增强，《中华人民共和国国民经济和社会发展第十四个五年规划和 2035 年远景目标纲要》将实施文化产业数字化战略作为重要内容，《关于推进实施国家文化数字化战略的意见》将"加快文化产业数字化布局"作为 8 项重点任务之一。2023 年，中共中央、国务院印发《数字中国建设整体布局规划》，为数字文旅基础设施建设指明了方向。《关于深化"互联网+旅游"推动旅游业高质量发展的意见》《文化和旅游部关于推动数字文化产业高质量发展的意见》《国务院办公厅关于进一步激发文化和旅游消费潜力的意见》等政策文件的出台，

---

① 《"Z世代"旅游消费群体将重塑文旅新业态》，百家号，https://baijiahao.baidu.com/s? id=1757123466945574119&wfr=spider&for=pc。

② 《中华人民共和国 2022 年国民经济和社会发展统计公报》，国家统计局网站，https://www.stats.gov.cn/sj/zxfb/202302/t20230228_1919011.html。

③ 《中华人民共和国 2023 年国民经济和社会发展统计公报》，国家统计局网站，https://www.stats.gov.cn/sj/zxfb/202402/t20240228_1947915.html。

为数字文旅提供了有力政策支撑。

（二）重视用户分析

1. 用户属性分析

用户属性分析是文旅业态数字化升级的重要环节之一，通过对用户属性的深入研究，可以更好地了解用户需求、用户行为和兴趣偏好，为用户提供更加个性化的服务和体验[1]。强化用户属性分析，要建立数据共享与交换机制，打破各业务系统之间的"数据壁垒"和"信息孤岛"，建立统一数据库，汇总游客旅游需求、资源分布、游客消费等方面的数据，结合用户基本信息（年龄、性别、地域、职业、收入等）和兴趣爱好（旅游偏好、旅游目的、喜欢的旅游类型等），针对性开展用户属性分析，规划、营销个性化旅游产品和服务，提升游客体验感和满意度。

2. 用户需求分析

数字文旅业态的用户需求主要包括以下几个方面：旅游体验升级需求[2]、便捷性需求、个性化需求和文化体验需求。数字文旅业态的用户较普通文旅业态的用户更加注重服务的品质与质量，在导游服务、城市环境、住宿条件、餐饮质量等方面有更高的要求。数字文旅业态的用户擅长使用互联网平台，更希望获得性价比高的产品和服务，更加注重文旅业态产品数字应用界面的操作便捷性和实用性。

3. 用户行为分析

用户行为分析是数字文旅商业模式创新中的重要一环，可以帮助企业了解用户在数字文旅产品消费过程中的行为，分析用户对数字文旅产品的设计、内容、功能等方面的反馈和建议，及时调整优化产品，推出更符合用户需求的数字文旅产品，提升用户体验。随着数字化时代的到来，用户在互联网上留下了大量数字足迹，基于这些数据，数据文旅业态通过用户行为分析，可以精确挖掘用户的消费心理（如购买动机、消费决策、消费

---

① 张齐点：《基于用户画像的抖音信息精准推送研究》，硕士学位论文，黑龙江大学，2023，第 37 页。

② 杨雪硕、陈小翠：《"云游太湖"：基于互联网定制的旅游服务》，《现代商贸工业》2017 年第 8 期。

偏好）、消费习惯（如旅游消费需求、旅游消费预期、旅游消费频率、旅游消费周期、选择的旅游方式）、预订旅游产品的渠道、社交行为（如在线社交圈、社交活动偏好等）。

（三）关注模式分析

1. 平台化商业模式

平台化商业模式通过构建综合性的数字文旅服务平台，提供一系列线上服务，包括预订、导游服务、活动参与、文创产品销售等，实现线上线下一体化运营，为用户提供全方位的文旅体验。

2. 社交化商业模式

社交化商业模式利用数字技术和社交媒体，吸引用户关注和参与，将文化旅游与社交互动相结合。通过提升用户体验，促进用户之间的互动和分享，实现品牌传播和产品销售。

3. 内容化商业模式

内容化商业模式提供具有独特性和差异化的内容产品，以吸引用户购买和体验。比如，提供个性化的文化体验行程、虚拟游览、研学课程等，为用户打造个性鲜明的文旅产品，满足不同用户的需求。

4. 电商化商业模式

电商化商业模式通过电商平台销售文旅产品和服务，包括销售景区门票、酒店住宿、文创产品等，实现线上线下的融合，为用户提供便捷的购物体验，同时拓展了数字文旅的商业边界。

5. 智慧化商业模式

智慧化商业模式依托大数据、人工智能等技术手段，为用户提供更智能化、个性化的服务。通过智能导游、智能推荐等方式，为用户提供更加便捷、安全、智能的购物和支付体验，提供更加个性化的游览体验，进一步提升用户满意度①。

---

① 吴翔：《数字技术对我国产业结构优化升级的影响效应及路径研究》，硕士学位论文，江西师范大学，2023，第51页。

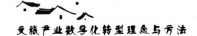

（四）做好产品分析

1. 数字文化体验旅游产品

数字文化体验旅游产品是指通过虚拟现实、增强现实等技术，将文化体验从线下拓展到线上，让游客在虚拟环境中深入体验当地的文化、历史和传统。通过虚拟导游、AR 导览等应用，游客可以通过手机或头戴式显示器，身临其境地感受当地的历史文化、民俗风情等。以龙门石窟景区的数字文化体验旅游产品为例，小程序向公众和旅游市场充分展示了龙门石窟的风景、活动和文化等。在游客旅游服务方面，平台基于地理数据提供了各项数字文化体验旅游服务，如具有中国唐宋古韵手绘风格的景区导览、各种文化主题的游览路线推荐、AI 智能小导游"奉先寺阿难"、81 个景点语音助手服务等。

2. 数字自然风光旅游产品

数字自然风光旅游产品利用数字技术将自然风光进行真实再现，让游客可以在虚拟环境中欣赏到各种美丽的自然景观。通过数字地图、虚拟旅行等方式，游客可以在体验馆或家中游览世界各地的风景名胜，感受大自然的奇妙与美丽。比如，武陵源依托核心景区旅游优势，立足创新发展，在奇峰秀水自然景观的基础上，融合全新技术开辟了数字赋能旅游的沉浸式体验之路，打造张家界元宇宙馆、瓦特科幻城、大湘西记忆博览馆、张家界世界地质公园博物馆、十里画廊"学习强国"张家界体验馆等一批创新数字自然风光旅游项目，丰富和提升了游客的数字自然风光旅游体验，成为武陵源制胜"旅游+"新赛道的重要内容。其中，张家界元宇宙馆是国内首个景区超高清元宇宙孪生体验馆，馆内建设 VR 文旅体验区、研学游智慧教室、成长记忆展示区、文创商店、森林餐吧等主题空间，丰富了游客的数字自然风光旅游体验。

3. 数字主题活动旅游产品

数字主题活动旅游产品利用互联网和移动终端技术，将线下的各种主题活动拓展至线上，让更多的游客能够参与到活动中来。比如，通过网络直播、在线评选等数字化手段，游客可以在线参与音乐节、艺术展览、数字艺术创展、文化节庆等活动，并与其他游客进行互动交流。又如，通过建设文旅元宇宙，围绕文化场馆、旅游景区和街区、节事活动等应用场景，为游客提供数字藏品、数字人讲解、XR 导览等产品和服务，将艺术品数字化，并在网站或应用上建立虚拟展厅，对艺术品进行虚拟艺术展示，游客通过电脑或手机访问虚拟展厅。这种虚拟展览仿佛置身于现场，用户可以随意浏览艺术品，放大细节，并了解作品背后的故事。

4. 数字演艺旅游产品

数字演艺旅游产品利用数字技术将演艺节目进行创新升级，游客可以通过数字化平台欣赏精彩的演出。通过在线直播、VR 演出等方式，游客可以远程欣赏到旅游城市和旅游景区的实景演出、驻场演出、街头表演等，并获得更加沉浸式的观赏体验。通过数字旅游演艺的形式，有效创新运营模式，不断推出新型演艺产品，打造线上线下融合的服务生态，探索线上演艺盈利模式。比如，通过视音频转码技术对视频进行不同清晰度的处理，满足不同用户的需求；制作高清数字旅游演艺作品，为游客提供不受时间和空间限制的数字演艺体验；与多个数字演艺平台合作，包括网络平台、VR 剧院等，以探索"科技+文化"的数字旅游演艺发展道路，打造真正的线上未来剧院。

5. 数字文创旅游产品

通过数字化手段将文创产品进行升级改造，打造数字旅游藏品，让游客可以通过数字化平台购买并体验到更加新颖、便捷的文创产品。一方面，游客可以通过电商平台、AR 展示等方式购买各种文创产品、纪念品、手工艺品、服饰等，获得更加个性化、智能化的购物体验；另一方面，游客可以在网络平台购买基于区块链技术的数字藏品，这些藏品具有与特定作品、艺术品对应的唯一数字凭证。比如，陕西华山景区在阿里拍卖上首发四款以"巍峨立世·云端献礼"为主题的微缩数字藏品，均是以华山景区的真实景色为蓝本的实景微缩景观，形象展现了华山的"奇、险、峻、秀"。

二 明确构成要素

（一）发展目标

1. 提升数字旅游体验

利用数字技术提升旅游体验，使游客能够更深入地了解和体验旅游目的地，通过虚拟现实、增强现实、数字导览等方式，为游客提供更丰富、更个性化的旅游体验。

2. 提高效率和竞争力

利用数字技术，如智能旅游管理系统、在线旅游平台等提高旅游业的效率和竞争力，促进旅游产业和旅游行业的发展。

3. 保护自然和文化遗产

利用数字技术，如数字博物馆、数字考古等实现对文化遗产和自然遗产的保护和传承。

4. 优化旅游服务质量

利用数字技术，如智能客服、旅游咨询等提升旅游服务质量，提高游客满意度。

5. 推动旅游业的创新

利用数字技术推动旅游产品创新、旅游服务创新，进而促进旅游业的可持续发展[①]。

（二）业态定位

数字文旅的业态定位是指在文化旅游产业中，根据企业或项目的特点、优势、市场需求等因素，对其所提供的产品或服务进行明确的、具有针对性的定位。这种定位可以帮助企业或项目更好地满足游客的需求，提高其在市场中的竞争力。

1. 明确产品特点

产品特点是定位数字文旅业态的重要基础。企业或项目的产品或服务特点，包括文化内涵、技术含量、创新性等，都是业态定位的重要参考因

---

① 姜艳艳：《互联网背景下区域数字文旅的创新发展策略》，《社会科学家》2021 年第 9 期。

素。以历史文化为主题的数字文旅项目,其产品特点主要体现在文化内涵的深度和广度方面,技术含量则主要体现在数字技术应用的复杂度和创新性方面。以休闲娱乐为主题的数字文旅项目,其产品特点则主要体现在娱乐性、趣味性和互动性方面,技术含量则主要体现在数字技术应用的多样性和新颖性方面。

2. 明确市场需求

市场需求是定位数字文旅业态时需要考虑的重要因素。分析目标游客的需求特点、消费习惯、消费能力等,有助于确定企业或项目的市场定位。高端游客可能更倾向于选择具有高品质文化体验和独特文化内涵的数字文旅项目,普通游客可能更倾向于选择具有娱乐性、趣味性和互动性的数字文旅项目。

3. 分析竞争态势

分析竞争态势有利于确定企业或项目在市场中的地位。分析同行业竞争对手的情况,包括产品特点、市场需求、市场份额等,从而更好地了解市场趋势,进而才能更好地确定企业或项目在市场上的发展战略。

(三)资源支撑

1. 数字技术

数字技术不仅是数字文旅业态创新的关键,更是其基础架构,包括人工智能(AI)、大数据分析、虚拟现实(VR)、增强现实(AR)、扩展现实(XR)等前沿技术。通过人工智能,可以实现个性化旅游推荐;利用大数据,可以分析游客行为和市场趋势;而VR、AR和XR技术则可以提供沉浸式和互动式的旅游体验,使游客即使在家中也能"游历"世界各地,提高旅游服务的质量和吸引力。

2. 文旅资源

文旅资源构成了数字文旅业态的内容核心。文旅资源不仅涵盖了自然景观、文化遗产、历史地标等传统旅游元素,还包括了与之相关的酒店、餐饮、娱乐和购物设施。在数字文旅业态中,这些资源通过数字化转型,如在线虚拟游览、数字化展览等方式,被重新解读和呈现,吸引更广泛的

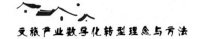

旅游者。

3. 人才资源

人才资源是推动创新和发展的重要驱动力。人才资源包括精通数字技术的工程师、了解文化旅游的专家、具备创意思维的设计师等。广博的旅游知识和创新思维是构建和运营数字文旅项目的关键。

4. 资金资源

资金资源为数字文旅业态发展提供了必要的财务支持。资金资源包括来自政府的资助、企业的投资以及通过众筹等方式集聚的社会资金。稳定的资金来源不仅可以支持项目的启动和运营，还能促进技术研发和市场扩展。

5. 合作资源

合作资源是实现数字文旅业态可持续发展的重要保障。合作资源既包括政府与旅游企业之间的合作，又包括不同企业间的战略联盟、国际合作等。通过资源共享、优势互补，合作资源可以带来更丰富的旅游产品和服务，提高市场竞争力，促进数字文旅产业的整体发展。

（四）盈利模式

1. 数字藏品门票销售模式

数字文旅企业在发展过程中，通过跨界合作、产品更新、渠道扩展等方式，不断扩大影响力，促进数字文旅业态的门票销售，实现收入的不断增加。为了吸引更多游客，数字文旅企业会提供多样化的门票产品，包括普通门票、数字门票等，以满足不同游客日益增长的精神文化需求。通过有效的门票销售策略，数字文旅企业实现了稳定的收入，进行了门票形式的创新和传播，推动了文旅产业的繁荣发展。比如，日渐兴盛的NFT门票的使用。NFT门票是指基于区块链技术发行的一种限量虚拟数字文创藏品，具有不可分割、不可复制、不可篡改等特点。2023年四面山缤纷盛夏季活动，积极探索数字文旅的新形式和新模式，推出2023年四面山缤纷盛夏季NFT门票，在区块链上，每张NFT门票都具有唯一的数字身份，确保观众的入场权限和信息安全，门票上线仅一分钟，6000份产品便迅速售罄，显示出"文旅+数藏"的旺盛生命力。

又如，骏途网推出了光年元宇宙平台"元宇宙数字门票"系统，针对不同景区的不同文化核心进行了专属 IP 定制打造，以"元宇宙+"数字门票的数字技术，结合传统线下营销方式，多链路打通 IP 变现闭环，实现景区价值飞升，全面帮助景区实现数字化、科技化、现代化。通过数字门票系统，将数字化创新发展与文创产品相结合，赋予传统以新意，颠覆文旅产业门票的现有形态。数字门票具有不可篡改、不可复制、可溯源、永久保存等特点，赋予景区门票更多的收藏价值，是文旅元宇宙又一重大的应用场景。骏途网首批推出的五大景区（博物馆）元宇宙数字门票目前已具备核销功能，沙坡头旅游景区、海泉湾度假区、太平国家森林公园、西安关中民俗艺术博物院、昭陵博物馆等景区，均可使用数字门票进入。

2. 文化创意衍生品销售模式

数字文旅企业还可以通过销售文化创意衍生品来获取盈利。文化创意衍生品可以是与旅游景点相关的手工艺纪念品、文化衍生品等，也可以是数字藏品。依托文化旅游 IP 进行研究，设计独特的文化创意衍生品，并在线上进行销售，可以吸引喜爱文化旅游的用户群体。同时，可以通过与景点和文化机构合作，获得独家授权或优惠条件，提高产品的竞争力和利润空间。例如，沈阳中街通过盘活老建筑、老胡同、老字号、老故事等特色资源，打造辽宁晟京坊剧本秀沉浸式文化娱乐产业园，逐渐形成集作品创作、剧本交易、玩家体验、衍生品销售于一体的"沉浸式剧本娱乐产业基地+文旅"区块链。

3. 数字文旅电商盈利模式

数字文旅电商盈利模式主要是指，通过互联网技术打造提供旅游产品和服务的电子商务平台，通过广告收入、会员服务等获取盈利的模式。数字文旅企业可以通过广告收入来获取盈利，广告收入包括线上广告、线下广告等，通过提供广告位，吸引企业投放广告，从中获得广告收入，广告收入的多少取决于广告的点击率和曝光量；数字文旅企业还可以通过提供会员服务来获取盈利，以此提高旅游者的消费黏性。

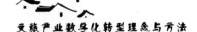
4. 数字文旅技术服务模式

数字文旅业态离不开数字文旅的技术服务，通过提供一系列的技术服务可以帮助旅游行政部门、旅游景点实现数字化转型。数字文旅企业借助技术支持建设数字化基础设施，包括网站、移动应用、电子商务平台等；通过数据分析、搜索引擎优化、社交媒体推广等，帮助旅游目的地进行数字化营销推广，提高知名度和客流量；利用数字化运营管理服务，包括旅游景点信息管理、客户关系管理及财务管理等，实现旅游景点运营效率提升和成本降低；通过优化用户体验，改进网站或应用程序的设计、功能和交互方式，提高用户满意度和忠诚度。

5. 数字文旅合作共赢模式

数字文旅业态的盈利模式并不仅限于自身的运营收入。与旅游景区、文化企业、餐饮企业等深度融合，可以实现资源共享、互惠互利，从而获得更多的盈利机会。同时，这种合作模式也可以促进不同行业之间的融合和创新，推动数字文旅业态的持续发展。

（五）价值提升

1. 提升服务质量

利用大数据技术和人工智能技术进行数据分析，精准辨识消费者的旅游偏好、行为模式，为游客提供更符合其个性化需求的旅游推荐、旅游产品和旅游服务。建立实时反馈机制，通过消费者的在线评论、评分等数据，进行服务质量的持续监控和改进，打造客户反馈循环，提升服务质量。

2. 优化旅游体验

数字技术促进文旅内容的创新生产，提高文化产品的附加值，优化游客的旅游体验。开发基于 AI 的虚拟导游应用，提供多语言服务、实时导航、文化遗产解读等功能，能够提高旅游体验的便捷性和丰富性。利用虚拟现实（VR）、增强现实（AR）等技术，为游客提供沉浸式和互动式的旅游体验，增强目的地吸引力。

3. 降低成本风险

数字化管理系统的运行能够提高旅游业运营效率，降低管理成本。通过实时数据分析和预测，帮助旅游企业及时应对市场变化，降低经营风险。

4. 创新文旅场景

通过数字化手段实现文化资源和旅游资源的深度融合，促进产业链的延伸和升级。数字技术可以创造全新的旅游业态和体验方式，如数字博物馆、在线旅游展览等，丰富旅游产品和服务，促进数字文旅新场景的打造和业态的发展。此外，通过数字媒体和平台创新旅游目的地的宣传方式，搭建数字文旅营销新场景，能够吸引更多游客，提升旅游目的地形象。

三　把握基本特征

（一）价值的独特性

通过大数据、人工智能、虚拟现实、增强现实等技术，数字文旅商业模式可以为旅游目的地、旅游企业和旅游者提供独特价值。通过数字文旅商业模式的发展，利用大数据、云计算等技术能够提高旅游目的地和旅游企业的竞争力和附加值，为旅游目的地的管理、规划和营销提供更加科学、精准的决策支持；能够为游客提供更加多元化、便捷的旅游服务，更加丰富、生动的旅游体验，以及更加个性化、高效的旅游线路规划，根据游客的兴趣、时间和预算等，优化旅游行程，提高旅游服务的效率和品质，提高旅游满意度。

（二）内容的创新性

数字文旅商业模式的发展离不开其创新性。通过对数字文旅商业模式的不断创新，能够有效实现文旅产品的迭代更新。通过数字化手段，文旅企业可以不断创新、拓展自身的业务领域和形式，为游客提供更加多元化、个性化的消费选择，通过以虚带实、虚实结合的方式，助力创新型沉浸式体验；利用虚拟现实技术打造全新的旅游体验项目，让游客能够身临其境地感受旅游的乐趣；利用增强现实技术将文化元素与旅游产品相结合，让游客能够更加深入地了解和体验当地的文化风情；通过提升文旅行业的品质和效益，为文旅行业的创新和发展提供新的动力和机遇。

（三）发展可持续性

可持续性是指数字文旅商业模式要具有长期的盈利能力和迭代更新能

力。数字文旅企业要充分利用先进的数字技术，如大数据分析、人工智能、虚拟现实等，提升游客体验、优化运营效率，并保持在技术方面的领先地位。通过与旅游者的紧密互动，倾听旅游者反馈，了解游客对哪些旅游景点、文化活动和旅游产品最感兴趣，根据需求不断改进产品和服务，提高消费者黏性，实现数字文旅商业模式的可持续发展。

（四）资产依赖性

数字文旅商业模式对无形资产的依赖性较强，其核心是文化和创意，而这些元素往往是无形的，例如知识产权、品牌价值、创意设计、艺术作品、技术服务等。保护知识产权、品牌价值对于数字文旅产业的发展至关重要。数字文旅商业模式需要加强对无形资产的管理和保护，以确保其长期稳定地发展。同时，也需要通过不断地创新和投入，提升其无形资产的价值和影响力，确保无形资产为数字文旅产业发展带来长期的商业价值和竞争优势，以进一步推动数字文旅产业的快速发展。

四　聚焦关键环节

（一）运营模式数字化

数字化的运营模式可以提高用户体验，提供更便捷、高效的服务。通过建立智慧旅游综合管理平台，实现文旅行业的数字化转型和升级，促进地方政府、景区、企业、游客等各方的联动和协调，提供全域旅游公共服务，实现旅游营销与宣传、旅游舆情与投诉管理的诉求。借助数字技术手段，文旅企业可以深入了解用户需求和行为，打造更符合市场需求的产品和服务；文旅行业主管部门通过数据分析和监测，可以及时掌握行业动态和趋势，进行科学决策和有效监管，进而利用数据进行精准营销和优化服务，提升文旅产业的竞争力和效益。

（二）业务模式数字化

数字文旅的业务模式是基于数字技术的文旅产业转型。这种转型不仅仅是简单地将内容搬上互联网，而且要在经营模式、盈利模式、产业链生态等方面进行全方位创新，最终实现文旅产业的提质增效。数字文旅业务模式的数字化转型可以从以下几个方面展开：通过大数据分析、人工智能等技术手段，精准定位目标客户群体，制定有效的营销策略，提高品牌知名度和美誉度；利用互联网、物联网等技术，提供智能导游、在线预订、虚拟旅游等数字化服务，提升游客体验感和满意度；结合虚拟现实、增强现实等技术，开发具有互动性和沉浸感的数字文化产品，丰富文旅产业形态；运用云计算、大数据等技术，实现文旅产业管理的数字化和智能化，提高管理效率和服务质量；鼓励文旅企业和机构进行数字化创新，探索新的商业模式和增长点，推动文旅产业的转型升级。

（三）服务模式数字化

数字文旅利用数字技术对文旅行业进行全方位改造，旨在根据游客的需求和偏好，提供数字化的旅游产品和个性化的服务，例如智能旅游路线推荐、智能导游、语音识别、虚拟旅游体验等。此外，数字技术可以助力旅游企业开展电子商务和在线预订服务，包括网络营销、在线支付、预订管理等，既能提高销售效率和运营效益，同时也方便了游客的选择和预订。

五　发展主要类型

（一）乡村数字文旅商业模式

乡村数字文旅商业模式主要是指，通过数字技术助推乡村文旅产业发展，促进生产要素的协同优化，为乡村文旅产业的发展提供信息化手段，并通过互联网平台推广、整合旅游资源，推动其创新。一是完善乡村文旅基础设施数字化建设。政府部门应发挥主体作用，整合乡村文旅产业的基础设施，统筹推进乡村基础设施数字化建设与改造，加强数字化展示设施建设，构建乡村文旅场景，增添乡村振兴新动能[1]。二是推动乡村文旅资源数字化。通过数字化技术应用，将乡村自然景观、传统村落、文物古迹、文化遗产、农业遗产、文艺演出、艺术作品等文旅资源数字化，整合乡村文物、民间故事与传统手工艺等乡村公共数据资源，建设乡村文旅公共数

---

[1]　赵东喜：《文旅产业数字化助推乡村振兴的机制与路径研究》，《海峡科技与产业》2023年第8期。

据资源库，利用区块链、数字孪生等技术，修复和保护乡村文旅资源。三是发展乡村文旅新产品、新业态。应用5G、人工智能、物联网等技术，培育壮大线上旅游短视频/直播、数字创意、虚拟现实景区和数字博物馆等新型乡村业态，动态化、立体化传播乡村生态风光、农业生产等场景，增强乡村文化旅游的智能化体验；构建乡村特色品牌，通过乡村文旅品牌设计、推广，打造"一村一品"特色文旅品牌，并结合直播、文创、电商等途径，延伸乡村文旅产业链。

（二）城市数字文旅商业模式

城市数字文旅商业模式是通过数据分析和科技创新为游客提供更优质、个性化的服务体验，同时帮助景区和企业更高效地管理和运营业务。通过城市数字文旅融合发展，将文化旅游与数字技术有效结合在一起，能够更好地实现对城市文化旅游信息的传递。随着数字经济促进文化产业和旅游产业的深度融合，逐渐延伸并形成更具创新性的产业链。这不仅使文化旅游在数字经济背景下更好地满足供需双方的需求，还能进一步促进文旅产业与数字经济的深度融合[①]。

城市数字文旅商业模式包括：利用文旅数字化商业模式，根据用户需求提供个性化的旅游产品和服务，满足不同旅游者的需求，有效衍生出文旅产品和相关服务模式；更新升级城市文化旅游产品，采取柔性的发展策略，实现城市数字文旅供给链的创新，满足广大旅游者的相关需求；将城市旅游体验和文化体验融合在一起，例如，文化遗产、艺术创意、城市文化等，通过数字技术的赋能，使城市在文旅融合价值中创造出最佳的发挥空间。

（三）工业数字文旅商业模式

传统工业旅游的亮点基本上集中在历史底蕴、产品特色、产品体验和生产流程体验方面，随着产品智能化、装备智能化、生产方式智能化、管理智能化和服务智能化的不断推进，工业旅游为游客提供了更多的数字化体验。如何通过数字化工业旅游体验讲好工业产品故事，是工业旅游要解

---

① 窦翼飞：《数字经济下城市文化旅游融合发展模式与路径》，《全国流通经济》2022年第13期。

决的问题。工业数字文旅的商业模式可以概括为，以"通过数字体验延长纳入旅游范围的产业链长度"为核心的纵向延伸型商业模式。工业企业景区以展示先进的企业生产线为主，在已开放的生产环节基础上，进一步拓展核心产业的上下游产业链，扩大开放范围并提高游客参与度。以三钢集团特色工业文化旅游为例，三钢集团设计开发"闽逛逛"App、"闽光云生活"微信小程序，打造文旅线上销售平台，推动文旅产业数字化革新与线上自媒体等运营业务，形成新型文旅融合发展业态①。又如，"玉门之光"工业体验馆以玉门特色工业体验为主，融合工业贡献展示，多维度展现玉门石油工业、核工业、新能源产业对于国家发展的重大意义。通过体验化、沉浸式、数字化的展示形式，打造集互动体验、展示宣传、研学教育、文旅消费于一体的西北首个全体验式工业馆。

（四）研学数字文旅商业模式

研学数字文旅商业模式是利用数字技术推动研学旅游资源融合发展的一种新兴模式，主要体现为以数字化技术为支撑的"文化感受+场景体验型"。以网络为载体，促进大数据、数字技术和信息通信技术与文旅产业的深度融合，旨在为研学旅行者提供更丰富、更便捷的研学旅行体验。研学数字文旅强调研学旅行者与旅游资源的深度互动，通过虚拟现实、增强现实等技术手段，使之更加深入地了解研学旅游资源的历史背景、文化内涵和地理环境。通过持续创新的形式，不断生成更多有趣的、个性化的研学旅行产品和服务，以满足不同研学旅行者的需求。

随着三维信息建模、虚拟仿真交互、大数据等技术的日益成熟，通过3D、4D、VR、AR等科技手段，向研学旅行者展示或者提供科技体验、文化体验，通过采集文物数据来实现文物的复刻，有效分流场馆人次。故宫目前已完成72万平方米全景三维数据及6万平方米重点宫殿区域高清三维数据的采集工作，"全景故宫"栏目日均访问量达30万人次。同时，全国许多文化馆、博物馆、艺术馆积极推动自身"数字孪生体"建设，如"云游敦煌"等。研学数字文旅的不断发展既以技术之力为文化注入新的能量，

---

① 徐苗苗：《三钢集团"双业态"服务型制造转型》，《企业管理》2023年第7期。

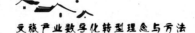
又可以推动文化遗产数字化保护进程，更扩大了文化遗产传播范围。

（五）生态数字文旅商业模式

通过创新产品和服务，提供更加智能化、便捷化、个性化的生态文旅体验，可以有效推动生态文旅产业可持续发展，满足游客的需求。同时，旅行者可以使用数字应用程序了解生态友好的旅行选项，选择环保的交通工具、住宿和旅游活动。这有助于减少旅行对环境的负面影响，促进旅游业可持续发展。中国拥有丰富多样的生态旅游资源，中西部地区富足的山水资源、东部地区先进的高科技生态技术应用场所都具有巨大的生态旅游发展潜能。通过推进生态旅游示范区、零碳景区、零碳度假区、低碳酒店等绿色低碳发展载体的建设，推动生态科考游、绿色康养游等系列旅游产品的数字化升级，拓展生态数字文旅商业模式，能够将旅游资源的生态竞争力转化为目的地发展的"金字招牌"①。

第二节　拓展数字文旅场景应用

场景最初是戏剧、影视、游戏、动漫等艺术领域的专业术语，包括相应的故事、人物和道具等要素。文旅场景是指蕴含一定文化价值和文旅生产生活方式，并吸引不同人群前来文旅消费实践的要素组合体或文旅人地关系地域系统，它既是一种新的文旅吸引物（舒适物）和消费形态，更是一个解释新时代文旅发展变革与文旅经济社会现象的新理论框架和分析工具。而文旅深度融合的数字化场景，则是基于数字化场景维度，实现对文旅深度融合数字化场景新载体、新业态、新模式的建构和分析，凸显了数字技术支撑的文旅价值和美学特色。

一　以点带面赋能目的地推广与营销

（一）分析目标市场的需求和偏好

人工智能技术丰富和优化了数字文旅产业应用场景，通过技术手段突

---

① 《绿皮书：绿色低碳转型将构建中国旅游核心竞争力》，中国网，http://travel.china.com.
　cn/txt/2022-03/16/content_78111734.html。

破时空界限，为用户提供多元化、个性化、沉浸化的数字文旅融合场景[①]。人工智能的应用场景具备智能化、集成化、交互性以及能够替代性地发挥人主体性的特征[②]。通过数字化智能化技术、元宇宙核心技术在旅游消费、旅游管理、旅游营销以及旅游服务等诸多场景中的应用，进而以数字技术推进模式创新、业态创新、方式创新，赋能文化和旅游高质量发展，利用数字技术对文旅消费场景进行数字化改造和创新，如智能导览、AR 导游、数字艺术等，为游客提供更为智能化、丰富化和个性化的服务与体验。

通过数据分析和挖掘，数字文旅企业可以更准确地了解目标市场和客户的需求和偏好，从而制定更加精准的营销策略，进而推动线上线下消费融合，发挥线上交流互动、引客聚客、精准营销等优势，通过互联网、社交媒体、短视频等渠道，宣传推广文旅消费场景，吸引更多游客前来体验，引导线上用户进行实地游览、线下消费。在此基础上，对旅游线路和产品进行数字化改造，不断优化旅游产品和服务的组合和搭配，提高旅游线路的吸引力和竞争力。

（二）构建以点带面的大营销体系

通过数字化加持，着力构建以点带面的旅游目的地大营销宣传体系。瞄准数字化、智能化方向，以技术助力，打造一批集休闲、娱乐、观光等于一体的数字文旅品牌活动。通过电视、广播、报纸、网站、新媒体、自媒体等平台，结合数字营销技术，如社交媒体营销、搜索引擎优化、内容营销，实现精准推广，持续加强文旅品牌宣传阵地建设。

通过数字文旅方式优化旅游营销策略，打造整体旅游形象。综合运用网络直播、视频输出、网络文学、特色鲜明的网络音乐、吸引眼球的话题讨论、亮点突出的 H5 页面等丰富宣传形式，以及独具创意、实用美观的文创产品和融合当地特色的文化活动强化地域文化 IP 输出。通过这一系列营

[①]　解学芳、雷文宣：《"智能+"时代中国式数字文旅产业高质量发展图景与模式研究》，《苏州大学学报》（哲学社会科学版）2023 年第 2 期。

[②]　李梦薇、徐峰、高芳：《人工智能应用场景的界定与开发》，《中国科技论坛》2021 年第 6 期。

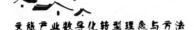

销宣传，逐步建立以地域文旅品牌为核心、具有鲜明 IP 的现代化大营销宣传体系，吸引游客前来参观。

（三）运用数字技术开展智能营销

通过智能音箱、智能客服、智能机器人等交互形式投放数字广告，探索智能交互的适用场景，开发营销玩法，提升游客的用户体验。不断创造新的交易场景，通过内容转化和营销赋能为泛旅游行业创造增量收益，并助力行业伙伴运营好自身的私域流量。比如，携程社区汇集全网泛旅行内容核心创作者，实现了旅行、美食、潮玩、时尚等各类优质内容产品的一站式制作，为全域旅游营销提供了强有力的内容支撑。充分利用内容生态优势，深度结合优质用户群，通过社区内容营销等创新方式，让旅游内容更加生动、直观地触达年轻用户，激发消费活力。

例如，西安的长安十二时辰——"做一回唐'潮'人"融媒体创意宣传推广活动入选文化和旅游部资源开发司确定的 2022 年度国内旅游宣传推广十佳案例。长安十二时辰主题街区作为全国首创的全唐市井文化生活沉浸式体验地，在宣传推广上坚持以沉浸式文化体验为核心、以消费人群为主导、以唐节 IP 为串联、以"四大联盟"为创造营、以全域媒体矩阵为依托，逐渐形成以消费者众创为基底、典型话题为排头突破的宣传态势，使长安十二时辰主题街区真正引爆全网，让盛世长安穿越千年，再现眼前①。

二　线上线下促进文旅消费场景创新

（一）增强文旅消费场景便利程度

国务院办公厅印发的《关于进一步激发文化和旅游消费潜力的意见》提出了提高消费便捷程度的一系列举措，涉及支付环境、消费场所、消费环境、购票方式、移动通信、出行服务等诸多方面。其中，消费场所便利化和出行服务便利化是当前文化和旅游消费的短板，已经引起许多旅游目

---

① 《2022 年度国内旅游宣传推广十佳案例发布 西安"做一回唐'潮'人"上榜》，西安新闻网，https://www.xiancn.com/content/2023-06/01/content_6736363.htm? spm=zm5023-001.0.0.1.3URkwE。

的地和旅游企业的高度重视。利用跨界思维和场景思维进行创新突破，不断推动线上线下文旅消费场景的创新。互联网、大数据、人工智能等技术降低了人们旅游决策的时间成本。游客快速抵达目的地后，助其深入领略当地的自然之美、文化之美、发展之美应当成为智慧旅游发展的方向[①]。

（二）创新文旅消费的场所与空间

许多文化旅游消费场所采用文旅融合理念创新文化和旅游消费的场所与空间，进一步增强这些场所和空间对居民、游客的吸引力。比如，温州结合文化主题与驿站理念，创新性地打造了"以文化出环境空间、以休闲旅游带流量、以商业出经济效益"的文化驿站体系；南京依托现存的名人故居、历史建筑等，精心构建了"微空间、慢生活、织成网、形成范"的独具文化品位的人文驿站网络。

（三）及时准确提供消费信息服务

在大众旅游时代，散客化特征越发显著，"说走就走"的趋势日益明显，自驾游等新型旅游业态不断涌现。这同时对产品和服务的开发、组合、解读能力提出了更高的要求，也使得人们对信息的需求更为迫切。在这样的背景下，及时、准确、有效地提供信息服务和消费引导，成为激发文化和旅游消费潜力的关键因素。通过增强居民消费意愿，完善居民消费保障，提升居民消费水平来激发居民消费潜力，这些措施在政策引导和供给保障方面都具有重要意义。

（四）推进旅游信用消费体系建设

2021年5月，文化和旅游部印发的《关于加强旅游服务质量监管提升旅游服务质量的指导意见》提出，加快推进旅游信用体系建设。2021年9月，文化和旅游部发布的《关于开展文化和旅游市场信用经济发展试点工作的通知》提到，鼓励和支持文旅企业探索推出以信用为基础的产品和服务，向信用状况良好的消费者提供"先用后付"、"先游后付"、减免押金等便捷消费服务，形成促进信用消费的相关政策。移动消费时代，"微信支付

---

① 《科技赋能创新驱动 智慧旅游加快发展》，光明旅游网，https://travel.gmw.cn/2023-12/27/content_37055479.htm。

分""芝麻信用"等信用评级模式相继诞生。

例如，2022 年 8 月黄山风景区正式实施"黄山先游后付·信用游"，打造"先游后付"示范景区，将诚信旅游建设作为推动文旅消费升级和数字化转型的重中之重。该模式结合大数据、云计算数字赋能，针对特定人群提供"先游后付"产品服务，即信用积分达到一定等级的游客，在黄山旅游官方平台小程序内通过服务开通、信用下单、自动扣款享受"先游后付"完整产品服务。游客下单后无须支付，出游 30 天后支持自动扣款，由此让游客可以更灵活地安排时间和行程，减少了出行的顾虑①。

三 科技赋能推动文化旅游业态创新

（一）科技支撑助推业态创新

2023 年政府工作报告提出，"强化科技创新对产业发展的支撑""大力发展数字经济"，为发展智慧旅游提供了重要机遇。同年 4 月，文化和旅游部联合工业和信息化部印发《关于加强 5G＋智慧旅游协同创新发展的通知》，明确"到 2025 年，我国旅游场所 5G 网络建设基本完善，5G 融合应用发展水平显著提升，产业创新能力不断增强，5G＋智慧旅游繁荣、规模发展"的总体目标，并提出加强重点旅游区域 5G 网络覆盖、鼓励重点单位网络建设资源开放、创新 5G＋智慧旅游服务新体验等重点任务，挂出 5G＋智慧旅游协同发展"作战图"。2023 年 11 月，文化和旅游部办公厅、工业和信息化部办公厅公布了第一批 30 个"5G＋智慧旅游"应用试点项目，在为期 3 年的试点期内，将推动项目高质量建设，确保可持续运营，推动 5G 为旅游业高质量发展赋能增效，为游客提供更优质的智慧旅游产品。

2023 年，文化和旅游部资源开发司委托中国旅游报社连续举办 3 场智慧旅游"上云用数赋智"路演交流活动，用路演答辩的形式，邀请智慧旅游解决方案供给方企业代表以及文化和旅游行政部门、旅游景区等需求方代表进行现场对接和交流，达成合作意向，有效解决了智慧旅游供给方与

---

① 朱文文：《"先游后付"打造数字化应用"黄山范本"》，《中国文化报》2023 年 10 月 19 日，第 2 版。

需求方之间的理解偏差、供给与需求不匹配等问题。通过夯实科技发展基础，提供数字文旅解决方案，助推文旅业态创新。

（二）技术赋能文旅产品创新

从传统的实景观光到虚实结合的沉浸式体验，数字技术在旅游产品、文化内容创造和传播、文旅交互方式等场景业态方面不断创新突破，为人们带来新的文化和旅游业态产品。数字科技正在赋能文旅融合高质量发展，不断催生新的旅游业态产品，包括云演艺业态、云展览业态、沉浸式业态、平台经济等。通过创新数字化文化消费新场景，充分利用文化设施、旅游服务场所，搭建数字化文化体验场景，拓宽旅游文化内容数字分发渠道，强化智慧旅游场景应用。随着技术的不断进步和应用场景的不断拓展，数字文旅将会在更多领域得到广泛应用，为人们带来更加美好的旅游和文化体验。

数字科技为文旅业态创新提供了广阔空间。江苏省常州中华恐龙园、淮安西游乐园等主题公园探索开发数字化产品，涵盖数字化特色主题 IP、数字化产品服务以及数字文旅演艺等；北京市运用数字三维技术全景复原的通州古城，沉浸式交互技术打造的千年运河和"最美中轴线"等场景，让观众体会传统与现代融合的魅力；洛阳市《风起洛阳》VR 全感剧场深耕历史文化底蕴，为人们带来全新的视听体验。这些参与性强、互动度高、体验感好的沉浸式项目创造了数字文旅新业态，赋予了文化和旅游产品新价值。

（三）推动文旅业态品质提升

数字技术能够推动政府提高决策和服务效能，搭建更加便捷化的服务平台，利用云计算等数字技术，政府能实现对交通等数据的实时掌握，从而有效维护出行秩序，为居民提供出行服务。文旅企业通过数字技术能够有效提高资源配置效率，打造直播电商、云旅游等新业态，不断提高文旅产品的供给能力，推动文旅业态品质提升。

例如，在云演艺业态方面，通过抖音直播打造云上演出场景，构建"线上线下融合，演出演播并举"的"双演"模式，可助力文艺表演团体数字化转型升级。又如国家京剧院采用5G+4K云演播的全新模式推出的经典大戏《龙凤呈祥》，崔健、罗大佑等流行歌手的线上演唱会直播等，都吸引了大量观众，为推动新模式、新业态、新传播、新消费的形成进行了积极的探索[①]。迪士尼乐园也是科技赋能文旅业态品质提升的一个典型案例。迪士尼乐园利用主题公园的优势，结合科技手段，打造了一系列互动体验项目。利用技术，游客可以在游览过程中与迪士尼角色进行互动，增强游客的参与度和体验感。此外，迪士尼还利用大数据和人工智能技术对游客行为进行分析，为游客提供更加个性化的游玩建议。

四　以虚带实助力创新型沉浸式体验

越来越多的文化文物单位、景区景点、主题公园、园区街区等应用虚拟现实、增强现实、5G+4K/8K超高清、无人机、人工智能、元宇宙以及数字技术、光影技术、声光电技术等科技手段，运用文化资源开发沉浸式体验项目，大力打造全息互动投影、无人机表演、夜间光影秀等产品，丰富虚拟体验内容，提供数字展馆、虚拟景区等服务，推动现有文旅产品向沉浸式内容移植转化。

（一）沉浸式演艺

沉浸式演艺彻底打破了传统观演模式，演艺环境不再是传统的剧场和镜框式舞台，而是格外重视空间气氛的营造，打造出一个全方位的沉浸式体验情境，观众从走进演出空间的那一刻，就已经全方位沉浸在剧情当中，成为演出中的一部分。观众置身其中，除了需要调动常规演出观赏中的视觉和听觉之外，还需要加入嗅觉、触觉，甚至温度体感等感官，加速和强化了对观众情绪的调动。演员则在建筑物的不同空间中穿行，邀请观众跟随其后，并在不同场景与观众互动，这样便形成了表演者和观众在空间内短暂共存的景观，创造出特定场景内的情绪共鸣。

例如，在《天酿》剧场的山水空间中，采用AR/MR等先进手段，配合

---

① 《数字化创新推动文化和旅游高质量发展》，中华人民共和国文化和旅游部网站，https://zwgk.mct.gov.cn/zfxxgkml/zcfg/zcjd/202310/t20231011_949074.html。

多种机械装置，利用超尺度环幕、天幕、地屏、纱幕等，以震撼的方式将独特的酿酒工艺与人们深度品鉴国酒文化内涵的体验相融合，在表达茅台酱香酒博大精深的酿造文化的同时，弘扬难能可贵的匠人匠心精神。还有根据汤显祖的传世名作《牡丹亭》改编的《寻梦牡丹亭》演艺项目，湖南的沉浸式演艺项目《遇见大庸》，以创意演绎场景，运用创新技术和环境营造打造出与剧情相符的情境，全方位调动观众的"视、听、嗅、味、触"五感体验积极性。

这些演艺项目，通过沉浸式的表达方式，充分发掘文化旅游资源，依托真实故事背景，展现强烈的感染力；深度应用增强现实、虚拟现实、人工智能、元宇宙等技术，激发并调动游客多维感官，与游客建立深层次的情感链接——让观众在剧情中与地域文化和历史事件产生情感共鸣，使中华优秀传统文化在新时代充分焕发新生机、呈现新风貌。

（二）沉浸式夜游

国务院办公厅2019年印发的《关于进一步激发文化和旅游消费潜力的意见》指出，大力发展夜间文旅经济，建设一批国家级夜间文旅消费集聚区。夜间旅游作为文化和旅游产业的新鲜血液，已经逐渐成为夜间经济发展中的重要组成部分，沉浸式夜游的发展也已成为以虚带实沉浸式体验的重要模式。沉浸式夜游通过运用先进技术和创新方法，将游客带入一个与现实世界不同的虚拟或增强现实环境中，让游客身临其境地感受不同的历史文化和景观体验。各地通过开发公园夜游、博物馆夜游、河流夜游等沉浸式夜游新场景、新业态，丰富游客夜间文旅消费体验，实现了变"流量"为"能量"、让"客流"成"客留"的倍增效益[①]。

沉浸式夜游项目，有的立足传统文化，塑造互动场景；有的注重户外光影艺术，打造沉浸空间。例如，大唐不夜城以盛唐文化为底蕴，结合西安城市文化，引进国际一流团队创排《再回长安》《大雁塔水舞光影秀》两大演艺项目；推出《戏演壁画》《霓裳羽衣》等沉浸式演出，生动演绎西安

---

① 《万字长文丨解析"国家级"沉浸式文旅新业态示范案例》，执惠网，https://www.tripvivid.com/deep/42079.html。

深厚的文化底蕴与城市故事。近期爆火的《盛唐密盒》，将传统演艺模式从"台下观看"切换到"沉浸互动体验"，焕活传统文化，解锁互动玩法。

再如，玉渊潭公园内北京国际光影艺术季"万物共生"户外光影艺术沉浸式体验展，以技术融合和文化创意为支撑，通过丰富的科技手段外化人文价值，全方位调动观众的视觉、听觉、触觉，使参观者忘我地进入预先设计的情境中。2023 年，展区首次应用了曲面激光技术，将单点激光光源显示变成全角度的激光面显示；基于多视点裸眼 3D 立体视频技术，创作结构最复杂的多层次多视角裸眼 3D 视觉效果，并联动特定舞美装置，打造视觉奇幻盛宴。这些项目、业态均以沉浸式夜游的方式向游客呈现了旅游目的地的文化底蕴，为游客带来了新奇的沉浸式体验。

（三）沉浸式展览展示

随着数字技术的发展以及艺术与科技的不断融合，沉浸式艺术在展览中的运用和呈现越来越普遍。在虚拟与现实的交互中，沉浸式技术和艺术将不断发生变化，这对于博物馆、美术馆来说，既是挑战，也赋予了无限的创造和想象空间。在博物馆中引入虚拟现实技术，让游客能够更加真实地感受到历史文化的魅力；在景区中引入增强现实技术，让游客能够更加深入地了解景点的历史背景和文化内涵[1]。

例如，扬州中国大运河博物馆将传统工艺与现代技术相融合，再现了饱经沧桑的中国大运河的前世今生，运用裸眼 3D"5G+VR 大运河沉浸式体验"、投影技术、红外技术打造大运河文化沉浸式体验场景，运用 NEC 投影机打造的沉浸式数字展厅，让游客沉浸式虚拟体验复原沙飞船"运河上的舟楫"，参与"博物馆知识展示+密室逃脱"模式实现沉浸式闯关，通过亦真亦幻的影像，为游客留下一段难忘的运河文化之旅。数字敦煌实现了 30个洞窟整窟高清图像和全景漫游节目全球共享，目前访问用户遍布中国、美国、英国、韩国、日本等全球 78 个国家，累计访问量超过 1680 万次，已成为面向全球传播敦煌文化的重要窗口和品牌。

---

① 刘勃伸、崔嵩泽：《基于 VR 技术下的虚拟红色文化体验馆的开发设计》，《鞋类工艺与设计》2023 年第 9 期。

再如，"华彩万象——石窟艺术沉浸体验"展在中国国家博物馆开放，游客不用东奔西走就可同时欣赏五大石窟的文化与艺术。在约 1500 平方米的展陈空间里，艺术家们结合数字绘制、数字 3D Mapping 影像和 AI 算法技术，以当代眼光和独特视角来表现、阐释克孜尔石窟、敦煌莫高窟、麦积山石窟、云冈石窟和龙门石窟的艺术风格与丰富内涵。巨型数字装置和全感官互动式观展是展陈的最大亮点，也是以科技手段丰富旅游体验的绝佳体现。

（四）沉浸式街区、景区

随着体验式消费的崛起，自带沉浸式场景的主题街区和景区频频出圈，将商业逻辑从"租金和坪效"变为"体验和文化"。在社交平台上频频出圈的主题街区和主题娱乐，为文旅行业带来新的活力。有的沉浸式街区通过打造立体化主题 IP，提升街区辨识度，通过品牌化营销、发展，实现文化内涵转化和应用。例如，作为全国首个沉浸式唐风市井文化生活街区——长安十二时辰主题街区通过在商业空间内注入电视剧《长安十二时辰》IP 与唐文化元素，打造出集全唐空间游玩、唐风市井体验、主题沉浸互动、唐乐歌舞演艺、文化社交休闲等于一体的新消费场景，重现唐朝都城长安的独特风情。

还有些景区通过精细化科技植入，深化沉浸体验感。例如，花山世界·花山谜窟主题园区响应国家倡导发展"夜间经济""文旅升级""科技赋能"有关号召，紧扣窟、江、林、田、村的资源禀赋，充分应用互动投影、5G、AR/VR、全息、多媒体等高科技手段，巧妙将文化、科技、艺术与自然山水、千年谜窟进行融合，精准构建展、演、水秀、互动、活动、二消、景观等有机的空间序列，让"千年谜窟"升级为"不容错过的光影秘境"，实现了从"传统观光景区"到"沉浸式主题园区"的"变身"，成为全国首个融入真山真水的文化主题娱乐园区[①]。

---

① 《4 大类型 20 个标杆！解析"国家级"沉浸式文旅新业态示范案例经验》，360 个人图书馆，http://www.360doc.com/content/23/0718/07/224530_1089050478.shtml#google_vignette。

（五）沉浸式文化体验

数字文旅以虚带实，通过虚拟现实、增强现实等技术手段，将现实场景与虚拟世界相结合，为游客打造更加丰富、逼真的沉浸式体验场景。数字博物馆、线上美术馆等数字文博新业态提供的数字化产品和服务，成为吸引顾客的新元素。全息投影、AR 技术的加入，为博物馆、美术馆等未开放区域的还原、参观细节的放大等提供了技术支持。部分历史文化街区打造了虚实共生的元宇宙场景，基于数字人角色建模技术、全息投影、VR/AR 等技术，将现实场景仿真映射为线上虚拟场景，满足观众对虚实互动沉浸式体验的数字文旅需求。通过多元场景打造降低了景区对单一营收模式的依赖①。

沉浸式体验新空间利用数字技术拓展了认知空间，充分应用人工智能、虚拟现实等数字新技术构建了新型的故事讲述方式，展现了文旅消费的新场景，创造了新产品，形成了新型业态，在引领、支撑文化和旅游行业发展方面取得实效。相较于传统旅游产品，沉浸式体验的旅游产品体验满意度和好评率更高，极大地刺激了消费，促进了文化产业和旅游经济的发展，实现了资源的优化配置和高效利用，对提升文旅行业的品质和效益也具有积极意义。

五　以数字 IP 支撑云上文旅融合场景

随着数字 IP 时代的到来，通过利用虚拟形象的可塑性、可复制性和可交互性等特点进行虚拟形象的 IP 化开发与运营，以数字 IP 为载体进行文旅传播，可以适应网络传播趋势，助力文旅产业提升质量、提高效率、降低成本，实现文旅产业的持续、快速、健康发展。数字 IP 在支撑云上文旅融合场景方面具有积极作用，可以为游客提供更加丰富、真实的旅游体验，促进文化和旅游产业深度融合。

---

①　解学芳、雷文宣：《"智能+"时代中国式数字文旅产业高质量发展图景与模式研究》，《苏州大学学报》（哲学社会科学版）2023 年第 2 期。

（一）挖掘地方文化打造虚拟形象

通过挖掘地方文化打造虚拟形象，培育具有本土文化特色的原创 IP，给大众带来全新的体验，借助数字 IP 本身的关注度和传播效应，拓展旅游目的地的旅游关注度。例如，以苏东坡妹妹为创意原型的眉山市数字代言人"苏小妹"，是以古代少女发髻、宋代襦裙为基本造型特点，热爱诗词歌赋、国风舞蹈的虚拟人物，眉山市结合数字技术讲述眉山故事，传播中华优秀传统文化。

（二）借助数字 IP 实现文化传播

将地方文化、特色旅游景观等元素符号提取、再创作后植入已经拥有庞大粉丝基础的游戏、漫画、数字音乐、影视等数字 IP 中，借助数字 IP 本身的关注度和传播效应将特色旅游文化元素与数字文化产品深度融合，借助数字音乐、动漫、游戏等被青年人接受的具有传播流量的数字化、现代化的方式，激活文化旅游场景，提升数字文旅创意内容营销能力，实现多维文化旅游特质的呈现与传播。例如，爱奇艺根据同名热播剧集《风起洛阳》打造的数实融合文娱体验项目，创新推出"实景演艺+虚拟现实全感互动体验"，融合沉浸式戏剧、角色扮演、真人演绎等多元形式，打造了虚拟和现实深度融合的数字化文化体验线下场景，让游客充分感受传统文化和现代科技的浪漫与辉煌。约 1 小时的体验过程中，剧情节奏紧凑、画面精美，让人身临其境、目不暇接。为了提升体验，《风起洛阳》虚拟现实全感剧场先是播放一段沉浸式实景戏剧表演，营造渐入剧情的氛围，再让玩家戴上虚拟现实设备，扮演不同角色，沉浸式体验一场神奇之旅[①]。

（三）通过数字 IP 打造文旅场景

数字 IP 化场景也是文旅融合的重要成果之一。旅游目的地空间、场所和文化、价值观、生活方式等集合形成的场域和"情境"，具有主题性、体验性和社群性特征。这种 IP 化场景思维包括文创赋能、社会化创新、多业态集成以及融入周边社区发展等。通过文旅 IP 化场景将文化进行"变形"，

---

① 《线下娱乐新空间 文旅体验新场景——〈风起洛阳〉虚拟现实全感剧场的创新实践》，中国旅游新闻网，http://www.ctnews.com.cn/content/2023-10/18/content_151391.html。

最终营造与发展出满足游客对美好旅游生活的期待和需要的旅游体验。例如，武汉黄鹤楼的《夜上黄鹤楼》以黄鹤楼公园为载体，围绕特有的历史文化，运用激光投影、激光互动、前景纱屏、演员影像互动、3D 动画灯、高压水雾等多项光影创新技术，实现光影技术与艺术的完美融合，采用声、光、电、舞、美、化结合的手法，通过高科技光影技术，打造"夜武汉"新的地标。

六　体验升级提供一站式个性化服务

（一）游前体验升级策略

通过打造线上实名制预约系统、分时排队预约系统、在线营销系统、大数据监控系统等，在游前为游客制定个性化攻略，提供 720°VR 全景游览、在线预约、景区舒适度查阅等功能，游客也可通过虚拟现实技术，在家中到各个景点进行虚拟旅游，从而更加深入地了解景点的历史和文化背景。以此促进旅游企业的精准化运营及营销、提高游览效率，并最终实现游客消费体验及满足感的提升。例如，云南省文化和旅游厅打造的"游云南人工智能助手"，基于大语言模型开发，同时结合海量的云南旅游资源数据，为游客提供旅游线路规划、天气查询、门票和酒店预订等服务，对于提升服务质量具有积极意义。

（二）游中体验升级策略

游中有电子导览、AI 导游、AR 导航、语音交互、数字客服、线上线下融合互动、公共场所信息获取、景区信息即时推送等功能，通过手机应用程序或智能手环等设备，为游客提供实时的旅游指南、导航等服务；利用物联网技术实现设备的智能化和自动化，通过智能手环等设备、刷脸进入等方式，游客可以自动解锁房间门、支付景点门票费用等，无须携带现金或银行卡；通过智能家居技术为游客提供更加舒适的住宿体验，如自动调节温度、灯光等。结合人工智能、大数据、物联网等技术，可以实现个性化的旅游服务，为游客提供更加便捷、高效、丰富的旅游体验。

（三）游后体验升级策略

游后有目的地评价、游记短视频分享等功能。此外，由 AI 生成专属游记、视频、图片等数字服务内容，也将极大提升游客出行品质，为游客提供独一无二的旅行记录。例如，贵州文旅资源禀赋突出，为全面提升游客的入黔旅游体验，云景文旅打造"一码游贵州"全域智慧旅游平台，以大数据、5G 直播、新零售、区块链等多项科技为支撑，以轻量化载体小程序为入口，通过二维码广纳贵州文化和旅游信息资源，涵盖千种景观、千种风味、千种玩法，将专业的旅游资讯、个性化的产品服务、前沿化的科技感知进行多维度、立体化、精准式的传播，为广大游客提供"吃、住、行、游、购、娱"等方面的智慧旅游服务。平台系统性地整合了贵州省文化、旅游产业要素，形成数字资源、数字业态和数字服务，推动"产业数字化"。

第三节 优化数字文旅产品体验

通过文旅业态数字化升级，我们能够全方位调研用户需求，完善数字文旅产品的设计和优化流程，深入挖掘旅游文化内涵，实现文化旅游产品的深度创意开发，促进沉浸式智能技术升级，从而提升文旅场景消费体验质量，创新文旅消费体验模式，最终优化数字文旅产品体验。

一 加强用户研究与需求分析

在文旅业态数字化升级的过程中，用户研究是非常重要的一环。只有深入了解用户的需求和行为，才能更好地设计和优化产品，提升用户体验。

（一）用户研究

用户研究是设计人员在产品设计初期了解用户需求的一种方法。用户研究的方法有很多，最常见的是问卷调查、用户访谈等市场研究方法。使用上述研究方法可以发掘用户的真正需求。其中，问卷调查是一种最常见、可探索现状的研究方法。在调查前，首先要确定调查对象，研究可以采用分层取样法选取 200~500 人，其中游客约占 50%，周边商家约占 30%，景区管理者约占 20%。采用这样的比例是因为游客群体是我国使用文旅类数字产品的主流用户，这与该人群外出旅游频率和需求度有关系，因此，需要对此类用户的需求和行为模式进行重点研究。问卷调查过程中，需针对不同目标用户设置不同的问卷问题，通过线上线下相结合的方式发放问卷，调查游客、景区管理者、景区周边商家使用旅游类数字产品的习惯和喜好，进而获取用户信息。在问卷的设计中应当避免过于专业化的问题，尽量让用户按照自己的真实想法来回答问题。

用户访谈具有灵活性、深入性和广泛性等特点。访谈的目的是弥补问卷调查的一些局限性，能够获取游客更深层次的需求和心理特征。在问卷调查中，我们已了解到了一些人们常用的文旅类数字产品，但是这类游客的需求并不能代表所有游客的需求，一般的旅游者和资深的旅游者在本质上存在很大的差别。为了明确更资深的旅游者的需求和期望，需要采用用户访谈法，寻求不同城市的典型资深旅游爱好者，并对其进行针对性的访谈，获得他们的心理特征以及对产品的需求。

（二）需求分析

文旅数字产品的设计处于用户需求分析阶段时，需要从目标用户、使用情景和用户目标这三个方面进行分析。

目标用户是文旅数字产品的核心群体，他们的需求和期望将直接决定产品的成功与否。通过对目标用户的分析，可以明确产品的用户定位，从而确定产品的核心功能和特点。因此，对目标用户的分析，需要深入他们的年龄、性别、职业、兴趣爱好、文化背景等各个层面。比如，年轻人可能更倾向于使用具有时尚元素、互动性强、能够满足社交需求的文旅数字产品。而中老年用户则更注重产品的实用性和信息丰富性。

使用情景是用户使用文旅数字产品时的具体环境或场景，这直接影响用户的操作方式以及产品的实际效果。比如，用户可能在旅游出行前使用文旅数字产品进行行程规划，也可能在旅行过程中使用产品获取实时信息、查找附近景点等。因此，需要全面考虑用户可能遇到的各种场景，以便在产品设计和开发过程中融入更多实用功能，从而提升产品的使用体验。

用户目标是指用户在使用文旅数字产品时所追求的具体目的，如获取信息、节省时间、提高体验等。分析这些目标有助于确定产品的内容和呈现方式，从而提高产品的信息价值和实用性。这一过程需要深入理解用户的行为动机和使用方式，以便在产品设计和开发过程中更好地实现用户目标。比如，针对用户获取信息的目标，文旅数字产品应提供及时、准确、全面的信息，以满足用户的需求。

此外，用户需求分析方法还可以通过数据分析和用户反馈不断优化和调整，以更精准地满足用户需求和期望。在文旅数字产品的设计过程中，用户需求分析是一个持续的过程，需要定期进行数据收集和分析，从而有效指导产品设计和迭代。

（三）体验设计

真正好的设计建立在对目标用户的深入了解之上，产品设计师需要对游客的旅游场景进行了解和分析，做好数字文旅产品的内容设计、交互设计和用户体验优化。在内容设计和交互设计方面，应根据当地的文化旅游资源进行数字化开发，设计出能够吸引游客参与互动的产品，如游戏、问答、AR 导览等，从而提高游客的参与度和体验感，激发游客的兴趣，帮助游客更加深入地了解和体验旅游目的地的文化、历史和风景。

在用户体验方面，旅游行为本身具有时间性，用户在不同的旅游时间和情境中有不同的需求。因此，需要关注用户在使用数字文旅产品时的体验感，以优化产品的质量、提高用户满意度。比如，旅游者在出行前需要了解景区简介、交通、住宿、线路和价格等信息；在旅途中可能查看项目排队进度、演出时间、线上购物等服务；在旅程结束后，则可能通过发表评论、分享游记等方式提供反馈。因此，数字文旅产品设计应根据旅游者在不同时间、地点的需求，为其提供特定场景下所需的信息和服务。

2023 年 8 月，文化和旅游部遴选出了首批 24 家全国智慧旅游沉浸式体验新空间，共分布于全国 17 个省份，涵盖光影夜游、互动文娱产品、飞行影院、沉浸式体验展览、数字艺术展、科学技术展、球幕影院、黑暗乘骑、沉浸式戏剧以及主题街区等产品业态，落地于旅游景区、度假区、休闲街区、工业遗产地、博物馆等场所或相关空间，其产品和内容具有科技感、文化性、互动性和沉浸性。智慧旅游沉浸式体验新空间是新生事物，更是新消费趋势和新消费热点，一经推出就成为广受人民群众特别是年轻游客喜爱的"打卡地"和"休闲体验地"。据统计，2023年暑假期间，24家全国智慧旅游沉浸式体验新空间网络传播受众达3.4亿人次，消费同比增长200%以上，营收总额超过1亿元，消费人次达300万人，成为暑期文旅市场新的经济增长点①。

二　完善产品设计与开发流程

（一）明确产品定位

明确产品定位是数字文旅产品设计的第一步。这一步需要对产品进行深入的市场调研和分析，明确产品的目标受众、市场定位和竞争优势，以便为后续的设计和开发提供方向和基础。通过数据分析，更好地了解用户需求，优化产品和服务；在收集和分析市场调研和竞争对手信息的基础上，通过数据可视化、SWOT分析、竞争矩阵分析等方式，分析产品特点、优势、劣势、机会、威胁等因素，确定竞争优势和市场定位。

（二）设计产品功能

设计产品功能是数字文旅产品设计的核心环节。这一步需要对产品的功能需求进行详细的设计和规划，包括产品的功能模块、功能界面、用户体验等方面，以便为产品的开发提供详细的指导和支持。例如，通过打造语音导游和智能助手，集成语音导游系统，使游客可以通过语音与系统互动，获取实时信息，接受实时问答、语音翻译和文化解释服务，优化游客的文化体验；打造云端存储平台，利用云端存储技术，使游客能够随时随地访问其旅行数据、照片和体验记录；创建共享平台，让游客分享他们的文旅体验，促进社交互动和信息传播。数字技术的应用，可以丰富文旅产品的功能，促使文旅行业智能化和可持续发展。

在产品设计的内容创意生产阶段，以数字技术赋能文化和旅游融合发展，一方面可以进一步深入挖掘和利用不同时期和业态的文旅资源，将其

---

① 《文化和旅游部：今年暑期24家全国智慧旅游沉浸式体验新空间营收总额超1亿元》，央广网，https://baijiahao.baidu.com/s？id=17777729899216713696&wfr=spider&for=pc。

转化为多元多样的文旅产品和服务，拓展文旅资源的应用场景，如虚拟博物馆、数字艺术展览、数字演艺等；另一方面可以加速文化创意对传统旅游业的赋能，促进传统旅游产业与新兴文化产业共生互融，创造出更多符合消费者多样性体验需求的文旅产品。

在产品设计的平台媒介方面，要注意结合使用移动应用和云端服务管理文旅业务，配备移动设备，实时监控和管理景区运营，确保数字文旅产品符合相关法规和隐私标准。采用安全技术保护用户信息和交易数据。同时，可与科技公司、数字平台和其他文旅企业建立战略合作伙伴关系，共享资源，推动数字创新和产品整合，为团队提供数字技能培训，以适应数字化转型，持续关注业界新技术，提升团队创新能力。

在产品设计过程中，首先是划分产品的主要特色和关键功能，进行用户体验设计（UX），设计用户界面和交互流程，确保产品易用性、可访问性和用户满意度。其次是数字文旅产品的原型设计和测试，制作产品原型，进行用户测试和收集用户反馈，通过原型测试验证设计概念，改进用户界面和功能。再次是产品技术架构规划、开发和测试，设计可扩展、安全、可维护的技术架构，确定使用的技术工具和平台。最后是数字文旅产品的上线和推广，将数字文旅产品上线，并实施推广策略，监测产品上线后的性能，并根据用户反馈做出调整。

（三）推动流程优化

推动流程优化是数字文旅产品设计的最后一步。这一步需要对产品的开发进行管理和优化，包括产品开发的进度控制、质量保证、风险管理等方面，以便为产品的顺利推出和运营提供保障和支持。流程优化需要推动新科技与文化旅游的深度融合。通过数字文旅产品设计的流程优化，将传统文旅业务流程数字化，减少人工操作，使用项目管理工具和协作平台提高团队效率，实现提高用户体验、降低成本、提高效率以及推动创新的总体目标。

数字技术通过对资本、人才、文化等要素的整合，促使大量扁平化、个性化、互动化和平台化的生产方式涌现，推动文旅产业在业态、模式和生态上的创新与蜕变，拓展了文旅产业的生产和服务空间。通过将优秀的文旅资源与先进科技结合，数字技术实现了"规模效益"与"个性化、特色化"的并存，创造出独具特色的优秀文旅产品。同时，它不断地将传统的文旅产业进行分解和重构，将文旅产业线性价值链转变为开放协同的立体式网状价值链，推动旅游产品设计流程优化，促进传统文旅产品的核心创意与其他产业跨界融合，开发设计出多元化业态的文旅衍生产品，催生"文旅+制造""文旅+金融""文旅+演艺""文旅+非遗"等新业态。通过数字化产品设计和流程优化，文旅企业可以提高效率、优化管理、吸引更多用户，并在竞争激烈的市场中取得竞争优势。

三　形成个性体验与情感共鸣

在数字化时代，数字文旅产品的个性体验与情感共鸣是文化旅游产业发展的重要趋势之一。这涉及通过数字技术，为游客提供个性化的、情感丰富的旅游体验，以满足他们不同的需求和期望。

（一）个性体验策略

在数字技术层面，借助科技创新发展丰富数字文旅产品的设计，可以为游客提供个性化的旅游体验。比如，利用虚拟现实（VR）和增强现实（AR）技术提供虚拟导览和游览服务，使游客能够在数字环境中探索文化景点、历史遗迹或博物馆；利用 AR 技术，为实体景点添加虚拟信息层，帮助游客加深对景点的理解并增强互动体验；利用 GPS 和室内定位技术，为游客提供实时导航和定位服务，使其更轻松地找到目的地。整合智能导览系统，根据游客的兴趣和需求，个性化推荐景点和活动；开发移动应用和互联网服务，使游客能够方便地预订门票、导游服务、餐饮和住宿；提供在线预订和购物平台，方便游客在旅行过程中进行购物；利用数字技术创建数字化展览和艺术体验，呈现艺术品、文物和历史文化内容，让游客更深入地了解历史文化，欣赏艺术品和文物；利用大数据技术分析游客行为，为他们个性化地推荐景点、餐厅和活动等。

数字文旅能提供多样化、个性化的体验，突破了传统旅游方式的局限。

通过技术手段，数字文旅可以让用户跨越时间，体验不同历史时期的文化、事件或场景；借助虚拟现实或增强现实技术，用户可置身于古代或未来的环境中，加深对历史和文化的理解。数字化手段还支持用户以不同的方式与文化互动，如虚拟游览博物馆、参与在线文化活动、学习传统手艺等。这种多元体验能够满足不同人群的需求，使数字文旅更加丰富和具有吸引力。数字技术的快速发展为传统文旅产业带来了巨大的变革和发展机遇。通过数字化手段，文旅产业可实现线上线下的紧密协同：线上平台用于推广、预订、信息传递等，线下则提供实际的体验和服务。这种一体化的模式可以带来更全面、便捷的服务体验。

（二）情感共鸣策略

在数字技术应用中，重视产品的价值体验是至关重要的。数字技术作为一种工具或手段，其最终目的应该是为用户创造价值，并提供良好的使用体验，与使用者产生情感上的共鸣。所以，应重视用户与数字技术之间的交互，以确保用户能够轻松、高效地使用产品。应持续收集用户反馈，了解用户对产品的感受和建议。及时调整和改进产品，使其适应用户需求的变化，并引入情感元素，通过设计特色唤起用户的情感共鸣。情感连接可以增强用户对产品的认同感和忠诚度。

将数字技术与用户价值体验相结合，可以更好地满足市场需求，建立良好的品牌声誉，并在竞争激烈的市场中脱颖而出。数字技术的应用不仅仅是为了追求技术创新，更是为了提升用户生活质量和满足其实际需求。

四 实现供需对接与渠道支持

供需无缝对接与多渠道支持是实现文旅业态数字化升级的重要环节。通过无缝对接与多渠道支持，可以提高游客的旅游体验、提升游客满意度，同时也可以增加景区的销售额和客流量，提高景区和旅行社等旅游企业的运营效率。

（一）无缝对接策略

在文旅业态数字化升级的过程中，无缝对接意味着通过多种方式实现

不同系统之间的数据共享、信息传递和流程协作，以实现系统之间的顺畅衔接，从而提高整个系统的运行效率和协同能力。无缝对接策略能够有效整合文旅业态的各个子系统，促使各个子系统之间的数据互通和流程协同，从而提高整个系统的效率和协同能力。例如，通过整合景区的售票系统、导游系统和游客评价系统等，实现游客信息共享、门票预订与导游服务的无缝对接，既能提升游客的整体体验，同时还能降低景区的管理成本。

此外，无缝对接还包括移动应用程序的开发。一个功能强大的移动应用程序可以使游客轻松地浏览目的地信息、预订门票、寻找活动、导航等。应用程序可以提供实时支持和定制化建议。通过社交媒体平台与游客互动，提供即时支持、旅游建议、目的地提示，并与游客分享其他旅行者的经验；智能客服系统或聊天机器人能够为游客提供实时帮助，24小时不间断地解答游客的问题；利用机器学习和人工智能技术，根据游客的偏好和行为习惯，提供个性化的推荐和建议，使其旅行更加个性化；提供多语言服务，以便更广泛地服务来自不同国家和地区的游客；提供方便快捷的在线预订和支付系统，让游客可以在一个平台上完成所有预订和支付流程；收集并分析游客的反馈和评价，不断改进服务和体验，以满足游客需求。这些方法的结合，可以帮助数字文旅企业更好地满足游客需求，提供更无缝、个性化的旅行体验。

（二）渠道支持策略

随着文旅业态的数字化升级，传统的线下渠道已难以满足游客不断增长的需求。因此，多渠道支持策略成为至关重要的战略之一。这一策略有助于有效扩大产品销售渠道，提高产品曝光度和销售额。在多渠道支持策略中，电商平台显得尤为关键。电商平台拥有庞大的用户群体和广泛的市场，能够有效拓展产品销售渠道。通过在主要电商平台开拓数字文旅业态的销售渠道，能够使更多用户了解和购买产品，从而提高销售额。

除了电商平台，社交媒体也成为重要的推广渠道。随着社交媒体的普及，越来越多的人通过社交媒体获取信息并完成旅游产品的购买。在社交媒体上进行营销活动，可以有效地拓展数字旅游产品销售渠道。例如，通过鼓励游客在社交媒体或其他渠道分享旅游经历和创作用户生成内容（UGC），有助于提高目的地的知名度和游客的参与度。综合运用这些方法，可以帮助数字文旅企业更好地满足游客需求，提供更便捷、个性化的旅行体验。

五　重视用户反馈与持续改进

收集和分析游客的行为数据和反馈意见是文旅业态数字化升级过程中的关键环节，可以帮助文旅行业更好地理解游客的需求和偏好，从而优化和改进消费场景，提高游客的满意度和忠诚度。

（一）行为数据收集

利用智能感知技术、传感器和移动设备等工具，收集游客在文旅场景中的实际行为数据，例如停留时间、活动参与情况、路线偏好等。使用智能门禁、人流统计系统等，了解游客在不同区域的流量分布和客流高峰时段，以便进行场地规划和资源分配。

（二）游客意见收集

制定调查问卷，通过在线客服、社交媒体、电子邮件等，收集游客意见和反馈，以了解他们的满意度、期望以及对服务和体验的评价，并对这些意见和反馈进行分类、筛选和分析；可激励游客提供反馈，通过抽奖、优惠券等方式提高游客参与度；可监测社交媒体平台关于文旅场景的讨论，了解公众舆论和游客反馈，实时识别热门话题、关注点及用户意见，并分析与其他竞争对手的差异。

（三）数据整合分析

将收集到的各类数据整合到一个统一的平台，建立综合性的数据库，利用数据分析工具和算法挖掘数据背后的模式、趋势以及影响游客体验的关键因素，进而了解用户的需求和行为，以及对数字化旅游产品的使用习惯和偏好。通过这一过程，可以发现数字文旅产品发展中的瓶颈和问题，优化产品和服务，提高用户满意度和口碑。

（四）游客画像分析

基于游客的历史行为和偏好数据分析和整合用户的行为、兴趣、偏好

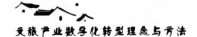

等信息，并进行用户画像，进而为游客提供个性化的推荐服务，如个性化路线规划、定制化活动安排等，利用数据分析结果，优化文旅场景的布局和服务流程，以更好地满足游客的需求。

（五）实时改进优化

在数字文旅业态升级过程中，反馈主要有两个方面：一是游客的直接反馈，二是通过数据分析得出的反馈。第一种反馈可以通过在线评价、问卷调查、社交媒体等方式获取，而第二种反馈则可以通过分析游客的在线行为、停留时间、消费习惯等多种指标来获取。在获取反馈后，需要进行优化策略的制定和实施，如可建立反馈处理机制，及时回应游客的反馈和建议；建立实时改进的文旅消费场景模型，以在不断变化的市场和游客需求中，能够及时做出适应性调整和优化。通过建立客户忠诚度计划，鼓励游客多次游览景区或景点。例如，为游客提供积分累积和兑换服务，为多次游览的游客提供优惠和特权服务等。

第四节　提升数字文旅服务效能

提升数字文旅的服务效能需要抢抓数字化发展机遇，充分利用数字技术赋能文旅消费，借助大数据、人工智能、物联网、云计算、移动互联网等技术，推动文旅企业在数字化运营、智慧化管理、在线化营销、便利化服务等方面持续改进。要树立平台思维，建设"数字文旅"监管服务平台，打造"数字文旅"产业服务平台，优化"数字文旅"公众服务平台，不断满足大众多样化的体验需求，让广大游客在数字化场景中感受文旅产业的新型发展成果，在创意化设计中体验文旅资源的独特文化魅力，用科技创新提升文旅消费品质，改善文旅消费体验，提高文旅消费的获得感、幸福感、安全感。

一　问题导向，更新服务效能提升理念

从监督管理层面来看，数字技术丰富了监督、管理手段，提高了效率，

比以往更科学、精准、便利、快速，有利于形成消费者和全社会监督、政府治理、社团协同、商户自我约束的管理机制。

（一）明确数字化服务效能提升目标

从顶层设计层面来看，数字文旅服务要坚持系统思维，强化顶层设计，设立明确的数字化服务效能提升目标。在政策导向方面，应与多领域的政策跨界贯通，推动数字文旅产业的高质量融合，聚焦数字化推动传统文化与旅游业相结合，促进文旅产业转型升级，加强数字经济格局中文化与旅游的深度融合[①]。同时，要关注企业的发展，将服务效能提升与文旅业态数字化升级的战略目标相结合，以实现企业和社会的双赢。

（二）更新数字化服务效能提升理念

要提高服务效能，必须建立以用户为中心的数字化服务理念，提升数字化服务意识，包括对数字化技术的理解和掌握，以及运用数字技术为客户提供优质服务的能力。要加强对文旅数据的采集、处理、存储和创新，健全文旅数据资源体系，开发和拓展新技术应用场景。要深入了解旅游者的需求和期望，为他们提供个性化的服务。例如，通过调查问卷、访谈等方式收集旅游者的意见和建议，从而了解他们的需求，并根据这些需求来调整服务内容和方式。

（三）加强数字化效能提升技术支持

数字文旅服务需要强大的技术支持，包括硬件设备、软件系统、网络通信设施等，需要不断更新和升级技术设备，提高技术水平和稳定性，挖掘数据要素价值，完善文旅数字基础设施，研发和推广应用关键技术，以满足旅游者的需求。要通过引入新的技术手段，如虚拟现实、增强现实、人工智能、大数据等提高服务效率和服务的准确性，为旅游者提供更加丰富和有趣的服务体验。

（四）注重数字化效能提升服务质量

服务质量是数字文旅服务的重要指标，直接关系到旅游者的满意度和

[①]　詹绍文、杨靖：《数字经济推动文旅产业融合发展的影响研究——基于省级面板数据的实证检验》，《决策咨询》2023 年第 5 期。

口碑。通过加强服务质量管理，包括人员培训、服务规范、客户反馈等，提高服务质量。同时，可以通过引入第三方评价机构，如旅游评级机构、消费者评价网站等，对数字化文旅服务质量进行客观、公正的评价。通过不断改进和提升，为旅游者提供更加高效、便捷、愉悦的数字文旅服务，从而推动数字文旅产业的发展。

二　需求导向，明确服务效能提升方向

要从游客角度出发，将游客需求和期望放在首位，为其提供更加优质的服务。为了更好地满足用户需求，提高用户体验，要对服务群体进行更加细致的分类，明确群体的差异化需求，从而提供符合用户需求的，更加具有个性化的、针对性的服务。

（一）了解用户需求

深入了解用户需求是数字文旅发展的基础。用户需求是数字文旅发展的核心驱动力，只有深入了解用户需求，才能为用户提供符合需求的服务。在实际应用中，可以通过调查问卷、用户访谈、数据分析等方式，深入了解用户的需求和期望。例如，一些用户可能更倾向于线上购票、在线导览、VR/AR 体验等服务，而另一些用户可能更愿意参与线下活动、进行深度体验等。因此，数字文旅的服务设计应该根据用户需求的不同提供多样化的服务内容，以满足不同用户的需求。

（二）提供贴心服务

提供符合用户需求的服务是数字文旅发展的关键。在提供服务的过程中，需要关注用户体验，通过不断优化服务流程和技术手段提高用户满意度。例如，在数字文旅平台的设计和开发中，需要注重用户体验，确保用户能够方便快捷地获取信息和服务。此外，还需要注重服务的安全性和可靠性，以保障用户数据安全和隐私。对于年轻人来说，通常更加注重旅游的体验和感受，因此可以根据其兴趣爱好和旅游需求，提供定制化的旅游路线、智能化的导游服务等，从而提高他们的黏性和满意度；对于老年人和残障人士等特殊人群，可以提供更加贴心和人性化的服务，如适老化的

数字场景、无障碍的旅游设施等，帮助他们更好地融入数字环境，享受旅游的乐趣。

（三）关注用户体验

关注用户体验是数字文旅服务优化的核心。用户体验是衡量数字文旅服务质量的重要指标，只有关注用户体验，才能提高用户满意度。在服务优化过程中，需要不断改进服务流程和技术手段，以提高用户体验。例如，可以通过收集和分析用户反馈等了解数字文旅在服务过程中的痛点，然后针对这些痛点进行改进，以提高用户体验。同时，建立用户反馈互动机制，及时采集数据样本，充分理解服务对象的特质和需求，从而不断优化和改进服务。

（四）优化服务流程

服务流程是数字文旅服务的重要组成部分。优化服务流程可以提高服务效率和质量，是数字文旅发展的必要条件。在数字文旅服务优化过程中，需要不断改进服务流程和技术手段，以提高用户满意度。例如，利用互联网、大数据等技术打造智能管理系统，实现服务流程的智能化、个性化和自动化，注重服务的可操作性和易用性，以满足用户的需求，提高用户体验。

三　数据赋能，夯实服务效能提升载体

（一）完善文旅服务基础设施建设

为了改善文旅公共服务体系，必须完善旅游公共设施建设，引领数字旅游的发展。要加强旅游交通的数字化建设，如提供游客所需的来往景区行车路线、车辆发车及到达时间、交通费用、行程时间等基础信息，使游客出行的交通选择更科学；提供停车场位置、剩余车位数量、停车费、停车场开放时间等信息，使游客可以实现自助式停车。要加强智慧景区建设，为游客提供无线宽带服务，保障游客的上网需求。在景区内的酒店、饭店、咖啡厅、服务点、商店等热点区域实现 Wi-Fi 网络全覆盖；而在非客流聚集区域，必须保障游客 4G/5G 网络流畅，确保高速数据上网信号良好，为

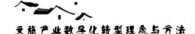
游客提供良好的网络服务。此外，要推动文化和旅游产业与科技、电商等领域的深度融合，提升区域文化和旅游产业的可见性、吸引力和竞争力，为游客提供更加便捷和丰富的体验。

（二）加强文旅消费数据分析运用

借助数字化技术，面向不同群体开展调查，广泛开展文旅数据的采集、存储、加工、分析工作，形成"数字化采集—网络化传输—智能化计算"数字链条。依托云计算、智能算法等技术，分析数据结构、开展数据研究，以数据信息反馈研究游客的参观内容偏好、场景环境喜好，整合各方意见，持续优化提升各类消费体验场景及服务，让大数据为文旅产业的提质扩容、业态创新、加速发展提供指引，为文旅产业高质量发展提供更多创新发展方案。推动文旅大数据采集、存储、加工、分析和服务等环节产品开发，发展数据驱动的新业态、新模式，构建全链条文旅数据服务体系。加强文化旅游消费大数据的分析运用，促进供需调配和精准对接。同时，构建文化数据安全责任体系，强化数据规范管理，引导企业增强数据安全服务，提高数据规范性和安全性。

（三）搭建文旅数据综合管理平台

搭建文旅数据综合管理平台，通过相关数据的收集，为旅游产业发展、行业管理、公共服务和营销推广提供数据支撑。文旅管理部门可全面、及时、直观了解全域文旅产业运行情况，高效实现统筹管理、科学决策。通过平台多维度、全局化的可视化呈现，实时进行文旅产业要素监测分析、文旅产品监测分析、游客量监测分析、交通运行监测、安全应急监测、旅客投诉分析、文旅舆情监测，从而深度挖掘文旅市场消费需求与潜力，助力文旅行业健康可持续发展。通过分析游客来源、消费水平、满意度等数据，深入挖掘游客需求和行为特征，制定更有针对性的旅游服务方案和营销策略。通过"上云"和搭建多样化的平台，将文化和旅游资源数字化，并通过云平台展示吸引更多的游客。通过云平台推动文化创意产品的开发和销售，包括艺术品、手工艺品、文化衍生品等。在云平台上促进不同行业之间的合作，以大数据为核心的全域旅游管理服务平台融合了运营商、消费、交通、旅游监管、OTA 以及网络舆情等多资源产业数据，能够将行业动态、产业监测等进行可视化展示，为决策层进行顶层设计和资源合理配置提供有效参考。目前，全国范围内已有众多智慧文旅综合服务平台，如省域层面的"一码游贵州""智游海南"等，区县层面的"平潭国际智慧旅游岛""一码游阿克苏"等，景区层面的"庐山西海"、无锡拈花湾禅意小镇"拈花码"一码通等。

四　人民至上，创新服务效能提升路径

人民至上是党的重要思想，也是发展文化旅游事业的出发点和落脚点。在新的历史时期，数字文旅的发展已经成为实现文旅服务于民的现实需求。在此过程中，创新服务效能提升路径扮演着重要的角色。它不仅能够有效利用和节约资源，扩大文旅产品和服务的覆盖范围，还能够提高数字技术的渗透度，从而为文旅的融合发展拓展出全新的空间。

（一）强化公共服务顶层设计

强化数字文旅公共服务顶层设计是创新服务效能提升路径的关键。为此，需要不断完善数字文旅产业公共服务体制机制，强化数字文旅公共服务的顶层设计[1]，包括建立健全数字文旅公共服务标准体系，推动文旅产业与数字技术深度融合，以及优化文旅公共服务供给方式。通过这些措施，可以有效地推动文旅产业的数字化转型，提升文旅服务的质量和效率。

（二）统筹公共服务设施建设

统筹数字文旅公共服务设施建设是创新服务效能提升的重要途径。通过建设和改造一批文旅综合服务中心或设施，为人民群众提供更好的、更丰富的文旅产品和服务，包括线上线下的文旅服务，同时优化文旅设施的布局和功能，以更好地满足人民群众的需求。比如，在城市范围内打造综合服务平台，实现服务升级，整合景区旅游知识、历史文化故事等内容，游客只需扫描对应的二维码即可获取信息；在景区游客集散中心、售票处

---

[1]　夏杰长、贺少军、徐金海：《数字化：文旅产业融合发展的新方向》，《黑龙江社会科学》2020 年第 2 期。

布设无线 AP 设备，方便游客免费上网；在景区入口布置 LED 屏，实时显示天气、客流等信息，帮助游客合理规划路线，提升游览体验。

再如，中数集团与上海联通、上海创图合作，持续推动"5G+智慧旅游"应用落地。通过"5G+文旅数字驿站"构建数字化、智能化平台，结合不同地域的文化旅游特色，将分散资源整合统筹，形成文旅融合的聚合优势，通过以线带面的方式推动文旅上下游产业发展，推动产业转型升级，实现从文旅效能到经济效能的高效转化，推动乡村经济与旅游休闲有机融合。"5G+文旅数字驿站"是集文化旅游资源、文化旅游服务、文化旅游产品等于一体的新型公共文化空间。在服务功能上，集合旅游咨询、景区景点资讯、乡村振兴成果、特色农产品、国家公共文化云、文艺展演、旅游推广、文旅商品售卖等功能，并提供在线查询旅游大数据、周边景点等数字化服务。

（三）提升公共服务质量效率

提升公共服务质量效率也是创新服务效能提升的重要手段。通过加强文旅管理部门的数据分析和决策支持能力，提升文旅管理部门的服务水平和效率，以及推动文旅管理部门与文旅企业、服务机构之间的合作，进一步提升管理部门的服务效能，使其成为文旅产业数字化转型的"后台服务器"。通过完善数字文旅产业公共服务体制机制，统筹公共服务设施建设等，可以有效地推动文旅产业的数字化转型，提升文旅服务的质量和效率，为人民群众提供更好的、更丰富的文旅产品和服务。

五　规范管理，完善服务效能提升制度

数字文旅作为一种新兴的旅游方式，正在逐渐改变着传统旅游业的面貌。与此同时，数字文旅的发展也面临着一系列挑战，如何规范管理和完善数字文旅服务效能提升制度已经成为一个亟待解决的问题。通过数字技术识别差异化、个性化的公共服务需求，从而推动产业的创新发展，离不开规范的管理和健全的制度。

（一）制定数字文旅服务规范

制定数字文旅服务规范，构建文旅治理体系，是规范管理和完善数字

文旅服务效能提升制度的第一步。数字技术正在赋能于文旅产业的公共服务与行业监管部门，使文旅产业的智能化管理成为可能。而依托文旅产业运行的各类数据更容易识别差异化、个性化的公共服务需求，由此可以提升文旅产业的公共服务效率，也可以为管理部门的市场监管提供技术支撑，从而推动数字文旅产业的进一步发展。例如，在构建数字化治理体系方面，杭州市文化市场行政执法队申报的"'文管在线'推进实现文化数字化治理"项目，通过"文管在线"系统打造网络文化监管、旅游市场监管、文化经营场所监管 3 个应用场景，实现网络内容监测、旅游团队监测、景区客流统计等 23 个功能，为文旅市场监管方式的数字化转型提供了实践探索。

（二）建立服务监测评估机制

建立数字文旅服务监测和评估机制，定期分析和评估服务效能，及时发现和解决问题。这需要通过数据分析和用户反馈，对服务效能进行全面评估和监测，以便及时发现问题并进行改进。例如，采取多种措施，利用现代科技建立景区大数据平台，实时监控游客数量，将其控制在承载范围内；综合运用智慧云眼等高清设备对景区重点文物进行全面监控管理，及时处理风险和制止不文明行为，提升景区治理水平；通过用户评价、投诉等数据优化服务，设立专门的投诉处理部门，规范投诉处理流程，提高投诉处理的效率和质量。

（三）加强文旅服务人员培训

加强数字文旅服务人员培训，提高服务人员的业务素质和服务水平，增强用户体验和满意度。这需要通过定期的培训和考核，提高服务人员的业务素质和服务水平，以便于提供更高质量的服务，进而优化数字文旅服务流程，提高服务效率和用户体验，降低运营成本。例如，可以通过线上培训、实地培训等方式，提高服务人员的业务素质和服务水平。

六　开放共享，强化服务效能经验推广

开放共享是指促进文化旅游业与其他产业融合发展，实现资源共享和优势互补。在政策导向上，应鼓励多领域跨界互动，推动数字文旅产业高

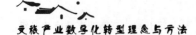

质量发展①，聚焦数字化推动文化与旅游业深度融合，推动文旅产业转型升级，实现数字经济格局中文化和旅游的深度协同②。

（一）推动旅游业与其他产业融合发展

推动文旅产业与其他产业的融合发展。数字文旅产业与其他产业，如农业、体育等，有着天然的融合性。政府可以通过资金扶持、税收优惠等方式，鼓励各产业与文旅产业融合发展，促进各产业间的资源共享和优势互补。打通食、住、行、游、购、娱全产业链条，全方位满足游客多元化、智能化、体验化、个性化消费新需求。例如，数字乡村旅游是一种融合了农业、旅游业和数字产业的发展模式。通过数字技术助推乡村文旅产业发展，利用信息化手段可以实现数字产业、农业和旅游业的资源共享和优势互补，提高资源的利用效率。

（二）促进文旅部门与相关部门的合作

促进文化旅游部门与交通、监管等相关部门的合作，共同推进数字文旅服务的发展。通过共享旅游资源、交通线路、安全监管等信息，提高旅游服务的效率和质量；联合开展数字文旅项目，如建立数字旅游服务平台、推广数字旅游产品等，实现资源互补和共享。同时，推进科技与文旅深度融合，不断丰富文旅应用场景，打造数字文旅平台，推出智慧出行、智慧酒店、智慧票务、智慧园区、文旅虚拟数字人等创新服务。

（三）加强旅游业与互联网的深度融合

互联网的快速发展为旅游业提供了新的发展机遇。旅游业与互联网的深度融合，可以提高信息透明度，优化要素配置和资源利用率，降低旅游消费成本。通过推进文化数字化战略，深度挖掘数字文旅价值，能够有效实现数字文旅数据的开放共享。例如，通过互联网平台，游客可以方便地获取旅游信息，选择合适的旅游产品和服务。同时，旅游企业也可以依托

---

① 夏杰长、贺少军、徐金海：《数字化：文旅产业融合发展的新方向》，《黑龙江社会科学》2020 年第 2 期。
② 詹绍文、杨靖：《数字经济推动文旅产业融合发展的影响研究——基于省级面板数据的实证检验》，《决策咨询》2023 年第 5 期。

互联网平台实时了解游客的需求和反馈，进一步优化旅游产品和服务。

（四）加强旅游企业之间的合作与交流

要以数字化互联推动构建区域范围内的大文旅协作机制，加强文旅部门、景区、企业及网络平台的合作，提供更多便捷、优质的食宿行游购娱在线服务，以高质量数字旅游供给吸引游客。旅游企业间的合作与交流可以促进资源共享、技术和管理经验互通，提高旅游服务水平。要深化跨区域文旅产业合作，推动数字文旅资源共享，联动统筹景区营销策划与集中宣传，协同制定旅游路线，加强经验沟通交流，实现跨地区精品路线共谋、红利共享。通过区域内统筹发展、区域间协同合作，不断提高区域文旅品牌的美誉度、知名度，强化服务效能的经验推广，最终实现互利共赢。

第六章
文旅市场数字化营销

随着互联网的发展，互联网平台、网站和 App 已经成为线上营销的主要渠道。而文旅市场数字化营销则是通过 OTA 平台、UGC 平台乃至 AIGC 平台，将关于旅游产品的信息和功能精准推送给游客，从而实现销售旅游产品的目的。数字技术改变了文旅市场整体环境，而文旅市场营销则在数字技术的背景下，通过数字化技术手段调动资源，实现营销最终的整体性、个性化、网络化和速度化。

第一节　强化数字文旅市场分析

随着 5G、物联网、大数据、云计算、区块链、人工智能、VR/VR 技术等现代信息技术的发展，数字技术成为文旅产业融合创新的新动力，为文化传承、旅游行业的发展及增强用户体验提供了更多的可能性，数字文旅市场也迎来更多颠覆性的变革。

一　数字文旅市场环境分析

数字技术创新与市场应用创新密不可分。数字技术创新推动了市场应用创新，使包括文旅市场在内的各产业开启了数字化进程。数字文旅市场的发展需要政策引领支持、社会文化拉动、经济动能支撑和科技创新赋能等多元动因协同激励。

（一）政策环境分析

中国政府高度重视文化和旅游产业的发展，出台一系列政策和规划，为数字文旅产业发展提供了有力支持和指导。政策为数字文旅产业发展提供明确的支撑依据，也为其创新发展提供路径和决策选择。随着政策的逐步细化和完善，数字经济、数字化转型和数据要素成为政策关注点，政策重点从单纯的推动"互联网+"等工作转向数字产业发展和数字转型。

1. 探索数字经济发展新模式

早期的政策，如2016年印发的《中华人民共和国国民经济和社会发展第十三个五年规划纲要》着重提出推动信息技术与经济社会发展深度融合，加快推进"互联网+"等工作，初步探索数字经济发展模式。2017年后，政策开始逐渐完善，党的十九大报告强调加强应用基础研究和网络强国建设。2018年，《关于发展数字经济稳定并扩大就业的指导意见》重点提出数字产业发展壮大和数字化转型，标志着数据要素和数字化逐渐成为政策关注点。2019年，《国家数字经济创新发展试验区实施方案》开始探索构建数字经济生态。2020年，《中小企业数字化赋能专项行动方案》等政策进一步提出支持新模式新业态发展等内容。

2. 构筑数字经济发展新生态

2021~2023年，中国的数字经济政策呈现出加速推进、细化规划、重点突出的趋势。政策的主要目标是推动数字化转型，促进数字经济发展，提高数字经济在国民经济中的比重，加快数字化治理和服务能力的提升，构建数字经济的基础设施和生态体系。比如2021年的政策重点在数字经济的发展和治理方面，工业互联网创新发展目标，数字经济、数字社会、数字政府的建设目标，常见类型移动互联网应用程序必要个人信息范围规定，碳达峰和碳中和的目标，物联网新型基础设施建设三年行动计划，大数据产业发展规划等政策被提出。2022年的政策重点则在于数字经济发展和数字化转型，加强数字政府建设的指导意见，开展中小企业数字化服务节活动等政策被提出。党的二十大报告进一步强调加快建设数字中国，促进数字经济和实体经济深度融合，打造具有国际竞争力的数字产业集群，并且提出实施国家文化数字化战略。

3. 推动数字经济高质量发展

2023年政策重点开始转向数字化转型的全面推进和数字经济的高质量发展。《数字中国建设整体布局规划》提出，数字中国建设按照"2522"的整体框架进行布局，即夯实数字基础设施和数据资源体系"两大基础"，推进数字技术与经济、政治、文化、社会、生态文明建设"五位一体"深度融合，强化数字技术创新体系和数字安全屏障"两大能力"，优化数字化发展国内国际"两个环境"。政策进一步提出支持新模式新业态发展等内容，更加注重数字化转型对于国家整体经济的影响和推动作用，进一步加强数字化转型的战略性部署，包括数字化治理和服务能力的提升，构建数字经济的基础设施和生态体系等。

（二）经济环境分析

从总体上看，在推进产业数字化和数字产业化的过程中，各行各业纷纷融入数字技术，通过创新模式和数字化转型提升生产效率、优化资源配置，并有效推动经济社会的全面升级。

1. 宏观层面的数字文旅经济环境

从社会经济大环境视角来看，截至2023年，我国国民经济发展状况总体呈现稳中有进的发展态势。在数字文旅产业的经济支持上，国家统计局数据显示，2022年全年国内生产总值为1210207亿元，同比增长3%，GDP总值再上新台阶，全国城乡居民人均可支配收入稳步提升，农村居民收入显著增加。此外，我国数字经济发展规模逐步攀升，从2018年的31.3万亿元上涨至2022年的50.2万亿元。总体而言，我国数字经济发展呈现强大韧性，具有巨大的潜力和持续向好的长期发展趋势，同时也展现出了稳中有进、高质量发展的良好势头。

2. 微观层面的数字文旅经济环境

国务院办公厅2019年8月印发的《关于加快发展流通促进商业消费的意见》指出，鼓励运用大数据、云计算、移动互联网等现代信息技术推动传统商业经济与文化旅游产业深度多元融合，文旅经济流通渠道更广，业态创新性更为强盛，模式开发更为丰富多样。《2022年文化和旅游发展统计公报》显示，全国文化和旅游事业费1202.89亿元，比上年增加70.01亿元，增长6.2%；全国人均文化和旅游事业费85.20元，比上年增加5元，增长6.2%。2022年末，纳入统计范围的全国各类文化和旅游单位31.40万个，比上年末增加0.19万个，其中，各级文化和旅游部门所属单位6.81万个；全国共有A级旅游景区14917个，直接从业人员147万人，全年接待总人数26.3亿人次，实现旅游收入1818.5亿元[①]。这些数据反映出中国文化和旅游资源的丰富性和多样性，也为数字文旅企业提供了广阔的创新领域和合作机会。

（三）文化环境分析

在政策支持下，数字文旅产业稳中求进、逐步向好，呈现良性发展态势。一方面，数字技术的应用为文化旅游产品和服务创生多元消费业态，丰富旅游体验。另一方面，文化产业与旅游业的融合进一步推动了文化旅游产业的结构性产业升级。我国数字经济呈现出深化应用、规范发展和普惠共享的积极态势。

1. 数字技术培育新型文化业态

文化产业发展新的增长点和亮点，一定是以内容为核心、以创意为原动力、以科技为支撑，并在文化创作、生产、传播和服务的各个流程和节点上涌现。数字技术具有更迭快、便于个性化设计、传播网络化等特点，使得文化创意相较于传统方式更易于传播、推广，更便于结合中国传统文化挖掘其自身价值，更快速地转换和落地。"文化+科技"的融合发展，以将经典和优质文化内容转化为沉浸式内容为基础，并借助虚拟现实技术、增强现实技术、5G、无人机、文化智慧终端等在文化领域的应用，推进以全息互动投影、沉浸式体验等为主的数字展馆、虚拟景区、沉浸式演艺和娱乐体验项目的开发。

---

① 《文旅部发布〈2022年文化和旅游发展统计公报〉》，中国经济网，http://travel.ce.cn/gdtj/202307/14/t20230714_7366036.shtml。

2. 数字技术建立现代服务体系

数字化和智能化的基础设施建设为现代公共文化服务体系的建设提供了硬件基础。推动博物馆、文化馆、图书馆等公共文化服务机构的数字化技术和网络技术升级，实现服务资源的数字化、服务场所向互联网和智能手机端的延伸、服务方式的多元化，从而建立"开放兼容、内容丰富、传输快捷、运行高效"的公共数字服务体系。新基建打造的公共基础设施，为升级公共文化服务体系的服务方式、场所环境等提供了有力支撑，也为扩大公共文化服务的受众和覆盖地域建立了基础。在传统博物馆、图书馆等线下服务的基础上，利用资源数字化、服务上网等方式创新文化服务模式，推进云展览、云讲座、云演艺、沉浸式街区体验等的建设，有效提升公共文化服务的效率和质量，潜移默化地提升整个民族的文化认同感和文化自信。

3. 数字技术改变文化传播方式

数字技术正在改变文化领域的传播方式。文化的生产、存储、传播和消费的数字化，促进了跨领域合作与融合，推动全民参与的数字文化生态圈逐渐形成，为中华民族文化走出国门提供了更好的路径。在数字化和网络化的趋势下，文化产业正打破原有壁垒，数据整合、网络分享为中国文化走出去提供了更大的空间和发展前景。数字故宫、数字敦煌、中文善本古籍等数字典籍，成为中国文化输出的优秀资源。近年来，中国古风 IP 在东南亚、韩国、日本等地也取得了显著成效。未来，应进一步挖掘传统文化资源，深化数字化应用，助力文化输出。

（四）社会环境分析

技术的进步让营销发生了转变：从单向思维模式的传统营销过渡到以数据为指导的数字营销；从最初的门户网站展示广告和搜索营销，演化为社交媒体营销、视频营销、内容营销、直播营销等多种形态。

1. 数字文旅重塑社会文化范式

中国网民众多，数字文旅产业拥有庞大的潜在消费者群体和多样化的传播渠道。例如，通过微信、抖音等平台，数字文化旅游企业可以与用户实时互动，推送精彩的文化旅游内容，吸引用户的兴趣，提高其参与度。同时，数字文化旅游企业也可以利用网络视频、短视频等展示文化旅游产品的特色和优势，提高用户的认知和信任度。这些都有助于数字文化旅游企业提升品牌影响力和市场竞争力。智能手机、互联网和社交媒体的普及使得人们更容易获取信息、分享经验和参与互动，这为数字文旅产业提供了广阔的市场和用户基础。数字技术和网络平台能够为文化旅游消费者提供多元化、个性化和互动化的服务和体验。例如，一些博物馆和景区利用虚拟现实、增强现实、人工智能等技术，让游客可以在线参观、欣赏和学习。旅游平台和社交媒体以大数据分析、推荐系统、在线评价等方式，让游客根据自己的兴趣和需求，选择合适的目的地、路线和活动，丰富消费者群体文化旅游体验，促进文化旅游产业创新发展。

2. 数字文旅促进产业服务升级

中国数字文旅产业经济的消费群体呈现出消费水平逐步攀升、消费结构转型升级的良性态势。从消费主体的年龄结构来看，虽然数字文旅产业涵盖了各个年龄段的人群，但以年轻一代为主要消费力量。从教育背景来看，受过高等教育的消费者更容易理解和接受数字技术带来的文旅创新，对历史、艺术和文化有较高的兴趣和认知水平。从收入水平来看，数字文旅产业的消费体中，中高收入人群占比较大，他们不仅更有能力支付数字文旅产品和服务的费用，也更愿意追求独特、高质的文化旅游体验。参与式文化作为数字时代下的新型文化形式，赋予消费者更多表达观点和感受的权利和渠道。在参与式文化中，消费者不再只是被动地接受文化产品和旅游景点的内容，而是希望积极地参与其中，成为文化的创造者和分享者。数字文旅产业是参与式文化的一个重要领域，它通过数字平台和社交媒体的互动功能，鼓励用户参与内容创作、评论分享及社群互动，提升了用户的参与感和满足感。

3. 数字文旅衍生多元体验业态

我国文旅产业消费群体的消费品质也在逐步提升，从物质需求转向精神层面的追求。由此衍生的新业态集中体现在多元体验经济领域，主要包括：以生态资源融合与挖掘为核心的户外露营、房车旅行；依托科学技术的沉浸式景观游览；侧重市场需求挖掘的互动研学体验；融合历史文化内涵和国潮 IP 的文创产品开发。在数智化发展下，我国文旅产业受益于数字孪生技术等红利，在数字化背景下，携程旅行、马蜂窝、途牛三大 OTA 平台的服务网络四通八达，推动文旅经济蓬勃发展。从文旅产业开发流程来看，数字技术贯穿旅游管理、旅游产品开发、旅游营销与服务等各环节，持续为文旅行业发展增添新动力、挖掘新机遇。在数字时代，消费者对个性化体验和定制化服务的需求越来越强烈。传统的旅游和文化活动难以满足每个人的特殊需求，而数字文旅产业通过数字技术应用可以提供个性化旅游路线规划、文化体验和互动内容，满足人们多样化的需求。数字文旅产业不仅可以增强旅游者的参与感和满意度，还可以促进文化资源的保护和传承，为文旅行业带来新的机遇和挑战。

二 数字文旅市场竞争分析

（一）数字文旅行业竞争概况

近年来中国数字文旅建设如火如荼，吸引了大量优秀的企业，使得中国数字文旅市场竞争日益激烈。目前，数字文旅行业参与者主要包括科技巨头和互联网公司、初创企业、创新公司、电信运营商、景区管理公司以及设备制造商等，每个企业都致力于提供创新的解决方案以满足景区和游客的需求。

《2023—2028 年中国数字文旅行业市场供需及重点企业投资评估研究分析报告》显示，数字文旅市场在全球范围内正迅速扩张，其市场规模已经超过了 10 万亿美元。企查查数据显示，仅在 2024 年前三季度，中国就新注册了超过 2 万家数字文旅相关企业，涵盖了传统旅游企业、文化机构、科技公司、广电媒体等多个领域，形成了多元化的竞争格局。随着国际合作项目的推进，中国数字文旅企业的国际影响力不断增强，市场空间也在持续拓宽。

总之，数字文旅市场是一个规模不断扩大、潜力巨大的领域。在数字化和旅游文化融合的趋势下，数字文旅市场规模已经突破 10 万亿美元，并且有望持续扩大。激烈的市场竞争也将为消费者带来更多全新的旅游和文化体验。

（二）数字文旅市场竞争态势

1. 移动端主导，占领服务主渠道

2014 年以来，随着移动互联网技术的飞速发展，在线旅游的竞争焦点转向了移动端，手机应用成为消费者预订旅游产品和服务的主要渠道。除了酒店预订和机票销售外，各家企业还积极拓展休闲度假、景区门票、旅游摄影、康养旅游等细分领域，以满足不同消费群体的需求，并在各自的垂直领域内展开竞争。

2. 跨界融合，市场集中度提升

腾讯、阿里云、美团、携程、抖音等互联网企业纷纷入局文旅产业，这些企业基于"巨量用户+精准算法推荐"，在供给与需求层面实现更高匹配，进而在"既有用户+用户的多重需求"框架下，对自身业务进行跨界扩容。例如，腾讯推出"一部手机游云南"项目，将文旅业纳入其互联网生态。阿里云联合天猫、高德、飞猪、蚂蚁金服、钉钉、饿了么、友盟+、大文娱等企业，为景区、乐园、场馆等提供综合服务。美团在景区、目的地城市加强布局，通过智慧化改造提升竞争力。携程通过一系列的兼并收购行为，巩固了其在在线旅行服务市场的领导地位。这些企业凭借资本和技术优势不断拓展业务范围，并通过创新和差异化策略重塑文旅产业格局。

3. 竞争加剧，市场前景广阔

企业的竞争力体现在服务质量、技术创新、品牌影响力、供应链整合能力等方面。

例如，携程凭借其全业态布局及强大的资源整合能力获得竞争优势，而飞猪则依托阿里巴巴生态体系实施线上线下融合的O2O战略。拼多多在平台上开通了火车票、飞机票入口，并上线"多多旅行"板块，产品供应商包括华住、小猪民宿、东呈酒店、春秋旅游等。抖音关联公司则通过成立微字节（北京）旅行社有限公司，正式涉足旅游业务，涵盖境内旅游、票务代理等领域。

另外，京东、小红书、唯品会等平台或延展主业，或跨界布局，市场表现不一。随着未来五年数字经济红利的不断释放，入局者会更多，企业之间的竞争将更加激烈。

在区域竞争方面，各在线旅游企业可能根据不同地区的特点和需求制定相应策略。目前，市场上已形成了明显的竞争梯队，头部企业占据主导地位，但中小企业和创新型企业仍可在细分市场找到发展空间。

三　数字文旅市场需求分析

数字文旅需求市场是现代科技与传统文旅产业深度融合的产物，它借助先进的数字技术和互联网平台的力量重新定义了人们获取文化和旅游体验的方式。这一市场以独特而鲜明的特点构建了一个跨越时空、高度个性化且互动性强的全新消费领域。

（一）数字文旅市场供给形势

1. 数字文旅行业整体发展迅速

近年来，数字文旅行业在中国得到了显著发展。《2024 年中国数字文旅行业市场研究报告》显示，2022 年中国数字文旅市场规模达到了 9698.1 亿元，相比 2017 年的 7870.5 亿元有显著增长。这一增长得益于数字科技，如5G 的应用推广。数字文旅行业呈现出迅速发展的趋势，受技术发展、政策、市场需求等多方面因素的影响，其规模和结构不断演变。随着数字技术的发展和应用，数字文旅市场规模将继续增长，为行业带来更多的发展机遇。

2. 数字文旅行业存在地区差异

数字文旅在不同地区的供给存在差异性。例如，一些地区可能更加侧重于传统文旅资源的数字化，而另一些地区可能更专注于利用数字技术创新文旅产品和体验。这种差异性可能由地区间的资源禀赋、技术发展水平、市场需求等因素造成。在未来，预计数字文旅行业将更加注重区域间的协调和整合，以提供更加多样化和高质量的文旅体验。

（二）数字文旅市场需求特点

数字文旅需求市场以其个性定制性、时空灵活性、内容多样性等特点，展现出巨大的发展潜力和创新活力。

1. 个性定制性

数字文旅产品能够精准匹配用户的个性化信息，实现从被动接受到主动定制的转变，用户可以按需选择或设计符合自身特质的文旅体验，极大地满足消费者多元化、差异化的诉求。在数字文旅平台上，用户不再是旁观者，而是深度参与者和创造者。通过线上导览、实时交流、虚拟社区等方式，用户可与其他参与者进行互动分享，共同构建丰富的社交网络，极大提升文旅活动的社群黏性和参与乐趣。

2. 时空灵活性

数字文旅市场通过虚拟现实、增强现实等技术手段，成功地打破了时间和空间的限制，让用户可以身临其境地感受各种文化和旅游资源的魅力。用户可以在任何时间、任何地点，轻松接入数字文旅服务，享受文化盛宴和虚拟旅游的乐趣。此外，数字化的文化内容和旅游服务还为用户带来了更便利的体验，使他们能够更加灵活地规划自己的旅行路线和参与各种文化活动。

3. 内容多样性

数字文旅产品内容丰富多样，令人目不暇接，涵盖从世界文化遗产的数字化再现到全球自然风光的 VR 体验，再到各类艺术展览在线展示等众多主题。这种多样性为用户打开了广阔的选择空间，使其得以跨越地域界限，纵览天下文脉之美。高科技手段，如虚拟现实（VR）、增强现实（AR）以及混合现实（MR）技术的应用，让用户体验得到质的飞跃。用户能够在虚拟环境中身临其境地感知历史场景、领略名胜古迹，甚至是参与到文化创作中，显著增强了文旅体验的沉浸感和真实感。

（三）数字文旅市场需求趋势

在当今时代，数字技术的革新正在以前所未有的速度重塑文旅体验的本质，而数字文旅需求市场的发展也呈现出显著趋势。

1. 沉浸式数字化亲身体验

随着虚拟现实（VR）、增强现实（AR）等前沿科技的日趋成熟和广泛

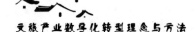
应用，数字文旅产品的核心竞争力正逐渐转向提供深度沉浸式体验。这一转变，意味着用户将能够通过高保真模拟环境亲身体验各类文化景观及旅游资源，从而打破时空界限，赋予传统文旅产业以全新生命力。

2. 个性化定制式独特产品

面对消费者日益多元且细分的需求结构，数字文旅产品开始步入深度个性化定制阶段。借助大数据挖掘和人工智能算法，服务商可依据用户的兴趣偏好、行为习惯等信息，设计并推送个性化旅游路线、活动项目等，确保每位用户都能获得独一无二的文旅体验。

3. 跨界化融合式创新业态

数字文旅行业的边界不断被打破，行业内部与外部的交叉互动愈发频繁，表现为与文化、娱乐、零售等其他领域的深度融合。这种跨界合作旨在催生出更多创新型产品和服务模式。例如，基于 IP 开发的文旅衍生品、结合线上线下资源的主题乐园项目等，为整个市场需求带来新的增长点。

4. 精准化智能式服务决策

数字技术与大数据已经成为推动数字文旅市场升级的重要引擎。通过对海量数据进行实时分析处理，不仅可以优化用户体验，还可以实现精准营销、辅助管理决策。例如，利用大数据预测旅游热点，调整资源配置；运用用户画像进行智能推荐，提升转化率。

四　数字文旅商业模式分析

2023 年以来，文化和旅游部不仅印发了《国内旅游提升计划（2023—2025 年）》，部署智慧旅游发展、推动科技赋能旅游，还公布了首批全国智慧旅游沉浸式体验新空间培育试点名单、20 个沉浸式文旅新业态示范案例，推动文旅产业更好运用数字化、网络化、智能化科技创新成果。

（一）数字文旅商业发展模式

数字文旅企业勇立潮头，激发市场创新动力，引导居民开展线上文旅消费，积极探索新商业模式。

1. 线上引流与线下消费良性互动

要实现线上客户向线下的引流，首先，需要在线上平台上，将内容创意与网上传播结合起来，运用青年话语体系和短视频等新媒体手段，形成热点话题，将产品信息传播出去，激发消费者线下消费的兴趣和欲望。其次，为了吸引线上客户到线下消费，要加强话题策划，统筹各方资源，持续打造互联网传播热点，使网络热度、关注度、话题度持续攀升，最终形成良好的"出圈"效应。最后，坚持移动优先、视频为主，加强交互传播，以创意做好文旅营销，用青春语言讲好地方故事，并通过定制化的线下活动和体验，吸引更多线上客户到线下消费。此外，在线上营销和线下消费过程中，要保持品牌形象和服务质量的一致性。比如，洛阳市强化互联网思维，发力移动端传播，促进线上引流与线下体验良性互动。#四月为爱奔赴洛阳#等话题登上微博全国热搜榜，#邀请全抖音游逛洛阳城#等抖音话题登上抖音全国热榜，"洛阳""洛阳牡丹""牡丹文化节"成为网民关注、检索的热词……2023 年牡丹文化节期间，洛阳频上热榜，成功实现火爆"出圈"[1]。

2. 虚拟现实和真实体验双轨并行

数字化助推文旅产品持续创新。创新体验方面，虚拟技术创造的文旅体验与在地化真实体验双轨并行，讲述不同时空的历史变迁，促进游客与文旅景区文化的深度互动。创新营销方面，文旅产品已普遍采用短视频、网络直播带货等新模式，以机票、酒店、景区门票、旅游特产、文创产品为代表的在线直播销售成为"风向标"。创新内容方面，随着新消费人群的扩大，催生了文旅新消费渠道和新场景，国漫、国风、国创、国乐、国艺等中国文化数字 IP 接连涌现，引领创新文旅产品的开发和旅游目的地新业态的打造[2]。对我国文旅产业发展而言，一系列"云旅游""云展览""云赏艺""云演出"等体验大都由在线新文旅企业提供，AR/VR/MR/XR 等技术在文旅垂直赛道进一步深耕、拓展，通过虚拟景点、虚拟数字人、虚拟导游导览演播厅等，为企业开辟出一条新的发展之路。

---

[1] 《洛阳市强化互联网思维 发力移动端传播 促进线上引流与线下体验良性互动》，河南省人民政府网站，https://www.henan.gov.cn/2023/05-12/2741992.html。

[2] 《领跑新赛道，智慧文旅加速重构旅游未来！》，巨有科技网，https://www.juyoukeji.cn/news/info/id/111.html。

3. 内容创新与价值引领深度融合

数字内容建构了当下人与人的文化价值认同关联、社交关系关联和商业消费关联。Z世代群体既是我国在线新文旅未来消费的主流增量用户，也是ACGN等数字内容消费的主力军。新消费人群的不断扩大催生了文旅新消费渠道和新场景，国漫、国风、国创、国乐、国艺等大批中国文化数字IP，正培育着Z世代的文旅消费新需求，引领创新文旅产品开发和旅游目的地业态升级，成为文旅行业的蓝海。大量的"新三五"人群，不再只是数字内容的消费者和使用者，更是数字内容的再生产创造者，推动网络动漫、电竞、音乐、电影、综艺、新媒体等数字文化形态与旅游产业深度融合。未来，随着文化和旅游产业链和创新链的纵横联合，优质文旅数字内容创作、IP协同出海将具有高感知、情感化、超高清、互动性、全沉浸的审美特征。

（二）数字文旅商业运营模式

在"互联网+旅游"的背景下，旅游行业的发展迎来了前所未有的机遇，不仅影响旅游企业的发展和进步，也彻底改变了旅游产业供需结构、产品创新、消费方式等，使得旅游行业更加具有现代化、信息化、个性化、一体化等特点，便于创造更多的旅游经济价值。

1. B2C 模式

B2C模式是一种"商对客"模式，是直接面向消费者销售产品和服务的商业零售模式。在"互联网+旅游"的背景下，主要有以下几种模式。

第一种模式，在线旅行社模式（OTA）。在互联网的作用下，传统的旅行社借助现有的网络技术建立了自身的电子商务交易平台，使旅游产品呈现出数字化、在线化的特点。通过这些平台，旅行社可以赚取相关网上代理费，诸如携程、艺龙等。

第二种模式，在线平台模式。这种模式不是以实体交易为主，而是以交易平台为主要形式，便于满足供需双方的需求，网络平台只适当收取平台费用。对于消费者而言，这种在线平台以客观、科学、中立、合理为原则为旅游者提供更多选择，从而提升消费体验。在线平台主要有两种模式，一种是以阿里旅行为代表的电商平台模式，阿里旅行为消费双方提供一个网络平台，旅游服务供应方需缴纳一定的保证金（用于交易赔付）以及服务费，并将相应的旅游服务产品放到网络平台，便于旅游服务需求方进行选择，同时依托网络支付体系完成交易。另一种是以去哪儿为代表的垂直搜索平台模式，这种模式具有两个特点，首先是垂直搜索的特点，其次是在线交易的特点，这两个特点不仅有助于促进旅游供应商之间的良性竞争，也有助于消费者选择性价比较高的旅游产品。其收费模式以实际成交额或者点击量为重要指标，通过特定规则折算收取。

第三种模式，团购模式。团购模式是比较常见的一种模式，是指旅游集体通过网络联合起来，便于与旅游服务提供商进行谈判，以获取最优价格的旅游服务的一种购买模式。这种模式的价格通常低于普通消费者的购买价格。

2. C2B 模式

C2B 模式是互联网经济时代新的商业模式，也是日常生活中比较常见的一种模式，它以消费者的实际需求为出发点，以企业按需生产为主要形态，旨在为消费者提供最佳服务。换句话说，消费者根据自身需求，主动参与产品设计、生产和定价。在"互联网+"背景下，旅游供应商与游客的互动更为密切。借助大数据技术，旅游服务供应商可以分析消费者行为，有效确定旅游者的实际需求，从而开发相应的旅游产品，便于满足旅游者的实际需求，实现 C2B 的商品预订交易模式。这种模式很大程度上改变了旅游产业的服务方式，诸如马蜂窝、淘在路上等。

3. C2C 模式

C2C 模式又被称为资源经济共享模式，是个人与个人之间的电子商务，是一种资源共享的形态。C2C 模式运用在旅游行业中，便是一对一的服务形式。在"互联网+旅游"背景下，C2C 模式最为常见的便是旅游者在旅行中借助滴滴打车、Uber 打车等互联网软件，享受便捷的出行服务，借助沙发客、蚂蚁短租等享受到闲置的住宿资源服务。C2C 模式更加直接化，可以给旅游者带来更好的旅游体验。

五 数字文旅市场趋势分析

数字经济以数字知识和信息为基本生产要素，以智能数字技术为核心驱动，以现代信息网络为重要载体，正在加快与文旅经济深度融合，推动产业结构调整。

（一）数字科技创新，引导产业升级

虚拟现实、人工智能等新技术的发展，创造了更具沉浸感和互动性的文旅体验。目前已在部分景区试点应用，将向更多区域场景推广。未来，数字文旅将与人工智能、大数据、区块链等前沿技术更深入结合，通过智能导游、智能语音助手等创新产品，提供更加智能化和便捷的旅游体验。不仅让游客欣赏文化资源，还能够直接参与，增强游客的参与感和互动性。数字文旅的兴起，将推动旅游业的数字化转型和升级，促进旅游业从传统旅游向智慧旅游转变。

（二）合作共享联名，发展多元产品

数字文旅将推动旅游企业、文化机构、科技公司等多方合作，共享资源和技术，携手推动数字文旅的发展。数字文旅将不再局限于虚拟旅游，而是结合实地旅游，推出更多元化的产品，例如演艺表演、文创产品等，为游客提供更全面的旅游体验。比如，拥有虚拟空间属性的"云演播"可以延伸剧场空间边界，拓展演艺市场新兴产业形态，打造高质量数字文化产品，助力演艺团体实现数字盈利。2021~2023 年，国家京剧院联合中国移动咪咕公司，以"云大戏，过大年"为主题，连续 3 年在春节期间推出经典剧目《龙凤呈祥》"5G+4K+VR"海内外演播。京剧《龙凤呈祥》成为演播全流程商业模式探索的首个范例，在业内产生热烈反响，以"文化+科技"的创新形式讲好新时代国粹文化创新传承故事，树立演播行业发展新标杆，实现了社会效益与经济效益的双赢[①]。

（三）文化传承创新，国风国潮出圈

城市、景区与品牌联合营销，创造新的消费场景与文旅体验，品牌热

---

① 《数字科技赋能新文旅 沉浸体验"诗和远方"》，《中国文化报》2023 年 3 月 10 日，第 1 版。

度助推更多地域文化出圈，文化自信带动文化输出。从国漫崛起到田园博主的走红，再到汉服热、博物馆文创出圈，这些无不显露出国潮的旺盛生命力。国潮作为现代时尚景观中的独特呈现，其创意来源于优秀传统文化，外在形式则吸纳并融汇了当代大众审美。随着国潮的兴起，数字文旅行业有着极大的发展空间。"国潮"是"国"与"潮"的结合。如果追溯本源，"国潮"一词在初始阶段更加侧重"潮"，近年则更偏重"国"。"国潮"的流行包含三大重要构成：一是民族文化，二是国货品牌，三是备受重视的年轻力量。其中，消费者对中华文化的自信是国潮爆火的主要原因之一。非物质文化遗产、国潮、国风在文创潮流趋势下，正在以时尚文化的形式走进年轻人的生活。

（四）超 IP 依旧盛行，内容百花齐放

文旅运营方以虚拟人、数字藏品、文化衍生品等形式打造自身特色文化 IP，并与热门 IP 跨界合作，实现内容变现。文旅数字 IP 的类型丰富多样，包括动漫、游戏、影视、音乐、文学等。这些不同类型的文旅数字 IP 以数字化的方式呈现出独特的品牌形象，通过各种渠道吸引观众的关注，并推广和衍生相关商品和服务。文旅企业通过自主开发或联合授权积极拥抱 IP，力求与游客建立情感纽带。游客对超 IP 的热度不减，但对内容及业态的要求逐步提高，所以企业在打造超 IP 的同时，会将其贯穿于整个规划、设计、运营、传播、投融资过程，从而形成以 IP 为核心的良性产业生态系统。2022 年，国家京剧院《龙凤呈祥》演播推出了首位数智学生——尤子希，她身着朱红戏服甫一亮相就惊艳全网。尤子希积极推广中国传统文化，还参演了戏曲文化体验真人秀《最美中国戏第二季》。尤子希的成长之路见证了戏曲与元宇宙的深度融合，也为"5G 京剧元宇宙"注入了更多想象力。

第二节　做好数字文旅用户洞察

用户洞察是指企业通过市场调研、数据分析等手段，获取用户的需求、认知、行为、态度等方面的信息，并据此制定相应的产品、服务、营销策

略，以满足用户需求，提高用户满意度。用户洞察建立在用户需求洞察、用户认知洞察、用户行为洞察、用户画像洞察的基础上。

一 用户需求洞察

随着短视频、直播等内容形式的兴起，全国各地的自然风光和人文景观得以被更多人发现和"种草"，文旅行业也进入以内容运营为主的时代。抖音、快手、小红书、B 站、视频号等平台催生了多种新兴旅行方式：特种兵式旅游火遍网络、寺庙游创新玩法、City Walk 提供全新在地休闲体验、演唱会和音乐节等文化活动兴起、亲子游和研学游消费需求释放、打卡不夜城点亮夜经济，汉服、庙会、灯会、打铁花等活动近乎成为全国各地文旅项目产品"创新"的"标配"。

（一）用户需求洞察的概念

用户需求是指用户对产品或服务的期望，包括功能、性能、价格、品质等方面。这些需求既可能来自用户的实际需求，也可能来自其隐性需求。理解用户需求是产品设计和开发的关键环节。用户需求洞察是对用户明确意识到但未系统表达的零散信息，进行精准的、结构化的提炼，为业务策略制定提供支持。数字文旅企业需要深入理解业务和用户，站在用户的角度去思考场景，才能发现并准确描述用户需求。同时，在产品开发过程中，还需要针对这些用户需求提出解决方案，完善产品的定位。特别是在数字文旅领域，当下年轻人追求新、奇、特和有品质、有品位的体验。年轻态、文化味、烟火气的项目、空间和场景成为年轻人的最爱，所以要特别重视优化体验感，从情绪价值入手创造能引发情感共鸣的独特价值。

2024 年 4 月 16 日，携程发布的《2024"五一"旅游趋势洞察报告》显示，从当前预订情况看，2024 年"五一"旅游热度在去年高位基础上稳中有增，出境游、入境游订单增长更为明显。同程旅行数据显示，"五一"相关旅游搜索热度环比上涨超七倍，中长线旅游和出境游市场快速增长，游客出游距离和出游天数都有显著增长。假未至，票先空。民众火爆的出行旅游热情，预示着接下来的"五一"假期，各地可能又将迎来"人从众"

的壮观场面。想要接住这即将到来的"泼天富贵"，各地显然得多做些准备和预案。"下沉式旅游"的兴起、网红城市的快速更替、拼假出行的需求旺盛……只有破解这些新现象背后的"密码"，找准民众文旅需求变化的原因和趋势，才能找到提升假日经济质效的着力点，有的放矢，推动文旅资源更合理配置，进一步激发民众出游的积极性和消费热情，为扩大内需持续"添柴加火"，共绘假日经济新图景①。

（二）用户需求洞察的意义

用户需求洞察是产品创新的基础，通过对用户的调查、观察和分析，深入了解他们的需求、偏好和行为习惯，可以指导产品开发、提升用户体验和优化运营策略，确保产品能够满足用户的真实需求。

1. 指导产品开发

用户需求是产品开发的基础。通过观察、访谈和收集用户反馈，企业可以获取有关用户的消费习惯、购买动机和购买决策过程的宝贵信息。这些信息可以指导产品的功能设计和市场定位，确保产品能够满足用户的真实需求。通过满足用户需求，企业可以有针对性地进行产品创新和市场推广，提高产品竞争力和扩大市场份额。

2. 提升用户体验

用户体验是企业赢得用户信任和忠诚的关键。通过了解用户的需求、偏好和习惯，企业可以精确地定位产品的目标市场，并针对性地传递产品的价值和优势，从而设计出易用、直观、符合用户心理需求和行为习惯的产品界面和功能，提升用户的使用体验和满意度。用户的积极反馈和口碑传播还会带来更多潜在用户和销售机会，这些均是产品成功的关键因素。

3. 优化运营策略

用户需求不仅仅是他们明确表达的具体需求，还包括潜在的需求和未被满足的痛点。通过深入了解用户需求，企业可以发现用户未曾提及的问题和需求，推动产品创新和改进。通过洞察用户的行为习惯和消费偏好，

---

① 《中工漫评｜找准文旅需求"着力点"，共绘假日经济新图景》，华声在线，https://baijia-hao. baidu. com/s？id=1796772626188862753&wfr=spider&for=pc。

企业可以了解用户偏好的变化趋势及环境影响，进而调整市场定位、品牌形象和销售策略。这可以帮助企业更好地把握市场机遇，节省资源和时间，减少开发过程中的风险和错误。

（三）用户需求洞察的方法

可以综合使用定性和定量的研究方法。定性方法，如访谈法、观察法和焦点小组讨论法，可以提供深入的洞察和理解，而定量方法，如调查问卷和分析用户行为数据，可以提供更广泛的数据支持。结合定性和定量研究方法，可以得到更全面和综合的研究结果。

1. 定性方法

定性研究方法依据一定的理论与经验，直接抓住事物特征的主要方面，暂时忽略了同质性在数量上的差异。使用定性方法研究用户需求，得出的结论往往是结论性的、方向性的。

访谈法：访谈是一种一对一的访问形式。按照特定主题与消费者进行深入交流，用以揭示其对某一问题的态度和情感。通过提出开放性问题，可以深入了解用户的需求、期望、挑战和行为背后的动机。

焦点小组讨论法：组织一组用户参与小组讨论，小组的人数没有固定要求，围绕特定主题引导大家发表意见并相互进行讨论。在小组讨论中，可以促进用户之间的交流和互动，分享彼此的动机和目标。通过观察和记录小组成员的讨论内容，可以发现他们之间的差异和变化。

观察法：观察用户在实际使用产品或完成任务时的行为。通过观察他们的行为模式、决策过程和互动方式，可以推断出他们的动机和目标。

2. 定量方法

与定性方法相对应，定量方法需要回答消费者需求在数量、程度上的存量或者差异，即不是简单给出消费者有没有这个需求或者喜欢 A 或 B 这种判断性的回答，而是通过数据反映消费者对某项产品或属性的需求有多大。

描述性研究：描述性研究可以反映用户需求的现状如何，即回答"是什么"的问题。描述性研究几乎是所有企业必须进行的研究，能有效反映用户需求。

相关性研究：相关性研究旨在揭示变量之间的关系，即它能够回答现象会在"何时、何地、何种条件下"发生这类问题。从广义上来说，凡是涉及两个及两个以上变量之间关系的研究都属于相关性研究。只有通过长期的数据累积并采集更多的外部数据，进行相关性研究才能更好地做到这一点。相关性研究可以揭示用户的需求和什么变量相互关联，但是无法反映用户的需求如何激发或者如何抑制。

实验性研究：单纯的相关性研究无法确定因果关系，如果我们想要理解驱动用户需求的原因，以便能够改变用户需求，那么就需要进行实验性研究。实验性研究指的是研究者有意识地操纵、改变一个或多个变量，控制其他无关变量，然后观察结果变化，以验证变量之间因果关系的一种研究方法。按照对无关变量的控制程度，实验性研究可以分为随机控制实验、田野实验和自然实验。

二　用户认知洞察

所谓"认知"，就是人脑认识、加工和存储信息的过程，简单来说，认知就是思维模式，是所有行为的内在逻辑。用户认知洞察包括用户偏好、用户习惯、用户属性、用户场景和用户特性等方面内容。

（一）用户认知洞察的概念

认知是心理学概念，指通过形成概念、知觉、判断或想象等心理活动来获取知识的过程，即个体思维进行信息处理的心理能力，这是人最基本的心理过程。用户认知洞察简单来说，就是了解用户如何看待某个品牌和产品，以及如何看待该产品所在的品类，有时候甚至还包括如何看待跨赛道的替代者/潜在竞争者。之所以需要这种洞察，是因为业务方往往无法完全掌握用户对品牌/产品的真实认知，二者可能存在偏差，而用户认知洞察的核心正是发现这种偏差及其背后的原因。

（二）用户认知洞察的意义

个人认知是动态的、深入的、个性的。传统经济学总是假设人都是理

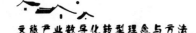

性人，都是没有任何情感和特殊诉求的个体，这种假设使市场分析、商业分析变得简单、可量化。但是现实的经济社会复杂得多，每个人都有不同的心理状态，也有不同的社会场景，导致许多基于理性人的经济分析常常失效。现实世界是物理世界和人的心理世界的结合体，要考虑到每个人的认知，并且想办法抽象出社会因素和心理因素的影响，要对数字文旅市场的用户有足够深的认知，这种认知不是静态的、表面的、平庸的，而是动态的、深入的、个性的。

数据显示，国人既爱美景也爱国潮文化，自然景观与人文体验齐头并进。"美景"与"美食"是微博网友旅行时最关注的方面。根据《人民日报》在微博发起的投票"选旅游目的地，你最看重什么？"，选择"自然风光，锦绣山河 yyds"的用户占比最高，达到 41%；选择"地方美食，吃货本质"的用户其次，占比 27%。山河湖海等治愈系自然风光令无数网友向往，在 2023 年 1~9 月，微博热度最高的自然景观 TOP10 榜单中，洱海、长白山、峨眉山位列前三。文化气息浓厚的人文景点同样深受网友喜爱。在热度最高的人文景点 TOP10 榜单中，外滩占据榜首位置，故宫、上海迪士尼度假区分别位列第二、第三①。

（三）用户认知洞察的方法

1. 用户场景洞察

首先，考虑用户所在的社会场景。每个人无时无刻不在与各种人打交道，"让用户尴尬"就是一类常见的情况。有的功能操作本身会迫使用户做出某些动作，或者发出声音，这在许多场景下都不太合适。比如，有的操作需要用户举起手机，这会让用户对面的人感到不适，因为太像拍照动作。其次，考虑用户的心流。用户在特定心理场景下的状态，称为心流。客观环境和社会环境作为外部因素会影响用户心理状态的变化。把握用户心理状态的变化，是设计产品时需要重点关注的课题。

在旅游复苏、文化市场复苏双重作用下，年轻人的出游目的变得更加

---

① 《2023 旅游行业九大趋势洞察报告》，网易网站，https://www.163.com/dy/article/IHRPT3I N0519CS5P.html。

丰富多样，为一场演出、一场音乐节而奔赴一座城市，在观看演出空闲时间顺带打卡城市的"观演式旅游"成为年轻人旅游出行新选择。热门影视剧综的播出、观演式旅游的爆火、明星和大 V 的出行打卡，这些因素在微博带火了许多小众目的地。淄博凭借特色烧烤成为 2023 年的旅游黑马城市，天津跳水伯伯引得不少网友慕名前来。此外，贵州"村超"带火的榕江/台江，大学生夜爬泰山带火的泰安都成为新晋小众热门城市。

2. 用户心智洞察

在用户场景中，用户的心理状态会有各式各样的变化，这些变化的根源在于用户心智。用户每一个行为都是其在具体场景下对事物的认知反应，而认知的基础正是用户心智。社会资源、经济资源和文化资源会影响一个人的生活方式、消费心理和文化程度，这些要素综合起来，就塑造了一个人的价值观，也就是认知所有事物的价值判断方法。首先，理解用户的社会心智可以判断用户特征。用户心智是用户行为的根据，因此在遇到数据分析、特征分析瓶颈的时候，可以试着判断用户在心智上的差异。其次，理解用户的社会心智可以判断用户成本。用户心智是很难扭转的，不过依然可以扭转，只是成本问题罢了。最后，通过社会心智来建立产品认知。在传统的营销领域，定位是一种经典理论，即要深入用户的心智，让其想到某件事就联想到产品。

腾讯营销洞察研究发现，2023 年，75%的消费者在规划旅行线路时更倾向于选择以小众景点为主的路线，希望获得新鲜的体验。他们认为热门景点不仅人潮拥挤，还过于同质化，而小众景点则依然保持原汁原味的风情。同程旅行数据显示，"五一"假期期间，"小众"相关旅游搜索热度环比上涨 172%，"冷门"相关旅游搜索热度环比上涨 113%。旅游目的地的选择从过去的"热门主流"向更"小众独特"倾斜。消费者更注重体验新奇、独特的内容，而非传统热门目的地。

"放松/调整心态"是出游的首要动机。旅游规划更加灵活，越来越多的人倾向于在旅途中临时决定行程，期望获得"无剧透的惊喜"。在以放松为主的出游心态下，消费者们偏好的旅游内容也发生了变化。同程旅行数

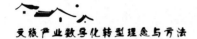
据显示，2023 年 4 月，自然风光、赏花、踏青占据热门旅游主题的前三位，这与季节因素息息相关。同时，有一匹"黑马"从众多旅游主题品类中脱颖而出，那就是"寺庙"类主题景区或旅游产品，其搜索量同比增长了 220%[①]。

三　用户行为洞察

新一代消费者注重个性和独特性，希望能够通过参与不同寻常的体验项目，展示自己与众不同的生活态度和品位。滑雪、滑翔伞、跳伞等户外运动，以及 VR/AR 体验等科技项目，能够满足消费者对个性化体验的追求。

（一）用户行为洞察的概念

用户行为由最简单的五个元素构成：时间（when）、地点（where）、人物（who）、交互方式（how）、交互的内容（what）。用户行为洞察是一个通过收集、分析和解释用户在特定环境中的行为模式以理解其需求和偏好的过程，主要通过用户的产品使用行为习惯，以及反映与用户生活方式相关的行为洞察来间接推导用户真实需求。这种洞察可以帮助文旅企业更好地理解他们的客户，优化产品和服务，提高用户体验，并最终提高销量和利润。用户行为洞察基于用户在互联网产品上的行为，以及行为发生的频次等维度，深度还原用户使用场景，并且指导业务增长。

过往消费者更喜爱周密地计划旅游行程，担心浪费了来之不易的出行时间。而随着放松情绪成为重要的旅游关注因素，现下旅程安排则更在意随遇而安，非一味追求面面俱到、不留遗憾。相较于过去追求去多少景点，消费者现在更在乎享受旅程本身，不对旅程设定预期，更能在旅途中收获意外之喜，解锁未期的"彩蛋"。《中国旅行消费趋势洞察白皮书（2023 年版）》显示，与 2019 年相比，有 65% 的消费者不做全程的行程规划，63% 的人不愿意将每天行程排满，希望保留一些留白空间，来邂逅不一样的惊

---

① 《2023 年旅游，大家想怎么玩？〈中国旅行消费趋势洞察白皮书（2023 年版）〉》，搜狐网，https://www.sohu.com/a/685782932_121119241。

喜。他们喜欢听当地人的建议，兴起而至，兴尽而返，也喜欢探索未知的乐趣。同程旅行平台数据显示，提前 7 天预订机票的人群占比从 2019 年的 68％降到了 2023 年的 13％，同时，52％的人更愿意在到达旅游地之后再预订住宿。

（二）用户行为洞察的意义

1. 做画像

完整的用户画像由用户属性数据、用户行为数据、交易数据、风险收益数据组成。调查数据显示，感性选择正引领旅游发展，旅游者越来越注重个人需求和体验，更倾向于追求独特、丰富的旅行体验。定制旅游、文化探索等独特产品将成为热门选择。理性消费助推行业可持续发展。消费者更注重性价比和可持续发展因素，使环保、文化保护和社会责任成为各大旅行品牌争相传达的关键词[①]。

2. 知偏好

通过分析用户访问页面的类型、访问路径的深度，可以识别用户对某些投资品种或运营活动的偏好，进而针对此类用户推送相关产品的上架信息，或发放对应的优惠券（加息券/抵扣券/满减券等）。

2024 年 3 月 6 日，携程发布《2024 女性旅行消费洞察报告》[②]。报告显示，女性作为消费升级的重要贡献者，其线上消费意愿更强，消费能力更强。2023 年 2 月 20 日~2024 年 2 月 20 日，女性全年人均旅行消费支出高于男性近 8％，"她消费"力量势不可挡，数千万女性在旅行中实现"向往的生活"，其中下沉市场增长势头明显。

无论女性处于人生哪个阶段，旅行都是她们永恒不变的主题。报告调研了近一年具有外出旅行经历（不含商务出行）的用户，其中，以"70后""80后"为代表的中年女性占比 62.2％，成为旅行消费的"绝对主力"，消费力遥遥领先；以"90后""00后"为代表的青年女性占比 28.5％，消费

① 《行业报告 ｜ 2023 旅游行业洞察：感性选择·理性消费》，知乎，https：//zhuanlan. zhihu. com/ p/654063417。

② 《女性旅行力量"势不可挡"，携程发布〈2024 女性旅行消费洞察报告〉》，天眼新闻， https：//baijiahao. baidu. com/s?id=1792769152702078420&wfr=spider&for=pc。

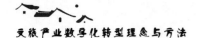

潜力逐渐显现；"50 后""60 后"银发群体占比 9.3%，消费向"品质化"升级，人均旅行消费金额领跑各年龄段，不输年轻人。

报告认为，女性在旅行产品预订方面更具决策权，对于旅行体验和性价比尤为注重。携程各频道数据显示，女性用户擅长"精挑细算"，追求高性价比，如携程直播女性用户占比超 65%，一年省下了 7.8 亿元的旅行费用。而且，她们对于旅行热点也更加敏感，2024 年以来，携程口碑榜、热点榜等产品日均女性访问量增长 42%，翔实可靠的内容为女性理性决策提供了充分支持。

3. 控营收

从用户导入到用户流失，在客单价和毛利率水平不变的情况下，可以着手的点有三个：一是增加投资频次，持续优化用户转化节点的运营策略；二是降低流失率，通过设计任务引导用户持续提升等级，增强用户忠诚度；三是提升用户留存度，通过刺激活跃度和实施召回策略降低平台用户流失率。

高端人群的旅行新风尚洞察报告显示[①]：相比大众人群，他们的出行比例明显更高，且具备较强引领作用，具有重要说服价值；他们注重细节、品质和舒适度，追求完美的住宿体验和优质的服务；在商务出行之外，他们通过旅行汲取精神滋养，并注重将享乐因素、身心健康与文化体验相结合；他们对发展成熟度高、具备高品质设施和服务的旅行目的地保持较高关注；私人旅行减少但探亲访友增加，趋稳避险心态促使实地考察商务旅游（非出差）增加；境外购物主要倾向于选择美妆香水、服包鞋履、珠宝配饰以及高端腕表等品类；选择在春节及学生寒暑假等超长假期安排出行的占比提升，相关旅游产品需注重个性化、定制化、主题化、多元化等创新设计。

（三）用户行为洞察的方法

1. 用户增长漏斗——AARRR 模型

AARRR 模型，也称作"增长模型"或"Pirate Metrics"，由 Dave Mc-

---

① 《2023 高端人群的旅行新风尚洞察报告–旅游行为洞察（附下载）》，搜狐网，https://www.sohu.com/a/745613553_121615303。

Clure 在 2007 年提出，是 Dave McClure 对初创企业和产品增长模式的研究和总结。他认为，了解和优化用户在产品或服务中的各个阶段行为，对于企业发展至关重要[①]。通过这个模型，企业可以更清晰地了解用户的行为路径，从而制定针对性的策略，提高用户参与度、忠诚度和收入。这个模型涵盖了五个关键阶段的指标，分别是获取用户（Acquisition）、激活用户（Activation）、留存用户（Retention）、获得收益（Revenue）和推荐传播（Referral），每个阶段代表了用户在产品或服务中的不同行为和价值。

获取用户（Acquisition）：这个阶段的目标是吸引目标用户，通过各种渠道和方式让用户了解和使用产品。这个阶段需要关注的指标有：日新登用户数（DNU）、渠道来源、渠道成本、渠道转化率等。这个阶段需要评估不同渠道的效果和质量，优化推广策略，降低用户获取成本（CAC）。

激活用户（Activation）：这个阶段的目标是让用户在产品上完成一个核心任务，并有良好的体验。这个阶段需要关注的指标有：日活跃用户数（DAU）、周活跃用户数（WAU）、月活跃用户数（MAU）、日均使用时长（DAOT）等。这个阶段需要优化产品的设计和功能，提高用户的使用频次和延长停留时间，增加用户的黏性和满意度。

留存用户（Retention）：这个阶段的目标是让用户继续使用产品，减少用户的流失。这个阶段需要关注的指标有：次日留存率（Day 1 Retention Ratio）、三日留存率（Day 3 Retention Ratio）、七日留存率（Day 7 Retention Ratio）、日流失率（Day 1 Churn Ratio）、周流失率（Week Churn Ratio）、月流失率（Month Churn Ratio）等。这个阶段需要监控用户的流失情况，采取相应的手段激励用户继续使用产品，提高用户的忠诚度和生命周期价值（LTV）。

获得收益（Revenue）：这个阶段的目标是让用户在产品上发生可使产品获得收益的行为，实现盈利。这个阶段需要关注的指标有：付费用户数（PU）、付费率（PR）、付费金额（PA）、付费次数（PT）、付费频次（PF）、

---

① 〔美〕Ash Maurya：《精益创业实战》（第 2 版），张玳译，人民邮电出版社，2013，第 100~105 页。

付费间隔（PI）、客单价（ARPU）、生命周期价值（LTV）等。这个阶段需要制定合理的商业模式和定价策略，提高用户的付费意愿和付费能力，增加产品的收入和利润。

推荐传播（Referral）：这个阶段的目标是让用户通过推荐引导他人来使用产品，实现产品的自传播。这个阶段需要关注的指标有：推荐用户数（RU）、推荐率（RR）、推荐成本（RC）、推荐转化率（RTR）、病毒系数（K）等。这个阶段需要利用产品的社交属性和口碑效应，设计有吸引力的推荐机制和奖励机制，鼓励用户邀请和分享，扩大产品的影响力和用户规模。

2. 用户决策分析模型——AISAS 模型

AISAS 是一种用户决策分析模型，它是由日本电通公司提出的，被认为是消费者行为学领域很成熟的理论模型之一。它主要包括 5 个部分，也就是组成它的 5 个单词，分别是引起注意（Attention）、引起兴趣（Interest）、进行搜索（Search）、购买行动（Action）、分享传播（Share）。AISAS 模型由传统的 AIDA 模型以及 AIDMA 模型演变而来，因为存在 Search 和 Share 这两个特质，所以具有互联网特征，更适用于互联网时代的消费者购物决策分析历程。

引起注意（Attention），依然要求广告必须能够吸引受众的注意力。只不过传播渠道更多样，除了传统纸媒等广告之外，还有各种公众号、自媒体、短视频等内容媒体，信息流、竞价排名、DSP 等效果广告等，都可以触达消费者，吸引消费者的注意力，这样的传播范围更广，针对的目标人群会更精准。

引起兴趣（Interest），广告内容能让受众产生信息互动的兴趣。在传统广告传播中，常常通过独特的创意来吸引消费者的兴趣。而在互联网时代，除了投入产出比不高的硬广告，企业还可采用信息流软植入广告、音频、短视频等新传播方式，持续以全网全渠道与用户双向互动，从而促使用户对产品产生浓厚的兴趣和试一试的欲望。

进行搜索（Search），在产生兴趣之后用户会主动搜索以更多了解产品信息。此时，官网作为企业的一个数字化阵地，并不仅仅是一个信息展示类网站，更是重要的营销渠道。官网可以引导用户了解产品信息和企业信息，鼓励用户在线试用产品或预约线下体验，从而使用户对企业产生偏好，并留下联系方式。随后，企业可以定期向用户推送个性化的产品信息和促销活动。此时，企业除了要搭建自己的官网之外，还要逐步构建营销型CRM系统，以让用户与企业的对话沟通实时有效，让用户感受到企业的温度，留下美好记忆。拥有官网和营销型CRM系统之后，企业就可以开展多样化的品牌和产品推广活动，持续获取流量并将其转化为销售线索，通过培育最终实现转化。

购买行动（Action），唤起用户购买行动，最终真正地获得产品的效用。在用户购买产品或服务后，为用户提供线上线下售后服务，即购买后有任何问题或建议，用户都可随时随地随方式地与企业沟通并获得相应的服务与帮助，这自然而然会大大地提升用户对企业的服务满意度和品牌美誉度。

分享传播（Share），用户在使用并对产品或服务满意时，会将该产品或服务主动分享给好友，从而触发裂变传播。企业在此阶段要鼓励满意的用户能更主动地分享使用体验，让其可十分方便地分享给亲友。由用户向身边的人去推荐产品，比通过营销活动展现产品效果要好得多，这个就是口碑传播的魅力所在。其实，有了互联网及企业数字化系统之后，每个阶段都可让用户主动参与分享，但需要做好用户分享路径的设计和引导。

四　用户画像洞察

马蜂窝发布的《2023年旅游大数据报告》显示，2023年出游人群中，女性占比为60%，仍是旅行消费的主力军，从年龄分布来看，"00后"和"90后"占比达到了68%，成为主导力量。随着旅游业的逐步复苏，年轻消费者展现出强烈的旅游热情，旅行对他们来说不只是探索和体验，更是一种生活态度的体现，并已成为他们社交生活的重要部分。在社交媒体上，分享旅行体验和照片已经成为常态，共同的旅行目的地增加了年轻人之间的互动和讨论。这也表明，对年轻人而言，旅行已不仅仅是一种休闲活动，更是一种生活方式①。

（一）用户画像洞察概念

用户画像最早被应用在交互设计或产品设计领域中，它是针对特定服务群体真实特征的勾勒，是刻画目标用户、联系用户诉求的有效工具。随着互联网技术的发展和大数据时代的来临，在数据的驱动下，用户画像的内涵和外延都发生了变化，其核心转向通过数据刻画用户特征，从而为用户提供优质服务。随着大数据和"互联网+"理念的深入，人们的关注点日益聚焦于怎样利用大数据实现精准服务。通过用户画像，产品经理可以精准了解和预测用户需求，定位客户群体，进行宣传和个性化推荐，最终实现精准服务②，因此，用户画像在旅游行业得到广泛运用。李飞认为一个内容详尽的客户画像结构是"人物头像+属性特征+动机文字+态度文字+行为文字+其他诸多要素文字"等，另外，还有坐标型、人体型等多样化图形结构③。

（二）用户画像洞察的意义

1. 实现精准营销

在大数据时代，基于"用户画像"数据库基础上的精准营销，不是对经典营销理论和方法的颠覆，而是在深入理解数据的基础上，重新理解消费者，精准划分人群，挖掘消费需求④。以 OTA 平台为例，每个人的消费需求与方式不同，所以呈现出来的用户画像也千差万别。通过对用户画像标签的建模分析，商家能精确、快速地分析用户的形象特征，推测其消费需求和消费倾向，为每个人推荐不同的信息商品，成功促成交易或为营销提供决策依据，消费者也能更舒适地进行消费。对景区而言，可以结合景区

---

① 《2023 年旅游大数据报告》，搜狐网，https://www.sohu.com/a/746399884_120268734。
② 许鹏程、毕强、张晗等：《数据驱动下数字图书馆用户画像模型构建》，《图书情报工作》2019 年第 3 期。
③ 李飞：《全渠道客户旅程体验图——基于用户画像、客户体验图和客户旅程图的整合研究》，《技术经济》2019 年第 5 期。
④ 刘海、卢慧、阮金花等：《基于"用户画像"挖掘的精准营销细分模型研究》，《丝绸》2015 年第 12 期。

文化、价格、推广渠道等多种类别，进行人群圈定，然后基于用户标签，选择目标用户和营销方式，提高营销成功率，降低营销成本，而且这类主动推荐，也不会招致消费者的反感。用户画像系统可以通过收集、分析和整合客户数据，创建详细的客户画像，包括购买历史、兴趣、偏好和行为等信息。这使业务人员/公司能够提供更个性化的服务和产品，从而提高客户满意度。

2. 进行定制服务

旅游企业依靠大数据分析工具，对旅游客户的个人信息和需求进行挖掘，从而更好地把握市场趋势，进而为客户提供更加精准化、个性化的旅游线路规划、导游服务以及旅途中的实时推荐，提高游客满意度和市场竞争力。例如，基于客户的个人喜好和习惯，推荐特定的饮食、购物选择，以及个性化的旅游定制服务。这种全程个性化服务不仅能提高旅游客户的满意度，还能增强旅游企业的市场竞争力。此外，用户画像系统可以帮助企业根据客户特征和需求将其细分为不同的群体。这使企业能够为不同的客户群体制定精细化的营销策略，提高销售效率。深入了解客户的需求和偏好，有助于企业更好地满足他们的期望，提高客户保留率和忠诚度。

3. 助力科学决策

旅游营销与其他领域的营销方式有所不同，因为每一次的出行都是吃住行游购娱等多种要素的组合。通过关联分析、聚类分析、分类、预测、偏差分析等方法，可以将海量的信息按照游客的消费行为、旅游目的地等进行分类，整理成有价值的信息，为企业的发展及营销决策提供科学合理的依据。比如，旅游大数据分析可以通过关联规则挖掘，发现旅游者行为之间的关联，如哪些景点经常被一起游览，哪些酒店和景点经常被一起预订等，并按照旅游者的兴趣、偏好、消费能力等进行分组，以便更好地满足不同类型旅游者的需求。

4. 进行效果评估

通过对旅游大数据的分析研究，可以对营销效果进行评估，如营销目标达成情况、营销策略的有效性、用户的反馈情况、营销成本效益以及品牌影响力提升状况等，找出其中的不足与偏差，能为以后的营销提供更有用的参考。在评估大数据营销效果时，需要注意以下几点。确保数据来源的可靠性和准确性，避免数据误差对评估结果的影响。制定合理的评估指标和标准，以便对大数据营销效果进行客观、准确的评估。根据评估结果及时调整和优化大数据营销策略，提高营销效果。保持与用户的良好互动和沟通，及时了解用户需求和反馈，为后续的营销活动提供参考和改进方向。

（三）用户画像洞察的方法

1. 数据在线

数据在线指的是通过数字化转型将业务流程在线化，这样业务流程中产生的数据也就跟着实现了在线化，具备了进一步处理的先决条件。用户画像数据包括静态数据和动态数据。静态数据是用户相对稳定的一些信息，如人口属性、商业属性等，这类信息通常自成标签。如果企业已掌握准确的静态信息，就可以直接进行转换，不需要建模或预测，仅需进行数据清洗，但如果某些静态数据不准确或者缺失，则可能需要进行建模预测。动态数据是用户不断变化的行为信息，指用户的接触、消费等行为数据。比如，浏览某品牌的网页、浏览某一个品类的单品页，或是发布微博等。

2. 标签设计

标签体系是一种基于既有经验预设的、用数据解决问题的模型。制定标签设计路径包含以下五个步骤。第一步：明确带目标的场景。所谓带目标的场景指设计标签体系要解决的是什么场景下的问题。第二步：明确场景中的流程和角色。比如，在广告投放场景中，角色可能会有哪些？如要选择媒体和媒体点位，选完点位之后，需要确定投放的素材，确定完素材之后，还需要确定时间。第三步：明确场景中需要被标签化的对象，也就是要确定需要被打标签的实体。比如，刚刚提到的场景中，做广告投放的时候，如果目标是触达更多用户，那么用户就是被标签化的对象。第四步：明确不同对象在场景中需要的标签类型。例如，是基本属性标签，还是消费偏好标签，是动态标签，还是静态标签，是预测标签，还是行为标签等。

第五步：确定了类型之后，需要列举出标签的值。比如，人口属性中的年龄段可细分为"0~15岁""16~18岁""18岁以上"等。

马蜂窝大数据显示，2023年最受欢迎的"夜游"玩法有逛夜市、赏夜景、乘坐夜游船、观看灯光秀和歌舞秀、夜游博物馆、篝火晚会、城市夜骑、海上夜钓等。年轻旅行者们喜爱在西双版纳的星光夜市品尝特色美食，在湄公河之夜的篝火晚会中体验当地文化；在四川自贡的中华彩灯大世界中开启一段光影交织的奇幻之旅；在贵阳凉爽的夜晚沿河漫步，享受城市夜景。

3. 标签生成

标签是对用户标识、时间、行为类型、接触点（网址、内容）的聚合，反映用户在特定时间、特定地点的特定行为，从而生成对应的标签。进一步地，从整体思考和建模，可能需要加入权重方面的设计。对于行为类型的标签，不同行为权重不同。比如，购买行为权重是1，浏览权重只是0.5，计算标签的时候，需要综合考虑时间衰减、行为类型、地点等因素，最终生成标签及其权重值。

马蜂窝大数据显示，2023年的旅行者喜欢探索秀美自然中的宁静角落，呼吸新鲜空气，欣赏山海风光，在大自然的怀抱中寻求心灵的平静。露营、海边骑行、户外瑜伽、阳光沙滩躺平、森林冥想、山野徒步等都是旅行者喜爱的户外玩乐活动。躺在柔软的沙滩上，听着海浪轻抚礁石，看海鸥在蓝天白云间自由翱翔，夕阳西下，晚霞染红了天际，这宁静的美好吸引了众多旅行者去体验。

第三节　实施数字文旅交互营销

数字文旅交互主要体现在沉浸式、体验型和场景化的消费趋势上。沉浸式文旅凭借多媒体数字艺术与文化相结合，更强的场景感、互动感与体验感等优势，在网络上备受关注。此外，数字技术如大数据、元宇宙、人工智能等也被广泛应用在数字文博、云展览、云演播、网络直播等服务中，

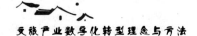

推动文旅行业的智能化升级和商业模式创新。

一　数字文旅交互营销概述

数字文旅借由更加高速的信息传输和网络平台，让文旅产品交易、供求信息对接、内容分享更加快速高效。云计算等技术有利于供给方更了解需求方，使双方的交易效率更高，进而实现更高效的交互。

（一）数字文旅交互营销概念

交互，即交流互动。在营销和用户体验领域中，交互通常指的是用户与产品、服务或品牌之间的互动行为。交互营销（Interactive Cooperation Marketin，ICM）是一种营销策略，强调用户在整个营销过程中的互动和沟通，以提高品牌认知度、品牌形象和消费者满意度。通过精心设计的交互体验，品牌能够更好地吸引和留住目标受众，并建立紧密的用户关系。这种营销方式主要通过各种数字技术和互联网平台来实现，如社交媒体、电子邮件、短信、在线广告等。通过文化娱乐资讯提供互动体验等方式让消费者深度参与，形成信息接收与反馈同步的双向沟通，并鼓励消费者成为二级传播源。这种传播模式能改变消费者行为，从而将品牌植入消费者心中。

数字文旅交互营销是一种利用数字技术和在线平台促进文旅产品或服务销售的策略，它包括利用各种数字渠道，如社交媒体、搜索引擎优化、内容营销和数据分析等，与目标受众建立联系并促进销售。在数字经济时代，传统文旅企业实现数字化时，必须把数字营销视为关键环节，变革滞后的思想、模式和策略，构建新型营销体系。数字文旅交互营销不仅仅是一种技术手段的革新，而且包含了更深层的观念革新。它是目标营销、直接营销、分散营销、客户导向营销、双向互动营销、远程或全球营销、虚拟营销、客户参与式营销的综合。此外，数字文旅交互营销还赋予了营销组合以新的内涵，其功能主要为交换信息、网上购买、网上广告等，是数字经济时代文旅企业的主要营销方式。

数字文旅交互营销通过广泛的数字渠道和工具实现，旨在与目标受众高效互动并推动销售。综合运用这些策略和工具，文旅企业可以在数字环境中更精准地定位潜在客户，并与他们建立有效连接，从而促进品牌增长和市场份额扩大。新媒体平台给文旅部门提供了直接对话游客的机会，游客也可以借此平台提出个性化需求，形成双向交流、有求必应的互动形式，增强游客的"尊重"体验。移动端的密集推广可以有效提升文旅产品曝光度。相比传统单向输出的营销方式，线上宣传具有低成本、大众化的特点，同时网友互动的不确定性还可能带来高流量回报，进一步放大传播效果①。

（二）数字文旅交互营销特点

1. 集成性

文旅企业实现了前台与后台的紧密集成，这种集成是快速响应客户个性化需求的基础。一方面，企业可实现由商品信息至收款、售后服务的一气呵成，从而构建全流程的营销渠道。另一方面，文旅企业可以借助互联网络，将不同的传播营销活动进行统一设计、规划和协调实施，避免因传播内容不一致性产生的消极影响。

2. 个性化

文旅企业按照客户的需要提供个性化的产品，可根据每个客户的销售习惯和爱好推荐相关产品。文旅企业可以提供更丰富的产品信息，如当前产品详尽的规格、指标、信息、使用方法等，甚至对常见的问题提供解答。用户可以方便地通过互联网查询产品、价格、品牌等。

3. 精准性

数字营销不受货架和库存的限制，提供巨大的产品展示和销售的平台，为客户提供几乎无限的选择空间。在网上发布信息的成本较低，并能将产品直接推销给消费者，可缩短分销环节，发布的信息人人都可以自主地索取，有助于拓宽销售范围，这样可以节省促销费用，降低成本，使产品更具价格竞争力。访问网站的大多是对此类产品感兴趣的客户，受众准确，减少了许多无效的信息传递，进一步节省了成本。此外，还可根据订货情

---

① 《透视文旅持续"沸腾"："流量"如何变"留量"？》，澎湃新闻客户端，https://www.thepaper.cn/newsDetail_forward_26176080。

况来调整库存量，降低库存费用。

4. 灵活性

数字营销具备多媒体、跨时空、交互式、拟人化、超前性、高效性、经济性等特点。由于利用了数字产品的各种属性，数字营销在改造传统营销手段的基础上，增加了许多新的特质。文旅企业可根据客户的需求、竞争环境或库存情况等，对营销产品的种类、价格和营销手段等进行及时调整。

（三）数字文旅交互营销作用

1. 精准锁定目标客群

当游客在观看一个网络广告或者一个多媒体形式的产品演示时，可以根据自己的兴趣点击某个部分进行详细的研究，甚至可以改变各种图像的显示方式，还可以选择不同的背景音乐，或者根据自己的指令组合新产品模型，形成强交互体验。消费者可以实时参与，这种参与可以是有意识的询问、对原有顺序和内容的调整，也可以是随机的、无意识的点击等行为。在网上，交互式广告、网络游戏、智能查询、在线实时服务等都有不同程度的交互性，这些都成为交互式营销的重要特色。这有助于精准锁定目标客户群，快速在消费者心中建立认知。除了销售，数字营销还关注于建立长期的客户关系和提高客户的忠诚度。通过电子邮件营销、个性化互动和优质客户服务，数字文旅企业可以与客户保持联系，增强客户忠诚度，促进复购和口碑传播。

2. 提升品牌市场认知

与强制性相比，交互式营销的强参与性使得消费者与产品的距离感大大缩短，同时消费者的回应是实时的，沟通手段也更加多样化，可以随时随地了解交易的信息。消费者与品牌之间的信息传递是双向的，信息既由消费者主动生成，也由消费者接受，因此对品牌的理解也更深刻。这种自给自足的消费方式，可以完全满足消费者的需求。交互式营销让消费者产生更大的主动性，让产品销售在消费者的主动需求中变得实实在在，更能产生品牌记忆的效果。通过交互营销，数字文旅企业可以提升品牌在目标受众中的知名度和认知度。这包括在社交媒体上建立品牌形象、发布有价值的内容以及与受众互动，从而增加品牌曝光度和认知度。数据分析是数字营销中的重要一环，通过分析营销数据，企业可以了解受众行为和消费趋势，从而优化营销策略、调整营销目标和营销方法，提高营销效率和投资回报率。

3. 促进产品销售转化

数字营销致力于吸引并引导潜在客户了解文旅企业的产品或服务。通过搜索引擎优化、内容营销和社交媒体互动等手段，吸引受众的注意力，让他们对文旅企业的产品或服务产生兴趣。在数字文旅市场，交互营销使得产品与消费需求融为一体，与其说是更好地吸引，不如说是让消费者参与到了产品消费中，这是过去传统营销方式不可能做到的。通过这种互动，客户成为品牌的生产者之一。有了交互性，顾客对品牌的认知更容易、更方便。数字营销的最终目标是促进销售和实现转化。数字营销努力将潜在客户转化为实际客户，通过提供优惠、个性化推荐或购买引导等方式，激励受众完成购买。这有助于数字文旅企业在数字化环境中更精准地定位受众、促进销售和建立长期可持续的客户关系。

（四）数字文旅交互营销发展

1. 基于 Web1.0 的单向营销

20 世纪 90 年代初，World Wide Web（万维网）诞生，Internet 真正变成了全球互联网，开始走进人们的生活。此时，数字（网络）技术能够实现信息高效传输，在线搜索、电子邮件、电子商务等应用开始普及，但用户多是被动接受信息推送，很少能深度参与到互联网建设中。Web1.0 是互联网最早版本的术语，从技术角度来说，Web1.0 的网页是"只读的"，用户无法进行编辑，只能浏览信息或搜索信息。尽管如此，互联网为人类打开了新的世界。在数字营销 1.0 时代，互联网内容创作由网站主导，用户没有交互权，广告以单项传播为特征，如展示类横幅广告、弹出式广告、搜索引擎广告等，用户被动接收网站上的营销信息，营销理念以销售产品为核心。学术界对数字营销的认识还停留在"使用数字渠道进行产品和服务营销"，理论研究也主要关注多渠道博弈、网络广告以及多形态产品捆绑等。虽然顾客隐私也开始受到关注，但多数研究基于企业的角度，探索如何借助数字技术实现营销实践数字化。此时，专门的数字营销理论尚未形成，对数字营销现象的分析也通常是基于传统理论如4P、4C等展开。

2. 基于Web2.0的互动营销

2008年之后，智能手机和移动互联网开始普及，线上、线下交互频繁，社交网络、O2O服务、网络直播等成为主流，用户得以自主创建互联网中的内容。以博客、微博等为代表的Web2.0的内容通常是用户创作发布的，用户既是网站内容的浏览者，又是网站内容的发布者。社交平台的发展为用户和企业提供了互动的渠道，更重要的是，使每个用户都成为内容的生产者和传播者，企业也拥有了自己的信息发布平台。相较于Web1.0时期，消费者更加注重数字消费的价值体验，研究主题也日益丰富。一方面，基于消费者视角的研究增多，顾客个性化隐私、在线口碑/评论、社交媒体互动、短视频营销以及游戏营销等主题获得大量关注；另一方面，从组织视角来看，围绕企业展开的推荐系统营销、数字广告、价值共创、全渠道营销等研究开始涌现。随着借助网络、算法、人工智能进行定制的现象日益普遍，越来越多学者开始探索顾客数字化定制的理论内涵。

3. 基于大数据的精准营销

随着大数据在各行各业的广泛应用，数字营销进入了一个新阶段。数字革命加速推进，区块链、人工智能、物联网、云计算等正在构建全新的数字生态。在以大数据技术应用为特征的营销3.0时代，收集和分析用户搜索、浏览、点击、购买和共享等数据变得可行，基于这些数据生成的"用户画像"可以帮助企业精准了解用户的需求和偏好，从而使营销活动更加集中和高效，使品牌得到充分有效的展示。伴随着算力和算法对数字技术提供的支持，元宇宙的概念在2021年开始得到业界广泛关注，智能算法快速发展。数字营销研究也开启了新的篇章，人工智能与消费者的人机互动、算法营销、虚拟现实体验等，成为主要的研究方向，区块链在数字营销中的用途也得到了挖掘，企业更加注重开发数字化的营销能力，营销敏捷性备受关注，营销 4.0 应运而生并飞速发展。

4. 基于人工智能的智慧营销

数字技术的高速发展和移动互联网的盛行，推动了商业模式的持续革新。大型互联网公司都在构建自己的生态圈，如阿里系、百度系、腾讯系、小米系等。营销策略也从产品生产、销售环节，逐步转向商业生态圈的协作，通过生态圈内企业间数据共享、策略导流，实现产品的个性化定制、广告的定向投放、线上线下渠道的融合和消费者需求的精准锁定。在数字营销体系之上，AIGC 在内容生产、创新运营、客服、销售、洞察决策五个方面，为营销模式创新提供了新的思路，生成式人工智能技术的出现，也进一步修补了数字营销存在的短板，推动营销模式再创新。

二　数字文旅交互营销机制

数字营销是运用数字化技术对原本的营销活动与流程进行改造，其建立于"企业与消费者"之间整个互动行为基础之上。消费者购买行为主要分为三个阶段：一是接触兴趣阶段，消费者信息获取与欲望唤起；二是选择行动阶段，消费者对商品、服务的选择、决策、购买；三是分享阶段，消费者对于所购商品的态度与分享。"企业-消费者"之间的持续性互动贯穿这三个主要阶段，内容、触点、数据是数字化与信息技术介入与实施的重点[1]。交互机制可以被理解为一个过程，这个过程涵盖了交互洞察、交互设计、交互体验和交互服务。

（一）交互营销机制的构成

1. 高频交流，使得消费体验更加多元

高频交流意味着在交互过程中，信息的交流和分享需要频繁进行。这样的高频率交流可以确保文旅市场信息的实时性和准确性，有助于提高数字文旅交互的效率和效果。数字文旅市场的高频交流主要体现在信息和数据的快速传播与交互。比如，游客可以通过在线预订平台预订门票、酒店

---

① 　王永贵、张二伟、张思祺：《数字营销研究的整合框架和未来展望——基于 TCCM 框架和 ADO 框架的研究》，《商业经济与管理》2023 年第 7 期。

和旅游路线，并分享他们的旅游经验和意见。同时，旅游机构也可以通过这些平台获取游客的反馈，以更好地优化服务和产品。此外，各类文旅活动的信息也可以在这些平台上迅速传播，吸引更多的参与者。在互联网高度普及的当下，数字技术已成为推动文旅产业供给侧结构性改革的重要力量。具体来说，由于网民规模庞大、互联网普及率的提升，以及虚拟现实等新兴技术和智慧景区等应用场景的发展，近年来涌现出云上剧院、数字展览等一大批精品数字文旅项目，为行业创新注入新动力，使得信息和数据的交流更加频繁，消费体验更加丰富多元。

2. 对称互动，便于了解游客的行为模式

对称互动表明交互的过程中，参与者之间的互动应该是平等的，每个参与者都有提出问题、提供观点和分享信息的机会。这种对称性有助于建立和维护所有参与者的信任和尊重，从而促进更有效的交互。数字文旅市场的对称互动是指利用数字化技术，实现文化旅游资源、产品、服务和营销等各个环节的数字化转型，主要体现在游客与服务提供者之间的信息交流和反馈，以提供更加个性化、智能化、高效化的文化旅游服务。比如，游客可以利用大数据、元宇宙、人工智能等新兴技术进行沉浸式体验，并将反馈信息提供给旅游机构。同时，这些技术也使旅游机构能够通过数据分析了解游客的行为模式和偏好，从而提供更个性化的服务。此外，一些博物馆和文化机构也在积极探索如何利用数字技术将大量文物、艺术作品、文旅资源数字化，并借助网络平台让游客便捷地搜索、了解、观看相关内容。

3. 交叉影响，使得平台之间联系更加紧密

交叉影响则表示在交互过程中参与者的观点和行为不仅会影响他们自己，也会影响到其他人。这种交叉影响使整个交互过程变得更加动态和有趣，鼓励参与者更深入地参与到交互中来。数字文旅市场的交叉影响主要体现在不同数字化平台和文旅产业之间的相互融合和相互作用。随着数字技术的不断发展，越来越多的文旅资源、产品、服务和营销方式被数字化，不同平台之间的界限也变得越来越模糊。比如，社交媒体与旅游的融合使

社交媒体平台不仅是人们交流和分享的平台，也成为旅游资源和产品推广的重要渠道。品牌可以通过社交媒体平台发布旅游景点、活动和优惠信息，与消费者进行互动，实现营销目标。同时，数字化文旅市场中的线上和线下渠道不再是独立的，而是相互融合的。品牌可以通过线上平台发布线下活动的信息，消费者也可以通过线下渠道获取线上优惠和服务。这种融合可以提供更加个性化和高效化的解决方案，满足消费者的需求和期望。此外，数字文旅市场中的文化资源和科技手段也可以相互融合，创造出更加丰富和创新的体验方式。

（二）交互营销机制的实施

1. 交互洞察：基于全方位参与的互动营销

数字营销是数字时代、网络时代的营销方式，以用户为中心、交互性是数字时代的重要特点，由用户和营销主共同主导，用户的作用得以加强。因此，数字营销传播效果达成的关键在于让用户参与进来。让用户参与营销过程，首先让用户对产品有更多的了解，激起用户的消费欲望；其次让企业对用户的需求有更深入的认识，从而调节之后的营销方式，甚至改善产品的功能；最后用户参与的口碑营销更具接近性，可以减少其他用户对于产品营销的抵触心理，从而实现更好的营销效果。在这个过程中，用户既是传播者又是传播媒介，是营销传播中对话、交谈、反馈、分享、自我建构与呈现的参与者。比如，借助微博、微信、电商平台等传播媒介，用户能够谈论或者评论自己使用的产品，分享使用心得，无形中参与到品牌的口碑传播当中，通过官网或者手机 App 等，用户能直接加入营销活动。用户对产生共鸣的产品、传播内容进行解码并重新编码，加入个人经验和创意，形成"基于民间智力和内容原创能力的全方位参与表达的全民 DIY 模式"，如新浪微博"双 11"期间，过万人参与#我的双 11 购过瘾#话题讨论，分享自己的购物"战果"和消费体验等。

2. 交互设计：基于千人千面的精准匹配

随着互联网环境下消费者数据收集、分析等能力的提升，数字文旅企业与消费者之间的信息屏障被打破。加之社会化媒体兴起，更多主体得以

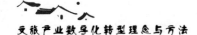

参与，内容生产与传播变得日趋丰富，进一步满足千人千面的差异性需求。数字营销在内容主旨上的实践策略在于建立内容管理系统，实现对各类内容的聚合、管理与触达。内容生产形式包括用户生产的内容（UGC）、专业生产的内容（PGC）、企业生产的内容（BGC），使内容更具丰富性、针对性。在人工生产内容的同时，数字化技术推动了营销内容的创新，如采用人工智能技术进行内容创意生成、动态创意优化等，即利用 AI 技术对内容进行自动识别、标签化与创造，进而实现消费者的精准触达。

3. 交互体验：基于消费触点的智能改善

伴随网络渠道的崛起，消费者旅程触点变得更为多样与复杂。在互联网环境下，消费过程中的触点管理及体验改善成为数字营销实践的重要方面，而线上营销形式与数字广告则是具体实施策略。在线上营销形式方面，社交媒体营销、搜索引擎营销是最为主流的两类方式。社交媒体营销大多借助社交平台生态实施营销活动，主要依赖公众的口碑传播，其背后依托数字技术的社交洞察，具体表现为舆情监测、用户标签与画像等。而搜索引擎营销则需借助搜索引擎优化（SEO）实现，以提升产品、服务在推广中的搜索效率。社交媒体营销、搜索引擎营销在实现营销目的的同时，积累了消费者在各类触点上的数据，可运用于后续处理与分析。数字化广告则是借助各类数字化媒介实现的信息传播，这是数字营销较为核心的方面。具体场景包括：以 PC 和 Mobile 为展现平台的数字媒体；以 TV 屏、手机屏广告为展现形式的视频媒介（OTT/OTV）；以智能家居、穿戴设备、车联网等为介质的物联网展示（IOT）。数字技术与多重介质的综合运用，进一步拓展了广告的呈现渠道与形式，促进了消费者在各类触点上的信息获取与交互。数字广告的实现需要相应的交易机制与体系保障，这也是数字营销区别于传统营销的独特之处。

4. 交互服务：基于数据支撑的平台分析

大数据是当下的热门话题，更是数字营销的根本所在。从数据汇聚来看，数字营销的数据来源较传统营销更加丰富，其数据类型可分为三类：一是来自客户关系管理系统、会员平台、智能探针、爬虫工具的一方数据；

二是通过电商 API、社交 API 等接口获取的二方数据；三是来自其他数据库、平台的三方数据。这些数据共同构成多数据源的数据池，为数字营销提供了数据积累。从数据的具体分析方法来看，数字营销不同于过往分散、碎片化的分析，而是通过平台化实现整合分析。例如，可构建营销数据中台体系，如建立数据管理平台、客户数据平台，为营销数据提供数据沉淀与分析的场所。在此基础上，综合运用商业智能、算法策略、可视化工具对营销数据进行多维挖掘，构建营销自动化系统，即采用条件触发方式，实现邮件、短信、电话等方式的营销自动化。比如，百度在大数据挖掘方面有着天然的优势，掌握了他人难以得到的重要资源。但是基于开放理念，百度会向客户分享数据成果，并提供定制化支持。此外，百度的大数据工具还可以帮助媒体和数字营销公司挖掘更多营销线索和有效信息，更好地为客户服务。

三　数字文旅交互营销设计

交互设计研究人与产品、系统之间的互动方式，目标是使用户与产品的交互过程更加有效和易用。交互设计以用户体验为设计之本，以人为主体，以用户需求为导向，以可用性为基础，它涵盖了许多关键环节，包括用户需求分析、信息架构设计、界面设计、交互流程设计和用户测试等。数字文旅交互营销设计可以根据消费者的个人喜好和行为习惯，提供个性化的旅游推荐和服务。

（一）交互营销设计的构成

交互营销设计的目的是通过对产品的界面和用户的行为进行交互设计，让产品和其使用者之间建立一种有机关系，从而可以有效达到使用者的目标。交互营销设计的构成要素分别是用户、场景、工具、目标与行为。

1. 用户

首先要关注用户角色。要明确用户是哪类人，究竟在为谁做设计。角色不同，同一个流程的呈现方式也会不同。比如，同样是滴滴打车，乘客端和司机端呈现的流程会有所不同。其次要满足目标用户需求。根据产品

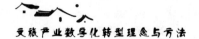
依赖程度可以把用户划分为潜在用户、目标用户、核心用户和种子用户。需明确需求是哪类用户提出的，再根据产品定位判断需求的实现程度和边界。比如，情感化设计在交互设计领域扮演着越来越重要的角色，注重用户与产品之间的情感连接；通过打造情感共鸣，产品能够更好地理解用户的情感和需求，并在用户的情感体验上给予积极反馈，从而提升用户的满意度和忠诚度。

2. 场景

场景是一个容易忽视的问题，尤其是如今用户使用场景越来越动态化、复杂化。要想清楚，用户可能会在什么样的场景下使用自己的产品。比如，知乎 App 的摇晃触发反馈：如果用户是在保持平稳的姿势时使用这个产品，这一交互设计非常巧妙；但如果用户是在行走或者移动时，这一交互设计就显得多余。除了场景适配，情感化设计也至关重要。用户体验不仅关乎功能实现，还涉及用户在使用产品时所产生的情感体验。产品设计师需要深入了解用户的情感需求和情感反应，从而更好地满足其期望。

3. 工具

交互设计需要考虑用户使用的工具是电脑还是手机，与产品交互的方式具体是什么。以接收验证码为例，用户会通过电话、短信或邮件完成操作，设计时需适配不同场景。另外，色彩、形状、布局等视觉元素可以激发用户的情感反应，如使用温暖的色调和柔和的曲线可以营造出温馨和舒适的氛围，而鲜艳的颜色和锐利的边缘则可以传达活力。

4. 目标

根据用户目标明确性的不同，可以把用户目标分为明确目标、模糊目标和随机目标。用户具备明确目标的时候，所有操作都是有指向意义的，因此，在设计流程、布局上，完成任务的节点都必须十分明确。用户大致知道自己要用产品做什么，但是没有确切的答案，是模糊目标。比如，用户在使用听歌软件时，有时找的并不是某一首歌，而是某种类型的歌。提供相关歌曲的推荐，甚至歌单的推荐，就可以帮助用户实现这一模糊目标。随机目标是指用户没有目标，单纯消磨时间。比如，很多人在坐地铁的时候刷微博、抖音和小红书，这种情况下他们并没有一个明确或者模糊的目标，只是单纯打开产品浏览，消磨时间。产品就会在布局上设计一个信息瀑布流，让用户在产品中不断跳转，占据用户的碎片时间。能否占据用户的碎片时间，已成为衡量互联网产品成功与否的重要指标。

5. 行为

交互设计的对象是行为，行为指的是用户如何操作最终达成了他们的目标。行为设计必须符合自然预期，通过设计行为来帮助用户达成目标。智能手机采用与现实世界接近的操作手势——从点击、滑动、拖拽，到一系列交互事件，都符合用户的本能行为。由于行为经验来自现实世界，用户上手难度极低，能顺畅地完成操作。通过细致的交互反馈，如触觉反馈、声音提示和微妙的动画效果，可以使用户感受到产品的响应和互动性，从而增强用户的情感体验。比如，在触摸屏上滑动页面时，流畅的动画和触觉反馈会给用户带来一种愉悦和自然的感觉。通过了解用户的个性化喜好和需求，产品可以为用户提供独特的体验。个性化推荐系统和智能助手可以根据用户的兴趣和偏好量身定制内容，使用户感受到被重视和理解。

（二）交互营销设计的实施

数字文旅交互营销设计，除了用户需求洞察外，还包括战略层、范围层、结构层、框架层、表现层从上至下的体验五要素所组成的设计模型，5个要素连接用户，分别解决要做什么、有什么特殊功能、特殊功能如何交互、整体框架如何设计、App 界面如何表现 5 个问题

1. 战略层：寻求产品目标与用户需求之间的平衡

作为用户体验要素中最基础的环节，产品目标和用户需求构成了第一要素——战略层。产品目标是企业内部的诉求，即产品希望实现的目标；而用户需求是外部的，即用户希望通过产品获得什么。在产品目标与用户需求之间，需要取得平衡，以便同时满足产品目标和用户需求。文旅类数字产品的战略层，主要体现在利用数字技术整合旅游中的各种要素，推动旅游数据分配信息化、旅游发展模式数字化、旅游服务结果情感化，最终打造"数字化"的文化旅游景区，满足多方需求。比如，龙门石窟景区的

官方旅游服务平台"智游龙门石窟"小程序，向公众和旅游市场充分展示了龙门石窟的风景、活动和文化等；在游客旅游服务方面，平台基于地理数据提供了各项智慧文旅服务，如具有中国唐宋古韵手绘风格的景区导览、各种文化主题的游览路线推荐、AI 智能小导游"奉先诗阿难"、81 个景点语音助手服务等；该平台由龙门石窟各级旅游管理机构联合腾讯共同开发，提供游览服务、信息发布、旅游管理等功能。这样一来，"智游龙门石窟"小程序不仅为游客提供了优质服务，传递了龙门石窟的审美、文化和精神价值，还构建了科学化、数字化、可视化管理的景区管理系统。

2. 范围层：确定特殊的产品功能

在战略制定中找到了用户方向和用户痛点后，下一步就是确立范围层，即确定产品功能和产品规格。范围层要处理的问题是：产品的现有功能决定了用户是否使用产品，以及未来是否会将新功能加入产品中。随着数字化和信息化时代的到来，AR 技术通过突破时空限制，能为游客创造身临其境的体验。因此，在用户旅游中融入虚实联合和三维交互技术，利用这些数字化功能为旅行者带来更全面的服务体验。比如，"颐和园数字文物 AR" App 巧妙地应用 AR 增强现实技术，在真实环境中叠加精品文物 3D 模型，实现三维交互。游客手持卡片并对准相机时，可以将文物放在他们的手掌中，以产生触摸文物的真实体验；公众还可以前往颐和园的 AR 增强现实交互体验区深度参与，并在实体商店或在线店铺购买相关文创产品。

3. 结构层：确定特殊产品的交互与呈现

确定了产品功能与产品规格以后，结构层开始关注范围层界定的功能如何呈现的问题。它是一个中间层，可以将实际需求从抽象转至具体。结构层包含两个方面：信息架构与交互设计。在进行交互设计时，要紧密联系用户的行为习惯和心理特征，切身体会生活场景，才能产出良好的体验设计。信息架构是研究用户如何认知和识别信息的过程，信息架构必须设计得直观、快捷，使用户能够轻松地找到所需要的信息。良好的信息交互方式能把握文化旅游的关系语境，使旅游变得更独特有趣。比如，敦煌研究院推出"云游敦煌"小程序，这是敦煌研究院首个欣赏和体验敦煌石窟艺术的数字产品。公众可以通过平台定制与敦煌石窟相关的产品和服务，也可以观看敦煌故事和视频，使经典的历史文化更贴近我们的生活；如果用户对敦煌文化了解不多，可以在"探索"框中输入关键词，如壁画类型、所属朝代、色彩构成等进行搜索，甚至可以对感兴趣的壁画进行标记。总体而言，这种动态的交互方式不仅可以向游客讲解艺术和文化知识，为游客带来愉悦的体验，而且是对敦煌文化保护和传承的深入数字化探索。

4. 框架层：合理且清晰的数字产品整体架构

在搭建产品框架前，需要深入了解用户的操作习惯，着重设计界面控件、界面布局和导航。这里的界面控件设计不需要考虑视觉因素，只需采用一些设计技巧和规则，确保用户能高效完成目标任务。导航设计需清晰传达用户的当前位置和可访问路径，并根据产品目标和需求设计合理的排列顺序。在界面布局设计上，文旅类数字产品要以帮助游客获取旅游信息、提供服务咨询功能为主，如购票、导览、咨询等，同时引导游客更进一步了解文化背景、地域风俗，满足用户"一站式"服务需求。比如，在小程序"数字故宫"中，"发现""游故宫""赏物""我的"构成了一级导航。在"发现"中，用户可以了解到故宫博物院的历史和故事，或者通过"游故宫"功能实现在线快速购票和实时定位，还可以在"赏物"模块中参与游戏答题，了解文物背后的历史知识。总体而言，"数字故宫"不仅能满足游客的游览需求，而且可以进一步展示紫禁城的魅力。

5. 表现层：数字产品符合定位与文化的视觉呈现

将先前确立的功能、内容和美学整合到表现层中，以形成最终的设计。表现层关注感知设计。人类感知包括视觉、嗅觉、触觉、听觉和味觉这五个方面，但由于数字产品的形态限制，用户仅能通过视觉、听觉和触觉交互。因此，表现层主要解决产品的视觉呈现问题。视觉设计主要是从文字、图案、色彩和信息结构等方面进行优化。文旅类数字产品的设计可以尝试将历史文化和地域风俗融入产品内容和细节中。比如，"乌镇旅游"App作为一款专为乌镇景区定制的应用，凭借纯手绘古风的画面和全方位文化导览服务吸引了众多粉丝。这款App通过传统工笔画再现乌镇风俗长卷，展现百年前的乌镇繁荣景象。每天下午六点，App画面切换为乌镇夜景，与现实乌镇生活中的万家灯火交相辉映，以现代科技传递传统古镇之美，让用户身临其境。

四 数字文旅交互营销路径

数字文旅交互营销通过数字媒体整合文旅产品的市场需求、用户需求、盈利分析等内容，既能满足消费者一对一沟通需求，又能有效促进消费转化，从而显著提升营销效果。运用数字营销引领文旅产品线上销售的健康发展，这对于文旅产业结构升级具有积极意义。在具体实施过程中，文旅企业可以利用互联网平台、社交媒体等数字化渠道，对文旅产品营销过程进行数字化管理，从而提高文旅产品的知名度、用户忠诚度、市场占有率等[1]。

（一）确定目标受众

首先需要确定文旅产品的目标受众，包括年龄、性别、地域等因素，以便制定相应的营销策略。不同的文旅产品适合不同的消费人群，只有了解目标受众的特点和需求，才能制定相应的数字营销策略，提高营销效果。比如，有些文旅产品更适合年轻人市场，而另一些则更适合老年人或者家庭市场。因此，在制定数字营销策略之前，要先明确目标受众的特征和需求，以便更好地选择营销平台和制作营销内容。

（二）制定营销策略

针对目标受众群体，制定相应的数字营销策略，包括社交媒体营销、搜索引擎优化、电子邮件营销等。在制定营销策略时，需要考虑产品特点、目标受众、竞争对手等因素，以便制定更加切实可行的营销策略。比如，针对年轻人的文旅产品，可以使用抖音等短视频平台进行营销；针对老年人的文旅产品，可以使用微信或电子邮件进行营销。因此，制定合适的营销策略是文旅产品数字营销的重要环节之一。

---

[1] 吴丽文：《农文旅融合背景下农产品数字营销的路径研究——以汕尾市为例》，《农村经济与科技》2023年第19期。

（三）搭建推广平台

根据营销策略，需选择适合的数字营销平台，如微信公众号、微博、抖音等进行推广。选择时需要考虑目标受众的特点、平台的使用情况和推广效果等因素。比如，针对年轻人市场，抖音、快手等短视频平台可能更适合；而面向家庭市场，微信公众号、微博等社交媒体平台可能更适合。因此，需要综合考虑多种因素，以便选择最适合的推广平台。

（四）制作营销内容

在推广平台上制作相应的营销内容，如图片、视频、文字等，需要注意以下几点。首先，内容要贴合目标受众的需求，能够引起受众的兴趣和共鸣。其次，内容要有创意和吸引力，能够吸引目标受众的注意力。再次，内容要真实、准确、有说服力，能够让目标受众对文旅产品产生信任和兴趣。最后，内容要有针对性，根据不同的推广平台和不同的目标受众，制作不同的营销内容。比如，对于抖音这种短视频平台，可以制作有趣、生动的短视频来展示文旅产品的特点和优势；对于微信公众号这种社交媒体平台，可以通过精美的图片和文字来深度展示文旅产品的细节。总之，制作合适的营销内容是吸引目标受众的关键。

（五）推广营销内容

当制作好的营销内容上线后，需要通过多种方式进行推广。通过社交媒体、搜索引擎等途径推广营销内容，以便让更多的目标受众看到和了解文旅产品，吸引潜在消费者的关注和参与。在推广方式上，可以选择投放广告等付费推广方式，让更多的人了解文旅产品的营销内容，提高曝光率和点击率；也可选择社交分享、口碑传播等社交传播方式，让目标受众主动传播和推广文旅产品的营销内容；还可以选择优化营销内容的关键词、标题等信息的搜索引擎优化推广方式，提高文旅产品在搜索引擎中的排名，提高曝光率和点击率；当然也需要注重展会、公共关系等线下推广方式，让更多的人了解和购买文旅产品。

（六）跟进和转化

通过数字化的营销手段收集消费者的信息并持续跟进，可以提升消费者的信任度和购买欲望，最终促成实际销售。在推广营销内容后，需要及时跟进目标受众的反馈，并通过各种方式进行转化，以便让目标受众成为真正的消费者，提升销售业绩。在转化过程中，也可以借助数字化工具和技术，如电商平台、社交媒体、搜索引擎等，来扩大营销范围和提高转化率。同时，根据客户的反馈和需求及时调整策略，以提高客户满意度和忠诚度。最后，通过对目标受众的数据分析，深入了解他们的需求和行为，从而制定更有效的转化策略。

（七）数据分析和优化

通过数据分析和优化评估数字营销的效果，以便优化营销策略和提高营销效果。在文旅产品数字营销的过程中，需要收集、整理和分析大量数据，以了解用户行为、市场趋势和竞争对手情况等信息，从而为优化营销策略提供依据。通过数据分析，可以发现营销活动中存在的问题并加以改进，如调整定位、改善推广方式等，从而进一步提升营销效果。

五 数字文旅交互营销体验

随着消费者意识觉醒和科技持续发展，传统文化逐渐以各种形式出现在大众的视野。如今的文化与科技更是相互交织，密不可分。数字经济时代，通过对文化资源进行数据化提取和原创性改编等数字化开发，形成 IP 化的文化要素，能够推动文化资源的创新性发展和创造性转化。科技让文化更具魅力，文化让科技更有温度。这种互动不仅助力文旅融合打造新体验新业态，还在讲好中国故事、增强文化自信中发挥重要作用。

（一）元宇宙营造数字文旅新场景

在文化旅游行业中，元宇宙逐渐成为数字化转型的重要领域。特色业态、新型空间和全新体验的供给模式逐渐成熟，悄然推动了文旅元宇宙时代的沉浸式体验消费新浪潮。文旅元宇宙是将数字技术和虚拟空间融合的全新文旅消费形态，游客可以在文旅元宇宙项目中尽情探索大自然和人文景观，同时满足社交、娱乐、艺术鉴赏等多样化消费需求，并获得丰富的体验感受。

江苏苏州七里山塘的虚拟空间"山塘·再现"通过云端还原，为观众呈现了这个著名历史文化街区的数字孪生场景，开启了一段令人惊叹的旅程。在"山塘·再现"中，观众可以选择代表自己个性的虚拟形象，在山塘街中自由探索。路过采芝斋门前，可与场景内的物件进行互动，解读其中的动人诗句——"自开山寺路，水陆往来频。银勒牵骄马，花船载丽人。"这一互动将观众引向另一个可交互的体验，直通采芝斋的天猫店铺，将线上的视觉、听觉体验与线下的味觉体验相连接和呼应。通过"山塘·再现"，观众可以身临其境地感受山塘街的历史风貌和文化魅力。这个虚拟空间为人们提供了一种与传统文化互动的新方式，同时也为苏州的历史文化街区注入了现代科技元素。通过数字技术和互动体验的结合，"山塘·再现"不仅展示了七里山塘的魅力，还将线上线下的体验无缝连接，创造了全新的文化消费模式。

（二）人工智能优化数字文旅新体验

AI技术通过分析用户行为数据并结合机器学习算法为每个用户提供定制化的体验。AI常见的应用是个性化推荐系统。通过分析浏览历史、购买记录和兴趣标签等信息，AI可以为用户推荐符合其喜好的产品和内容。智能助手可以通过自然语言处理和机器学习算法，理解用户的语音指令和问题，并提供相应的回答和建议。随着语音识别技术、手势控制和眼动追踪等技术的不断发展，用户可以更加自然地与设备进行交互，从而突破传统交互方式的限制。

通过语音识别技术，用户可以直接与设备进行对话，这种交互方式使设备更贴近人类的日常交流方式，让用户能以更自然的方式表达自己的需求和意图。比如，用户可以通过语音指令来控制智能家居设备，调节灯光、温度或播放音乐，使得用户体验更加便捷和愉悦。此外，手势控制技术可以通过识别用户的手势动作实现对设备的控制，如挥手、拇指向上等即可完成特定的任务。眼动追踪技术则可以通过追踪用户的视线移动实现设备控制。这种交互方式在虚拟现实和增强现实等领域具有广阔的应用前景，可以提供更加沉浸式的用户体验。

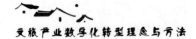
（三）虚实相生提升数字文旅新业态

人工智能技术的不断发展使得虚拟和现实的边界愈发模糊，虚拟人物逐渐进军文旅圈，多地推出虚拟数字人作为城市目的地代言人或城市宣传官，推动虚拟数字人与文旅产业融合。通过"数字虚拟人"与用户进行多模态互动，"面对面"实现低延迟的实时交互交流，为游客提供路线规划、信息查询、导览讲解等智能服务，打造了沉浸式的交互体验。同时，品牌还可以借助"数字虚拟人"参与文旅短视频宣传及衍生品的制作，也可作为跨界合作与产业链整合的增值主体，在社交和娱乐中持续为用户带来新鲜体验，有效提高景区吸引力、提升景区的品牌价值和商业价值。

2021年，河南广播电视台春节晚会《唐宫夜宴》、端午奇妙游《水下洛神》、七夕奇妙游《龙门金刚》接连呈现，以现代科技创新国风美学，向大众诠释了品牌和IP的塑造如何根植于国家的历史文化。除此之外，文旅业界不断创新表达方式，激活文化遗存活力，以年轻人喜闻乐见的方式，推动传统文化、历史遗存融入当代人的生活，实现传统文化与现代潮流的创新性结合。比如，为《洛神赋图》《千里江山图》等传世名画填词谱曲，让"古画会唱歌"；用手机小程序自行设计藻井、瑞兽版"敦煌丝巾"，一键下单即可收到丝巾实物；腾讯与江苏文投共建的国内首个"数字国家文化公园"，基于大数据、区块链、知识图谱、人工智能、多媒体、GIS等现代信息技术打造文化运河、云赏运河、知识运河场景，呈现"IP＋运河之旅"……数字技术推动文化生产与消费全流程升级，不仅让文物文化活起来，也形成了新的消费体验。

六　数字文旅交互营销品牌

随着经济全球化发展进程不断加快，人们对产品质量要求越来越高，因此数字文旅市场应该积极满足用户需求。为了能够实现这一目标，数字文旅市场必须积极创新品牌形象。在营销过程中应该坚持"以用户为中心"的原则，从而实现品牌营销方式的创新和变革。

（一）交互营销品牌定位

品牌定位是指企业为了在目标顾客心目中占据独特的位置而对公司的

产品、服务及形象进行设计的行为①。定位强调把特定品牌置于市场竞争中的独特方位，以便消费者处理大量的商品信息。因此，定位学说的关键要点是"消费者心智"和"相对于竞争对手"。

1. 品牌定位战略

强化战略。强化战略是指强化品牌在消费者心目中的现有地位。如果现有产品和服务在消费者心目中占据强势位置，且这种定位对企业有利，企业就应反复向人们宣传这种定位，强化本企业的产品在消费者心目中的形象。2024 年 1 月，票付通发布全新品牌定位——"领先的数字文旅生态云服务平台"，这预示着票付通作为文旅行业首家数字文旅云服务平台，将以"数字""生态"为独特品牌标签，聚焦票务上云、渠道分销、数智营销、生态链接、共享租赁、数据咨询以及全域运营等七大模块，为旅企提供全场景、全渠道、全链条的数智化综合解决方案，助力数字化咨询、经营和决策服务。

针对竞争对手重新定位。如果竞争对手已经在某个品类占据了有利位置，那么本企业也可以发掘对手强势背后的弱点，并以此为突破口重新定位自身。雕牌洗衣粉是在碧浪洗衣粉生产线造出来的，由于碧浪生产任务不足，生产能力有富余，便承接了雕牌洗衣粉的加工任务。在这种情况下，雕牌洗衣粉打出"只买对的，不买贵的"广告，暗示消费者：一样的洗衣粉，为什么要买价格高的碧浪呢？这一策略使雕牌大获成功，其母公司纳爱斯也从昔日国家定点日化厂中的倒数第一，迅速跃居全国第一。

利基战略。利基战略即寻找尚未被占据且为消费者所重视的市场位置。这一战略适用于竞争品牌密集的市场中的新进入者，也适合新品类的开创者。当年，海尔为打入美国市场，先对美国冷柜市场做了深入调查和全面分析。调研发现，GE、惠而浦等美国企业生产的冷柜都是 200 升以上的大型冷柜，而 160 升以下的小型冷柜却很少。但随着美国家庭人口减少，以及留学生、单身族增多，这类人群对小冷柜的需求显著，市场潜力较大。海

---

① 〔美〕杰克·特劳特、史蒂夫·里夫金：《新定位》，中国人民大学出版社，2014，第 4～15 页。

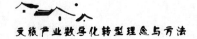

尔发挥自身价格便宜、设计新颖、质量高超的优势，向美国市场推出了60~160升的系列小冷柜，结果一炮打响，仅两个月就在纽约销售了一万多台。

2. 品牌定位方法

属性和利益定位法。产品属性是指产品本身所固有的（通常是外显的）性质，产品利益则是指使用该产品能给消费者带来的收益。通常，属性定位和利益定位具有因果关系。比如，王老吉凉茶属性定位是"凉茶"，利益定位是"预防上火"。

用户定位法。将产品与某类消费者的生活形态和生活方式的关联作为定位的基础，进而将品牌定位于适合某类消费群使用。比如，当进入"三只松鼠"的淘宝店铺与客服交流时，用户会被亲切地称为"主人"。基于用户体验，"三只松鼠"还把售前客服分为了"小清新文艺骚年组""丧心病狂组"等。

品类定位法。品类定位是指在消费者心中开创一个新的产品品种，并通过首创这个品种在消费者心目中成为这个品种的领导者。当一个品类非常成熟且竞争非常激烈时，作为后来者，要想打造一个强势品牌，最适合用的手段就是开创新品类，以新品类的强劲需求带动品牌的发展。这是以小博大、以弱击强的常用手段。比如，在竞争激烈的酸奶行业，君乐宝作为一个远远落后于蒙牛、伊利的地方品牌，凭借"芝士酸奶"的新品类，君乐宝"涨芝士啦"成为酸奶行业的一个强势品牌。

（二）交互营销品牌传播

品牌传播是指通过广告、公共关系、新闻报道、人际交往、产品或服务销售等多种传播手段，以最优化的方式提升品牌知名度和影响力的传播活动①。品牌传播的最终目标在于发挥创意的力量，而传播则是品牌塑造的主要途径。随着互联网技术的发展，传统的电视、广播、印刷等传播媒介已不再是数字文旅品牌传播的主要渠道，社交媒体、电子商务平台、搜索引擎、视频网站、直播平台等成为新的传播阵地。从数字文旅品牌传播的渠道和载体来看，以"两微一抖"、B站、小红书等为代表的新媒体平台逐

---

① 余明阳、舒咏平：《品牌传播刍议》，《品牌》2001年第11期。

渐成为主流渠道，而以综艺、影视、歌曲和短视频、短剧等为代表的文艺内容则进一步成为重要载体。

1. 社交媒体传播

社交媒体平台以及衍生出社交功能的其他数字媒体，可以统称为泛社会化媒体。以泛社会化媒体为核心推出的社交已经构建出新的社会网络关系。当新型的社会关系网络形成，数字大平台提供更多基础支持时，社交价值的商业变现有了更多实现的可能。数字文旅品牌可以根据目标消费者的媒介使用习惯，选择合适的渠道进行推广。这种多元化的传播渠道使得数字文旅品牌可以更精准、更有效地触达目标消费者。

2. 短视频传播

4月19日，中国旅游研究院发布《中国城市文旅品牌发展报告2024》（以下简称《报告》）。《报告》认为，长期以来，城市文旅品牌传播的主体是明星、名人，当前，明星和名人在城市文旅品牌传播中仍具有重要影响力，但新晋"网红"由于其在网络传播方面的独特优势，日益成为城市文旅品牌传播的重要力量。与此同时，在很多城市的传播过程中，无论是视频发布者还是视频中的主要人物都是普通人，他们成为城市文旅品牌传播的新主体。

3. 数字IP传播

数字IP的形象和故事可以应用于广告、宣传片、社交媒体等多种渠道，以增加品牌的曝光度和知名度。数字IP还可以与其他品牌或合作伙伴进行联合推广，以扩大品牌的影响力并覆盖更广的受众群体。比如通过IP联名设计——根据历史人文品牌识别形象物或游戏角色、非遗、创意、演艺、文史类作品等元素，使用数字技术和近场感应技术等制作二次创作类作品，包括卡通形象、潮玩手办、文化创意衍生品、虚拟数字人等。

（三）交互营销品牌变革

在旅游业高度发达的当下，许多同类景区出现了产品同质化、缺乏独特性、品牌缺乏生机和活力的情况。而在信息化社会中，每天都会产生海量数据，对其加以分析和利用能够帮助企业把握客源市场动态、反思品牌

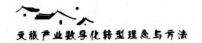

建设缺漏，并依据市场需求调整品牌策略。

1. 文化变革

注重挖掘自身的文化内涵。数字文旅品牌的独特性是其吸引消费者的重要因素。在文化变革方面，品牌应通过数字化手段将其呈现给消费者。比如，故宫博物院通过开发数字化产品，将传统文化元素与现代科技相结合，打造出独具特色的文化品牌。改善供给质量，打造一批数字文旅龙头企业，发展一批数字文旅智慧产业园区，建设一批区域文化产业带。

创新文化表达方式。利用 VR、AR、AI 等新一代技术创新艺术表现形态，助力艺术创作生产，打造虚拟现实景区、虚拟现实娱乐、虚拟现实博物馆等新文旅时空转换场景，创造新消费方式。同时，鼓励支持数字文旅企业"走出去"，推动国际先进数字文旅企业"引进来"，进一步促进中外文化交流与合作。建设一批富有文化底蕴的世界级旅游景区和度假区，打造一批文化特色鲜明的国家级旅游休闲城市和街区。

加强公共数字文化资源建设。通过多媒体展示技术，如全息投影互动体验，以虚拟数字建模、实时动作捕捉和沉浸式舞台体验等视觉特效技术，为观众创造栩栩如生的沉浸式场景和耳目一新的文化体验。构建文化数字化治理体系，提高文化数字化政务服务效能。通过数字化手段优化政务服务流程，提高行政效率，进一步推动文化治理体系的现代化。

2. 制度变革

注重数据分析和运用。文旅数字品牌的管理制度应注重数字化技术的应用，实现品牌形象、营销策略、服务体验等方面的数字化升级。引入专业的数字化人才，建立数字化团队，并制定相应的数字化战略和计划。数据是数字文旅品牌的核心资产之一。通过收集和分析各种数据，可以更好地了解市场需求、消费者行为和品牌表现。要建立完善的数据收集、分析和运行机制，为管理决策提供更加科学和准确的依据。同时，要加强数据的保护和管理，确保数据的安全和合规。

优化组织结构和管理流程。要打破传统的管理框架，建立更加灵活、高效的管理机制，以适应数字文旅品牌的发展需求。比如，可以推行项目管理机制，将工作任务以项目形式进行管理和推进，提高工作效率和质量。组织结构和管理流程是管理制度的重要组成部分。要变革数字文旅品牌的管理制度，需要对组织结构和管理流程进行优化。要建立更加扁平化的组织结构，减少管理层次，提高管理效率。同时，要优化管理流程，简化烦琐的程序，提高管理效率和质量。比如，可以采用敏捷管理的方法，提高项目管理的能力和效率。

强化人才培养和激励机制。数字文旅品牌的管理需要具备高素质的人才队伍。要加强对人才的引进、培养和激励，建立完善的人才管理体系。要注重人才的选拔和培养，建立科学的人才评价机制。同时，要建立有效的激励机制，激发员工的积极性和创造力。比如，可以推行股权激励等措施，提高员工的归属感和忠诚度。为了确保管理制度的有效执行和实施，需要建立完善的监督机制。要加强对管理过程的监督和评估，及时发现和解决存在的问题。同时，要建立完善的问责机制，对管理不当的行为进行追责和处理。只有建立完善的监督机制，才能确保管理制度的实施效果和品牌的健康发展。

3. 组织变革

建立敏捷的组织结构。消费者需求日益多样化、个性化，对文旅产品和服务提出了更高的要求。传统的文旅组织结构往往难以适应数字化发展的需要。品牌应进行组织变革，建立与数字化相适应的组织结构和管理体系。应摒弃传统的层级结构，建立更加扁平化、灵活的组织结构，以适应快速变化的市场环境。加强跨部门协作，提高组织应对能力。

强化人才培养与引进。加大对人才的投入力度，培养具备数字技术、创意策划、市场营销等多方面能力的复合型人才。同时，积极引进外部优秀人才，为组织变革注入新的活力。建立科学的激励机制，激发员工的创新积极性。通过合理的薪酬体系、股权激励、员工培训等方式，提升员工的归属感和忠诚度。

建立合作伙伴关系网络。与产业链上下游的合作伙伴建立紧密的合作关系，实现资源共享、优势互补。通过合作伙伴关系网络，共同应对市场

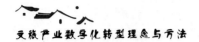
挑战。加强对文旅行业动态和政策变化的关注，及时调整组织变革策略，确保与市场环境保持同步。

4. 分配变革

明确利益相关方的角色与责任。在数字文旅品牌的管理中，需要明确所有与数字文旅品牌相关的利益方，对各方的利益诉求、资源投入和影响力进行评估，为后续的角色与责任分配提供基础。根据各方的专业能力、资源投入和在品牌运营中的重要性，明确其角色定位。比如，品牌所有者可能负责品牌管理和战略决策，内容创作者负责提供高质量的内容，技术提供方提供技术支持，分销商负责产品的推广和销售等。根据角色定位，为各方分配具体的责任，且责任划分应确保各方的能力与责任相匹配，避免出现责任空白或重叠。在明确了各方的角色与责任后，应制定详细的合作协议。合作协议应具有足够的灵活性，以便应对市场变化和调整利益分配机制。由于市场环境和各方利益诉求可能发生变化，因此需要建立持续的沟通机制，以便及时调整角色与责任。

建立公平合理的分配标准。通过协商和谈判，建立公平合理的利益分配标准，确保各方获得应有的回报。同时，应定期对分配标准进行评估和调整。建立透明的利益分配机制，保障各方的知情权和参与权。同时，通过公正的第三方机构进行监督和评估，提高整个机制的公信力。根据市场变化和消费者需求的变化，及时调整利益分配机制，以适应不断变化的环境。

建立有效的沟通与协商机制。促进各利益相关方之间的沟通与协商，及时解决利益分配问题。建立科学的利益分配机制，均衡各方利益，推动数字文旅品牌可持续发展。制定完善的知识产权保护策略，确保内容创作者的权益得到有效保护，并鼓励各方通过合法途径参与品牌建设。

5. 工具变革

随着科技的不断发展，数字文旅品牌需要不断引入新的技术和管理工具来提升自身竞争力。数据分析工具为数字文旅品牌提供了深入了解消费者行为和市场趋势的能力，如虚拟现实（VR）、增强现实（AR）等技术的运用可以让消费者更加深入地了解和体验文旅产品和服务。大数据和人工智能技术可以帮助品牌更好地了解消费者需求，优化产品和服务，通过收集和分析游客数据，品牌可以更加精准地定位目标市场，从而驱动决策的科学化。

虚拟现实和增强现实技术创新游客体验。虚拟现实（VR）和增强现实（AR）技术为数字文旅品牌提供了全新的展示和互动方式。通过这些技术，游客在家中就能获得沉浸式的旅游体验，或者在实地游览中获得更加丰富和深入的参观体验，从而增强参与感和互动性。比如，故宫博物院利用虚拟现实技术让游客在家中就能领略故宫的壮丽景色和历史文化，激发游客的兴趣和期待。此外，通过开发手机应用程序为游客提供导览解说、互动游戏等增值服务，进一步提升了游客的参与感和互动性。同时，借助社交媒体平台与游客保持紧密联系，及时发布活动信息和优惠券，还能吸引更多游客前来参观。

人工智能提升运营效率和游客服务水平。人工智能（AI）在数字文旅品牌中的应用越来越广泛，从智能导览到机器人服务，再到自动化管理，AI 正在极大地提升文旅品牌的运营效率和游客服务水平。比如，迪士尼乐园利用 AI 技术为游客提供智能导览服务，根据游客的兴趣和需求为其推荐最佳游览路线；通过机器人服务员为游客提供便捷的服务，提升游客的满意度；利用 AI 实现自动化的客流管理和智能导览，提高工作效率和降低人力成本。此外，迪士尼乐园还通过移动应用程序为游客提供导览、互动游戏和预订服务，提升了游客的游玩体验和忠诚度。

物联网实现设施的智能化和互联。物联网技术通过实现设施的智能化和互联，助力数字文旅品牌提升游客的整体体验。例如，利用智能照明系统为游客提供舒适的夜间游览环境；通过智能垃圾桶实时监测垃圾量，保持景区环境的清洁和整洁；利用智能安防系统保障游客的安全。乌镇景区运用物联网技术实现设施的智能化和互联。智能照明、智能垃圾桶等系统提升了游客的整体体验；智能安防系统保障了游客的安全。同时，景区还通过线上预订平台为游客提供便捷的门票预订服务，并借助社交媒体平台发布活动信息，进一步优化游客体验。

第七章
文旅产业数字化运营

数智赋能为文旅行业带来了诸多好处。首先,数字化转型可以提升文旅行业的竞争力和创新能力,促进业态升级和转型升级。其次,数字化技术的应用可以提升游客的参与度和体验感,打造更具吸引力和互动性的旅游产品和服务。此外,数字化转型还可以实现资源的高效利用和管理,提升文旅行业的运营效率和盈利能力。

第一节　深化数字文旅产业融合

产业融合是指不同产业或同一产业内的不同行业相互渗透、相互交叉,产业边界逐步收缩或消失,最终形成新产业的动态发展过程。数字文旅产业融合作为现代产业融合发展的重要实践形式,其内涵是数字技术与文化旅游业的技术、资源、组织等相关要素之间,相互交叉、渗透或整合重组,原有产业边界逐渐被突破,彼此交融而形成新的共生体[①]。数字文旅产业融合是利用数字技术,针对文化旅游业一些关键领域进行深化和提升,在更多形式、更深层次、更高水平上相互作用、相互促进、互为一体的过程,进一步形成数字技术与文化旅游业在发展中融合、在融合中发展的高质量协同提升的良性循环,达到数字技术与文化旅游业需求牵引供给、供给创

[①] 向勇:《数字文化产业高质量发展的融合机制:连接、赋能与共生》,《人民论坛·学术前沿》2022 年第 23 期。

造需求的高水平动态平衡①。

一　总结数字文旅产业融合模式

以数字技术推进文化与旅游深度融合，既是数字经济背景下文旅产业发展的趋势所向，也是突破我国文旅产业高质量发展瓶颈的现实需要，对于优化文旅资源配置、激活文旅市场活力、增强中华文明传播力与影响力意义重大。以数字技术推进文化和旅游深度融合，应着力发挥不同生产要素的协同作用，以政策体制驱动、重大项目联动、龙头企业带动、价值链网驱动四大模式为"引爆点"，通过互补性关系引发其他制度的连锁反应，并通过"正反馈"机制实现产业内和产业间资源优势互补，以新商业模式和发展机制构建文化和旅游深度融合的创新体系②。其中，前两种模式为政府主导型，而后两者为文化企业主导型，政府和中介组织是企业跨区经营的服务商。

（一）政策体制驱动模式

政策体制驱动模式针对文化和旅游深度融合过程中组织化程度较低的问题，强调以互联网思维理念再造政府工作流程，创新文化和旅游深度融合发展的体制机制，强化政策协同、部门联动、资源整合、数据共享、效果评估，为文旅产业高质量发展提供优质环境。这种模式适用于各区域拥有较强一体化意愿，且区域间文旅市场规模、发展水平、消费水平接近的情况，鼓励各地方政府制定推动文化和旅游深度融合的整体规划和专项措施，明确数字经济背景下文旅产业转型升级的发展方向及目标，并就文化消费、文化市场监管等设计一体化的制度，引导优质内容、先进技术、专业人才、项目资金向数字文旅等前沿领域倾斜，就数字文旅 IP 孵化、科技型文旅企业培育等提供优惠激励政策、财政资金支持等。比如，2019 年成立的长三角文化和旅游联盟，强化一市三省文旅事务的协商、文旅路线的

---

① 程锦、陆林、朱付彪：《旅游产业融合研究进展及启示》，《旅游学刊》2011 年第 4 期。
② 冯学钢、程馨：《文旅元宇宙：科技赋能文旅融合发展新模式》，《旅游学刊》2022 年第 10 期。

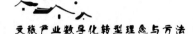

协同推广，联合发布的长三角国际旅游目的地人气榜单、长三角旅游休闲热门度假区榜单等，提供了区域文旅产业一体化高质量发展的新样本。长三角区域国内旅游人数占比也从 2019 年的 44.2% 上升到 2022 年的62.3%[①]。

（二）重大项目联动模式

重大文旅项目具有"投资规模大、带动示范效应强、联动资源能力强"等特点。作为连接文旅消费需求与优化文旅市场供给的重要手段，以数字技术为支撑的重大文旅项目联动开发，是优化资源配置、集聚高端要素、推动产业升级的重要抓手，一方面突破地域分割，加速创新要素的跨区域有序流动，加快构建分工合理、功能互补、协同联动、特色突出的区域文旅产业梯度发展格局；另一方面可以形成促进中华优秀传统文旅资源创造性转化的合力，增强中华文明传播力、影响力。重大项目联动模式立足于合理优化配置资源，遵循比较优势原则，渐进式地摒弃了"跨越式、赶超型发展战略"，是推进我国文化与旅游深度融合的"牛鼻子""压舱石"。此种模式要求提升文旅要素的资源配置效率，构建跨区域的现代文旅网络交易体系。大运河、长江、长城等国家文化公园的建设为重大项目联动开发提供了战略机遇，使各地得以共同规划和开发文旅资源，避免资源浪费和重复建设。同时，数字技术"低时延、多平台、广互联"等特性，加速了重大文旅项目联动开发过程中文旅生产要素与产品的高效流通，强化了市场主体间的关联互动，打破了行业和区域边界，能够促进文旅产业开发、营销、服务等各环节的资源整合，实现文化和旅游深度融合，延伸数字文旅产业链。

（三）龙头企业带动模式

龙头企业带动模式强调以龙头文旅企业的跨区兼并重组、连锁经营或以平台型企业的跨区域联盟推动文旅深度融合发展进程，适用于已经出现龙头文化企业或平台型企业，地方政府以政策、资金推动实现跨区域经营的地区。数字技术加快了文旅产业新业态和新模式的涌现，文旅企业出于

---

① 《面对新冠冲击，长三角旅游业对全国贡献率"不降反升"》，搜狐网，https://www.so-hu.com/a/721621710_121332532。

利润或市场影响力的考量会快速迭代以"适应性进化",以发展成为领导者、挑战者、模仿者或追随者。在市场竞争机制和政府产业政策的双重推动下,具有较强资源累积优势和科技创新能力的龙头文旅企业,通过跨区域经营,能够加速不同生产要素的流动整合,提高资源要素的使用效率,激发文旅市场活力。此模式强调以数字技术强化文旅产业的聚合效应,强调以龙头企业带动不同企业间的关联互动,推动文旅产业链和创新链的融合。比如常州恐龙园文旅集团深耕恐龙 IP,拓宽文旅投资、规划设计、文化科技、文旅演艺等文旅全产业链业务,引领文旅产业从"资源依赖"向"创意生成"转变,打造了常州恐龙园、东方盐湖城等文旅精品;华侨城以"文化+旅游+城镇化"发展模式,基于文旅全产业链和区域文化基因,在与地方政府深度合作的基础上,以文化和旅游的深度融合进行古镇改造,提升区域品牌影响力,实现发展模式的轻资产复制、推广和输出。

(四)价值链网驱动模式

价值链网驱动模式强调不同区域的文化企业通过网络组织形式,组建跨区域、强交互、高延展、广聚集的新型"文化价值链网",加速推动内容、渠道、消费、平台多点融合,并获得由"价值链网"产生的"组织租"。此种模式要求在数字技术支持下,区域文旅产业发展产业链完整,上下游关联互动密切,优势互补明显,通过资源链、产业链、价值链之间的有效融合,实现文化和旅游的深度融合及区域的一体化发展。在供给端鼓励通过科技赋能、文化衍生、跨界融合、双向协同发展数字文旅、艺术电商等新业态、新产品和新服务,推动文化产业结构、市场结构、组织结构创新发展,不断健全和完善现代文旅产业体系和市场体系。消费端鼓励居民参与文化和旅游融合的消费、服务评选及内容生产环节,在强互动性的消费场景中,激发消费者二次创作和自主传播的动力,通过社交媒体、网络视频、移动短视频等扩大 IP 影响力,形成"爆点"后的全局式、蜂窝状宣传矩阵,打造文旅数据资源产业转化的生态闭环。比如上海米哈游公司依托游戏产业内容优势,与张家界、桂林、黄龙等景区的文旅企业合作,从自然景观中取景构建游戏场景,在游戏音乐、角色、关卡设计中融合民

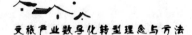

乐、戏曲、茶道、中药等传统文化元素，并联合景区设置沉浸式游戏打卡点，推出海灯节、逐月节等活动吸引游客互动参与，探索"文旅+游戏"的跨界融合。

二 阐释数字文旅产业融合机理

数字技术通过对资本、人才、文化等要素的整合，加速了扁平化、个性化、互动化和平台化的生产方式涌现，触发文旅产业业态创新、模式创新与生态蜕变，拓展了文旅产业的生产和服务空间。通过科技发展、政府政策、企业创新、市场需求等因素的推动，数字文旅在产业融合的基础上，历经以数字技术、标准、规划为关键领域的技术融合，以产品形态、内容、资源为关键领域的产品融合，以劳动力、组织、业务为关键领域的企业融合，以需求为关键领域的市场融合，在多层次、全方位的整合下，最终实现深度融合①。与此同时，技术水平及其应用程度、商品质量和丰富程度，构成融合基础；企业作为技术融合与产品融合的最终执行者，影响融合规模；市场满足了群众需求并带动经济产出，形成融合效应。数字文化产业与旅游业深度融合机理如图7-1所示。

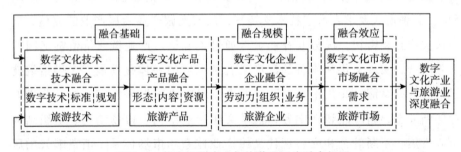

图7-1 数字文化产业与旅游业深度融合机理

（一）数字技术推动文旅产业深度融合

数字文化产业与旅游业深度融合，在技术层面需要将数字技术、标准

---

① 邵明华、刘鹏：《红色文化旅游共生发展系统研究：基于对山东沂蒙的考察》，《山东大学学报》（哲学社会科学版）2021年第4期。

和规划融合作为重点。数字技术方面，数字文化产业与旅游业深度融合质的变化需要多样化的科技手段[①]，除了进一步扩大应用移动通信、互联网、物联网、人工智能等较为成熟的科技，也要尝试运用区块链等新兴技术，同时鼓励相关科研课题的申报和科研团队的创新。标准方面，进一步贯彻实施现有的《国家旅游及相关产业统计分类（2018）》《数字经济及其核心产业统计分类（2021）》等产业分类标准，有意识地补充一些反映数字化、旅游融合的指标[②]，并贯彻《文明旅游示范区要求与评价》《旅游休闲街区等级划分》等行业标准，保证有效的激励与监管。规划方面，围绕 2020 年文化和旅游部等联合印发的《关于深化"互联网+旅游"推动旅游业高质量发展的意见》与文化和旅游部发布的《"十四五"文化和旅游发展规划》等文件做好顶层设计。

数字文化产业与旅游业深度融合，在产品层面需要重点从形态、内容、资源三方面，统一相关产业的产品功能，探索数字文化在吃、住、行、游、购、娱各个环节的深度应用场景，升级原有产品与服务或研发新型产品与服务，为游客带来全新且高质量的体验。形态方面，打造在线文旅业态消费新空间，把握云端式、沉浸式、体验式等不受时空限制的新形态综合性产品与服务趋势[③]。内容方面，重点将数字文化内圈层业态（如原创 IP、动漫、网络游戏）与地方特色旅游内容（如名胜、特产）进行融合创新，如方特主题公园结合地方文化构建的 IP "生态圈"。资源方面，将数字文化产品和服务深度应用于旅游景区、住宿、馆藏、人文等资源，重点支持数字景区、数字民宿、数字博物馆、数字美术馆、数字演艺等项目，构建产业升级的数字化基础，加强发展数字文化中间层业态，将创作、生产和传播等向云上拓展。

数字文化产业与旅游业深度融合，在企业层面需重点统一整合劳动力、

---

①　侯兵、杨君、余凤龙：《面向高质量发展的文化和旅游深度融合：内涵、动因与机制》，《商业经济与管理》2020 年第 10 期。

②　戴斌：《数字时代文旅融合新格局的塑造与建构》，《人民论坛》2020 年第 C1 期。

③　梅芬、陈铭彬：《美育融入乡村振兴的内在机理与路径：兼论文旅融合下的"乡村美"》，《社会科学家》2022 年第 6 期。

组织、业务等要素。劳动力方面，保障相关复合型、专业型人才的供给渠道和供给质量，促进数字文化企业与旅游企业对接合作，充分利用如数字文旅产业人才实训基地、文化和旅游管理干部学院等人才培育场所，带动知识交互、观念创新。组织方面，激发组织内部结构变革，提高企业自主创新能力，完善企业的创新机制，加强企业在数字文化和旅游交叉领域的研发投入[1]。业务方面，优化各企业主体之间的分工协作与要素组合，推进数字文化产业与旅游业体系中上下游产业链重组。

数字文化产业与旅游业深度融合，在市场层面需要以供给侧结构性改革为目标，满足人民群众数字文化和旅游的多元消费需求。利用数字技术更精准地掌握市场需求，提升需求响应速度，解决线上旅游内容文化内涵不足、旅游产品与服务同质性严重等问题，拓展旅游消费者的体验内容、体验方式和体验质量。还可以通过市场创新整合、培育共同品牌、资本运营等方法加强市场融合[2]，如故宫文创开设淘宝店并利用微博、微信公众号进行数字化整合营销。同时，进一步提升企业劳动生产率，为市场带来经济效益的同时，营造有利于创新、协调、绿色、开放、共享发展的市场环境。

（二）数字技术重塑文旅产业价值链条

数字技术不断地将传统的文旅产业进行分解和重构，将文旅产业线性价值链变为开放协同的立体式网状价值链。

在内容创意生产阶段，以数字技术赋能文化和旅游融合发展，一方面，可以进一步深入挖掘和利用不同时期和业态的文旅资源，将其转化为多元多样的文旅产品和服务，拓宽文旅资源的应用场景，如虚拟博物馆、数字艺术展览、数字演艺等；另一方面，可以加速文化创意对传统旅游业的赋能，促进传统旅游产业与新兴文化产业共生互融，创造出更多符合消费者多样性体验需求的文旅产品，如沉浸式园林演艺《浮生六记》。

---

[1] 张朝枝、朱敏敏：《文化和旅游融合：多层次关系内涵、挑战与践行路径》，《旅游学刊》2020年第3期。

[2] 张海燕、王忠云：《旅游产业与文化产业融合发展研究》，《资源开发与市场》2010年第4期。

　　在发行营销阶段，数字技术可以使文旅产品和服务以"平台+体验""平台+内容"等多种方式打动和"浸润"消费者，使消费者爱上并自发成为文旅产品和服务的"营销人"；此外，依托数字云、区块链等技术搭建的文旅消费智能服务平台和小红书、哔哩哔哩等为文旅产品和服务的营销提供了便捷高效的传播渠道，加速了数字文旅贸易的发展，使具有地方特色的文旅产品和服务快速被消费者所知晓，如"淄博烧烤""大唐不夜城""只有河南"的出圈。

　　在消费者使用或消费阶段，数字技术可以将地方特色文化元素加快融入城市更新中，加快培育具有地方特色、可感知、可参与的文旅消费场景。通过大数据、智能聚合等数字技术，还可以精准分析居民的文旅消费偏好，为其提供个性化的文旅体验，如定制旅游行程等。此外，消费者可以通过发帖和评分对文旅目的地和旅游服务进行实时反馈和分享。

　　在衍生品开发阶段，数字技术可以加速推动传统文旅产品的核心创意与其他产业跨界融合，开发设计出多元化业态的文旅衍生产品，催生"文旅+制造""文旅+金融""文旅+演艺""文旅+非遗"等新业态新模式新场景。

　　（三）数字技术变革文旅产业运营模式

　　通过强化技术应用、提升游客体验、创新业务模式、加强跨界合作、推动可持续发展、培养专业人才、保护数据安全、促进社区参与、建立合作机制和政策支持引导等措施，可以推动数字文旅的融合发展，为旅游行业注入新的活力，为游客带来更加美好的旅行体验。

　　首先，数字技术助力文旅产业科学决策。数字技术强调数据分析与管理，大数据分析可以收集、整理和分析游客数据，创新数据驱动的运营决策，从而为文旅企业提供决策支持和战略指导。运营者可以根据人工智能和推荐算法，精确把握游客的偏好，推荐符合其兴趣的景点和文化体验活动，制定更符合消费者需求的个性化产品策略和市场营销方案，提升消费者的满意度和忠诚度。数字技术的深入发展使文旅企业间垂直的合作关系演变为扇形联盟合作关系，促使更多的自由职业者、"柔性团队"涌现，加速不同平台间的资源整合与信息共享，如文旅企业可以通过在线平台和应用程序与酒店、航空公司、交通运营商和文旅活动提供商建立合作关系。此外，基于数字技术构建的文化与旅游融合的跨行业合作平台和生态系统，可以促进文化机构、旅游企业、创意设计师协同开发文化旅游产品，促进文化产业与旅游产业之间的信息共享、价值共创。

其次，数字技术提升文旅资源利用效率。资源要素投入是我国文化产业和旅游产业发展的主要驱动力。我国文旅资源丰富，但不少地方对其的利用还停留在"原生态"的层面，许多依托嫁接科技和创意而形成的文旅产品和服务由于缺乏对消费者需求的精准把握，并没有产生较好的经济效益，资源优势未能转变成产业优势。推进文化与旅游深度融合的目的在于通过区域间的资源整合、分工协作、要素自由流通提升区域文旅产业竞争力，这就要求实现文旅要素在区域间的整合和形成跨区域的文旅交易网络，这种整合首先需要实现的是市场参与主体的跨区域、跨部门、跨产业整合，而数字技术的应用可以唤醒、整合"沉睡"的文旅资源，加速文旅生产要素与产品的高效流通，加强市场主体间的关联互动、跨界互融，提升产业链供应链韧性和安全水平，优化文旅资源配置，提升文旅产业的全要素生产率。此外，数字技术的广泛应用可以高效推动我国地域文明探源工程和大运河文化带、国家长江文化公园的高质量建设，使共同的文化资源流动起来、彰显出来，浸润城市发展和市民生活，实现"文化资源共享""文化氛围共营""文化品牌共塑""绿色生态共享"。

最后，数字技术引领文旅产业转型升级。作为两个相互交融的产业，文化产业和旅游产业具有天然的互补性和统一性，可以双向赋能，具备产业转型、提质升级的内在动力。文化和旅游深度融合可分为渗透融合、延伸融合、重组融合与一体化融合四种类型，并依次递进。文化产业和旅游产业双向转型和互动升级的底层逻辑是满足消费者精神需求的文化属性，数字技术加速了文化产业向旅游产业领域的延伸，使旅游产业获得更大的发展空间。此外，数字技术引领文化产业和旅游产业双向互动升级时，可以联动其他产业，提高产业链创新链协同水平，同时构建起多平台、广互联、高效率的"从消费者到生产者，再由生产者到消费者"的闭环反馈机制，加速自媒体生产方式与弹性生产方式出现，推动文旅产品和服务的供给模式从"生存型、数量型"向"享受型、质量型"转变，形成新的生产力，构建新的竞争优势，实现文旅产业从"圈地自萌"到"破际出圈"。

三　明确数字文旅产业融合路径

基于数字技术探索文化和旅游深度融合的新模式新路径，构建文化和旅游深度融合的"资源共享、产业协同、双向赋能、跨界融合"的现代化发展新格局，对于推动文化和旅游深度融合意义重大。为此，要从文化资源创新转化、文旅资源配置优化、链主企业壮大、区域协同联动、特色品牌擦亮、高端人才引育等环节多点发力，在建设中华民族现代文明上勇于实践，彰显文旅领域数字化发展的"中国特色"[1]。

（一）深挖文化活水，推动文旅资源数字化转化

依托长城、大运河、长征、黄河、长江等国家文化公园和文旅融合示范区建设契机，充分挖掘长江文化、丝路文化、运河文化等资源禀赋，重点围绕国家文化公园（或文旅融合示范区）文旅资源的数字化保护与传承、数字技术支撑的文旅产品开发与业态创新、文旅场景构建与数字化再现及传播推广、管理体制机制创新与数字化治理体系建构、数字赋能文旅深度融合的过程与机制（或模式、路径与效应）等科学问题进行深入探究，并在探讨国家文化公园（或文旅融合示范区）的文化价值内涵与文化补偿机制、文化符号与文化地标识别技术和方法路径、文化体系构建与文化认同及其对文化自信的影响、神经科学视角下的国家文化公园游客认知-情感-行为互动关系与作用机制、智慧国土空间规划及文旅空间优化机制、社区参与行为（机制）及其对居民生计影响等相关研究及创新实践中，尽量融入人工智能、大模型、区块链等数字技术及相关科技，加强对文旅资源的数据挖掘、阐释和转化，推出一批符合现实基础和社会发展需求的特色文

---

[1]　芦人静、余日季：《数字化助力乡村文旅产业融合创新发展的价值意蕴与实践路径》，《南京社会科学》2022年第5期。

旅产品，推动优秀传统文化的创造性转化、创新性发展，构建数字赋能新机制，建立数字管理新体系，提供数字文旅新体验。

（二）深化跨界融合，提升数字文旅资源配置效率

强化数字技术对特色文化资源的改造和提升。增加体验性文旅产品与服务的开发与设计，加快发展动漫游戏、数字影视、数字演艺等新业态在文旅场景中的应用，丰富"网络型"文旅产品与服务供给。创新建设数字博物馆、沉浸式主题餐厅、智慧书店等文化产业数字化应用场景。围绕沉浸式文旅和演艺推出一批品牌活动，实现"云游""云赏""云购"。以国家文化数字化战略为指引，围绕文化保护传承、新型业态培育、文旅融合新基建等主题，实施一批带动作用强、示范效应显著的重大文旅产业项目。支持各地以特色产业为先导，打造一批标志性平台载体和科技含量高、附加值高的新兴业态项目。提升文旅公共服务平台服务水平，推进跨区域社保卡"一卡通"工程，推动文旅融合技术标准跨省、跨地区互认互通，不断优化集文旅融合、多码合一、平台互联等优势于一体的数字旅游年卡功能，支持打造数字藏品、数字文创、文旅知识图谱等数字新服务。坚持系统保护与活态传承相结合，加强非物质文化遗产数字化应用，鼓励太极、灯彩、舞蹈等运用 AR+动作捕捉、AR+虚拟制片、VR 绘画+AR 互动、XR 虚拟场景等前沿科技创作"艺术+创意+科技"精品力作。加速推动数字技术与艺术创作传播展示相结合，引导文艺院团、文旅演出场所培育线上演播项目，打造 3D 光影秀、无人机表演等数字艺术体验场景。

（三）壮大龙头企业，构建数字文旅产业雁阵格局

加强对数字文旅企业的分类管理，支持龙头文旅企业深化开发，运用互联网、大数据、区块链、人工智能等高新技术，推动产品服务和业务流程改造升级，提高生产效率，发挥带头作用。支持龙头文旅企业跨地区、跨行业、跨所有制兼并重组，加快演艺、旅游等领域资源整合和交叉持股，培育一批航母型企业集团。通过资金扶持、人才引荐等多种方式，构建中小微企业从"专精特新"到细分市场"隐形冠军"、从"隐形冠军"到"小巨人"、从"瞪羚"到"独角兽"的成长培育机制，培育一批创新发展

的标杆型数字文旅企业。推动龙头企业与中小微企业的协同发展，支持龙头数字文旅企业通过项目孵化、技术转让、服务外包、平台共建等形式，为中小微文旅企业赋能，引导中小微文旅企业主动融入龙头企业供应链，实现资源共享、企业共建、合作共赢。

（四）深耕精品孵化，擦亮数字文旅产业特色品牌

以内容创作为主体、数字技术为支撑，实施品牌赋能战略，推出一批具有时代印记、中国特色的数字文旅精品。提高数字艺术创作水平，运用人工智能、VR/AR、5G 等技术开发非遗"云"展、曲艺"云"唱会等新型文化产品。实施数字文旅 IP 孵化计划，通过政策扶持、资金奖励等方式，打造一批富有地域特色的精品文旅 IP。推进"文旅+工业""文旅+体育""文旅+康养""文旅+教育"等融合发展，有机串联文旅景区、文博场馆、名人故居等文化载体，推出一批示范性的文旅体验精品线路[①]。依托全球传播中心以及全媒体平台建设成果，开展数字文旅精品海内外巡演、直播推介活动，加强特色文旅品牌国际传播力。

（五）促进协同联动，提升数字文旅产业服务效能

全面推行文旅深度融合服务事项标准化、公共服务一体化，优化跨区域数字文旅项目建设审批流程，完善公共服务供给多元主体参与机制。放大长三角、粤港澳大湾区一体化的成功经验，建立以政府主管部门为主导、以文化旅游企业为主体、以各地行业协会为纽带的跨区域文旅深度融合发展联盟，实现数据共享、线路互推、景区共联、活动共创。推进"省—市—县"多级联动智慧平台体系建设，推动标准规范统一、平台互联互通、数据联动共享，实现文化和旅游监管数据高质量管理和长效运维，提升智慧文旅平台的建设和应用效能[②]。加快推进行业合作横向拓展，深化文旅企业与互联网企业、科技型数字企业的战略合作，推动数字技术在文旅产业中广泛应用，助力文旅产业转型升级。

[①]　贺小荣、徐海超：《乡村数字文旅发展的动能、场景与路径》，《南京社会科学》2022 年第 11 期。

[②]　芦人静、余日季：《数字化助力乡村文旅产业融合创新发展的价值意蕴与实践路径》，《南京社会科学》2022 年第 5 期。

（六）创新引育模式，建设数字文旅高端人才队伍

优化数字文旅产业人才队伍结构，招揽国内外数字文旅领域复合型人才，构建多专业、多层级、多类别的人才激励考评体系，真正实现数字文旅人才"引得进，留得住"。支持各地制定实施高层次文旅人才引进计划，招揽一批懂市场、懂管理、懂文化、有丰富文化数字化成果转化经验的复合型人才。创新"产学研用"一体化人才培育机制，鼓励高校、行业研究院、科研院所等辅助创新机构设立文化旅游产品创新实验室，企校共创数字文旅产品孵化和人才培训基地。建立文旅人才培养长效机制，鼓励高端数字人才主动承接基础研究型、技术攻关型文旅融合课题，以资金资助、完善服务配套为抓手柔性引才，通过虚拟社区、交流论坛、创意大赛等形式，增强数字文旅人才间的非正式联系，以"城-人-产"融合发展模式实现"筑巢引凤"。

四 测度数字文旅产业融合成效

建立数字文旅融合发展效果评价体系、测度模型与优化路径，形成融合发展新生态、共生发展新机制和共同体发展新模式。

（一）构建指标体系

遵循相关性、科学性、数据可获得性原则进行指标选取，参考《国家旅游及相关产业统计分类（2018）》和《文化及相关产业分类（2018）》，结合数字文化产业与旅游业深度融合机理，借鉴已有研究成果①，构建数字文旅产业综合发展评价指标，如表7-1所示。该指标体系由融合基础、融合规模、融合效应3个一级指标构成，融合基础下设10个二级指标，融合规模下设9个二级指标，融合效应下设16个二级指标。其中，经营性互联网文化单位指经批准从事经营性互联网文化活动（通过向用户收费或者电子商务、广告、赞助等方式提供互联网文化产品和服务以获取利益）的互联网信息服务提供者。由此可见，经营性互联网文化单位具备以文化内涵为

---

① 舒波、靳晓双、程培娴：《省域旅游产业高质量发展水平评价指标体系构建与实证》，《统计与决策》2022年第24期。

重点、借助数字技术赋能的特性，涵盖数字文化内圈层的产业业态，能代表大部分数字文化企业。因此，经营性互联网文化单位相关数据能有效反映数字文化产业的融合基础、融合规模与融合效应。

表 7-1 数字文化产业与旅游产业综合发展评价指标体系

类型	一级指标	二级指标	单位	指标说明	属性
数字文化产业（X）	融合基础（X_1）	X_{11} 数字技术水平	%	信息传输、软件和信息技术服务业固定资产投资/全社会固定资产投资	+
		X_{12} 经营性互联网文化单位知识产权数	种	经营性互联网文化单位拥有自主知识产权网络游戏、网络音乐、网络动漫数之和	+
		X_{13} 网络文化产品数量	个	经营性互联网文化单位运营国产及进口网络游戏、网络音乐、网络动漫、网络表演主播数之和	+
		X_{14} 图书馆电子图书数	万册	图书馆电子图书数	+
	融合规模（X_2）	X_{21} 经营性互联网文化单位从业人员占比	%	经营性互联网文化单位从业人员数/城镇总就业人数	+
		X_{22} 经营性互联网文化单位机构数	个	经营性互联网文化单位机构数	+
		X_{23} 互联网上网服务营业场所从业人员占比	%	互联网上网服务营业场所从业人员数/城镇总就业人数	+
		X_{24} 互联网上网服务营业场所机构数	个	互联网上网服务营业场所机构数	+
	融合效应（X_3）	X_{31} 经营性互联网文化单位注册用户数	个	经营性互联网文化单位注册用户数	+
		X_{32} 博物馆网站访问量	页次	博物馆网站访问量	+
		X_{33} 图书馆网站访问量	页次	图书馆网站访问量	+
		X_{34} 经营性互联网文化单位收入	千元	经营性互联网文化单位收入	+
		X_{35} 互联网上网服务营业场所营业收入	千元	互联网上网服务营业场所营业收入	+

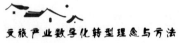

续表

类型	一级指标	二级指标	单位	指标说明	属性
数字文化产业（X）	融合效应（X_3）	X_{36} 经营性互联网文化单位劳动生产率	万元/人	经营性互联网文化单位营业收入/营业性互联网文化单位从业人员	+
		X_{37} 互联网上网服务营业场所劳动生产率	万元/人	互联网上网服务营业场所营业收入/互联网上网服务营业场所从业人员	+
		X_{38} 城乡居民数字文化产业人均消费支出比	%	城镇居民人均文化娱乐消费支出/农村居民人均文化娱乐消费支出	−
旅游产业（Y）	融合基础（Y_1）	Y_{11} 旅游业 R&D 经费占国内生产总值比重	%	全社会 R&D 经费×（全国旅游及相关产业增加值/国内生产总值）	+
		Y_{12} 旅游地信息化水平	%	全省互联网宽带接入用户数/全省总户数	+
		Y_{13} A 级旅游景区数	个	A 级旅游景区数	+
		Y_{14} 博物馆数	个	博物馆数	+
		Y_{15} 艺术表演机构数	个	艺术表演机构数	+
		Y_{16} 娱乐场所机构数	个	娱乐场所机构数	+
	融合规模（Y_2）	Y_{21} 星级饭店从业人员占比	%	星级饭店从业人员数/城镇总就业人员数	+
		Y_{22} 星级饭店数	个	星级饭店数	+
		Y_{23} 旅行社从业人员占比	%	旅行社从业人员数/城镇总就业人员数	+
		Y_{24} 旅行社数	个	旅行社数	+
		Y_{25} A 级景区从业人员占比	%	A 级景区从业人员数/城镇总就业人员数	+
	融合效应（Y_3）	Y_{31} 国内游客数	亿人次	国内旅游接待总人数	+
		Y_{32} 入境过夜游客数	亿人次	接待入境过夜游客人数	+
		Y_{33} 国内旅游收入	亿元	国内旅游收入	+
		Y_{34} 国际旅游收入	百万美元	国际旅游收入	+
		Y_{35} 旅游企业劳动生产率	亿元/人	旅游总收入/旅游从业人数	+

类型	一级指标	二级指标	单位	指标说明	属性
旅游产业（Y）	融合效应（Y_3）	Y_{36} 旅游总收入占 GDP 比重	%	旅游总收入/GDP	+
		Y_{37} 旅游产值密度	万元/万公里^2	旅游总收入/面积	+
		Y_{38} 旅游产业绿色 GDP	亿元	旅游产业 GDP/旅游环境污染综合指数	+

注：1. 旅游从业人数为旅行社、旅游景区、星级饭店从业人员数之和；2. 旅游环境污染综合指数选取旅游废水排放量、旅游废气排放量以及旅游固废排放量 3 项指标来衡量，并采用全局熵值法求得，鉴于未专门统计旅游产业"三废"数据，本书使用旅游总收入占 GDP 的比重对其进行换算。

　　融合基础对应技术融合和产品融合两个环节，体现该产业的技术水平和产品丰度。数字文化产业中，采用"数字技术水平、经营性互联网文化单位知识产权数"反映数字文化产业技术水平，选取"网络文化产品数量、图书馆电子图书数"代表数字文化产业产品丰度。旅游产业中，使用"旅游业 R&D 经费占国内生产总值比重、旅游地信息化水平"表示旅游产业技术水平，选择"A 级旅游景区数、博物馆数、艺术表演机构数、娱乐场所机构数"表示旅游景区、馆藏、机构等资源丰度。

　　融合规模对应企业融合的环节，涵盖该产业代表性企业及劳动力占比。数字文化产业中，选取了"经营性互联网文化单位从业人员占比、经营性互联网文化单位机构数、互联网上网服务营业场所从业人员占比、互联网上网服务营业场所机构数"四个有代表性的指标。旅游产业的融合规模由"星级饭店从业人员占比、星级饭店数、旅行社从业人员占比、旅行社数、A 级景区从业人员占比"构成。

　　融合效应对应市场融合的环节，通过需求效应、生产率效应等反映。数字文化产业下设"经营性互联网文化单位注册用户、博物馆网站访问量、图书馆网站访问量、经营性互联网文化单位收入、互联网上网服务营业场所营业收入、经营性互联网文化单位劳动生产率、互联网上网服务营业场所劳动生产率、城乡居民数字文化产业人均消费支出比"等指标，旅游产业采用"国内游客数、入境过夜游客数、国内旅游收入、国际旅游收入、

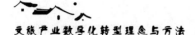

旅游企业劳动生产率、旅游总收入占 GDP 比重、旅游产值密度、旅游产业绿色 GDP"等指标[①]。

（二）构建测度模型

1. 数据处理

由于数字文化产业和旅游产业各项指标所用的计量单位不尽相同，各指标之间无法直接进行比较与计算，因此需对所收集的数据使用极差标准值法进行无量纲化处理，将数据转化为没有单位的相对量，具体公式如下：

$$ZA_{ij} = \frac{A_{ij} - A_{\min}}{A_{\max} - A_{\min}} + 0.01 \qquad (1)$$

$$ZA_{ij} = \frac{A_{\max} - A_{ij}}{A_{\max} - A_{\min}} + 0.01 \qquad (2)$$

正向指标代入公式（1），负向指标代入公式（2）。式（1）和式（2）中：ZA_{ij} 为第 i 个系统中第 j 项指标原始数据的标准化值；A_{ij} 为第 i 个系统中第 j 项指标原始数据值；$A_{\max}$ 为第 i 个系统中第 j 项指标原始数据最大值；$A_{\min}$ 为第 i 个系统中第 j 项指标原始数据最小值。为保证 ZA_{ij} 非负，统一加上 0.01。

2. 主成分分析法

为减少指标间的多重共线性，有效实现降维，针对数字文化产业和旅游产业的数据，利用主成分分析法分别提取能反映总数据特征的公因子，进一步计算各省份在公因子上的得分，作为数字文化产业和旅游产业综合发展评分，并用于耦合协调模型的计算。各产业综合发展评分具体公式如下：

$$F_n = \sum_{k=1}^{m} P_k S_{nk} \qquad (3)$$

式（3）中：F_n 是第 n 个省份的数字文化产业或旅游产业的综合发展评

---

① 黄蕊、李雪威、朱丽娇：《文化产业数字化赋能的理论机制与效果测度》，《经济问题》2021 年第 12 期。

分，P_k 为提取的第 k 个主成分的贡献率，S_{nk} 为第 n 个省份在第 k 个主成分上的得分。

3. 耦合协调模型

耦合作为物理学概念，指两个及以上系统或运动形式通过各种相互作用而彼此影响的现象。耦合度用以度量系统或要素彼此相互影响的程度。协调表示系统或要素之间在发展过程中和谐一致的状态。协调度用以度量系统或要素间持续发展、和谐共生的程度。耦合协调发展是指系统或要素间，在配合得当、互惠互利基础上，由简单到复杂、由无序到有序、由低级协调优化到高级和谐共生的总体演化过程[①]。

数字文化产业与旅游产业融合中，各层面、各要素间相互交叉渗透，继而互相影响的机理拟合了这种耦合协调原理。因此，将数字文化产业与旅游产业视为两个相互独立又相互作用的系统，把数字文化产业与旅游产业两个系统通过各自的耦合元素产生相互影响的程度定义为数字文化旅游耦合协调度，即数字文化产业与旅游产业耦合与协调的交集，既能反映产业之间相互作用的程度（耦合度），又能反映产业之间综合协调的状况（协调度）[②]。借鉴周筱扬和左国存的研究方法，利用数字文化旅游耦合协调度测度数字文化产业与旅游产业的融合状况，进而判断融合是否达到一定深度[③]。

耦合协调度计算公式如下：

$$C = \sqrt{\frac{U_1 \times U_2}{(U_1 + U_2)^2}} \qquad (4)$$

$$D = \sqrt{C \times T} \qquad (5)$$

① 华坚、胡金昕：《中国区域科技创新与经济高质量发展耦合关系评价》，《科技进步与对策》2019 年第 8 期。

② 徐飞、李彬：《基于耦合模型的辽宁省文化与旅游产业融合态势测度》，《辽宁大学学报》（哲学社会科学版）2021 年第 2 期。

③ 周筱扬、左国存：《我国中部地区科技创新与经济高质量发展耦合协调度的时空演化》，《科技管理研究》2022 年第 22 期。

$$T = \beta_1 \times U_1 + \beta_2 \times U_2 \qquad\qquad (6)$$

式（4）～（6）中：C 为数字文化旅游耦合度；U_1 和 U_2 分别为数字文化产业和旅游产业的综合发展评分，代表数字文化产业与旅游产业各自的发展水平；D 为数字文化旅游耦合协调度；T 为数字文化旅游综合协调指数；β_1 和 β_2 为待定系数，分别表示数字文化产业和旅游产业对综合协调指数的贡献程度，且 $\beta_1 + \beta_2 = 1$，由于现有测算文化旅游耦合协调度的研究中均将文化系统和旅游系统视为相互独立、同等重要的系统[1]，故 β_1、β_2 都设为 0.5。数字文化是文化数字化的发展形态，因此数字文化产业从属于文化产业，进而数字文化产业与旅游产业融合中的相互协调作用是非对称的，融合过程受旅游产业主导，由此可得数字文化产业在综合协调指数中的贡献应小于文化产业，参照孙剑锋等的学术成果，赋予 $\beta_1 = 0.4$、$\beta_2 = 0.6$。参照徐飞和李彬的研究，将耦合协调度 D 划分为 10 种类型[2]，如表 7-2 所示。优质协调代表系统间在高水平、深层次上相互作用（耦合）、相互促进（协调）、协同共生，高质量发展理想的耦合协调关系是"高－高"的优质协调[3]，与深度融合的概念相符，因此以优质协调作为实现深度融合的考察标准。

表 7-2　耦合协调度等级及程度划分标准

耦合协调等级	序号	耦合协调度（D）	耦合协调程度
低级耦合协调	1	[0.00, 0.10)	极度失调
	2	[0.10, 0.20)	严重失调
	3	[0.20, 0.30)	中度失调
	4	[0.30, 0.40)	轻度失调

①　翁钢民、李凌雁：《中国旅游与文化产业融合发展的耦合协调度及空间相关分析》，《经济地理》2016 年第 1 期。

②　徐飞、李彬：《基于耦合模型的辽宁省文化与旅游产业融合态势测度》，《辽宁大学学报》（哲学社会科学版）2021 年第 2 期。

③　华坚、胡金昕：《中国区域科技创新与经济高质量发展耦合关系评价》，《科技进步与对策》2019 年第 8 期。

耦合协调等级	序号	耦合协调度（D）	耦合协调程度
中级耦合协调	5	［0.40，0.50)	濒临失调
	6	［0.50，0.60)	轻度协调
	7	［0.60，0.70)	初级协调
高级耦合协调	8	［0.70，0.80)	中级协调
	9	［0.80，0.90)	高级协调
	10	［0.90，1.00］	优质协调

（三）测度融合成效

数字文旅产业融合成效的测度可以从多个方面进行考量，以下是几个可能的指标。

1. 经济贡献

可以通过数字文旅产业对经济的直接和间接贡献来评估其融合成效。这包括：数字文旅产业在就业、创造价值、吸引投资等方面所带来的效益。

2. 旅游体验提升

数字技术在文旅产业中的应用可以提供更加丰富、个性化、互动性强的旅游体验，如虚拟现实、增强现实、智能导览等。通过评估游客的满意度、参与度以及留存率等指标，可以衡量数字文旅产业对旅游体验的提升效果。

3. 文化传承与创新

数字文旅产业的融合可以促进传统文化的传承与创新。可以考察数字技术在文化保护、数字艺术创作、文化教育等方面的应用情况，评估其对文化传承与创新的贡献。

4. 产业协同发展

数字文旅产业融合可以促进不同行业之间的协同发展，形成更加完整的产业生态。可以考察数字技术在旅游、文化、科技等领域的应用情况，评估其对产业协同发展的促进作用。

5. 可持续发展

数字文旅产业融合应该注重可持续发展，包括环境保护、社会责任等方面的考量。可以评估数字文旅产业对环境的影响、对社会福利的贡献等指标，以衡量其可持续性。

需要注意的是，以上指标只是一些可能的考量方向，具体的测度方法需要根据实际情况进行设计和选择。同时，数字文旅产业融合成效的评估应该注重综合性和长期性，综合考虑各方面的效果和影响。

第二节　实现数字文旅组织变革

信息社会的到来不仅带来了高度发展的信息产业，而且将对传统的组织管理产生重大的影响。数字文旅企业需要不断适应市场环境、技术进步和用户需求的变化，寻求新的商业模式和竞争优势。因此，组织变革成为数字文旅企业不可避免的选择。

一　革新数字文旅组织变革的理念

（一）数字文旅组织变革的概念

在数字化时代，文旅产业的数字化运营已经成为不可忽视的趋势。随着互联网技术的发展和智能设备的普及，人们对于旅游、文化活动和娱乐需求的满足方式也发生了巨大的变化。因此，文旅企业迫切需要转型升级，将传统运营模式与数字技术相结合，以提供更便捷、个性化和丰富多样的服务。

数字文旅产业是指以数字技术为基础，利用互联网、移动互联网等信息通信技术将文化和旅游业相结合，提供数字化、个性化、智能化的文化旅游产品和服务的产业。在数字化时代，数字文旅产业正面临着外部环境和内部问题的双重挑战，因此需要进行组织变革来应对这些挑战。

数字文旅产业面临的外部环境变化包括消费者需求的多元化、数字技术的快速发展和新兴竞争对手的涌现等。这些变化使得数字文旅企业需要不断创新、转型升级，提高产品质量和服务水平。数字文旅产业面临的内部问题包括：组织结构僵化、文化传统难以转变、人才培养不足等。这些问题导致企业难以适应市场变化和数字化转型，必须进行组织变革。

数字文旅产业的组织变革是指在数字化时代中，数字文旅企业为了适应市场的变化和数字化转型的要求，对组织的结构、文化、流程和技术等方面进行有意识、有计划的改变[①]。组织变革旨在提高企业的竞争力、创新能力和适应能力，以满足日益多元化、个性化的消费者需求。

（二）数字文旅组织变革的类型

数字文旅组织变革的类型包括结构变革、文化变革、流程变革、技术变革。在数字化时代，这些变革类型相辅相成，共同推动文旅行业向前发展。结构变革涉及组织架构、岗位角色、团队建设等方面的优化，旨在提高决策效率和执行力。文化变革强调价值观念和企业文化的重塑，促进员工的创新意识和团队凝聚力。流程变革关注工作流程和信息流动的优化，以实现工作效率的提升和资源的最大化利用。技术变革则通过引入先进技术手段，如人工智能、大数据等，赋能文旅组织，提升服务水平和竞争力。这些变革类型相互交织，共同构建数字化时代下文旅组织的新生态，推动行业持续创新和发展。

1. 结构变革

在数字文旅产业的组织变革过程中，结构变革是一个重要的方面。传统的文旅企业可能存在较为僵化的组织结构，各部门之间信息流通不畅、协作效率低下。而在数字化转型中，数字文旅企业需要重新定义组织的架构和职能分工，以适应市场的变化和数字化转型的要求[②]。这包括调整部门设置、优化团队配置、建立横向协作机制等。比如，通过建立跨部门的数字化团队，推动数字化项目的实施和协同工作。

一种常见的结构变革是建立跨部门的数字化团队。这个团队由来自不同部门的成员组成，包括技术人员、市场营销专家、产品设计师等。他们负责推动数字化项目的实施和协同工作，加强部门之间的沟通和合作，促进信息共享和知识交流，提高工作效率和创新能力。

---

① 逯宝峰：《旅游组织传播及其管理策略研究》，硕士学位论文，燕山大学，2008。
② 何蓉：《数字化转型背景下企业组织结构变革分析》，《产业创新研究》2024 年第 2 期。

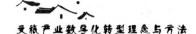
此外，数字化转型还可能涉及组织分权和扁平化管理。传统的层级架构往往导致决策缓慢、流程烦琐，而扁平化的管理结构可以更快地响应市场变化和客户需求。通过减少层级，赋予基层员工更多的自主权和责任，可以提高组织的灵活性、创新能力和响应速度。

2. 文化变革

数字文旅企业的文化变革是数字化转型中的重要一环。传统的企业文化可能偏向保守、规范，不利于员工的创新和实验。而在数字化时代，企业需要倡导创新、开放、协作的企业文化，以促进员工的积极性、创造力和团队合作精神。这可能需要改变传统的管理方式和思维模式，鼓励员工勇于尝试、接受变革，并提供培训和支持来适应新的工作要求和技能需求[①]。

3. 流程变革

数字化转型意味着数字化技术的应用和业务流程的重新设计。数字化转型需要重新设计和优化企业的业务流程，以适应数字文旅产业的特点和市场需求。数字文旅企业通过引入数字技术和信息系统，可以实现业务流程的自动化、智能化和标准化，提高工作效率和服务质量。

比如，数字文旅企业可以建立在线预订系统，提供方便快捷的预订服务，实现客户自主选择和支付。同时，数字化系统可以收集、分析客户数据，了解其偏好和需求，从而进行个性化的产品和服务推荐。

此外，数字化转型还可以改进内部流程和沟通方式。比如，企业可以采用协同办公工具和项目管理软件，促进团队之间的协作和信息共享。通过数字化技术，可以加快决策流程、减少重复劳动，并提供更好的业务分析和监测能力。

4. 技术变革

数字文旅产业的组织变革离不开技术的应用和创新。数字文旅企业需要关注行业的最新技术趋势和创新，及时引入和应用新兴技术，以提升企业的竞争力和创新能力。这可能涉及大数据分析、人工智能、虚拟现实、增强现实等技术的应用。比如，通过收集和分析海量的客户数据，可以了

---

① 苏皓：《基于企业数字化转型过程中企业文化变革的思考》，《经济师》2024年第1期。

解客户需求、行为模式和市场趋势，从而进行精准营销、个性化推荐等；应用人工智能技术，可以实现智能客服、虚拟导游、智能推荐等，提供更好的用户体验和服务质量；利用虚拟现实技术，可以提供沉浸式的旅游体验，增强用户参与感和娱乐性；通过区块链技术，可以加强信息的安全性和透明度，促进交易的可追溯性和信任度[①]。

（三）数字文旅组织变革的关键

数字文旅组织变革的关键因素包括领导层的支持和承诺、制订变革计划、沟通和参与、绩效管理以及建立持续的监督反馈机制。领导层的支持和承诺能够为变革提供坚实的动力和资源保障；明确的变革计划能够为组织成员指明前进方向，凝聚共识；全员沟通和参与能够增强员工的变革意识和积极性；持续的监督反馈机制则能够及时调整和优化变革过程，确保变革的可持续性和成功实施。这些因素共同作用，将有助于数字文旅组织变革的顺利推进和取得成功。

1. 领导层的支持和承诺

组织变革需要得到领导层的明确支持和承诺，领导层应该以身作则，展现积极的变革态度和行为，鼓励员工跟随，并提供资源和指导，带领团队向着变革的目标前进。领导者需要具备坚定的决心、开放的思维和良好的沟通能力，以推动变革的成功。

2. 制订变革计划

组织变革是一个持续的过程，企业应该建立监测和评估机制，及时了解变革的效果，并根据反馈进行调整和优化。企业需要充分认可组织变革的理念，制订详细的变革管理计划，包括变革目标、时间表、资源分配、沟通策略、风险管理等。通过制定变革策略和计划建立变革团队，识别变革的影响和风险，确保变革的顺利推进。

3. 沟通和参与

在组织变革中，有效的沟通和广泛的参与是至关重要的。通过建立沟

---

① 王锋正、刘曦萌：《数字化技术驱动企业战略变革机制研究——一个有调节的中介效应模型》，《科技进步与对策》，2024 年 2 月网络首发。

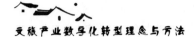

通渠道、开展员工培训和参与活动，让员工了解变革的目的、好处和进展，可以增加员工对变革的理解、支持和参与度。可以通过与其他行业或企业进行交流，分享最佳实践和创新经验，加强员工的学习和思维碰撞，让组织中的成员充分参与，并分享他们的意见和想法。在组织变革过程中，鼓励员工持续学习和创新是非常重要的，应建立学习型组织文化，提供培训和发展机会，鼓励员工尝试新的想法和方法，以适应变革环境。

4. 绩效管理

建立与变革目标相匹配的绩效评估体系，对员工进行全面的评估和反馈。要及时表彰和奖励那些敢于创新、实践新想法的员工，激励更多人参与到变革中。员工的沟通和奖励机制可以激励员工积极参与变革，并持续改进绩效①。

5. 持续监督反馈机制

持续监督反馈机制是数字文旅组织变革中至关重要的一环。这一机制包括定期评估和监测变革进展、建立开放透明的反馈渠道、根据反馈结果调整变革计划、及时沟通变革情况等内容。这一机制有助于组织了解变革实施的情况，发现问题并及时进行调整，以确保变革能够顺利推进并取得成功。

在建立持续监督反馈机制时可以采取以下几点措施。设立定期评估和监测机制，制定评估指标和时间表，定期对变革目标的实现情况和变革过程的有效性进行评估和监测；建立反馈渠道，建立多样化的反馈渠道，鼓励员工、客户和合作伙伴提出意见和建议，可以包括面对面会议、在线调查、匿名反馈等形式；及时调整和优化，根据反馈结果，及时调整和优化变革计划和策略，修正目标、调整资源分配、改进流程和培训等；信息共享和沟通，及时将变革进展情况与组织成员共享，并进行有效的沟通，确保员工对变革进展有清晰的了解；持续学习和改进②，鼓励组织成员不断学习

---

① 朱宝强：《数字化技术背景下人力资源绩效管理模式创新策略》，《商场现代化》2024年第5期。

② 余东华、马路萌：《数字化转型、平台化变革与企业创新绩效——基于"技术—组织—创新"范式的分析》，《改革》2024年第2期。

和改进，提供培训和发展机会，以适应变革带来的新要求和挑战。

通过建立持续监督反馈机制，数字文旅组织可以在变革过程中及时发现问题、调整方向，并最大程度减少变革过程中可能出现的风险。

（四）数字文旅组织变革的模型

在数字文旅产业的组织变革中，可以借鉴一些组织变革的模型和方法，以帮助企业实施有效的变革。

组织变革模型是指在组织内部进行改变和转型时所采用的一套方法论或框架，以帮助组织有效应对变革过程中的挑战和实现成功的转型，以下是一些常见的组织变革模型。

1. Lewin 变革管理模型

Lewin 变革管理模型是组织变革领域中最经典和被广泛引用的模型之一。该模型由社会心理学家 Kurt Lewin 在 20 世纪 40 年代提出，被称为"解冻-变革-再冻结"（Unfreeze-Change-Refreeze）模型①。

解冻阶段（Unfreeze）。在这一阶段，组织需要意识到当前的状态存在问题或者需要改进，并且要准备好接受变化。这个阶段的关键是营造出对变化的紧迫感，让组织成员认识到变革的必要性。

变革阶段（Change）。在解冻阶段之后，组织开始实施变革，采取新的想法、方法和流程。这可能包括改变组织结构、流程优化、技术更新、文化转型等多方面的变化。这一阶段需要有效的沟通、领导力和资源支持。

再冻结阶段（Refreeze）。变革阶段之后，组织需要巩固变革成果，确保新的状态得到固化和维持。这可能包括调整组织文化、建立新的标准和规范、奖励制度的更新等措施，以确保变革成果能够持续下去。

Lewin 变革管理模型强调了变革过程中的三个关键阶段，并指出了在每个阶段应该采取的行动。这个模型强调了解冻、变革和再冻结三个过程的逻辑性和重要性，帮助组织更好地规划和实施变革，以实现长期成功。

---

① 姚娥媚：《应用莱温变革理论指导"弹性工作制"的实施》，《当代护士》（学术版）2003 年第 7 期。

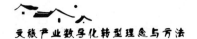

2. Kotter 八步变革模型

Kotter 八步变革模型是一个非常著名的变革管理框架，用于帮助组织有效地实施变革。这个模型强调了在变革过程中领导力的作用和关键步骤，以确保变革能够成功实施并得以巩固①。以下是八步变革模型的概述。

建立紧迫感（Create a Sense of Urgency）。在这一步中，领导者需要明确解释当前形势的挑战和机遇，让员工认识到必须采取行动来改变现状。领导者可以通过数据、案例、行业趋势分析等方式来强调变革的紧迫性，引发员工的共鸣和行动欲望。

建立引导联盟（Build a Guiding Coalition）。在这一步中，领导者需要精心选择和建立一个强大的变革联盟，包括具有权威和影响力的人士，跨越不同部门和层级。这个联盟需要能够协调合作、驱动变革并赢得组织内外的支持。

制定愿景和战略（Formulate a Strategic Vision and Initiatives）。在这一步中，领导者需要制定清晰、具体和激励人心的变革愿景，同时确定实施变革所需的具体战略和行动计划。这有助于为变革提供方向，并激励员工积极参与变革。

传达愿景（Communicate the Vision）。传达变革愿景是至关重要的一步，领导者需要通过多种渠道和方式不断地传播变革的目标和意义。有效的沟通可以帮助员工理解并认同变革的方向，激发他们参与和支持。

激励员工行动（Empower Action）。领导者在这一步中需要赋予员工足够的权力和资源，让他们能够以自主和创新的方式参与变革。员工的参与感和责任感会随之增强，推动变革的顺利进行。

创造短期胜利（Create Short-Term Wins）。通过实现一些可量化的、能够获得认可和奖励的短期成果，可以增强员工对变革的信心和动力。这些短期胜利可以作为变革进程中的里程碑激励团队继续努力。

巩固胜利（Consolidate Gains）。在变革过程中，领导者需要确保变革成

---

① 〔美〕约翰·科特、丹·科恩：《变革之心》，刘祥亚译，机械工业出版社，2003，第143~147页。

果得以巩固。这可能涉及调整组织结构、文化和流程，以确保变革成果能够持续下去并得到扩展。

使变革得以永久化（Institutionalize Change）。最终目标是将变革的理念和经验内化到组织的文化和运作中，使之变为组织的常态。这需要领导者持续关注和支持变革过程，确保变革的成果能够持续下去并得以巩固。

Kotter 八步变革模型强调了领导力、沟通和员工参与的重要性，为组织变革提供了全面的指导和方法。这些步骤可以帮助组织更加有效地规划和实施变革，以实现长期的成功和持续的发展。

3. ADKAR 变革管理模型

ADKAR 变革管理模型是由 Jeff Hiatt 创建的一种用于管理个人变革的框架。ADKAR 变革管理模型是一种目标导向的模型，指导个人和组织变革[1]。ADKAR 代表 Awareness（意识）、Desire（渴望）、Knowledge（知识）、Ability（能力）和 Reinforcement（强化），这五个元素代表了个人在变革过程中需要经历的关键阶段。以下是 ADKAR 变革管理模型的详细解释。

意识（Awareness）。变革的第一步是让个体意识到变革的存在和必要性，以及变革对他们自身和组织的影响。在这一阶段，个体需要明确了解当前形势的挑战和机遇，以及未来变革所能带来的好处。

渴望（Desire）。一旦个体意识到变革的必要性，接下来就是培养个体内在的渴望和动力，使其愿意支持并参与变革。领导者需要激发个体内在的愿望，让他们认同变革的目标，并愿意为之努力。

知识（Knowledge）。知识是指个体需要了解有关变革的信息，包括如何实施变革、变革的目标和意义，以及变革对个体工作和生活的影响。在这一阶段，个体需要获取相关的知识和信息，以便能够理解并参与变革。

能力（Ability）。能力是指个体需要具备实施变革所需的技能和能力。在这一阶段，个体需要接受培训和支持，以确保他们具备实施变革所需的实际能力和技能。

---

[1] 吴照丹、汪洪亮、陈希等：《企业跨部门业务流程变革管理模型研究》，《现代商业》2021年第 36 期。

强化（Reinforcement）。强化是指个体需要得到肯定和奖励，以加强他们对变革的认同和支持。领导者需要及时地给予个体反馈和奖励，以激励他们继续支持变革并积极参与其中。

ADKAR变革管理模型强调了个体在变革过程中的关键角色和阶段，有助于领导者更好地理解和管理个体的变革过程。通过关注这五个元素，领导者可以更有效地规划和实施变革，确保个体能够顺利适应和支持变革，从而推动整个变革过程的成功实施。

4. McKinsey 7S 模型

McKinsey 7S 模型是一种管理工具，用于评估组织内部的关键要素，以帮助组织实现战略目标和变革。7S模型是麦肯锡顾问公司研究中心设计的企业组织七要素，指出了企业在发展过程中必须全面地考虑各方面的情况。该模型由麦肯锡咨询公司开发，将组织要素分为七个关键要素，这七个要素都以字母"S"开头，包括 Strategy（战略）、Structure（结构）、Systems（系统）、Skills（技能）、Staff（员工）、Style（风格）和 Shared Values（共同价值观）[①]。以下是对 McKinsey 7S 模型各个要素的详细解释。

Strategy（战略）。战略指的是组织制定的长期目标、计划和方法。这一要素涉及组织的长期目标、规划和方法，包括市场定位、竞争策略等。战略是组织的中心，其他要素都应围绕战略进行调整和整合。

Structure（结构）。结构指的是组织内部的层级结构、权责关系和部门之间的关系。良好的结构可以促进信息流动和决策效率。

Systems（系统）。系统包括组织内部的各种流程、规则、制度和控制机制。这些系统影响着员工的行为和组织的运作方式。

Skills（技能）。技能指的是组织内员工的专业知识、技能和能力，以及组织所需的各种技术和专业能力。

Staff（员工）。员工是组织中最重要的资产，他们的素质、动力和凝聚力对组织的成功至关重要。

---

① 刘文丽：《基于麦肯锡 7s 模型的 N 公司组织诊断案例分析》，《内蒙古科技与经济》2020年第 13 期。

Style（风格）。领导风格和文化是组织的重要组成部分，影响着组织成员的态度、价值观和行为方式。

Shared Values（共同价值观）。共同价值观是组织内部的核心信念和文化，它反映了组织成员共同认同的原则和理念。

McKinsey 7S 模型强调了这七个要素之间相互关联和相互影响的重要性，指出如果这些要素之间存在不一致或不协调，可能会影响组织的绩效和成功[1]。通过分析和调整这七个要素，组织可以更好地适应外部环境的变化，实现战略目标并推动组织变革的成功实施。

（五）数字文旅组织变革的特征

数字文旅产业是一个不断发展和变革的行业，组织变革在其中具有特殊的意义和重要性。数字文旅产业的组织变革需要注意技术进步驱动、灵活性和敏捷性、用户导向、信息共享、数据驱动决策、组织文化转变和持续创新等特征，针对这些特征，数字文旅企业可以制定相应的组织变革策略和实施计划，以提高组织的竞争力和创新能力。

1. 技术进步驱动

数字文旅产业的组织变革通常是由技术进步驱动的。随着数字化技术的快速发展，数字文旅企业需要适应新技术的引入和应用，以提升业务效率、改善用户体验和创造新的商业模式。这涉及数字文旅企业结构和流程的变革，例如移动化、智能化、自动化等。

2. 灵活性和敏捷性

数字文旅产业的市场竞争激烈，变化迅速，组织需要具备灵活性和敏捷性，以快速适应市场需求的变化和技术进步。数字文旅企业需要建立灵活的流程和结构，以便更好地应对不确定性和挑战。比如，数字文旅企业可以采用敏捷开发方法来适应市场变化，同时确保产品和服务具有高质量和高效率。

---

① 陈熔芯：《基于麦肯锡 7S 模型理论视角的文创企业变革研究——以洞头东海贝雕工艺品有限公司为例》，《企业改革与管理》2020 年第 17 期。

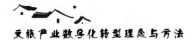
3. 用户导向

数字文旅产业的成功与否很大程度上取决于用户满意度和体验感。数字文旅企业应该将用户放在中心位置，深入了解用户需求和偏好，并通过组织变革来提供更好的产品和服务。数字文旅企业可以采用人工智能、大数据分析等技术手段来深入了解用户需求和偏好，从而提供个性化的产品和服务，提升用户体验。

4. 信息共享

数字文旅产业的组织变革通常需要在不同部门之间进行紧密的合作和协调。这涉及信息共享、团队协作和流程优化等方面，以实现组织变革目标。数字文旅企业应该建立跨部门协作机制，促进信息共享、优化流程和提高资源利用效率，从而提高组织效率和创新能力。

5. 数据驱动决策

文旅产业具有大量的数据可用于分析和决策，组织变革需要建立数据驱动的决策机制，通过数据分析来支持决策过程，提高决策的准确性和效率。数字文旅企业可以采用人工智能、大数据分析等技术手段来处理数据，提供更准确的决策支持[①]。

6. 组织文化转变

数字文旅产业的组织变革还涉及组织文化的转变。这可能包括改变员工的思维方式、价值观和行为习惯，以适应新的业务要求和市场环境。数字文旅企业应该建立创新和协作的文化，鼓励员工提出新的想法和方法，促进团队合作和知识共享，从而推动组织变革。

7. 持续创新

数字文旅产业是一个充满竞争和创新的行业，组织变革需要不断推动创新，从而保持竞争优势。数字文旅企业需要不断探索新业务领域和商业模式，实现创新突破，这需要组织变革的支持和推动。

---

① 王涛、张玉平、李秀晗等：《数据驱动教育数字化转型的信任机制——教育大数据全生命周期隐私增强模型的构建与典型应用场景分析》，《现代教育技术》2024 年第 3 期。

二　确立数字文旅组织变革的方向

确立数字文旅组织变革的方向是一个复杂且系统的过程。通过明确战略定位、调整组织结构、重视文化塑造、推动技术升级、力促服务升级以及加强创新合作，数字文旅组织可以更好地应对市场挑战，实现可持续发展。

（一）明确战略定位

1. 明确数字化发展目标

数字文旅组织需要清晰地设定其数字化发展的长期和短期目标。这些目标应该与组织的整体战略保持一致，并充分考虑市场趋势、技术发展和游客需求的变化。通过明确目标，组织可以更有针对性地制定数字化战略，确保变革方向正确且有效。

2. 关注市场需求变化

旅游市场的需求和游客的偏好是不断变化的，数字文旅组织需要密切关注这些变化，并及时调整和优化数字化战略。通过市场调研、数据分析等手段，了解游客的新需求和新趋势，为组织提供有针对性的产品和服务，以满足市场的不断变化。

（二）调整组织结构

1. 扁平化管理

传统的层级式管理结构往往导致决策效率低下和信息传递不畅。数字文旅组织应推动扁平化管理，减少管理层级，提高决策效率。通过扁平化管理，组织可以更加灵活和敏捷地应对市场变化，快速调整战略和行动方案[1]。

2. 跨部门协作

数字文旅组织需要打破部门之间的壁垒，加强不同部门之间的沟通与协作。通过跨部门协作，可以形成合力，共同推动数字化发展。同时，也

---

[1]　侯宇晓：《数字化转型背景下 TF 公司组织变革研究》，硕士学位论文，山东大学，2023，第 9 页。

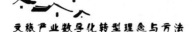

可以避免信息孤岛和重复劳动，提高整体工作效率。

（三）重视文化塑造

1. 培养数字化思维

数字文旅组织需要积极推广数字化思维，鼓励员工积极拥抱新技术、新方法。通过培训、学习等方式，提高员工的数字化素养和技能水平，使他们能够更好地适应数字化时代的工作要求。

2. 建立共享文化

在数字文旅组织中，知识共享和经验交流是非常重要的。通过建立共享文化，可以促进员工之间的交流和合作，形成开放、包容、协作的工作氛围。这有助于激发员工的创新精神和创造力，推动组织的持续发展①。

（四）推动技术升级

1. 提升数据处理能力

数字文旅组织应充分利用云计算、大数据、人工智能等先进技术，提升数据处理和分析能力。通过对海量数据的收集、整理和分析，可以更加准确地了解市场需求和游客行为，为决策提供有力支持。

2. 加强信息安全保障

在数字化时代，信息安全问题日益突出。数字文旅组织需要加强信息安全保障工作，确保游客信息和数据安全。通过采取加密技术、访问控制等手段，防止数据泄露和非法访问，保护组织的合法权益和游客的隐私安全。

（五）力促服务升级

1. 优化服务流程提升效率

数字文旅组织应通过数字化手段简化服务流程，提高服务效率②。比如，通过在线预订、电子支付等方式，减少游客的等待时间和排队时间；通过智能导览、虚拟现实等技术，为游客提供更加便捷和丰富的旅游体验。

---

① 谢冰雪、马宇彤、杜娟：《共享文化符号与青年群体中华民族共同体意识的构建》，《民族学刊》2023 年第 8 期。

② 张峥嵘：《组织重构与流程优化：企业组织变革实践案例》，《上海轻工业》2023 年第 6 期。

2. 提供个性化服务满足需求

利用大数据和人工智能技术，数字文旅组织可以分析游客的行为和需求，为游客提供个性化的推荐和服务。比如，根据游客的兴趣和偏好推荐合适的旅游线路和景点；根据游客的消费习惯和预算提供定制化的旅游产品和服务。这有助于提升游客的满意度和忠诚度，增强组织的竞争力。

（六）加强创新合作

1. 跨界合作拓展业务范围

数字文旅组织应积极寻求与其他行业的合作机会，共同打造综合性的旅游产品和服务。通过与电商、文化、娱乐等行业的跨界合作，拓展业务范围，增加收入来源，提升市场竞争力。

2. 产业链整合提升整体效率

通过数字化手段整合产业链上下游资源，实现资源共享和优势互补，有助于提升整个产业链的效率和效益。数字文旅组织可以与供应商、分销商等合作伙伴建立紧密的合作关系，共同推动产业链的数字化转型和升级。

三　再造数字文旅组织变革的流程

在数字时代，数字化转型已经成为各个行业的重要课题，文旅行业也不例外。为了适应市场的需求和发展趋势，数字文旅组织需要进行再造变革，以提高效率、增强创新能力，并优化用户体验。

（一）明确组织变革具体流程

通过组织变革具体流程，数字文旅企业可以实现再造变革，提升竞争力，适应市场需求，并为用户提供更好的文旅体验。数字化转型是一个复杂的过程，需要组织全体成员的积极参与和合作。数字文旅组织应该注重内外部的沟通和共识建立，确保每个人都能明确自己在变革过程中的角色和责任。

1. 确定变革目标

首先，要确定数字文旅组织变革的愿景和目标。在数字时代，随着人们对旅游和文化消费方式的多样性需求不断增加，传统的文旅组织面临着诸多

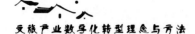

挑战。因此，数字文旅组织需要明确其愿景和目标，以便更好地适应市场需求和发展趋势①。比如，提高效率、增强创新能力、优化用户体验等。

其次，要确保组织变革目标具体、可衡量，与组织战略一致，并向内外部利益相关者传达变革目标。为了保证目标传达到位，在变革过程中，需要与内外部利益相关者建立良好的沟通机制，确保所有人都理解并支持变革目标。

2. 制定变革策略

首先，评估数字文旅组织现状。在变革前，必须对数字文旅组织的现状进行全面的评估，包括组织结构、业务流程、技术系统等方面。通过评估，可以识别出存在的问题和瓶颈，了解变革的挑战和机会。

其次，基于评估结果制定具体的变革策略和计划。根据评估结果，数字文旅组织需要制定具体的变革策略和计划。在制定时必须考虑关键的变革领域、优先级、阶段性目标和时间表等因素，确保变革措施与目标一致，并监控变革的进展和效果。同时，制订资源分配和风险管理计划，确保变革措施得以顺利实施。

最后，制订变革过程中的沟通计划和培训计划。数字文旅组织变革涉及各个层面的员工和利益相关者。因此，在变革过程中，需要开展广泛的沟通活动，向组织内外的利益相关者传达变革的目标、计划和进展，并提供必要的培训和支持，帮助员工适应新的工作方式和技术系统。

3. 实施持续改进

首先，组建数字文旅组织变革团队。为了推动和管理数字文旅组织的变革，需要组建专门的变革团队，赋予他们必要的权力和资源支持。同时，确保团队成员拥有相关的专业知识和技能，在整个变革过程中能够有效地完成各项任务。

其次，按照变革策略和计划，逐步实施各项变革措施。数字文旅组织变革可能涉及组织结构调整、流程优化、技术系统升级等方面，这些措施

---

① 刘柏建、刘孔玲：《数字化转型下的企业组织变革：逻辑、维度与路径》，《北京经济管理职业学院学报》2022 年第 3 期。

必须与变革目标一致，并监控变革的进展和效果。

再次，持续改进和评估。数字文旅组织变革是一个持续的过程，需要定期评估变革的效果和成果，并基于评估结果进行持续改进和优化。根据市场和技术的变化及时调整变革策略和计划。

从次，建立反馈机制。数字文旅组织变革过程中，需要建立有效的反馈机制，收集员工和用户的反馈意见和建议。通过反馈机制，了解变革的影响和问题，并及时采取措施解决。

最后，持续改进。持续改进是数字文旅组织变革的重要环节。数字化变革是一个持续的过程，需要定期评估变革的效果和成果。数字文旅组织应该建立反馈机制，收集员工和用户的反馈意见和建议，了解变革的影响和问题，并及时采取措施解决。同时，数字文旅组织还应该建立监测机制，定期评估目标的完成情况，并根据评估结果调整目标设定和行动计划。

（二）把握组织变革关键步骤

建立创新文化、强化数据驱动、加强技术能力、加强合作开放以及关注用户体验等，是数字文旅组织变革的重要因素。通过综合运用这些策略，数字文旅组织可以实现全面数字化转型，并为用户带来更好的文旅体验。

1. 建立创新文化

数字化转型需要组织内部形成拥抱变化和创新的文化氛围。数字文旅组织应该鼓励员工提出新的想法和解决方案，并为他们提供支持和资源，以促进创新。此外，组织领导层也应该树立榜样，积极推崇创新思维，并奖励创新行为。

2. 强化数据驱动

数字化转型依赖数据的收集、分析和利用。数字文旅组织应该建立健全数据管理系统，确保数据的准确性和完整性。通过数据分析和挖掘，组织可以更好地了解用户需求和行为，及时调整策略和决策，提高运营效率和用户体验[1]。

---

[1] 朱正龙：《企业战略变革中实现组织定位切换的有效人力资源管理策略》，《企业改革与管理》2024年第1期。

3. 加强技术能力

数字化转型需要数字文旅组织具备必要的技术知识和能力。组织可以培训员工，提升其数字化技术能力和应用能力。同时，数字文旅组织还可以与科技公司或专业机构合作，引入先进的技术和解决方案，加速数字化转型进程。

4. 加强合作开放

数字文旅组织可以积极与其他相关行业或机构进行合作，共享资源和知识。通过合作，数字文旅组织可以获得更多的创新思路和机会，为用户提供更全面的服务和体验。此外，数字文旅组织还可以借助开放平台和生态系统吸引更多的合作伙伴和开发者，共同推动数字化转型。

5. 关注用户体验

数字文旅组织应该始终将用户体验置于首位。组织可以通过用户调研、用户反馈和用户测试等方式了解用户需求和期望，并根据这些信息，不断优化产品和服务。提供个性化、便捷、无缝的用户体验是数字化转型的关键要素之一。

四　整合数字文旅组织变革的业务

整合数字文旅组织变革的业务是一项综合性的任务，涉及业务分析与流程优化、建立统一的数字平台、强化跨部门协作、创新服务模式以及培养引进复合型人才等多个方面。通过这些措施，组织可以推动数字文旅业务的整合与发展，提升整体竞争力和市场地位。

（一）业务分析与流程优化

业务分析是整合数字文旅业务的首要步骤。通过对现有文旅业务的全面梳理，组织可以深入了解各项业务的运作机制、市场需求以及存在的问题。在此基础上，组织可以运用数据分析工具和方法对业务数据进行深入挖掘和分析，发现潜在的机遇和改进空间。

流程优化是业务分析的重要延伸。通过引入数字化手段，组织可以对现有的业务流程进行重新设计，去除冗余环节，简化操作步骤，提高整体运作效率。包括优化预订系统、提升客户服务响应速度、简化产品交付流程等。同时，组织还需要关注流程中的瓶颈，并通过技术创新和流程再造突破这些瓶颈，进一步提升业务效率。

（二）建立统一的数字平台

建立统一的数字平台是整合数字文旅业务的核心任务。这个平台应该具备强大的数据整合和处理能力，能够实时收集、存储和分析业务数据，为组织提供决策支持。同时，平台还应具备灵活的业务配置能力，能够根据业务需求进行快速调整和扩展。

在建立数字平台的过程中，组织需要注重平台的稳定性和安全性。通过采用先进的技术架构和安全措施，确保平台能够稳定运行并保护用户数据安全。此外，组织还应关注平台的用户体验和易用性，通过简洁明了的界面设计和友好的交互方式提升用户的使用体验[①]。

（三）强化跨部门协作

数字文旅业务的整合需要打破部门壁垒，实现跨部门之间的深度协作。这要求各部门之间建立有效的沟通机制和信息共享渠道，确保信息的畅通和及时传递。同时，各部门还需要树立全局观念，从组织的整体利益出发，共同推进数字文旅业务的发展。

为了实现跨部门协作，组织可以采取一些具体的措施。比如，定期召开跨部门会议，分享业务进展和遇到的问题，共同商讨解决方案；建立跨部门协作团队，集中力量推进关键项目的实施；利用企业内部社交平台等促进员工之间的交流和协作。

（四）创新服务模式

数字技术为文旅业务创新提供了广阔的空间。通过利用大数据、人工智能、虚拟现实等先进技术，组织可以为游客提供更加个性化、智能化的服务。比如，通过大数据分析游客的偏好和需求，为他们推荐合适的旅游产品和路线；利用人工智能技术提供智能客服和语音导览服务；通过虚拟

---

① 李立威、黄艺涵：《数字化与组织变革组态如何破解中小企业数字化转型悖论》，《科技进步与对策》2023 年第 24 期。

现实技术为游客提供沉浸式的旅游体验；等等。

在创新服务模式的过程中，组织需要注重用户体验和服务质量。通过不断优化服务流程和提升服务水平，增强游客的满意度和忠诚度。同时，组织还应关注市场变化和新技术发展，及时调整和创新服务模式，保持竞争优势。

（五）培养引进复合型人才

数字文旅业务的整合需要一批既懂旅游又懂技术的复合型人才。组织应加大对人才的培养和引进力度，为数字文旅业务的发展提供有力的人才保障。

在人才培养方面，组织可以通过开展内部培训、组织专业交流等方式，提升员工的数字素养和业务技能。同时，组织还可以与高校和研究机构建立合作关系，共同培养具有创新精神和实践能力的专业人才。

在人才引进方面，组织可以通过校园招聘、猎头推荐等渠道，吸引具有丰富经验和专业技能的人才加入。同时，组织还应注重建立人才的激励机制和职业发展路径规划，为人才提供广阔的发展空间和良好的工作环境。

第三节　优化数字文旅产业生态

随着信息技术的迅猛发展，数字化已经成为各行各业转型升级的必然趋势。数字文旅产业生态是指利用数字技术对文化、历史、旅游等资源进行整合、重塑，构建一个虚拟与现实相结合的全新旅游环境。这个生态涵盖了从旅游资源的数字化管理、展示到游客体验的全过程，涉及大数据、云计算、人工智能、虚拟现实等多种数字技术的应用。优化数字文旅产业生态对于提升产业竞争力、推动创新发展、提升游客体验以及促进可持续发展具有重要意义。因此，应该积极采取措施，加强技术创新和人才培养，推动数字文旅产业生态优化升级。

一　厘清数字文旅产业生态内涵

厘清数字文旅产业生态内涵是优化工作的基础。需要明确数字文旅产业生态的组成要素、相互关系以及运行机制，为后续的优化工作提供清晰的指导。厘清数字文旅产业生态内涵，需要从技术创新与应用、资源整合与共享、服务创新与提升和产业融合与发展等多个维度进行深入探讨。通过不断推动这些方面的发展，可以构建一个健康、可持续的数字文旅产业生态系统，为游客提供更加丰富、便捷、优质的旅游体验。

（一）技术创新与应用

技术创新与应用是数字文旅产业生态发展的核心驱动力。这包括利用大数据进行游客行为分析、市场预测，通过云计算实现资源共享和高效运算，借助人工智能提供智能导览、语音交互等服务，以及利用虚拟现实和增强现实技术为游客提供沉浸式体验等。

数字技术是推动文旅产业生态发展的核心驱动力。技术创新与应用推动数字文旅产业生态不断完善和优化。通过持续的技术创新，可以不断提升数字文旅产品的质量和用户体验，满足游客日益增长的个性化需求。同时，技术创新还有助于推动数字文旅产业与其他相关产业的深度融合，形成更加完整、高效的产业链，为产业的持续发展注入新的动力[1]。

（二）资源整合与共享

资源整合与共享是数字文旅产业生态发展的重要基础。文旅产业涉及的资源种类繁多，包括文化遗产、自然景观、民俗风情等多个方面。通过数字技术，可以对分散的文化遗产、自然景观、民俗风情等资源进行数字化处理，进而形成统一的资源池，实现资源的优化配置和高效利用。

数字文旅产业生态强调对各类文旅资源的整合和共享。资源整合与共享有助于打破传统文旅产业的地域限制和信息壁垒，推动资源的跨地区、跨行业流动和共享。这不仅可以提高资源的利用效率，还可以为游客提供更加丰富、多样的旅游产品和服务。同时，资源整合与共享还有助于推动文旅产业的可持续发展，通过合理利用和保护资源实现经济效益、社会效益和生态效益的协调发展。

---

[1]　孙桂仁：《新发展理念下民勤县聚力构建生态文旅产业链研析》，《农业科技与信息》2023年第1期。

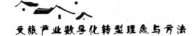
（三）服务创新与提升

服务创新与提升是数字文旅产业生态发展的关键一环。随着游客需求的不断变化和升级，传统的旅游服务方式已经难以满足游客的个性化需求。因此，需要借助数字技术对旅游服务进行创新和提升。

一方面，服务创新与提升可以为游客提供更加便捷、智能的服务。比如，通过在线预订系统，游客可以随时随地预订旅游产品；通过智能导游系统，游客可以获取实时、准确的导览信息；通过虚拟现实技术，游客可以体验虚拟的旅游场景等。这些智能化服务不仅提升了游客的旅游体验，还提高了服务效率和质量。

另一方面，服务创新与提升还需要关注游客的个性化需求。运用大数据和人工智能技术，可以对游客的行为和需求进行深入分析，为游客提供个性化的旅游推荐和定制服务。这不仅可以满足游客的个性化需求，还可以提高游客的满意度和忠诚度。

（四）产业融合与发展

产业融合与发展是数字文旅产业生态发展的重要趋势。数字技术打破了传统产业的边界和限制，使得文旅产业可以与其他相关产业进行深度融合和协同发展。

一方面，文旅产业可以与文化产业、娱乐产业、教育产业等相关产业进行融合，共同开发更具创意和特色的旅游产品和服务。比如，通过与文化产业的融合，可以将文化元素融入旅游产品中，提升产品的文化内涵和附加值；通过与娱乐产业的融合，可以为游客提供更加丰富、有趣的旅游体验；通过与教育产业的融合，可以开发具有教育意义的旅游产品，满足游客的学习和成长需求[1]。

另一方面，产业融合与发展还有助于推动数字文旅产业的创新发展和转型升级。通过与其他产业的深度融合，可以引入新的技术、模式和理念，推动数字文旅产业的创新升级和可持续发展。

---

① 陈伟雄、郝涵宇：《数字经济发展对文旅产业融合的影响研究——基于我国 30 个省份数据的实证分析》，《天津商业大学学报》2024 年第 1 期。

二　搭建数字文旅产业生态框架

搭建数字文旅产业生态框架是优化工作的关键。这一框架旨在通过整合数字技术与文化产业资源，形成结构合理、功能完善、高效协同、创新发展的产业生态系统，为数字文旅产业的发展提供有力的支撑。

（一）明确核心要素及其特点

搭建数字文化产业生态框架需要明确核心要素。这些要素包括数字技术、文旅内容、市场需求以及产业主体等。

1. 数字化基础设施

数字技术作为支撑，为文旅内容的数字化呈现和传播提供了可能。这不仅包括高速运转的网络系统和强大的计算能力，还涉及数据的传输、处理、存储以及安全等方面。比如，建设5G、物联网等通信基础设施，提供低延迟、高带宽的数据传输服务；建立云数据中心，为大规模数据处理提供计算能力；利用区块链技术，保障数据安全，防止数据被篡改或盗用。

2. 内容创意与知识产权

内容则是产业生态的基础，为数字文旅产业提供了丰富的资源。内容创意是数字文旅产业的核心，需要注重培育创新环境，激发创作者的创造活力。同时，知识产权的保护也至关重要，通过建立健全的知识产权保护机制，确保创作者的权益得到保障，从而激发更多的创作热情。

3. 产业协作与融合

市场需求是产业生态发展的导向，推动产业不断创新和优化；产业主体则是产业生态的参与者，包括企业、机构和个人等，共同推动数字文旅产业生态的发展。数字文旅产业需要与其他相关产业形成深度融合，包括教育、娱乐等。这种融合不仅能拓展数字文化产业的市场空间，还能提升其他产业的数字化水平，推动整个产业链的升级。

（二）熟悉搭建步骤及其策略

在优化数字文旅产业生态的过程中，搭建数字文旅产业生态的框架是一个多维度、多层次的复杂任务。

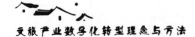
1. 注重平台搭建与运营

平台是数字文旅产业生态的核心载体，通过搭建综合性的数字文旅产业平台，包括数字内容创作平台、数字文旅交易平台、数字文旅展示平台等，可以实现资源的集聚、共享和高效利用。这些平台需要提供便捷的创作工具、安全的交易环境以及丰富的展示形式，以吸引更多的创作者和消费者参与。在平台运营方面，需要注重用户体验和服务质量，提供便捷、智能的服务，满足用户多样化的需求。

2. 加强产业链的协同合作

数字文旅产业生态涉及多个领域和环节，需要各环节之间实现紧密合作和资源共享。通过加强产业链上下游的协同合作，可以形成合力，推动数字文旅产业的创新发展。要整合政府、企业、高校、研究机构等多方资源，形成资源共享、优势互补的局面。通过政策引导、项目合作等方式，推动各方资源的有效整合和高效利用。

3. 考虑创新机制的建立

创新是推动数字文旅产业生态发展的不竭动力。通过建立创新机制鼓励和支持企业、机构和个人进行技术创新、模式创新和产品创新，可以推动数字文化产业生态的不断发展。要深入了解数字文旅产业的消费者需求、市场需求和产业发展趋势。通过市场调研、用户访谈等方式，收集第一手资料，为数字文旅产业生态的创新定位和发展提供数据支持。要关注新技术的发展趋势，并将其应用于数字文旅产业中。通过技术创新和应用，提升数字文旅产业的创新能力和竞争力，为消费者提供更加丰富、更加沉浸式的文化体验。

4. 关注政策环境的优化

政策环境是数字文旅产业生态发展的重要保障。通过制定和完善相关政策为数字文旅产业提供有力的支持和保障，可以促进产业的健康发展。

（三）提出优化措施及其方向

搭建数字文化产业生态的框架是一个复杂而系统的工程，需要政府、企业、高校等多方共同努力。通过不断优化和完善该框架，可以推动数字文旅产业生态的健康发展，为数字文旅产业的繁荣提供有力支持[①]。

1. 出台系列扶持政策

政府可以出台一系列优惠政策，如税收减免、资金扶持等，为数字文化产业生态的发展提供有力保障。同时，建立健全的政策体系，为产业发展提供稳定、可预期的政策环境。

2. 进行产业生态规划

明确产业布局，包括不同地区的定位和发展重点；确定功能定位，包括创作、交易、展示等各个环节的功能划分；制定发展策略，包括技术创新、人才引进、市场推广等方面的具体措施。

3. 加强人才培养引进

加强数字文旅产业人才的培养和引进工作，包括创作者、技术人才、管理人才等。通过设立奖学金、举办培训班等方式，培养一批具有创新精神和专业技能的人才；同时，积极引进国内外优秀人才，为产业发展注入新的活力。

4. 市场推广与品牌建设

加强数字文旅产业的市场推广和品牌建设工作，提升产业的知名度和影响力。通过举办文化节、展览等活动，展示数字文旅产业的成果和魅力；同时，加强品牌宣传和推广，树立产业的良好形象。

三　构建数字文旅产业生态体系

构建数字文旅产业生态体系是优化工作的核心。需要通过整合资源、优化流程、提升服务等方式，构建一个高效、协同、创新的数字文旅产业生态体系。这个体系不仅涉及技术创新与应用，还涵盖了资源整合、市场运营、创新驱动以及政策支持等多个方面。

（一）技术支撑体系

技术支撑体系是数字文旅产业生态的核心。随着大数据、云计算、物联网、人工智能、5G通信等技术的不断发展，数字文旅产业得以不断创新

---

① 杨敏：《旅游区发展循环经济的政策支持体系构建研究：以云南普者黑为例》，硕士学位论文，云南师范大学，2009，第27页。

和进步。这些技术为数字文旅产业提供了强大的支撑，使得旅游资源的优化配置、旅游服务的智能化以及游客体验的提升成为可能。

大数据技术的应用使得文旅消费大数据的采集、存储、加工、分析和运用变得更加高效和精准。通过对这些数据的分析，企业可以更加准确地了解游客的需求和行为，从而制定更加精准的营销策略和服务方案。云计算技术为数字文旅产业提供了强大的计算能力和存储能力。通过云计算平台，企业可以实现数据的共享和协同，提高工作效率和数据安全性。物联网技术可以实现旅游资源的数字化管理，使得旅游资源的利用更加高效和便捷。人工智能技术的应用则可以提高旅游服务的智能化水平，为游客提供更加个性化、智能化的服务体验①。

（二）资源整合体系

资源整合体系是数字文旅产业生态的基础。数字文旅产业涉及众多的资源，包括旅游资源、文化资源、人才资源等。通过资源整合，可以实现这些资源的优化配置和高效利用。

对旅游资源进行数字化处理，可以形成可共享、可交易的数据资源。这不仅可以提高旅游资源的利用效率，还可以为旅游企业带来更多的商业机会。数字化平台可以推动文旅企业之间的协同合作。这种合作可以打破企业之间的壁垒，实现资源的共享和互补，提高整个产业链的竞争力。人才资源的整合也是数字文旅产业生态体系建设的重要一环。通过引进和培养一批具有创新精神和专业技能的人才，可以为数字文旅产业的发展提供有力的人才保障。

（三）市场运营体系

市场运营体系是数字文旅产业生态的关键。在数字化时代，市场运营的方式和手段也在不断创新和变革。

通过数字化手段进行市场推广和品牌建设，可以更加精准地触达目标受众，提高品牌知名度和美誉度。利用数字化平台，可以实现与消费者的实时互动和反馈收集。这不仅可以提高服务质量和用户满意度，还可以为

---

① 冯凌：《我国旅游业科技创新特征与技术支撑体系研究》，《科技管理研究》2018 年第 4 期。

企业的决策提供有力的数据支持。通过数字化手段进行渠道拓展和供应链管理，可以实现销售渠道的多元化和供应链的优化，提高企业的运营效率和盈利能力。

（四）创新驱动体系

创新驱动体系是数字文旅产业生态的动力源泉。在数字化时代，创新是推动产业发展的关键因素。

鼓励企业进行技术创新和产品创新，可以推动数字文旅产业的技术升级和产品升级，提高产业的竞争力和附加值。推动模式创新和服务创新，可以打破传统的经营模式和服务方式，为消费者提供更加便捷、高效、个性化的服务体验。建设一批以企业为主体、产学研用联合的数字文化产业创新中心，可以集聚创新资源，推动产学研用的深度融合，为数字文旅产业的创新发展提供有力支撑。

（五）政策支持体系

政策支持体系是数字文旅产业生态的重要保障。政府可以通过制定相关政策，为数字文旅产业的发展提供有力保障和支持。

制定税收优惠政策和资金扶持政策，可以降低企业的经营成本，提高企业的盈利能力和市场竞争力。加强项目支持和产业引导，可以推动数字文旅产业的集聚发展和产业升级。加强与其他国家和地区的合作与交流，可以推动数字文旅产业的国际化发展，拓展国际市场和资源。

四 完善数字文旅产业生态机制

完善数字文旅产业生态机制是优化工作的保障。这不仅涉及政策引导、市场监管等基础层面，还涵盖了产业协同、人才发展、科技创新、金融服务以及数据共享等多个方面。

（一）健全政策引导机制

健全政策引导机制是数字文旅产业生态完善的重要一环。政府需要制定和完善相关政策，通过税收优惠、资金扶持等手段，为数字文旅产业的发展提供有力的政策支持和引导。同时，政府还应加强产业规划和布局，

明确数字文旅产业的发展方向和目标，为产业的健康有序发展提供指引①。

（二）完善市场监管机制

完善市场监管机制是保障数字文旅市场健康发展的重要手段。政府应加大对数字文旅市场的监管力度，打击不正当竞争和违法违规行为，维护市场秩序和公平竞争环境。同时，建立健全消费者权益保护机制，保障消费者的合法权益，提升消费者对数字文旅产业的信任度和满意度。

（三）构建产业协同机制

在产业协同方面，数字文旅产业应与其他相关产业形成紧密的合作关系。通过加强产业协同，实现资源共享、优势互补，推动数字文旅产业链上下游的深度融合。这不仅可以提高整个产业链的竞争力，还可以为数字文旅产业带来更多的商业机会和发展空间。

（四）深化人才发展机制

人才培养与引进是数字文旅产业生态完善的关键环节。政府和企业应重视数字文旅产业人才的培养和引进工作，通过设立奖学金、举办培训班等方式，培养一批具有创新精神和专业技能的人才。同时，积极引进国内外优秀人才，为数字文旅产业的发展提供强大的智力支持。

（五）实施科技创新机制

科技创新是推动数字文旅产业生态完善的重要动力。政府和企业应鼓励和支持企业进行技术创新和研发，推动数字文旅产业的科技升级。通过加强与高校、研究机构的合作，引进和研发新技术、新应用，提高数字文旅产业的科技含量和附加值。

（六）建立金融服务机制

金融服务机制的完善对于数字文旅产业的发展至关重要。政府应建立健全金融服务机制，为数字文旅产业提供多元化的融资渠道和金融服务。通过加强与金融机构的合作，推出符合产业特点的金融产品和服务，降低企业融资门槛和成本，促进产业的健康发展。

---

① 段七零、许金如、董广智等：《江苏文旅深度融合的机制完善与发展对策》，《河北旅游职业学院学报》2021年第2期。

（七）形成数据共享机制

数据共享机制的完善也是数字文旅产业生态完善的重要一环。政府和企业应加强数据资源的整合和共享，推动数据在数字文旅产业中的高效利用。通过建立数据共享平台，实现数据资源的互通有无，提高数据资源的利用效率。同时，加强数据安全和隐私保护，确保数据的安全可靠，为数字文旅产业的发展提供有力保障。

五　实现数字文旅产业生态创新

运用数字技术创新文旅融合新产品和新业态，推动数字文旅经济新发展和文旅产业转型升级，提高创新链综合效能、数字经济治理水平和文旅产业综合效益。

（一）立足文旅行业需求，创新数字赋能技术

要在推进文旅数字基础设施建设及其智能化升级方面，加强数字赋能文旅融合的关键技术及其应用开发研究。应以数字技术与文旅融合应用为导向，围绕5G通信、物联网、互联网、大数据、区块链、北斗导航、3R（VR、AR、MR）技术、人工智能、云计算、数字孪生、元宇宙等新一代关键技术，探究文旅深度融合的技术方法和应用模式，推进文旅数字化、网络化、智能化发展。尤其是重点关注中华文化基因挖掘技术、文旅资源保护修复与传承利用技术、文旅数字化展示与可视化呈现技术、文旅创作生产与沉浸式智能体验技术、文旅公共服务新型交互与精准服务技术、文旅数字化传播与营销推广技术、旅游消费智能追踪与分析技术、文旅市场与安全数字化监管和治理技术、文旅大数据分析与应用技术、文旅场所的智能感知与信息协同等技术，深化文旅融合技术标准研制与标准化建设，推动行业企业、平台企业和数字技术服务企业跨界创新，拓展文旅融合科技应用领域和数字化应用场景，加快推进文旅产业数字化转型和数字产业化发展，增强文旅深度融合的技术创新能力和内生发展动力，并为推动文旅深度融合提供全新的技术方法和分析工具。

（二）加强文旅创新投入，创新成果转化机制

创新投入不足是文旅行业的短板，应突出创新在文旅发展全局的核心

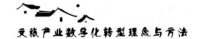

地位，加大文旅科研和技术研发投入力度，构建产学研紧密结合和线上线下有效协同的创新研发团队或创新联合体，打造多元化参与、网络化协同、市场化运作的创新生态体系。进一步集合优势资源，强化自主创新，积极寻找产业链条各环节的对接点，促进创新链高效服务文旅产业链，着力研究并提出文旅深度融合的新技术、新产品、新业态、新服务和新模式，优化创新成果快速转化机制，提升文旅创新发展能力，推动文旅产业在发展理念、体制机制、文旅产品、文旅业态、技术应用、服务方式、消费模式、管理手段和发展模式等方面系统性综合集成创新，推进文旅产业基础高级化、融合方式立体化、融合程度深入化、产业链条现代化。

（三）打造文旅融合载体，创新产品消费业态

文旅深度融合离不开载体的支撑，应重点打造和不断强化文旅项目（产品）、文旅产业、节事活动和文旅空间等重要载体，进一步丰富文旅融合载体形式。要将创意设计、数字技术与文旅开发有机结合，通过深度挖掘文化内涵，强化文旅 IP 运营，赋予文旅鲜活的元素，创新文旅表达方式，活化利用文化资源，讲好文化旅游故事，让文化变得轻松和可以解读，增强文旅个性魅力，促进优秀文化传承和本土特色塑造。要大力策划和开发文旅融合新产品，培育和创新文旅融合新业态，发展数字创意、虚拟旅游、数字娱乐、数字文化展示、沉浸式体验等新消费、新业态和新模式，以及基于数字技术的智能文旅与共享文旅新经济打造文旅融合品牌。

（四）优化文旅产业结构，创新现代产业体系

积极实施文旅产业数字化战略，推动新一代信息技术在文旅资源保护利用、产品开发、市场传播、文旅消费、综合监管等各环节的应用，升级智慧文旅体系，促进文旅数字化、网络化和智能化发展。不断深化文旅产业供给侧结构性改革，深入推进"文化+""+文化""旅游+""+旅游"工作，在深化文旅融合的同时，促进文旅与其他产业融合发展，提供更多优质文旅产品和服务，提高相关产业的文化内涵、附加价值和综合效益，同时创造智慧共享的新型数字文旅生活方式。持续优化文旅产业结构，加快发展新型文旅企业、文旅业态和文旅消费模式，培育壮大"互联网+旅游"

数字平台新经济，不断拓宽产业面，延长产业链，衍生新业态，创造新价值，逐步建立结构合理、门类齐全、科技发达、竞争力强、综合高效、带动性强的现代文旅产业体系。

第四节　完善数字文旅服务体系

完善数字文旅服务体系是应对数字经济快速发展、提升文旅市场监管效能、提升文旅服务效能以及推动文旅产业融合创新的迫切需求。因此，应该积极采取措施，加强数字文旅服务体系的建设和完善，为文旅产业的持续健康发展提供有力支撑。

一　更新数字文旅服务理念

在信息化、数字化的时代浪潮下，数字文旅服务作为文旅产业与数字技术深度融合的产物，正以其独特的魅力引领着文旅行业的新一轮变革。数字文旅服务不仅是对传统文旅服务的数字化升级，更是对文旅产业创新发展的深刻探索。

（一）数字文旅服务的概念

数字文旅服务指的是运用现代信息技术，特别是云计算、大数据、人工智能等前沿技术，对文旅资源进行数字化整合与呈现，提升文旅服务的智能化、个性化水平。

通过数字文旅服务，可以实现文旅信息的实时更新、精准推送，为游客提供更为便捷、丰富的旅游体验。数字文旅服务不仅是数字化技术与文旅产业的简单结合，更是二者深度融合后产生的一种新型服务模式，它代表着文旅产业未来发展的方向，蕴含着丰富的内涵。

（二）数字文旅服务的内涵

数字文旅服务是一个丰富且多维度的概念。它既体现了对文旅资源的全面数字化整合和个性化服务需求的精准满足，也体现了对互动体验的创新提升和对文旅产业的创新发展引领。同时，数字文旅服务还积极贡献于

可持续发展和绿色转型。在完善数字文旅服务体系的过程中，需要全面把握这些内涵，推动数字文旅服务的深入发展，为游客提供更加优质、高效、个性化的旅游体验。

1. 数字化整合文旅资源

通过运用云计算、大数据、物联网等现代信息技术，将传统的文旅资源进行数字化处理，实现资源的数字化存储、传输和共享。这种数字化整合不仅使得文旅资源得以更加高效、精准地利用，也为游客提供了更加便捷、丰富的旅游体验。同时，数字化整合还有助于打破信息壁垒，推动文旅信息的公开透明，提升文旅产业的透明度和可信度。

2. 精准满足个性化需求

通过运用人工智能、大数据分析等技术手段，对游客的行为、兴趣、需求进行深入挖掘和分析，为游客提供个性化的旅游推荐、定制化的旅游规划以及智能化的旅游服务。这种个性化服务不仅能够满足游客的多元化需求，提升游客的满意度和忠诚度，也有助于文旅企业实现精准营销和精细管理，提升企业的竞争力和盈利能力[①]。

3. 创新提升互动体验

通过运用虚拟现实、增强现实、互动投影等先进技术，为游客打造沉浸式的旅游体验，让游客仿佛置身于一个全新的虚拟世界中。同时，数字文旅服务还通过社交媒体、在线平台等渠道，为游客提供实时的互动交流机会，让游客能够与其他游客、景区、商家进行实时互动，分享旅游体验，提升旅游的趣味性和互动性。

4. 完善产品服务供给

通过数字化手段，文旅企业可以打破传统的经营模式和思维模式，创造出全新的商业模式、产品形态和服务方式。这种创新发展不仅为文旅企业带来了更多的商业机会和增长点，也为整个产业注入了新的活力和动力。同时，数字文旅服务还有助于推动文旅产业的跨界融合和创新发展，形成更加多元化的文旅产品和服务供给体系。

---

① 徐延章：《场景理论视域下乡村文旅数字化服务设计策略》，《当代美术家》2023年第6期。

5. 推动行业可持续发展

通过数字化手段，文旅企业可以更加精准地把握市场需求和资源状况，实现资源的优化配置和高效利用。同时，数字文旅服务还有助于推动文旅产业的绿色发展和低碳化转型，减少对环境的影响和破坏。这种可持续发展理念不仅符合现代社会的发展趋势和要求，也为文旅产业的长期健康发展奠定了坚实基础。

（三）数字文旅服务的意义

完善数字文旅服务体系是一个系统工程，需要从多个方面入手，共同推动数字文旅服务的健康发展，为游客提供更加优质、高效的旅游体验。

1. 有助于提升文旅产业运行效率

随着信息技术的飞速发展，数字经济已经成为全球经济增长的重要引擎。数字文旅作为数字经济的重要组成部分，其服务体系的完善对于推动文旅产业的转型升级、培育新增长点具有关键作用。通过数字化手段，可以提升文旅产业的运营效率和服务质量，实现文旅资源的优化配置和再生，把握数字经济发展趋势和规律，推动构建旅游业新发展格局。

2. 有助于提升文旅市场监管效能

文旅行业场馆众多，市场规模庞大，传统的监管方式往往难以应对。通过数字化手段，可以实现从"人海战术"向"智慧监管"的转变，提高监管的精准性和有效性。同时，数字化技术还可以用于监测和分析文旅市场的动态变化，为政策制定和决策提供科学依据，推动文旅领域治理体系和治理能力现代化。

3. 有助于提升文旅服务效能

通过数字化技术，可以实现线上线下融合发展，提供更多优质、多样、便捷的文旅产品和服务。同时，通过线上线下互动发展实现文旅产品和服务供需精准对接，既能提升人们的获得感、满意度，满足游客日益增长的个性化、多样化需求，也有助于提升文旅企业的竞争力和市场影响力。

4. 有助于推动文旅产业融合创新

通过与文化产业、教育行业、娱乐产业等其他产业的深度融合，可以开发出更具创意和特色的文旅产品，丰富文旅服务的内容和形式，提升文旅产业的综合竞争力。

二 明确数字文旅服务构成

数字文旅服务是一个多层次、多维度的体系。每个层面都蕴含着丰富的内涵和潜力，共同推动着数字文旅服务的发展和创新。随着技术的不断进步和应用场景的拓展，数字文旅服务将为人们带来更加美好的旅游体验和文化享受。

在完善数字文旅服务体系的过程中，明确数字文旅服务的构成是至关重要的。

（一）数字化基础设施——稳固的基石

从基础设施层面来看，数字文旅服务的构成离不开完善的数字化基础设施。这包括高速稳定的网络环境、智能终端设备的普及、数据中心的建设和运营等方面内容。

1. 高速稳定的网络环境

高速稳定的网络环境确保游客能够流畅地获取和使用各种数字文旅服务。要建设全面覆盖、高速稳定的网络，确保游客无论在景区内还是景区外，都能流畅地访问和使用数字文旅服务。这不仅涉及网络硬件的铺设，还包括网络技术的升级和优化，以应对高峰时段的流量压力。

2. 智能终端设备的普及

智能终端设备的普及使游客能够方便地通过手机、平板电脑等设备获取文旅信息、享受服务。推广和应用具备高度智能化和交互性的终端设备，如智能导游机、可穿戴设备等。这些设备能够集成多种功能，为游客提供个性化、定制化的服务，提升旅游体验。

3. 数据中心的建设和运营

数据中心与云计算是关键，它们承载着大量的文旅数据，为数字文旅服务的运行提供数据支撑和存储保障。构建高效、安全的数据中心和云计算平台，实现文旅数据的集中存储、处理和分析。这有助于提升数据处理效率，保障数据安全，并为后续的数字文旅服务创新提供有力支持。

（二）数字化内容生产——创意的源泉

在内容生产层面，数字文旅服务注重数字内容的创作与生产。这包括虚拟景点与沉浸式旅游体验、数字艺术品与互动展览、原创数字内容创作、互动体验项目开发。

1. 虚拟景点与沉浸式体验

利用虚拟现实（VR）、增强现实（AR）等技术，打造高度逼真的虚拟景点，为游客提供身临其境的沉浸式体验。这种体验能够突破时空限制，让游客在虚拟世界中畅游，感受不同地域的文化魅力。

2. 数字艺术品与互动展览

结合数字艺术和传统艺术创作具有独特风格的数字艺术品，丰富文旅产品的内涵和形式，并通过互动展览的形式呈现给游客。这种展览形式能够激发游客的兴趣和好奇心，提升其对文化的认知和理解。

3. 原创数字内容创作

鼓励和支持原创数字内容，如数字故事、数字音乐、数字影片等。这些内容能够丰富数字文旅服务的内涵，提升服务的品质和吸引力。

4. 互动体验项目开发

使游客能够更深入地参与和体验文旅活动，增强旅游的趣味性和互动性。通过虚拟现实、增强现实等技术，打造沉浸式旅游体验；通过智能语音、人脸识别等技术，提供个性化服务；通过大数据分析，实现精准营销和智能管理。这些创新场景的应用将使数字文旅服务更加贴近游客需求，提升游客满意度①。

（三）数字化营销推广——品牌的力量

在营销与推广层面，数字文旅服务充分利用数字渠道进行营销和推广活动。通过社交媒体营销、搜索引擎优化与在线广告投放、跨界合作与品牌联名等手段，提升文旅产品的知名度和影响力，吸引更多潜在游客。

---

① 胡清青：《县域文化和旅游公共服务体系建设研究——以山西省太原市 A 县为例》，硕士学位论文，山西大学，2023，第 39 页。

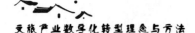

1. 社交媒体营销

充分利用社交媒体平台的传播优势发布文旅资讯、产品信息、活动信息，吸引游客的关注和参与，与游客进行互动和交流。通过精准定位和目标受众分析，实现营销信息的有效传递和转化。

2. 搜索引擎优化与在线广告投放

优化网站结构和内容，提高文旅网站在搜索引擎中的排名，增加曝光率和点击率。同时，利用在线广告平台进行精准投放，触达目标受众，吸引潜在游客的关注，提高营销效果。

3. 跨界合作与品牌联名

与其他行业或品牌进行跨界合作，共同推出文旅产品或活动。这种合作能够借助对方的资源和优势扩大数字文旅服务的影响力和市场份额。

（四）智慧化管理服务——效率的提升

在管理与服务层面，数字文旅服务强调智慧化。包括在线预订、电子支付、智能导游等服务的优化与创新。通过大数据分析技术、人工智能等技术运用，提高服务质量和满意度。

1. 大数据分析与管理决策

运用大数据技术对游客行为、需求进行深度挖掘和分析，为景区管理提供数据支持。通过数据驱动决策来优化资源配置和服务流程，从而提升运营效率①。

2. 智能导览与个性化服务

开发智能导览系统，为游客提供个性化的路线规划、景点介绍等服务。通过收集游客的偏好和反馈，不断优化服务内容，提升游客满意度。

3. 智慧安防与应急响应

利用智能安防技术，实现景区的实时监控、预警和应急响应。确保游客的安全和景区的稳定运营，降低安全风险。建立游客服务平台，提供在线咨询、投诉处理等服务，及时回应游客需求，提高服务质量和满意度。

---

① 戴引翔：《基于游客满意度调查的温州市大罗山景区智慧旅游建设研究》，硕士学位论文，广西师范大学，2023，第33页。

（五）产业化融合创新——发展的动力

在产业融合层面，数字文旅服务注重与其他产业的融合创新。通过产业融合的实践，不仅丰富了数字文旅服务的内容和形式，也为文旅产业的创新发展提供了广阔的空间。

1. 文化与旅游深度融合

挖掘文旅资源的文化内涵，将传统文化元素与现代旅游业态相结合，打造具有独特魅力的文旅产品。通过文旅融合，提升旅游的文化品位和价值。

2. 科技与旅游创新结合

积极引进和应用新技术、新应用，推动数字文旅服务的创新升级。比如利用人工智能、物联网等技术，提升服务的智能化和便捷性。

3. 跨界合作与产业链延伸

加强与其他产业的跨界合作，如影视、动漫、游戏等，共同开发文旅衍生品和周边产品。与教育行业合作，开展研学旅行、文化教育等活动，丰富旅游体验；与娱乐产业联动，推出主题活动、演出表演等，增加旅游的趣味性和吸引力。通过产业链延伸，实现文旅产业的价值最大化。

三　创新数字文旅服务场景

这些创新场景可以为用户提供更加丰富、便捷、个性化的旅游体验，拓展文化旅游的边界，促进文化旅游的发展和创新。同时，还可以吸引更多的年轻用户参与旅游活动，提高文化旅游业的市场竞争力。

（一）虚拟化导览

通过虚拟现实（VR）或增强现实（AR）技术，为游客提供虚拟导览体验。游客可以通过 AR 眼镜或手机应用程序，在现实环境中看到虚拟的导游或解说员，这些虚拟形象会带领他们参观历史遗址、博物馆或景点，并提供解说和讲解服务。虚拟导览是数字文旅服务中的一个重要场景，它利用虚拟现实（VR）或增强现实（AR）技术，为游客提供虚拟导览体验[1]。

---

[1]　陈均亮、王荣海、陈柏言：《虚拟与增强现实互动旅游系统的设计与实现——以非物质文化遗产南音为例》，《软件工程》2021 年第 5 期。

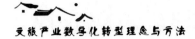
1. 虚拟漫游

通过 AR 眼镜或手机应用程序，游客可以参与一次虚拟的历史漫游，在现实环境中看到虚拟的历史人物和场景，并了解相关历史事件和故事。比如，在一座博物馆中，用户可以穿越时空，体验不同历史时期的文化和生活方式。

2. 虚拟展览

将博物馆的藏品通过虚拟展览呈现给用户，让他们可以在线浏览和学习。通过 VR 技术，用户可以如身临其境般参观博物馆，自由地游览展厅和参观展品，同时还可以听取解说员讲解，学习相关知识。

3. 虚拟导览

利用全景摄影和 VR 技术，让用户可以远程参观景点和历史遗址，感受真实的旅游体验。比如，用户可以在家中通过 VR 设备参观中国的长城、故宫等景点，或者参观其他国家和地区的历史遗址和名胜古迹。

4. 虚拟导游

利用机器人技术和 AI 语音识别技术开发虚拟导游系统。游客可以通过手机应用程序或 AR 眼镜与虚拟导游进行互动，获得景点介绍、历史故事和文化知识等信息。同时，虚拟导游还可以向用户提供相关的旅游建议和推荐。

5. 虚拟演出

通过 VR 技术，让用户可以在线观看音乐会、戏剧表演和文艺节目等虚拟演出。用户可以选择自己喜欢的座位，并获得真实的演出体验。

（二）个性化推荐

个性化推荐是创新数字文旅服务的重要场景，它利用大数据和人工智能技术，根据用户的兴趣、偏好和历史行为，为其提供个性化的旅游推荐[1]。可以提高用户的旅游体验和满意度，使其能够更好地发掘和享受文化旅游资源。通过个性化推荐，用户可以获得更加符合自己品位和兴趣的旅

---

① 王茸、李强、何颖：《个性化旅游推荐系统的设计与实现》，《福建电脑》2023 年第 9 期。

游体验，提高旅游的参与度和满意度①。同时，也为旅游目的地和相关企业提供精准的市场定位和推广机会。

1. 景点推荐

根据用户的兴趣和偏好，为其推荐符合其口味的景点和旅游目的地。通过分析用户的浏览历史、搜索记录和社交媒体行为，系统可以了解用户的喜好，从而为其推荐最适合的景点和旅游线路。

2. 文化推荐

基于用户的兴趣爱好，为其推荐符合其口味的文化活动，如音乐会、艺术展览、戏剧演出等。通过分析用户的音乐偏好、艺术品收藏和社交圈子，系统可以精确把握用户的喜好，从而提供个性化的文化活动推荐。

3. 餐饮推荐

根据用户的饮食偏好，为其推荐当地特色餐厅和美食。通过分析用户的食谱收藏、餐饮评论和社交媒体行为，系统可以了解用户的口味偏好，从而为其提供个性化的餐饮推荐。

4. 导游推荐

根据用户的需求和偏好，为其推荐合适的导游服务。通过分析用户的语言偏好、历史游览记录和导游评价，系统可以了解用户的需求，从而为其推荐兼具专业知识和符合个人偏好的导游服务。

5. 购物推荐

根据用户的购物偏好和品牌喜好，为其推荐当地的特色商品和购物场所。通过分析用户的购物记录、品牌关注和社交媒体行为，系统可以了解用户的购物喜好，从而为其提供个性化的购物推荐。

（三）数字化体验

运用数字化技术，将传统的文化体验进行数字化呈现。数字化体验在创新数字文旅服务中发挥着至关重要的作用。数字化体验可以提高游客的参观体验，提高游客的满意度和口碑评价，对于文旅行业的发展具有重要

---

① 占贻畅：《旅游景点客流量预测与个性化推荐算法研究》，硕士学位论文，长春工业大学，2023，第36页。

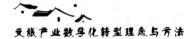

的推动作用。

1. 虚拟导览

通过虚拟现实技术，让游客可以在未到达目的地之前就有机会了解其全貌和历史背景。

2. 互动展示

通过数字投影、多媒体等方式，给游客带来更加生动、直观、具体的展示效果。

3. 移动支付

通过扫码支付等方式，方便游客购买门票、餐饮、纪念品等，提升游客体验。

4. 实时互动

通过社交媒体、移动应用等方式，让游客与景区、其他游客互动，增强互动性和参与感。

（四）社交化平台

建立社交互动平台，让旅游者可以在线分享和交流他们的文化旅游经历。用户可以发布旅游照片、评论景点、分享旅行故事等，与其他用户进行互动和交流。这样可以促进用户之间的连接和互动，丰富旅游体验。在创新数字文旅服务的场景中，社交互动平台可以起到重要的作用①。保护用户隐私和信息安全是社交互动平台设计和运营时需要重视的方面。

1. 虚拟现实社交平台

通过虚拟现实技术，用户可以创建自己的数字化身并与其他用户进行互动。他们可以参加虚拟展览、游览数字化的文化遗址或参与文艺表演。这种平台能够提供更真实的体验，并促进用户之间的交流和互动。

2. 社区分享记录平台

这种平台可以让用户分享他们在文旅目的地的经历和感受，包括旅行故事、照片和视频等。其他用户可以通过评论和点赞来互动，并从中获取

---

① 周锦、曹鲁娜：《社交网络赋能文化旅游深度融合：发展特征、作用机制与推进路径》，《南京社会科学》2024 年第 3 期。

旅行灵感和建议。这种平台可以促进旅行者之间的交流，并帮助他们发现新的景点和活动。

3. 文化创意交流平台

这样的平台可以聚集来自不同文化背景的人，让他们分享和交流关于艺术、音乐、文学等方面的创意和想法。用户可以通过文字、图片、音频和视频等多种形式展示他们的作品，并与其他人进行交流和讨论。这种平台可以促进跨文化的交流和合作，激发创造力和艺术表达。

4. 智能导游互动平台

这种平台可以提供个性化的导游服务，并根据用户的兴趣和偏好为他们推荐适合的旅游线路和景点。用户可以通过平台与导游进行实时的语音或视频互动，获取相关信息和解答问题。这种平台可以增强用户与导游之间的互动和沟通，为游客提供更优质的旅行体验。

四　完善数字文旅服务路径

数字文旅服务路径是指借助数字技术和互联网平台，为游客提供全方位、个性化的旅游体验。完善数字文旅服务体系需明确具体路径。通过整合资源、提升技术和优化用户体验，可以实现数字文旅服务的全面提升和发展。

（一）把握关键要素

1. 数据整合分析

建立综合文旅数据平台，整合各类相关数据，包括景点信息、交通信息、酒店信息、用户偏好等，通过数据分析和挖掘，满足不同群体的需求，为游客提供个性化推荐和定制化服务。

2. 路线规划导航

基于地理信息系统（GIS）和人工智能技术，为游客提供智能化的路线规划和导航服务。根据游客的兴趣、时间和交通情况，为其推荐最佳的游览路线，并提供实时导航指引。

3. 先进技术利用

利用虚拟现实（VR）和增强现实（AR）技术，为游客提供身临其境

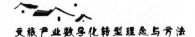
的文旅体验。通过虚拟现实技术，游客可以在未实际到达景点前就感受到真实的场景；通过增强现实技术，游客可以在现实环境中获得更多的信息和互动体验[①]。

4. 个性化推荐与服务

通过用户数据分析和机器学习算法，为游客提供个性化的推荐和定制化服务。根据游客的兴趣、偏好和历史行为，为其推荐适合的景点、餐厅、购物场所等，并提供购票、预订、支付等便捷服务。

5. 在线互动与社交分享

建立在线互动平台，让游客之间可以进行实时交流和分享。通过社交媒体、在线论坛等渠道，游客可以分享旅行经验、评价景点服务，与其他游客进行互动，增强旅行的社交性和参与感。

6. 信息安全与隐私保护

加强对用户数据的保护，确保用户信息的安全和隐私不被泄露。建立健全的数据安全管理体系，加密敏感数据，合规使用用户数据，并遵守相关法律法规，保障用户的合法权益。

（二）实施关键策略

1. 加强设施建设

加强网络基础设施建设，提高网络覆盖率和带宽速度，确保数字文旅服务可以在各地高效运行。同时，推动 5G 网络技术的应用，提供更快速、稳定的网络连接，为数字文旅服务提供更好的支持。

2. 提供优质内容

加大对数字文旅内容的投入和培育力度，提供更多优质的数字文旅内容，包括历史文化、自然景观、艺术表演等多样化的内容形式。同时，注重内容的创新和多样性，以满足不同用户的需求。

3. 推动技术应用

积极推动人工智能、大数据、虚拟现实等先进技术在数字文旅服务中

---

① 张瑞洋：《以标准化打造国际知名旅游度假区——中远海运博鳌有限公司旅游服务标准化试点路径探索》，《中国标准化》2024 年第 3 期。

的应用。例如，通过人工智能算法分析用户兴趣和喜好，为用户推荐个性化的文旅内容；利用大数据分析游客行为和需求，为其提供更精准的服务和推荐；借助虚拟现实技术，为游客提供沉浸式的文旅体验。

4. 加强平台建设

建设统一的数字文旅平台，整合各类文旅资源和服务，提供一站式的数字化服务①。同时，加强对数字文旅平台的监督和管理，确保平台内容的合法性、安全性。

5. 提升用户体验

关注用户需求，为其提供便捷、个性化的数字文旅服务。比如，通过智能导览系统，提供实时的导航和讲解服务；利用移动支付等技术，简化门票购买和交通出行等环节；提供在线预订和排队系统，减少游客等待时间；等等。

6. 加强推广宣传

通过互联网和社交媒体等渠道，积极推广和宣传数字文旅服务，提高用户的认知度和使用率。与此同时，加强国内外的合作和交流，扩大数字文旅服务的影响力和国际化程度。

---

① 张瑞洋：《以标准化打造国际知名旅游度假区——中远海运博鳌有限公司旅游服务标准化试点路径探索》，《中国标准化》2024 年第 3 期。

第八章
文旅监管数字化治理

随着人民生活水平的提高，数字信息技术快速进步，旅游服务业的产业链不断延伸，行业服务不断深化、精细化。然而，在消费者对旅游服务的需求与预期不断提高的同时，旅游服务供给却存在不少问题，阻碍旅游业的可持续发展。比如，旅游企业随意删改、伪造评论，欺骗消费者，以及旅游平台泄露游客信息等不良行为屡见报端。大数据等新技术在解决文旅监管失灵问题、降低监管与被监管双方动态博弈成本、增加信息透明度与游客维权参与度等方面，具有广阔的应用空间。

第一节　突破数字文旅监管方式障碍

数字文旅是数字经济的重要组成部分，是文化和旅游产业未来的发展方向。在文旅数字化转型的过程中，部分企业和平台扩张迅速，走向垄断的迹象明显。此外，为了追求利益最大化，数字文旅企业和平台对消费者的算法价格歧视、"杀熟"等行为层出不穷。

一　数字文旅监管障碍的表现

（一）大数据"杀熟"

数字文旅平台软件的运行依靠数据，拓宽了人们的旅游消费途径。但是，平台在使用这些数据时，也产生了一些突出的问题，其中广受关注的就是个人信息被泄露以及遭到数据杀熟。大数据"杀熟"现象是基于算法对旅游消费者的价格歧视手段，损害了被杀熟消费者的利益。大数据"杀熟"往往被归类为算法歧视，但其也是算法欺诈的表现形式之一。

1. 大数据"杀熟"概念

大数据"杀熟"指的是经营者利用强势地位及对信息的收集与垄断，运用算法技术对不同消费者的消费习惯、消费水平等信息进行分析，从而针对不同消费者给出不同的定价。大数据"杀熟"通常表现为差别待遇和推送商品信息等形式，其本质是数字文旅平台经营者运用大数据和算法进行的一种隐蔽的价格歧视。2021 年 2 月 7 日，国务院反垄断委员会印发《关于平台经济领域的反垄断指南》，首次明确将大数据"杀熟"定义为滥用市场支配地位实施差别待遇。

（1）大数据"杀熟"性质为一级价格歧视

价格歧视分为三级，一级价格歧视是平台经营者根据每个用户的购买意愿进行区别定价的行为；二级价格歧视是平台经营者根据购买数量的多少制定不同销售价格的行为；三级价格歧视是针对不同用户群体进行差别化定价的行为。大数据"杀熟"行为在定性分析了各类用户消费习惯的基础上，精准判断出每个用户的消费意愿和支付欲望，进而将一级价格歧视行为变成了现实般的存在。

（2）大数据"杀熟"目的为侵占消费者福利

价值和成本之间的差额体现为盈余或福利，因此，价格决定了生产者与消费者之间盈余的分配。产品价格越贴近成本，消费者就能获得越多福利，反之则经营者就能保有越多盈余。因此，在竞争充足的市场中，理性的经营者会将商品价格锚定在一个适中的位置，这样既能保证有足够数量的消费者购买此商品，也能防止因低价导致自身盈利水平下降。但大数据拥有打破这种平衡的能力，通过对单个消费者的"精准画像"，平台可以预测出消费者可接受的价格上限，使平台经营者的定价模式有了更多参考依据，强化了经营者在信息获取方面的优势地位。

2. 大数据"杀熟"表现

根据当前新闻媒体的报道以及网上消费者的消费体验，"大数据"杀熟

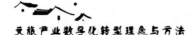
表现形式主要有：新用户比老用户支付的价格低，新用户有购物补贴；用户手机更昂贵的，支付的价格更高，比如对使用旗舰机客户制定的价格比老年机的贵；会员比非会员支付的价格更高；定位的住宅小区越高端，支付的价格越高；搜索频率越高的，支付的价格越高；购买下单频率越高的，支付的价格越高；用户更加偏好的商品，价格更高；等等（见表8-1）。

表8-1　数字文旅平台大数据"杀熟"的表现形式及案例

表现形式	案例展示
新用户比老用户支付的价格低	用两台手机在某平台上查询杭州到昆明的机票价格。通过对比发现，用两张不同的身份证，购买同一时间、同一班次的机票，价格会有5元至10元的差别，其中，等级高的账号价格高于新注册等级账号
会员比非会员支付的价格更高	用两个账号分别搜索三亚某度假酒店同时间同房型的价格，黄金会员账号显示的价格为2910元一晚，普通会员账号显示的价格为2699元一晚，两个账号都没有使用任何优惠
设备型号影响价格	河南郑州一网友在某平台订机票时发现，用3部手机在同一时间查看同一航班，价格各不相同，且差异巨大——搜索2月7日郑州飞往珠海的南航CZ6489次航班时，3台手机上所显示的价格分别为400元、481元、1330元
搜索频率越高的支付的价格越高	有网友称，其在某旅游平台订购机票，从几天前就开始不停查看价格，显示价格越来越贵，但在其订完票付完款后，同样的机票价格立马从610元下降到480元
利用地理位置等个人信息进行杀熟	胡女士通过携程App订购某酒店住宿，在离店时发现订购价格远超酒店实际挂牌价，与携程沟通未有满意结果后，以携程对自身进行"大数据杀熟"等缘由将其起诉到法院。法院判决指出，携程在交易过程中未履行如实报告义务，存在虚假宣传、价格欺诈和欺骗行为，同时还采集和使用了非必要信息

资料来源：赵丽《记者调查大数据杀熟现象：App上订酒店，黄金会员比普通会员贵211元》，人民网，http://henan.people.com.cn/n2/2024/0125/c351638-40725949.html；赵明昊《大数据杀熟，毁的是互联网经济的未来》，《光明日报》2021年7月20日，第2版。

3. 大数据"杀熟"成因

（1）经营者的逐利性

绝大多数企业的经营目标是实现经营利润最大化，数字文旅平台也不例外。文旅平台杀熟可以将消费者剩余转化为文旅平台和商家的利润。极端情况下，当文旅平台实施的是一级价格歧视时，消费者剩余会完全被文旅平台与商家瓜分。文旅平台收集数据、分析数据、开发算法来杀熟，其最终目的是得到尽可能多的利润。数字文旅平台的杀熟现象所表现出来的形式繁多，但归根结底就是利用数据和算法歧视对用户实施价格歧视。

（2）平台用户的黏性

如果数字文旅平台相对于其他平台具有显著的优势，或者用户已经习惯于进行平台消费，那么平台就具有大数据"杀熟"的基础条件。对于消费者而言，由于其消费习惯已形成，换用其他平台需要一定时间适应或学习，如果具有平台会员，那么用户更换平台还需要承担一定的成本，这都导致消费者具有一定的平台依赖性。

（3）监管和追责的不完善

大数据"杀熟"行为涉及的文旅主体众多，不仅有消费者群体，更有其他众多相关部门，涉及市场秩序、数据安全、算法技术等方面的利益平衡。规制主体的多元化和多样化使得统一监管变成一个难题，表现为出现问题时不同部门之间相互推诿；除了监管体系的不完善之外，追责体系也存在一定的不足，如未建立审计监督等机制，对于运行过程中出现的问题未及时处理和解决，对于屡屡触犯制度规范的企业未给予相应的警告和处罚，更没有相应素质的人才和专业队伍的保障，监管无法落到实处。

4. 大数据"杀熟"特点

（1）定价的差异性

数字文旅平台企业通过对用户数据进行分析，精准区别用户的消费导向、支付最大意愿，针对用户群体实施差别定价。在实践中往往会出现，苹果手机比安卓手机获取服务的费用更高，通过消费者的消费构成和价格范围对用户进行标签，并且推荐不同价位的相同或者类似产品，熟客获得商品或服务的成本要高于新客等情形。在市场经济活动中，熟人之间的信任合作能够有效降低交易成本，让双方受益：商家不用做广告就能通过"回头客"带来更多的客人，而消费者作为"熟客"不用反复砍价就能获得比较优惠的价格。但当商家认为，一次性的背叛所带来的"收益"远大于多次合作，并且背叛后又不会受到强制性的惩罚时，"实体经济杀熟"现象就有可能出现。

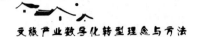

（2）杀熟形式的隐蔽性

大数据"杀熟"对消费者权益和市场公平竞争造成隐蔽性危害，而规制"杀熟"行为的难点主要体现在两个方面，其一，个体用户在大数据时代很容易陷入"信息茧房"，难以察觉自己被"杀熟"，即使消费者发现并且利用信息网络予以曝光，数字文旅平台企业也可通过派发优惠券等方式开脱；其二，数字文旅平台企业依托大数据应用和知识产权保护，其技术化商业行为难以被察觉，或者就算被察觉，也可以以商业秘密保护规则予以辩解。

（3）杀熟目标的针对性

数字文旅平台进行大数据"杀熟"的最终效果是实现不同用户的差异定价，这种差异定价就意味着大数据"杀熟"行为的针对性更强。在数字文旅平台实施杀熟前，会分析用户的大量个人信息，确定对于价格不敏感或者对平台依赖度较高的消费者。平台的杀熟目标明确，杀熟的手段也在不断更新丰富。如果平台分析到消费者长期固定购买某一产品，那么平台会在后续的价格设置中不断提高该产品的价格，以获得更多的销售效益。此种状态下，消费者就会被贴上价格不敏感的标签，在购买平台的其他商品时，平台也会针对性地推送价格更高的产品。

5. 大数据"杀熟"危害

（1）损害消费者的合法权益

大数据"杀熟"的最直接危害是损害了消费者的利益。与高铁飞机根据座位类型差异定价的合理行为不同，大数据"杀熟"行为下对不同的消费者采取的差别待遇是没有正当、合法、合理的理由的，消费者获得的数字文旅商品或服务的质量并没有任何差别，但平台经营者根据用户的支付意愿进行差异化定价，对支付意愿强、价格承受能力高的用户收取更高的价格，对支付意愿弱、价格承受能力低的用户收取较低价格，使得消费者剩余完全被剥夺，转化成了经营者的利益。

（2）影响行业长远发展

当前，数字文旅经济已经成为社会经济发展中的新动能，在推动社会经济发展中发挥了积极的作用，但是大数据"杀熟"行为的暴露，导致了消费者对于平台经济的不信任，影响了数字文旅行业的长远发展。数字经济时代，消费者成为信息的获取者与发出者，在部分消费者得知自身遭遇了大数据"杀熟"后，往往通过自媒体等进行控诉，相关信息如果形成热点，会得到迅速广泛传播。平台其他消费者在看到相关信息后，会加剧对数字文旅平台的不信任，减少自身在平台中的消费行为，如果这种现象成为一种信任危机，那么将对数字文旅、智慧旅游等新兴行业的发展产生重大影响，相关新兴产业的发展也会蒙上阴影。

（3）破坏市场竞争秩序

大数据"杀熟"行为作为经营者的一种定价策略，能够以非常隐蔽的方式增强经营者的竞争优势，损害市场竞争秩序。具体来说，平台经营者利用"杀熟"行为的隐蔽性和复杂性，可以在保障用户黏性的情况下，吸引更多的消费群体，该经营者的市场竞争力也在这个过程中得到增强。除此之外，与市场上的其他经营者相比，大型平台经营者更容易获取海量的用户数据，更容易在平台经济竞争中占据主导地位，将数据优势转化为竞争优势，利用其掌握的海量数据和精进的算法技术不正当地攫取市场竞争份额，而新进入市场的经营者因难以获取足够的信息和数据，无法与占据支配地位的企业进行有效竞争，最终抑制了公平竞争，提高了市场进入壁垒。

（二）平台垄断

我国旅游业依托互联网，推动在线旅游业务不断朝着纵深方向拓展，入驻数字文旅平台的供应商越来越多，旅游服务提供者与数字文旅平台合作的关系紧密度越来越高，业务深度和广度持续扩大。互联网的便捷性吸引了众多的游客，人们的接受度、方便度和满意度都在提升，进一步促进了数字文旅平台的发展。随着移动互联网的普及，以及人们在线消费习惯的培养，在线旅游未来发展趋势向好。《2021年中国在线旅游行业研究报告》显示，2020年在线旅游用户规模约为4.32亿人，同比增长4.6%；2021年中国在线旅游交易额达1.47万亿元，同比增长34.9%，旅游预订数

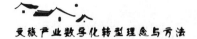
字化率持续增长①。

1. 平台垄断的概念

在经济理论中，垄断指企业为追求高额垄断利润，采用协议或联合手段，共同操控一个（或几个）部门商品的生产、销售、价格和利润的行为。垄断可从结构和行为两个角度进行理解，垄断结构（垄断地位）指经营主体对市场有充分的独占能力和控制力，并妨碍其他主体进入市场与之竞争。垄断行为指平台经营主体为获取更大市场份额而实施的滥用市场支配地位等限制（排除）竞争的行为。

（1）地位不对等是平台垄断的基础

数字文旅平台可以针对不同的相对人实施平台垄断行为，其中，平台是垄断行为的实施者，消费者和平台内的经营者则是该行为的相对人。相比而言，平台企业针对平台内经营者实施垄断行为在数字文旅市场更加普遍存在。事实上，由于平台企业具有很高的技术操作水平，且在市场上占据主导地位，故数字文旅平台与相对人之间很难处于实质上的同等地位。相对于平台企业来说，平台内经营者通常处于弱势地位，并且对数字经济平台存在一定的依赖性，因此，平台内的商家往往被迫接受平台对其实施的限制行为。

（2）市场主导地位是平台垄断的条件

平台垄断行为的先决条件是平台占有市场主导地位。简言之，占据市场主导地位的数字文旅平台强制要求交易相对人在自身平台和潜在竞争性平台之间做出选择，进而形成某种交易关系。平台垄断行为的本质是排他性交易，并且实施该行为的主要目的是将用户绑定在自身平台。如果该数字文旅平台的市场势力达到一定程度，并处于优势地位，则该平台可以对用户或平台内的经营者实施排他性交易行为。

2. 平台垄断的表现

在数字文旅平台经济领域中，"二选一"是最常见的平台垄断行为，是

---

① 王张录：《在线旅游平台中旅游者权益保护法律问题和对策研究》，硕士学位论文，广西师范大学，2022，第17页。

平台企业排他性交易的典型形式。所谓数字文旅平台"二选一"行为，即在市场激烈竞争中，数字文旅平台经营者为了扩大收入、赚取更多的利润，利用自己在市场上的特有优势，并结合技术手段，比如搜索降权、屏蔽店铺等，限制平台内的经营者加入其他具有竞争性质的数字文旅平台。此外，平台也可采用优惠政策吸引商家入驻，并要求他们只能加入自己经营的平台，从而剥夺商家的选择自由。这种行为属于典型的排他性交易。

3. 平台垄断的成因

（1）追求竞争优势

实现利润最大化是数字文旅平台的核心目标。因此，每一个经营者都会通过制定经营策略、管理制度等，实现平台的可持续发展。但整个市场是有限的，需求是相对稳定的。所以，对于平台内经营者来说，吸引消费者不仅需要平台内商家拥有良好的声誉，同时也需要平台提供强大的搜索引擎、高效的数字处理技术及便捷的服务。对于数字文旅平台来说，只能通过给平台内经营者提供技术性服务来间接吸引流量，但同样地，其他平台也会提供相同的技术性服务吸引流量。因此，头部平台为了让自己拥有更多流量，锁定用户，就会强迫平台内经营者"二选一"，长此以往，就会产生用户黏性，实施"二选一"垄断行为的平台就会获得更多利润。

（2）平台的天然垄断性

数字文旅等互联网平台具有天然的垄断性，其垄断性主要来源于技术垄断、信息垄断、流量垄断等多个方面。对于其他平台经营者来说，成功固然是可以复制的，但是其必须提供其他创新性的经营模式才能突破前者形成的垄断局面。因为最初进入的经营者在数字文旅平台领域具有一定支配地位，并且在技术、经营模式、销售途径等方面已经形成一套成熟的运作系统，后来者很难在其领域内争夺市场。在这种情形下，平台利用其先发优势和天然垄断性实施"二选一"行为，从而获得更广阔的市场。

（3）头部平台的优势地位

对于头部数字文旅平台而言，它们有足够的资本。这里的"资本"不仅仅指金钱，还包括信息技术、服务水平及市场份额。这些头部平台需要

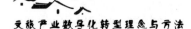

给平台内经营者提供各种优惠、折扣及补贴，这些优惠必须大于该平台内经营者在其他平台所获得的预期利益，这一切的实现都建立在庞大的资金支持基础之上。此外，流量限制、搜索降权、搜索屏蔽、排名沉底等都必须有强大的数字信息技术。平台内经营者基于依存关系依附于平台经营者，需要平台经营者提供相应的流量支撑和技术支持。综上所述，数字文旅平台经营者基于各种条件形成的优势地位是成功实施平台垄断行为必不可少的前提。

4. 平台垄断的特点

（1）实施手段的强制性

"二选一"等垄断行为在实施手段上具有强制性。能够实施"二选一"行为的数字文旅平台往往是市场上拥有大量用户和流量的强势企业，平台内的商家对数字文旅平台控制的销售渠道有很强的依赖性。因此，数字文旅平台在实施"二选一"行为时，会利用平台内的商家对自身控制渠道的依赖性，结合使用搜索降权、店铺沉底等技术手段和签订"独家经营合同"等合同手段，将自己的意志强加于平台内的商家，强迫商家接受数字文旅平台实施的"二选一"行为，并对不愿意接受"二选一"条件的商家采取"惩罚"措施。

（2）实施过程的隐蔽性

"二选一"等垄断行为在实施过程中具有隐蔽性。数字文旅平台实施"二选一"行为主要通过搜索降权、屏蔽搜索、限制流量等技术手段，或者将"二选一"行为伪装成签订"独家经营合同"等行为。前者在实施过程中完全掌握在数字文旅平台自己手中，没有任何通知，被实施"二选一"行为的商家也难以察觉；后者是以"独家经营合同"的形式实施"二选一"行为，因为是基于双方"合意"的合同行为，因此其违法性难以认定。

（3）实施方式的多样性

"二选一"等垄断行为在实施方式上具有多样性。数字文旅平台实施"二选一"等行为的方式并非单一的，而是具有多样性，既可以通过协议、电话、口头协商等方式，还可能通过平台规则、算法、数据、搜索降权等手段限制平台内经营者的销售。除此之外，还可能采取一些较为和缓的方式，比如，为平台内经营者提供补贴及流量支持。多样性的实施方式使数字文旅实施主体利用其所具有的优势地位，对市场竞争产生明显的排除或限制影响。

5. 平台垄断的危害

（1）损害其他平台经营者的利益

核心主导平台作为经营者时，为了追求利润最大化，会不断向数字文旅及其关联市场，以及上下游市场拓展其"生态版图"，这种行为将直接损害其他平台经营者的利益。一是交易机会的丧失，当核心平台进入相邻业领域时，可以凭借用户优势和数据优势，将其他中小平台挤出市场，这直接导致了市场上潜在竞争对手减少；二是市场竞争压力加大，中小平台经营者必须不断提升自身的产品和服务水平，才能够有效地与垄断平台进行竞争；三是行业格局的改变，由于核心平台在数据上的优势，它可以通过限制竞争对手的访问来实施封锁策略，从而压制对手的发展，进一步拉大与竞争对手的差距。

（2）减损终端消费者的利益

平台垄断行为对消费者经济利益的损害是非常隐蔽的，因为它往往产生的是间接影响。商家通过入驻多个数字文旅平台可增加流量、扩大消费群体并拓宽销售渠道，从而获得更高利润。但在数字文旅平台为了提高自身竞争力而实施"二选一"等垄断行为后，入驻商家因为不能够入驻多个平台，其自然会选择利用平台"唯一性"提升产品价格，以期获得和入驻多个平台相等的高额利润。在利益等因素的影响下，平台和入驻商家的行为会直接或者间接损害消费者的经济利益，比如商家会选择提高产品与服务价格或者降低产品与服务质量，来弥补自己的亏损，进而损害消费者利益，即便消费者知情，也不得不因为某一平台提供的商品服务具有"唯一性"而被迫接受。在这一逻辑下，消费者将成为最后为垄断行为买单的受害者。

（3）破坏市场公平竞争秩序

在快速发展的数字文旅市场上，由于相关规定仍在发展完善，市场影响力大、销售额高的知名数字文旅平台数量寥寥，这些平台利用自己用户数量多等优势，通过技术或经济手段，强迫商家进行"二选一"，来扩大自己的市场份额。商家由于缺乏足够的销售渠道，会更倾向于选择知名平台，而在网络外部效应的影响下，消费者会自然选择商家数量多的平台进行消费，导致小型平台无法吸引用户和商家，无法大规模发展。大型平台可以轻松通过提升自己的服务，来排挤其他发展中的小型平台，限制、排除其竞争，最终将其挤出竞争市场，巩固自己的市场地位。由此可见，"二选一"行为对我国数字文旅市场的影响是巨大的，其不可避免地对公平公开的良好竞争秩序造成破坏。

（三）算法价格歧视

1. 算法价格歧视的概念

算法歧视是大数据时代背景下一种新型的歧视表现。对于算法歧视的定义，学界尚未形成一个统一的结论。部分学者结合算法与歧视的概念，将算法歧视定义为"由数据分析导致的对特定群体的系统性的、可重复的不公正对待"[①]。也有学者认为，由于人类社会的文化存在偏见，所以算法作为人类创造出的高科技产物，也一定会包含着人类原本所带有的偏见，只不过算法把这种偏见与歧视更完全地体现出来了[②]。结合学者的研究，算法价格歧视指的是，经营者以消费者的个人特征或者消费行为等数据为基础，运用算法技术分析不同的消费者，并对其实施不同的价格。

（1）实现的技术手段是算法技术

随着科技的发展，人工智能所能涉及的领域越来越多，算法的能力也持续得到加强。经营者通过实现设定的指令来收集信息，并利用计算机对指令的运算进行信息的处理与分析，获得用户消费能力等信息，从而进行精准化的算法价格歧视。

（2）算法价格歧视是自动化决策的产物

算法决策机制是通过对海量数据进行排序、分类、标签化，继而建立

---

① 刘友华：《算法偏见及其规制路径研究》，《法学杂志》2019 年第 6 期。
② 张玉宏、秦志光、肖乐：《大数据算法的歧视本质》，《自然辩证法研究》2017 年第 5 期。

若干数据集才得以运行的。在这一系列过程中，系统会依据已设定的条件筛选得出符合条件的结果，即输入指令经过算法运算程序自动执行，经过一系列有限的运算后，在限定的时间内，得出符合条件的输出项。算法价格歧视正是在这一运算过程中，由于算法内部数据推算、数据分析、数据筛选、数据匹配或者数据自动异化作用，输出具有对特定群体不公正的结果。

2. 算法价格歧视的表现

随着数字技术的广泛运用，数字文旅经营者也开始通过数据和算法对消费者进行细分和再细分。经营者所参考的划分依据也随之改变：不再依靠价格弹性，而根据其所获取的海量消费者数据、消费偏好和历史行为，精准识别和分析，针对不同潜在消费者开展定向优惠券促销和消费定级等策略。相对于大数据"杀熟"模式在交易过程中实施歧视定价，这些模式更偏向于在交易前就进行歧视定价。经营者在与消费者交易之前，便已经对同质商品进行分类定级，当消费者进入商品或服务的交易平台时，经营者就会通过大数据和算法对消费者进行定级，并将其与相应级别的商品匹配。经过消费定级之后，消费者只能看到与其级别匹配的商品推荐，无法看到其他级别的商品，例如表 8-2 中的 B 类消费者无法搜索到 a 级商品，只能在 b 级商品中进行对比和挑选，即使其支付了 b 级产品最低价格，也会比 a 级产品的支付价格高。

表 8-2　算法价格歧视模式

消费者	A	B	C
支付能力	低	中等	高
消费偏好	注重数字文旅商品使用价值	注重商品价值的同时考虑品牌数字文旅商品	追求品牌价值高于注重数字文旅商品本身的价值
商品推荐	性价比高类 a	普通类或轻奢类 b	高奢类 c
商品价格	便宜	适中—偏高	较高

资料来源：笔者整理。

3. 算法价格歧视的成因

（1）算法设计者存在价格歧视倾向

算法歧视并非凭空产生，算法本就是人类观念的一种或价值观念或利益诉求的展现形式。算法能够满足算法设计者的需求和运算预期，即算法设计者在设计算法的过程中，会基于自身或使用者需求、利益抉择等因素进行具有倾向性、歧视性的步骤或计算方法制定，使算法符合其预期目的。当算法设计者有意识地设计带有歧视倾向的算法程序时，该算法的适用对象和分析对象就极有可能遭到不公平对待。算法的歧视性倾向根源来自人类本身。算法的歧视性背后凝聚着社会日常生活以及各种利益的分配、价值观念的取舍和特权的倾向，也必然产生以歧视目的为导向的算法。设计者的偏见和歧视同样会导致算法程序继承设计者的歧视倾向，进而导致算法结果出现偏差，丧失公平性。

（2）大数据技术的应用

在传统的经营模式中，由于经营者获取用户信息所要花费的成本巨大，并且也会遗漏很多信息，在大数据算法的加持下，对不同的用户进行差异化定价成为可能。在大数据价格歧视的相关案列中，经营者通过计算机技术收集整理分析用户购买的相关数据，不断地摸底、试探用户能够接受的最高价格，对不同的用户分别定价，用户在没有刻意比较的情况下很难察觉。与传统意义上的"明码标价"不同，在互联网上，用户能够直接看到商品的价格，但即使消费者知晓价格，也难以察觉自己正遭遇价格歧视。

（3）企业为了追求更高的利益

在数字文旅平台的算法歧视下，消费者的个人数据、习惯爱好等信息可以为预测消费者的保留价格提供支撑，掌握有关的数据越多，通过算法得出的保留价格越精确。因此，平台会尽可能地收集用户数据，并不断开发和改进定价算法系统。差异化定价需要数据，也需要高效的算法系统，拥有雄厚资金的企业不断投资对自己的算法系统进行升级改造，中小企业也会购买算法公司出品的算法系统，即使实施差异化定价需要消耗大量成本，也还是有越来越多的经营者加入。巨大的利润是经营者追求的不竭动力。

4. 算法价格歧视的特点

（1）不透明性

算法价格歧视依托算法技术实施，其最大的特征就是不透明性。数字文旅商品的平台化交易使交易信息仅存在于旅游消费者和经营者之间的交互中，旅游消费者被分割成独立的个体，仅能单向了解经营者所提供的商品信息，而无法获知其他旅游消费者的具体消费情况。特别是许多旅游消费者默认数字平台的定价和实体经济的明码标价一致，认为所有消费者被统一定价。长此以往，旅游消费者和经营者所掌握的交易信息不再保持对等，旅游消费者逐渐处于劣势地位，经营者利用这种优势差别定价，而处于信息孤岛的旅游消费者难以察觉自己已经被算法价格歧视。

（2）精准化

算法价格歧视具有精准化的特征。算法价格歧视依托数字处理技术和算法定价机制，能够更精准地处理旅游消费者的信息。根据数据库已有的数据，算法可以快速为每位旅游消费者进行预画像，同时还会根据旅游消费者的实时反馈信息，动态更新和修正其消费行为数据，这种修正速度和效率是人工无法匹及的。此外，算法将整个改价过程变得更加快速和便捷，只要根据影响定价的因素改动算法公式，便可得到最新的贴合旅游消费者支付意愿的价格。算法的准确性远远高于人工，不论是数据收集、信息分析还是最后的支付意愿预测。因此，算法价格歧视通过数据处理技术和算法分析机制，所获得的旅游消费者画像和支付意愿预测都比传统人工方式更为精准，也更为贴合旅游消费者的偏好。

（3）正负效果显著化

算法价格歧视同时存在正负竞争效果。轻微的算法价格歧视能够促进数字文旅市场的良性循环。一方面，算法价格歧视满足了旅游消费者的个性化定制需求，为部分旅游消费者提供了消费福利，使其能够以较他人更低的价格获得相同商品，拉动消费增长。旅游消费者不用耗费大量的时间和精力就可以轻易获得自己所中意的产品。此外，算法价格歧视利用算法

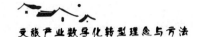

定价，降低了数字文旅平台的定价成本和决策成本，数字文旅平台无须根据节假日或市场波动频繁调整价格，只需要根据旅游消费者自身的消费偏好和支付意愿进行定价，突破了固有的滞后于市场变化、效率低下的定价模式。另一方面，若算法价格歧视演变为垄断趋势，可能导致资金雄厚或底蕴丰厚的企业排除、限制市场竞争，中小企业因无力竞争而退出市场，导致市场逐渐封闭，同时，具有垄断地位的大型企业也会不断巩固自己的话语权，以赚取更多利润，最后导致市场竞争失灵。

5. 算法价格歧视的危害

（1）破坏市场规则，抬高准入门槛

实施算法价格歧视需要付出高昂成本，数字文旅平台需要更多的财力和人力成本去换取数据分析能力和算法技术，以支撑差异化定价，而这些数字文旅平台多付出的代价，终将转嫁到旅游消费者身上。此外，算法价格歧视的实施在一定程度上会削弱某些数字文旅平台对于市场的控制力量，增强部分数字文旅平台的市场力量，使得市场中的中小企业由于没有雄厚的资金和先进的技术与大型企业抗衡而处于竞争劣势。而那些大型企业通过实施算法价格歧视，提高了数据流通的价值，获得全部旅游消费者剩余，赚取更多利润，抢占市场份额，获得或巩固自己在竞争中的优势地位，掌握市场话语权，从而限制或排除竞争。这最终会导致市场竞争规则被破坏，行业进入门槛大幅抬高。

（2）降低消费者对市场定价机制的信任度

当算法被处于支配地位的企业运用时，对信息不对称的数字文旅平台消费者而言，技术中立的算法始终呈现黑箱状态，消费者无法得知其他人获取同一商品或服务被收取的实际价格，用户搜索同一个标签被推送的具体页面也是不同的。因此，被"信息茧房"困住的消费者很难在实际消费中感受到自己被实施了算法价格歧视。但这种情况一旦被广泛知晓，就会让消费者对算法定价这种新型市场定价机制持怀疑态度。数字文旅平台用算法价格歧视悄无声息最大化地侵占消费者剩余，而消费者自身需要花费许多时间、精力和资源才能戳破这层不透明的算法定价"隔膜"，因此算法价格歧视很容易破坏市场定价透明度，引发公众对定价机制的不信任，最终危及市场稳定。

（3）排除和限制市场竞争

此外，为了获得更大的文旅市场份额和增强文旅市场集中度，许多平台经营者会通过垄断协议、排他性协议或技术壁垒，利用算法实行价格歧视，从而提高文旅市场的进入门槛，损害文旅市场竞争环境、抑制创新。文旅市场内的竞争者数量减少，就会形成行业巨头甚至寡头垄断，垄断者会操纵价格以获取超额利润，同时在同等价格下降低服务质量，而不再满足于有限的平均利润。这会导致资源配置混乱，使其他经营者无法扩大经营规模，从而限制竞争。

二　数字文旅监管障碍的应对

（一）开展事前数字化监管

数字文旅平台企业的竞争行为具有多变性、复杂性的特点，如果仅采用事中事后监管的方式，不仅达不到抑制垄断行为的效果，还无法实现维护市场竞争秩序、促进技术创新的内在发展要求。传统的事中事后监管制度应用到平台企业反垄断中，会出现不能及时规制的问题。如果采取事前数字化监管，可以及时地针对大数据"杀熟"、算法价格歧视等行为采取措施，尽可能减少垄断行为产生的损害。建立事前数字化监管体系，要对数字文旅市场进行竞争评估。竞争评估目的在于帮助反垄断机构掌握数字文旅平台企业市场中的竞争趋势，了解平台企业奉行何种竞争政策，实施何种竞争行为，竞争行为是否属于违规行为，并且对竞争市场的评估不能仅着眼于某一个领域，应该从文旅数字经济发展战略的角度整体把握。反垄断机构可以根据评估结果有针对性地开展调查工作，能够有效地节约成本，将大数据"杀熟"、平台并购、算法价格歧视等行为产生的损害降到最低。还可以在相关法律法规中规定数字文旅平台企业在市场竞争中需要遵守的积极性义务和禁止性义务。

（二）优化事中数字化监管

单就事中监管而言，其是指对市场主体的生产经营过程依法依规实施

的督促检查。事中监管的措施一般包括，依据各种标准实行的抽查、检查、核实、检测、评估、通知等。数字文旅市场不同于传统文旅市场，不仅提供了新的产品和服务，更实现了空间场域上的新拓展。由于数字文旅市场行为的隐蔽性高，检查可能"只见其表，难晓其内"。传统的事中监管措施，如抽查、检查等，虽然也可以在虚拟空间中获得延伸，但却难以收获好的效果。结合指导性监管措施，更易使数字文旅市场事中监管取得较佳的效果。指导性数字化监管措施通过柔性、非强制方式示明监管目的，使市场主体审视自身。在具体实践中，指导性监管措施也已经被广泛应用于数字市场的事中监管中，表现为召开行政指导会、发布行政指导书、进行风险提示、提出合规性建议等。通过这些指导性监管措施，督促数字文旅市场主体自查整改，进行合规经营，不仅可以促进事中监管目的有效达成，也可以降低监管成本。

（三）完善事后数字化监管

推进严厉且及时的事后数字化监管是处理大型数字文旅平台企业垄断和不正当竞争问题的重点方向。一方面，对大型数字文旅平台企业垄断和不正当竞争需严厉处理。严厉性可以从深度及广度两个方面达成。在深度上，确保触及其核心利益，令其不敢再犯；在广度上，要求其全方位消除由其行为所导致的不良后果。另一方面，对大型数字文旅平台企业垄断和不正当竞争需及时处理。数字文旅市场事态瞬息万变，"及时"就成为数字文旅市场监管的重要理念。大型数字文旅平台企业垄断和不正当竞争的影响极易蔓延，不容迟滞处理，否则就会出现"大而管不了""大而不能倒"问题。就现实基础看，监管信息不畅通、监管技术落后以及人才队伍不足等是造成对大型平台企业垄断和不正当竞争处理不及时的主要因素。

第二节　强化数字文旅监管风险感知

数字技术发展速度之快、影响范围之广、威胁程度之深和未来前景之远要求对数字风险予以关注。文旅数字化监管需要转换视角，以"风险导向"进行审视。强化数字文旅风险感知有助于从源头遏制问题，其过程依赖准确的风险感知。

一　推进数据融合

（一）优化数据质量，提升利用水平

大数据时代，数字文旅信息开放与共享逐步迭代升级，正以一种更高级、更新颖的形态呈现，即数据融合开发利用。数字化治理过程中，构建大数据平台和融合各监管部门的数据是必不可少的环节。在自主进行信息共享的基础上，通过适当增强数字共享的强制性、激励相关部门配合，数据融合成效和数据利用水平可以得到较大提升。对于数字化治理而言，信息质量是贯穿数字文旅数据融合及开发利用全过程的生命线。这无疑表明，数据质量是数据开发利用的关键所在。据此，对数字文旅数据融合进行管理和监控，可提升开放数据的元数据、数据标准、数据格式、数据值域的质量层级，保证数字文旅数据开放共享的完整性、准确性和有效性，为数据融合保驾护航，实现多元化、知识化、智慧化的数据资源开发利用。

（二）守护数据安全，建立合作机制

在进行数据融合的同时，应加强对数字文旅平台技术、数字信息安全的监管，确保平台数字信息的保密性和服务的可靠性，强化数字化风险感知能力。为保障数字文旅信息共享平台的隐私，应制定严格的隐私政策，明确个人信息的收集、使用和保护规则，保障企业和用户的个人隐私和数据安全。此外，应鼓励数字文旅行业内各主体积极参与数字文旅信息共享平台的建设与运营，建立合作机制，促进信息共享与协同监管，从而助力推动平台的广泛应用和提升行业服务整体水平，避免因数字信息泄露导致风险问题。为强化数字风险感知能力，应整合监管部门的监管职能，针对新兴的交叉型、跨界型数字文旅企业和平台制定明确的监管规则，使风险感知工作在横向、纵向上都具有穿透性，构建标准化的数字化监管方式和程序。

（三）强化数据分析，精准施策到位

大数据分析能力不仅是技术能力，而且是管理大数据资产和协调运作

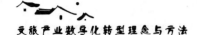

活动的能力，对于文旅数字化治理和风险感知而言，利用和洞察数据的能力是成败的关键。数据共享以及在此基础上的大数据分析，提升了数据画像的精准性。从企业角度看，数据共享丰富了消费者行为、能力及风险承受能力的分析样本，可以降低经营的风险，但也可以造成数据滥用，引发平台垄断的风险；相反，从数字监管角度看，对被监管平台及风险数据的获取、分析，有利于监管部门对被监管的数字文旅企业进行"风险画像"，提升监管的效率和精准性。在此基础上，后续的违规处罚、合规奖励和风险预测等政策实施都将更加精准到位。

二　加强法制建设

（一）制定数字规则，加强队伍建设

文旅数字风险发生的前置条件，即平台利用管理权或直接或隐蔽地大规模收集用户个人数据，从各类平台的数据收集行为看，其并非一直遵循最小必要原则，反而在用户协议中尽可能多地要求消费者提供或自身主动记录一切有价值的数字信息。利用这些数据，平台资源配置的权力得以施展，数字化风险也就更有可能发生。对数字文旅平台企业数字信息获取权利的规制，一方面，需要通过科学的授权机制将这种具有极强准公共性的私权力纳入与国家公权力一样的法治范畴，明确其行使的相关要求。另一方面，对大型数字化风险需要及时处理。数字文旅市场事态瞬息万变，及时就成了数字化风险感知和市场监管的重要理念。数字文旅企业的不当竞争行为等造成的影响极易蔓延，但执法人才队伍不足、执法资源有限、执法技术落后等是造成数字化风险处理不及时的主要因素。因而，进一步扩大数字化风险感知的队伍规模，加大财政经费支持力度，使风险感知和处理在运作中更为健全有力。

（二）完善法律体系，加强法律约束

随着信息技术的应用，文旅发展向数字化转型，传统的法律法规和政策标准已不能解决文旅数字化转型下出现的新型问题。行政法规不细化导致出现的问题没有参考依据，无法可依。监管不到位导致数字文旅信息出

现安全问题等风险时无责可循。数字信息立法机构要立足现实，完善法律体系，制定配套法规，为数字文旅信息安全提供有效的法律保障，确保数字信息安全工作有法可依。强化数字文旅信息安全法律法规，需要根据国家相关的法律法规，规范数字文旅信息主体及其与外界的关系。法律体系层次分明、执行力强，能对信息系统中主体的行为形成强制性制约，而安全法律和规章是相关主体必须遵守的行为准则。数字化治理部门应该树立全过程管理理念，加强部门之间的沟通与协调，将数字信息安全贯穿整个生命周期，在法律框架下切实保障数字信息安全。信息监管部门应该对数字信息安全进行依法监管，对违法违规行为进行相应的处罚，有效规避数字化风险。

（三）健全监管制度，优化风险监管

监管制度的不完善导致工作不严谨、级别划分不规范、信息安全受到威胁。数字文旅企业的监管数据共享为完善监管制度、提升监管效能提供了重要契机。一是建立信息报送范围制度。要扩大数字文旅企业报送范围，包括但不限于数字文旅企业本身。大量数字文旅企业及相关金融、算法机构游离于数字监管体制之外，监管者自然无法及时有效地识别其可能存在的风险。因此，在数字文旅企业自身风险信息等传统报送范围之外，还需要向监管机构提交数据治理、合作伙伴及业务合作等方面的信息，并存留数据日志备查。二是推进监管信息共享制度。在数字风险监管过程中，加强监管机构的协调配合，尤其是监管数据的共享至关重要。三是建立数据对接制度。数字文旅平台及相关合作伙伴的数据报送应设计 API 接口与监管信息系统相连接，使数字化风险监管部门可实时共享运营数据，以便通过数字化手段尽早发现风险并采取监管措施。

三　提供人才支持

（一）提高人才供给，保障监管力度

数字经济专业每年的人才输出是有限的，并且大部分的数字经济高校学生并没有选择本专业进行就业，这在一定程度上是一种对专业技能的浪

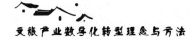

费。从文旅数字化转型的视角来看，当前人才供给难以满足数字信息安全领域对人员规模和专业能力的需求。引导高校数字经济人才择业是解决这一问题的重要举措。要想实现文旅数字安全，在保证数字文旅工作人员数量的基础上，要提升人才的专业程度。因此，扩大数字文旅工作人员继续教育规模，定期对已经加入数字文旅工作的人员进行工作培训，确保数字文旅人员的专业素质水平，对其数字文旅信息管理技能和操作效率进行重点关注，在培训的过程中设置相应的技能操作训练，让工作人员在实际操作中熟练运用计算机系统的存储、编辑、统计等功能。

（二）开展人才培育，提升数字素养

随着数字化治理的不断发展，网络监管、流程管控、技术辅助监管等监管手段的应用对监管人员的能力素养提出了更高要求。人才培育是保证数字文旅信息系统安全的前提，其内容涵盖法规、制度、岗位操作规范和岗位安全意识培训等，不仅面向信息安全管理人员和监测人员，还需要覆盖所有与信息系统相关的人员。通过对数字信息人员的培训，可以加强工作人员的信息安全意识，提升其对文旅数字资料的保护能力，使其能够合理利用数字信息技术手段，有效评估和筛选所需要的信息，并具备数据保护能力。数字化安全意识是各项文旅数字化监管工作得以开展的基础，也是数字化素养的核心。因此，培养数字文旅工作者的数字化安全意识，强化数据工作者的数字化素养，提高其数字化能力，是文旅监管数字化治理的重要策略。

（三）强化人才能力，保障监管效果

在信息技术迅速发展、文旅信息面临全面数字化转型的背景下，要提升数字信息工作者和监管人员应对信息安全风险的能力。首先，数字文旅信息监管人员应该对实际工作中出现过以及有可能出现的安全风险情况进行预先识别，发布风险识别表，确保每个工作岗位的工作者对可能出现的安全风险有识别的能力；其次，提升数字信息监管人员的计算机水平，培养监管人员应对信息安全风险的能力，使数字信息监管人员在面临数字信息安全问题时能够有效应对；最后，完善信息安全风险应对的流程，并确保每个数字信息监管人员都能熟练掌握，以保障数字文旅信息的安全。

四　提供资金支持

（一）提供资金支持，保证资金充足

在文旅行业布局数字化监管和风险感知，需要大量经济投入，比如，数字技术基础设施建设成本、数字标准化成本、数字鸿沟带来的额外成本等。数字文旅监管与风险治理通常需要耗费大量时间、人力和财力，监管时不仅要考虑市场竞争，还要考虑用户隐私权等消费者权益保护问题。此外，若想取得稳步的发展，必然不能缺少后续资金的支持。因此，要强化数字文旅风险感知，首先要有充足的资金保障。只有上级监管部门充分理解文旅数字化治理和风险感知的意义，才能实现经费常态化、固定化，推动其可持续发展。另外，监管部门还应积极争取社会发展计划、电子政务计划和信息公开计划等专项资金，通过多渠道筹措补贴资金，确保数字文旅风险感知体系建设按部就班推进。进一步加大财政经费支持力度，是数字化治理效果提升的关键。

（二）统一资金管理，强化资金监督

为避免文旅数字化治理和数字风险感知体系的建设过程中政府资金支持政策出现主体多元的情况，各级监管部门需要整合数字化治理的资金支持文件，统一管理，实现资金管理的科学性。文旅数字化治理和数字风险感知体系的建设是系统性、复杂的项目，涵盖一系列项目，在资金管理和使用中，会涉及人才培育、基础设施建设、技术研发等各个领域，容易在建设中出现对接错位等问题，造成资金浪费和管理无序，这就需要监管部门统一进行资金管理，并对资金使用效果进行评估和监督，以提高政府资金支持的落实效果和质量。对于资金使用效果的评估和监督，引入第三方评估机构是一个行之有效的方式。若仅由监管部门进行考核，不但浪费部门人员精力，且考核结果难免有失公正。而引入第三方评估机构，可以有效提高评估和监督的专业性和公正性，判断资金使用是否达到预期，为后续管理提供可靠依据。

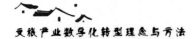

（三）统筹资金配置，发挥资金价值

从顶层设计划定资本合理发展界限，在法律法规的框架下有效使用资金，形成一整套规范模式。在此背景下，要结合数字文旅平台企业快速扩张的行为，提高数字文旅市场资本运动的预测性，依托制度优势提供正向激励，推动数字文旅平台经济规范健康发展。在文旅数字化治理过程中，不能盲目推进，要把握适度原则。统筹配置资金，保证硬件、软件、人才培训、管理等各个方面资金投入的平衡性，从而推动数字化治理稳步前进。资金配置应具有针对性，根据资金的落实程度逐步分批次开展数字化治理和数字风险感知体系建设。资金在使用过程中，应编制详细的年度预算，确保专款专用，这样才能够让资金的价值得到最大限度地发挥，提升资金的使用效率。

五　筑牢安全屏障

（一）多元综合治理，构筑安全屏障

长期以来，在数字文旅安全监管方面，更多强调的是政府责任。文旅数字化治理应该注重多元主体参与，畅通各相关方的参与治理渠道，建立完善政府、平台、企业、行业组织和社会公众多元参与、有效协同的数字文旅经济安全治理新格局，形成治理合力，维护文旅数字经济安全。在行业自律方面，建议完善相关管理体制，明确平台企业主体责任和义务，增强行业自律的主动性，不断提高平台服务质量。加强对数字文旅消费者网络安全的教育，提高社会公众的网络消费安全意识，使数字文旅消费者积极参与数字文旅监管与数字经济安全治理。

（二）制定治理蓝图，明确责任分工

根据文旅数字经济发展蓝图，制定文旅数字经济安全战略，完善文旅数字经济治理体系，不断提高文旅数字经济监管与治理体系和治理能力现代化水平。由于文旅数字经济具有跨界融合的属性，各业态监管涉及多个政府部门，在监管的过程中往往存在责任不明、界限不清的问题，难以形成监管合力。建议设立专门负责文旅数字经济安全的综合性监管机构，完善主管部门和监管机构各自职责，统筹规划，分工合作，建立健全各个层面的协调机制，形成强力的组织保障体系。

比如，成都市锦江区文化和体育局借助文旅绿盾线上行业监管体系平台，成功构建了一套高效、精准的线上行业监管体系，通过大数据、人工智能等技术手段，帮助锦江区各单位巡检人员提供智能安全监管和监测预警服务，对文化和旅游市场进行实时监控，及时发现并处理安全隐患。该平台被业内形象地称为锦江文旅行业安全监管和安全防控的"防火墙"①。

（三）开展三方监管，优化风险评估

在原有监管机构和企业二元监管关系中加入社会主体，引入社会监督和治理要素，充分发挥社会独立第三方的监督功能。这既能降低监管俘获的风险，又能促进合规监管的公正民主和公开透明；既符合当前国家治理、社会治理和企业治理全面推进的战略方针，也符合平台治理的基本规律，即数字平台作为一个多方参与、去中心化的生态系统，需要建立多元共治、有效协同的治理体系，充分发挥行业组织、消费者组织、第三方专业机构以及公众等社会主体的监督作用。第三方监管具备中立地位，能够比较客观地进行监管，并且能更加灵活地填补数字文旅平台和政府之间的监管空位，如针对算法价格歧视、大数据"杀熟"等垄断行为，数字文旅平台基于自身利益，有时难以进行自我约束，而政府又因技术限制，难以进行有效监管，社会公众作为数字文旅平台的直接使用者及垄断行为的潜在受害者，可以监督数字文旅平台运营各环节，发挥第三方监督的便捷优势，与社会监管、政府监管形成合力，筑牢数字文旅信息安全屏障。

六　完善标准体系

（一）制定信息标准，完善标准设计

数字文旅行业的标准规范体系建设，一方面需要坚持系统性、动态性、开放性和有序性原则；另一方面还要坚持集中统一的原则，兼顾数字信息

---

① 《成都锦江文旅行业安全监管有了"防火墙"》，中华人民共和国文化和旅游部网站，https：//www.mct.gov.cn/whzx/qgwhxxlb/sc/202312/t20231212_950260.htm。

标准规范体系内部之间和其他领域标准规范之间的联系。加强文旅数字信息标准规范体系的顶层规划和设计，加快制定相关配套的政策性指导文件；加强对标准规范体系的建设，同时，也要制定详细的数字标准体系建设规划，为标准规范有序性开展提供相应的标准。首先，要建立一个积极主动的标准维护机构，保证数字文旅信息标准规范体系的可持续发展。其次，要加强对标准规范的执行力度、执行成果的监测，不定时地对标准执行进度进行评估检测，以便更好落实标准规范。同时，也要加强对标准制定过程的监管，保障标准体系的公平性。

（二）强化行业标准，完善准入机制

由于数字文旅信息的特殊性质，其数字信息交易一般必须通过数据中介服务机构来完成。数据交易行业的自律监管相较于政府监管，具有更高的直接性和效率性，能在政府监管失灵时起到平衡协调的作用。对于现在和未来可能出现的数据服务平台，要建立基础约束机制。为维持整个数字文旅行业的自律监管，行业自律组织可以通过监管部门的授权，制定统一的行业自律行为标准，并由行业联盟明确规定平台的信息来源披露、资质审核、交易记录留存等义务，为数字文旅行业的信息标准提供明晰的指引。此外，应不断完善数字文旅市场准入机制，加强对数字文旅平台的标准化审批和监管，如对从业人员业务资质、合规经营等进行标准化监督；对数字文旅产品和服务质量进行标准化监管，包括产品的真实性、服务的准确性和完整性等，确保产品安全、可靠、质量有保障。

（三）优化风险标准，降低数字风险

构建数据安全风险评估标准，定期对文旅数字信息交易平台的活动进行风险评估。评估的对象包括文旅数字信息的种类、收集、处理、储存和出售模式等，要求高风险的数字平台整改和落实安全保障制度，同时落实主体责任。构建风险评估标准，不但有利于将不合规的数字文旅平台拒之市场门外，减少数字纠纷，还能严格控制数字化风险，更大程度保障数字安全。建立文旅数字化治理的风险评估标准，还需要优化风险评估报告机制，针对重要数据的处理，系统收集其内容数量、活动、安全风险及应对措施，并定期向监管部门提交风险评估报告，以防范化解重大数据安全风险。安全治理层主要着眼数据生成、流通、保存、开发及利用等生命周期流程管控，为文旅数字化治理构筑稳固的安全防线。

第三节　形成数字文旅监管协同机制

关于协同治理的内涵探讨兴起于西方，西方最早对协同治理进行研究和实践，哈佛大学 Donahue[①] 早在 2004 年就提到了协同治理这一概念。西方学者主要是在治理主体的多样性和治理过程的联合性方面达成基本共识，认为协同治理的主体不仅突出政府的作用，更重要在于政府以外的社会主体也参与进来，并认为治理的过程必须由各方互动交流共同努力。数字技术加持下的算法价格歧视等行为隐蔽性强、作用范围广泛，不仅侵害消费者权益，也不利于数字文旅行业整体健康发展，若仍以政府单一监管为主，难以奏效。因此，从协同治理视角研究其治理方式具有重要意义。

一　合作交流机制

（一）协同合作治理

从以往单一的文旅政府部门行业监管转变为政府各部门、文旅企业、旅游目的地社区、旅游社会团体等多主体、长链条的社会化协同治理。首先，要强化政府主导地位，加强制度设计创新。发挥政府在数字文旅治理中的主导作用，只有通过政府主导、多方合力，才能解决错综复杂的文旅社会和行业问题，创建良好的产业发展环境和维护社会安全稳定。政府要搭建开放的协作平台，成立正式或非正式的任务型治理组织，在确定共同解决问题的目标导向下，激活各方利益主体参与数字文旅治理的积极性，为治理主体提供制度保障。其次，要建立集体决策机制。平衡各方利益，优化沟通互动渠道，增强多元利益主体在数字文旅治理决策中的话语权，

---

　　① Donahue John, *On Collaborative Governance*, Cambridge: Harvard University, 2004.

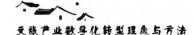

提升旅游决策效能。最后，利用大数据创新文旅监管模式。依靠数字信息手段，将数字文旅行业管理纳入国家社会治理范畴，加强旅游、工商、市政、环保、物价、社会治安等部门联动，推进旅游执法模式创新，对市场准入、日常监管、定期抽检等环节进行常态化治理。

（二）明确协同职责

协同治理的关键环节在于政府主导。政府以元治理的角色定位与其他治理主体相互协作、统筹协调，形成政府牵头、旅游主管部门规划、多元主体协同治理的格局。首先，深化地方政府在数字文旅市场协同治理机制中的牵头作用，做好统筹引导；其次，促进旅游主管部门积极监管、协调本区域的数字文旅市场，助推协同治理工作机制的形成；最后，强化旅游、公安、交通、物价等监管部门联动协作。政策是治理导向，制度是基本保障。完善数字文旅监管制度，加快顶层设计，将协同治理理念贯穿政策制定的始终，从实际情况出发，避免职能交叉、权责不明、利益冲突等矛盾，推动数字文旅协同治理体制机制的完善。

（三）健全交流方式

建立畅通双向的数字交流制度，为监管部门与社会公众之间架起沟通的桥梁。明确社会公众的信息需求表达渠道与监管部门监管信息反馈路径至关重要。一方面，基于数字治理技术强大的数据获取与分析能力，通过建设消费者数据需求表达平台，为监管部门确定数据交流内容提供海量数据资源基础。根据数据体量、范围及时间跨度等不同维度，数字治理技术能够有效支撑监管部门做出客观全面的数据分析结果，最大限度地反映社会公众的真实数据需求和发展变化情况，有助于监管部门降低决策成本、提高决策效率。另一方面，数字治理技术赋予监管部门及时反馈社会公众信息需求的能力。通过信息服务平台等多种途径，丰富数字监管信息渠道，提高数字反馈能力。监管信息反馈对于增强社会公众参与程度、激发社会公众参与意愿起到了重要推动作用，有助于增强监管部门与社会公众之间的联系。

二 人才培养机制

（一）制订培养计划

人才是第一资源，是推动文旅监管数字化治理的核心要素。加强数字文旅协同治理，要精准灵活引人才，凝聚协同治理"源动力"。一方面，要创新人才引进机制，强化人才刚性引进，建立政校良性互动的合作平台，构筑线上线下多维度招聘渠道，通过调动、录用形式吸纳和引进治理型通才以及技术型专才，与用人单位签订全职劳动合同或协议；完善人才柔性引进机制，采取兼职、挂职、顾问等柔性形式引进各类专家学者、技术人才。在此基础上，统一人才的考核与选拔标准，坚持公正、客观、高效地开展选才工作。另一方面，还要加大政策支持力度，释放更多人才政策"红利"，使得人才政策具有足够的优势和吸引力，如加强落户倾斜、住房保障、子女入学、公共交通甚至是景区免费等方面的服务保障，明确较高标准的资金补贴、安家费以及个税补贴，完善职级晋升、调任渠道以及评优奖励等方面的政治待遇。

（二）协同联动培养

加强文旅监管数字化协同治理人才队伍建设，要多渠道开展部门协同人才培育培养工作，只有这样，才能切实优化人才成长链条，着力构建一支精力充沛、素质拔尖、能力超群的专业化人才队伍，打造协同治理人才"蓄水池"。首先，要坚持"点线"结合。"点"即紧扣数字文旅监管这一热点、重点问题，因需开展数字文旅理论课程、专题培训会、交流座谈会等，切实提高创建人员综合素质和理论水平，加深理解，明确方向，培养协同意识，奠定协同基础；"线"则是突出一线培训法，定期组织优秀人才进行学习培训，注重一线教学成果，开阔视野，提升能力。其次，要注重协同联动。打通上下左右全方位学习交流渠道，积极"向上"推荐人才，选派优秀人才到市级甚至省级文旅部门交流锻炼；"向下"扎根基层，坚持在一线锤炼年轻人才，使数字文旅协同治理工作落到实处；坚持"横向"互派挂职，各文旅部门加强横向轮岗交流，实现角色互换，互学互补。最

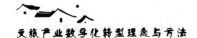

后，要突出"精准"选派。在"招才引智"工作中，切实按照数字文旅协同治理需求精准招聘人才，做到专人专岗，全面提升基层一线人才的工作能力。

（三）优化方式内容

首先，必须提升各部门监管人员的数字化意识，让他们充分认识到数字化的重要性。在此基础上明确培训内容，并选择合适的培训方式，从而使监管人员不仅具备较高的数字化能力，而且能够在工作中有效运用。其次，区分不同培训重点，对处于数字化普及阶段的单位，要从基本操作层面重点培训数字意识、数字化信息规范、数字化系统与设备操作等；对已有一定基础的单位，要以技术升级、查漏补缺为重点展开专题性培训。最后，可通过继续教育的形式，针对文旅信息数字化监管知识，进一步提升数字化人才的能力；还可以通过专题培训和专题讲座普及数字化监管知识，指导信息管理软件的应用，帮助监管人员适应工作要求，运用现代监管手段治理数字文旅市场，最终培养出优秀的数字化监管团队。

三　科技研发机制

（一）健全算法技术

数字技术既是数字文旅平台进行不正当竞争的重要工具，同时也应该成为数字垄断监管机构干预违规行为的得力助手。目前，数字化监管工具在金融领域中已广泛应用，而在数字文旅平台领域，监管技术还不太成熟，但其潜在价值已经被业界普遍认可。一方面，可以通过研发价值嵌入的算法设计技术，将社会规范等预设于算法内，使数字文旅平台在自动决策过程中生成合乎社会责任的结果，从而有效避免算法设计及算法应用过程中的价值冲突与责任逃避问题。另一方面，可以研发价值偏离的算法矫正技术，从输入端、算法本身以及输出端三方面，对数字文旅平台出现的价值偏离现象或者责任违背行为进行及时矫正或停止。针对算法价格歧视，可以借助动态监控技术自动抓取运算过程中的异常数据，实时对比数字文旅产品或服务的价格信息并进行保存记录，没有监管部门的授权，不能擅自篡改、掩藏算法运行记录，从设计根源上消除歧视倾向。

（二）企业研发合作

发展数字文旅市场协同治理的监管手段，需要积极研发现代先进的信息技术手段。一方面，政府部门可以借助网络科技公司等市场主体，研发数字文旅市场监管系统，通过数据采集、分析和传递来实现全程监管，利用大数据、云计算等技术建立数字文旅市场监管数据库，实现对旅游市场形势的及时监测、分析。旅游协会、文化和旅游企业、景区和相关从业人员可以在该系统进行登记备案等操作，方便政府部门进行审核审批；消费者也能在系统中及时反馈投诉和举报，并掌握投诉处理进度。另一方面，还可以通过购买公共服务和寻求专业可靠的外包技术服务商，将系统开发、数据迁移、长期保存与数据云服务、数据挖掘等技术含量较高的业务纳入购买或外包服务范围，提升数据资源的使用价值，构建以数据库技术、通信技术、数据挖掘技术和应用技术为一体的数字技术系统。

比如，2023 年底，文化和旅游部市场管理司与阿里云公司开展深度合作，此次合作充分发挥阿里云在人工智能、大数据、云计算等领域的优势，探索数字文旅协同监管新模式、新手段，不断增强文化和旅游市场数据应用分析能力，确定构建创新"智慧文旅监管"业务模式，打造高度智能的"文旅监管大脑"等合作方向[①]。

（三）部门协同研发

数字文旅市场快速发展，以云计算、人工智能为核心的数字技术发展趋于成熟，以云安全、量子计算为代表的新型前沿数字技术逐步兴起，因此，应加大在前沿技术领域的研发投入力度，保障研发的资金支持，加快前沿技术研发中心建设，集中突破核心技术研发难点，通过技术攻关不断强化数字设备技术优势，抢占技术制高点。同时，联合相关技术供给部门和高校，整合其在数字技术研发层面的优势，构建研发中心，为高校和政府培育研发人员提供研发支持，多方协同构建技术研发体系，形成前沿高

---

① 《文化和旅游部市场管理司与阿里云公司开展深度合作》，中国旅游新闻网，https://www.ctnews.com.cn/jujiao/content/2023-11/01/content_152212.html。

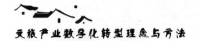
新技术研发阵地，多方协作、共同发力提升关键技术研发能力和核心技术研发效率，推动数字技术体系升级和前沿技术供给，以适应创新驱动的数字文旅市场需求，最终实现技术引领下的文旅数字化治理。

四　设施建设机制

（一）完善硬件保障

打造安全的数字资源共享平台和协同治理平台，首先，要配备满足需求的硬件设施。当前的硬件设备难以满足文旅信息数字化治理工作的要求，这是协同治理工作面临的难题。数字化治理基础设施需要具备高存力、高算力、高运力、高安全、高能耗的特征。数字协同共享平台应在上级政策规范的指导下，采购高标准、高质量设备。其次，需要选用功能强大的应用软件。数字协同共享平台的应用软件应在上级领导部门统一规划下实施，各级监管部门应当在上级监管部门和相关行政部门的领导下接入共享网络，配备相应的数字设施及安全防护系统；同时配备数字服务器、存储设备以及在线、离线存储备份设备。通过软硬件的适应性配套，为数字文旅信息的共享利用奠定基础。最后，还需要建立安全适用的信息网络，以保障数据的高效传输与安全防护。

（二）健全软件设施

从安全保障技术、信息数字化技术、基础支撑技术三个方面出发，完善数字协同共享平台数字资源建设的技术体系，特别是要注意安全保障技术和信息数字化技术的研究与应用。在信息数字化技术应用方面，为了提高数字文旅信息资源的利用率，确保数字信息资源的长期存取，应将计算机技术、信息技术、人工智能技术、移动互联网技术应用于文旅数字信息资源建设中。此外，OCR文字识别技术在数字文旅资源建设中的应用，大大提高了数字协同共享平台的技术含量和先进性。在安全保障技术方面，数字协同共享平台通过身份认证技术验证用户合法性，通过访问控制技术限制用户操作权限，利用信息加密技术防止信息传输过程中的窃听、泄露、篡改和破坏，并依托信息安全技术防范数字病毒，从而保障数字文旅信息在传输与共享中的安全。

（三）进行协同建设

除了加大监管设施建设投入和应用力度外，应以监管实际需求为导向，按照有保有压的思路，适当增加数字化监管设施建设领域的国家财政投入，加大政府数字设施建设计划对数字文旅监管领域的支持力度。合理扩充设施建设团队，提高数字监管部门公务员招录和直属企事业单位招聘的比例，探索以聘任制公务员等方式实现数据科学家等领军型、创新型人才的社会化招聘。推动建立数字监管设施建设成本分担机制，鼓励数字文旅监管部门的直属企事业单位和有关行业协会承担监管系统建设任务，允许符合条件、具有公共精神的行业机构参与监管科技领域的基础设施建设。在防止利益冲突的前提下，通过"揭榜挂帅""赛马"等机制，支持数字文旅行业力量共同参与监管设施领域的共性技术研发和关键核心技术攻关。

五　利益共享机制

（一）协同利益共享

协同治理理论认为，共同的价值目标是各方产生协作意愿、生成协同合作的动力，通过各方面的协商，形成目标一致的共同行动，最终实现公共利益最大化[①]。在数字文旅协同治理中，虽然以实现公共利益为基础，但是仍然存在一定的"部门利益"，各部门或多或少都在为政绩考虑。如果对其他涉文、涉旅部门的参与缺乏整体性考虑，那么在工作中必然出现积极性不高的情况，影响协同成效。比如，参加部门间的协同治理工作会增加工作量，需要抽调大量的人力、物力，面对这种情况，各部门势必会更加谨慎。因此，必须充分考虑各部门实际，逐步完善各部门间协同利益共享机制，确保做到合理分配，特别是牵头部门，应当发挥主观能动性，将参与部门引入利益分享机制，落实利益分配，构建利益共同体，不断调动工作积极性，实现利益共赢。同时，牵头部门需认真落实自身职责，示范引领其他参与部门，实现数字文旅协同治理的互利共赢。

---

① 赖先进：《国家治理现代化场景下协同治理理论框架的构建》，《党政研究》2020 年第 3 期。

（二）考核评价制度

实现利益合理分配的关键是有比较完善的考核评价制度，能够更加公平地对各数字文旅监管部门的治理成效进行评估，其中要包括整体评价，即对是否解决公共问题以及解决问题的程度加以评估，找到治理中的薄弱环节和困难障碍，不断改进治理方向。同时也要对参与数字文旅协同治理的每一个部门进行考核，对措施得力、参与积极的部门予以奖励；对不认同、不支持或变通执行的部门进行问责。通过问责手段的硬性约束作用，强制与引导双重发力，促使这些部门逐渐认识到跨部门的益处，从而增强协同工作的有效性。此外，还需要建立工作评议制度，将其与监管人员的考核、奖惩、晋升等挂钩，促使监管人员提升参与协同工作的主动性。

（三）建立激励机制

坚持回应性监管，采取奖惩分明的措施区别对待自觉合规企业和违法违规企业。激励机制运用的前提是确定适合的对象，不符合条件的对象不应适用激励性监管措施，否则无法起到激励作用，可以借助数字技术帮助确定激励性监管措施的适用对象[1]。例如，在数字文旅市场中，将守法守信记录良好、产品或服务创新性强、不涉及重点监管领域的市场主体纳入激励范围，而大数据正可以起到按条件筛选的作用。可以通过设置非强制性但具有区分性的优先进入条件，如对守法守信、运维体系完整、文旅产品试用范围广与好评率高的企业实行申请优先对接、简化受理，激励准备进入市场的主体不断优化自身行为。企业合规作为成本很高的治理模式，若没有实实在在能够给数字文旅企业带来重大利益的合规激励机制作为奖励，企业很难产生建立数字合规体系的强大内生驱动力，合规制度也很难真正落地生根，并发挥监管新范式的功能。企业合规的激励机制不仅可以激发数字文旅企业和平台主动合规的内在动力，培养和提升企业的合规意识和能力，还可以促进企业依法合规经营，节约监管成本，提升数字化协同治理效能。

---

① 吴叶乾：《数字市场监管的措施之维》，《时代法学》2023 年第 4 期。

六 标准准入机制

（一）统一数字化标准

协同数字化治理需要统一的数字化标准。由于缺乏统一标准，各监管部门在文旅信息数字化监管过程中长期处于各自为政、放任自流的状态，导致信息格式不同，系统之间不兼容，信息难以共享。统一的数字化标准对后续工作至关重要。数字化标准的制定应以文旅治理数字化转型为驱动力，采取有效的标准体制机制。利用数字化监管带来的便捷优势，借助数字信息分类技术，根据数字化文旅信息的特点，结合组织各级监管部门的工作特点，制定一套数字化文旅信息的生成方法、处理要求、存储格式、存储介质、管理方式等统一的规范的标准和要求，并将其以具体的量化指标形式落实，这样才能够为文旅信息的高效协同治理提供良好的前提条件。

（二）多元协同制定

为了达到文旅信息数字化协同治理目标，文旅数字信息标准的主体也应由政府监管部门和信息管理部门主导制定，逐步发展为行业协会、企业和团体等多元化主体共同参与。多元化主体的协同治理，是数字文旅信息管理工作中对数字化治理的探索思考，弥补了单一主体在数字信息标准制定发布过程中管理模式的缺陷，推动数字信息标准体系向完整化、多元化方向发展。政府监管部门、数字文旅行业协会、企业和团体等共同参与，以数字化治理转型为驱动力，采取有效的标准体制机制，实行文旅数字信息标准制定主体多元化供给模式，实现协同治理工作的效益最大化。同时，需加大文旅数字信息标准供给主体的多元投入力度，拓宽标准覆盖的使用领域，提高数字标准供给的质量。此外，为解决数字标准化工作不统一、不规范等突出问题，要进一步明确标准的归口管理和业务管理职责，加强对数字信息标准机制的规范化管理，使标准化各项工作更加优化到位。

（三）健全共享标准

对标国家和地方有关文化和旅游数据开放共享格式标准规范，研制数字文旅信息开放共享格式标准规范，着重突出对数字文旅信息开放共享格

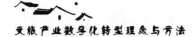

式通用性、可靠性、兼容性和可读性等方面的要求，尽可能提供多样化的数字文旅信息格式，以实现数字文旅信息数据关联融合，助推数字文旅信息开放共享走向标准化、规范化。数字化标准信息制度建设过程中，不但要将系统运行效率、便捷性、兼容性等作为重要的要求，还应对数字对象标识、通信标准、字符标准、语言标准、信息编码标准等技术标准和技术参数进行标准化设置。充分地标准化不但能够提高工作效率，更能够防止监管工作中出现错误，进而深化文旅信息数字化治理。只有具备科学的文旅信息数字化标准体系，才能让文旅数字化协同治理始终前进在正确的轨道上，才能够逐渐实现文旅数字信息协同监管的制度化、标准化。

第四节　优化数字文旅行业监管体系

数字文旅的行业技术特性和资本逐利本性，推动数字文旅平台不断无序扩张，一些平台可能会利用市场优势地位实施垄断等影响数字文旅市场发展的行为。因此，需要针对实体企业和数字文旅平台企业监管的差异，调整分析工具与审查标准，创新监管模式，在鼓励和保护数字文旅经济发展的同时，实现有效治理，从而促进数字文旅市场健康发展。

一　数字整合与共享

（一）实现信息共享

数字治理的基础在于数据信息的准确性、完整性，数据只有经过共享，才能实现使用价值的最大化，封闭、孤立的数据在使用环节的价值是十分有限的，数据经过共享后才能提升流通速度、广度与深度，才能切实将数据信息的分析作用发挥到最大，进而降低监管部门运行成本，提升工作效率，优化工作流程，从而达到提高监管效能的目的。应根据不同需求匹配相应的共享路径，选择数据共享的最佳解决方案，并对共享范围、共享对象、共享层级进行多样化配置，满足不同要求下数据共享的条件，形成更具针对性、有效性、合理性的数据共享库，实现数据使用价值最大化。此外，还需以数字文旅信息的聚集、融通、应用为目标，制定标准化统计口径，最大限度地整合数字文旅企业和平台及其市场行为的数字信息，横向疏通部门数据，建立监管数据库。通过并联数据流转与监管业务流程，实现监管信息共享。

（二）建立数字平台

一方面，监管机构和行业组织的牵头建立数字文旅信息共享平台，集成各相关主体的信息数据，并负责平台的规划、建设和管理，确保平台顺利运行。根据数据性质，对于无隐私权和版权争议的文旅大数据，要加大开发和共享力度，提升数据透明度，保障市场信息及时准确传递。数字文旅信息平台应具备数据存储、处理和分析的能力，确保信息安全可靠。同时，应规定数字文旅信息平台信息公开的范围和共享信息的方式，如数字文旅企业行为信息、旅游合同条款等。另一方面，监管部门和行业组织应统一数字文旅信息平台的数据格式、内容和分类标准，确保不同主体的信息能够被平台识别、整合和共享，从而提高数据的互操作性和一致性，规避技术风险。运用行政与市场结合的手段，创造共享条件，探索共享机制，不仅有利于数字化治理经验的交流与水平提升，更有利于促进各部门间的数据共享。

（三）健全合作体系

试点成立文旅大数据政府主管部门，并升格为地方政府组成部门，统筹数字资源管理、政务信息建设、数字标准与应用、信息安全保障等职责内容，强化数字信息发展的宏观管理。此外，应加强各层级、各部门、各领域的协调联动，建立工作交流协调机制，加强彼此的沟通对话。在对彼此工作职能、工作流程进行充分了解的基础上，对相互重合、相互交叠的领域进行分析和整合，以数据平台为载体，构建起真正符合各部门需求和职能的协同治理平台，通过纵横联动机制，真正实现协同合作，构建起快捷高效的合作监管体系，增强文旅数字化监管效能。

二 综合管控与监测

（一）进行协同共治

文旅数字化治理空间不断扩大，监管对象日趋复杂，数据权力的生产与转移不断发生，要顺应治理的多元化特征，激励各方主体协同参与数字文旅监管，提高数字监管队伍的能力与素质，构建起部门联动、多元参与、科学高效的数字管控与监测体系。鼓励数字文旅平台企业积极自治，支持行业协会探索协商机制，推动行业自律，完善社会监督渠道，打造数字文旅监管治理新格局。探索协同共治机制，构建"平台自治、行业自律、社会监督、政府监管"的新机制。尊重数字文旅平台企业独立市场主体地位，引导企业合法经营，鼓励其进行自治，依法承担质量提高和安全生产、应急处置等相应的生产经营责任；加强数字文旅行业协会等组织建设，支持相关行业组织完善行业标准和自律规范，充分发挥其天然的桥梁作用，参考各数字文旅企业合规方面的表现，分析动态趋势并进行内部评级，利用数字文旅平台自身信息优势，提前发现和处理相关问题，根据行业发展情况和沟通情况，适时探索协商机制，鼓励行业协会和企业事前提供相关信息，使得双方都能获得益处，一定程度上解决监管部门管控滞后的问题，为引导数字文旅行业健康发展提供力量；积极开设数字文旅平台监管投诉举报平台，拓展投诉建议举报渠道，同时推动完善就业保护、文旅数据安全等相关领域的配套规则，形成综合管控与监测的体系。

（二）打破监管壁垒

形成多元主体参与管控与监测的格局。文旅数字化治理涉及政府、组织、企业和公众等众多力量，需要探索"统筹规划、分层监管、多元参与"的监管组织体系，以弥补监管力量不足等问题。数字文旅监管部门应充分发挥行政执法主动性，与行业组织、企业和公众建立对话机制。在已有宣传活动和专题讲座的基础上，进一步推进相关工作，如设置专门工作小组、定期走访企业交流等，帮助数字文旅平台和行业组织及时掌握政策动向，解答相关疑惑，提前发现潜在问题以及模糊不清需要分类和明确的问题。

监管部门需要与数字文旅平台企业交流讨论，帮助其明确操作标准和流程，调研了解该政策对于企业而言，需增加的人力、资金及时间等申报成本，及时修订和调整不清晰不合理的标准，避免数字文旅企业因不清楚政策要求或因申报成本过高而放弃申报。同时，及时回应申报过程中的相关问题，减少数字文旅企业顾虑，引导企业主动配合，尽量把问题和隐患消灭在前中期，预防平台垄断、算法价格歧视等违法违规行为，实现协同管控的良性循环。

（三）提升监管效率

一是对数字文旅平台进行经营者综合管理与监测时，保持灵活性。监管实践中，要一案一议，充分研究数字文旅平台企业实施垄断、大数据"杀熟"、算法价格歧视等行为的能力来源及违规方式变体，加大惩罚力度。二是预防数字文旅平台金融化。平台企业与金融资本密切联系，开展金融科技业务与混业经营等，可能造成局部金融风险不断积累，甚至引发社会系统性风险。由于传统监管指标失灵，需要将数字文旅平台企业的全部金融活动纳入综合管理与监测范围，以高标准颁发金融业务牌照，并发展监管科技，提升技术水平，实现主被动监管方式相结合。三是促进多部门综合管控。资本借助数字文旅平台具有较强的渗透性，可能影响多领域产业结构，要深入分析数字文旅经济的生产、流通、分配、消费等各环节，从产业链、价值链入手打破市场分割状态，建立跨区域跨部门的系统化监管联动机制，以实现对垄断、大数据"杀熟"、算法价格歧视等行为进行实时识别。不同监管机构之间要加强信息共享和协同沟通，增强战略协同和行动一致，疏通垄断监管的堵点和痛点，促进多部门综合管理与监测，在保证监管效果的基础上提升监管效率。

三　舆情监测与引导

（一）建立工作机制

为了及时获取舆情信息，需要建立技术性、针对性和实时性的舆情协同监测体系。可以通过搭建人工监测和数字化监测相结合的模式，实时追踪相关信息的发布情况，获取可能引发舆情的事件以及参与者动向。对收集到的信息，需要进行跨部门协同深度分析，合理分析舆论的扩散趋势，对舆情事件的来源、内容、影响范围、可能带来的后果和可能出现的风险进行研判分析。此外，数字文旅舆情协同监测是防范舆情风险的关键。为了第一时间掌握舆情动向，可以组建舆情协同监测小组，快速准确全面地收集数字文旅市场上的舆论信息，并通过邮件等形式向监管部门提交报告。舆情协同监测小组需对网络信息进行筛选分析，利用数字化技术增强信息分析和研判能力，核实信息的真实性和准确性，消除谣言和虚假信息，并及时采取有效措施进行妥善处理。

（二）制定应急预案

舆论监测与预警机制，是舆论引导运行机制的重要组成部分。建立社会舆情协同预警机制，对于及时掌握社会舆情动态、探索舆情的产生和变化规律，对于监管部门、行业组织和数字文旅企业的科学决策，均具有重要价值。应该强化以下三项措施。首先是加强领导，明确责任。制定舆情应急预案，建立舆情预警机制。其次是做好舆情风险排查，及时掌握舆情隐患。坚持开展舆情风险排查工作，对文旅数字化治理工作中可能引发负面舆情的敏感、热点案件或事件进行深入的排查，及时掌握舆情隐患，确保情况清楚，证据清晰，及时做好宣传化解工作，提前做好舆情处置预案，把隐患消除在萌芽阶段。最后是制定应对处置措施，做好舆情风险应对工作。认真对待舆情所反映的问题，对舆情所述事情在调查核实的基础上及时做好正面回应，并建立舆情上报制度，确保舆情处置工作在协同监管部门的领导下有序地开展。

（三）进行舆情引导

面对数字文旅舆论，协同监管部门若没有第一时间进行舆情引导，可能加深对数字文旅企业乃至协同监管部门的不良看法。数字舆论的引导机制需主动抢占先机，及时回应数字舆论主体的诉求，对于歪曲事实的新闻报道，更应适时澄清与反击。信息引导滞后容易导致谣言持续升温、以讹传讹，不仅阻碍合规数字文旅企业的发展，导致劣币驱逐良币，同时干扰舆论引导的工作进程。数字化治理部门应当综合各种数字舆论信息发布渠道，实现舆情引导的立体化和精细化，通过动态化、互动化方式从源头避免舆论危机。积极搭建协同监管部门和数字文旅消费者的网络互动平台，提升舆情引导的效率。此外，还需要针对不同消费者群体开展舆情引导工作，维护市场稳定。事后还应对整个事件的重要性、原因、解决过程、反思等进行总结与归纳，为后续类似事件积累经验。

四 信用监管与推广

（一）开展信用监管

信用既是判断数字文旅监管力度的重要标准，也是衡量数字文旅发展健康与否的晴雨表。数字文旅经济发展过程中会产生更多创新行为，一些颠覆性的创新甚至会冲击市场秩序，引发利益矛盾和监管难题。信用是检验数字文旅经济可持续发展的核心要素，以信用作为监管数字文旅经济的工具，可以为其可持续发展提供基础性保障。一方面，监管部门通过共享信用信息、使用信用产品对市场主体进行信用分类和排序，结合守信激励和失信联合惩戒机制，实现跨部门的联合监管，提高监管效率。另一方面，作为事中事后的监管，信用监管契合了数字文旅经济的跨地域性特征，可以有效解决监管中的地域歧视性问题；信用监管还可作为共享平台企业自律监管的基础工具，既惩治失信者，又逐步提升共享平台的信用水平，同样有利于数字文旅经济的可持续发展。在采取了相应的信用监管措施后，数字市场主体的信用状况可能得到更新，也可能维持原样。社会通过公开信用信息可判断其行为是否规范。在这种声誉机制的影响下，指引数字文旅市场主体审慎行动，自觉维护市场竞争秩序。

（二）发布指导案例

最高人民法院建立了案例指导制度，以解决在司法实践中遇到的法律真空问题，但是相关案例发布数量较少，并不能起到很好的指导作用。为应对数字文旅市场垄断等违规行为多样化的困境，应增加发布频率。一方面，在案例选择上，应结合社会热点，选择大型数字文旅企业和平台违规

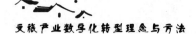
失信的典型案例。选择案例要形成相应合规流程，由各相关监管单位选定案例，或者由律师和行业内专家推荐案例，按照程序对案例进行筛选和甄别，选定案件后要组织专家学者展开详尽分析，并且归纳与以往案例的异同点，方便后续分类和经验参考。另一方面，此类数字文旅违规失信案例应该详述判决分析过程，如展示数字文旅企业或平台的信息侵占和市场支配的衡量标准；考虑数字文旅企业或平台行为目的是否正当，该行为是如何达到限制或者排除竞争效果；又或是发布因情节严重而整改的实例及信用惩戒措施。通过发布指导案例，可以有效增强数字文旅市场主体信用意识和自我约束力，对违法失信者起到警示作用，提升信用监管的质量。

（三）建设信用工程

机制建设是推动信用监管常态化治理的重要基础。然而，由于数字文旅市场主体多、领域广、发展快、监管对象庞杂，现有的数字化监管手段不能实现全覆盖，网络定向监测的方式未能完全发挥全面监管的作用，对数字文旅经济的监管还要依赖其他手段，且成本相对较高。因此，网络定向监测只能作为信用监管的辅助方式。为了实现系统化的信用监管，推进信用监管工程建设十分必要。一方面，要高度整合数字文旅市场监管系统的内部资源，消除信息孤岛，实现依法管网、信用管网、以网管网、协同管网；另一方面，要积极推进数字文旅市场监管工程建设，推动数字文旅企业监管信息平台建设和基层电子网格化监管平台建设，尽快推进市场范围内的信用认定和监管措施匹配的统一化。此外，还需要优化营商环境，加快数据平台、系统资源的整合，促进数字信息共享和业务协同，使其与信用管理高度融合，最终建设公平有序的竞争环境和监督环境。

比如，作为北京市社会信用体系建设的示范项目，北京市文化和旅游局信用监管平台实现了"旅游信用"跨部门、跨行业、跨地区的共享和应用以及信用监管协同工作的规范化和常态化，构建了以信用档案、信用评价、信用公示、信用信息互联互通为基础，双随机检查、联合奖惩为手段的信用监管创新模式，进一步提升了市场数字化治理能力，推动了文化和旅游市场诚信守法、规范经营和繁荣发展，并具有很高的复制性和行业推广示范效应①。

五　技术和设备应用

（一）探索监管工具

监管技术和设备落后，是导致监管滞后、大型数字文旅平台垄断和算法价格歧视等问题的主要原因。数字文旅平台实施的新型垄断行为中，一部分是传统垄断行为的延伸，如平台封禁、二选一、差别对待等；另一部分是数字文旅行业特有的违规行为，如侵犯用户隐私等。虽然违规现象纷繁复杂，但大多数基于平台算法技术，既降低了干预市场竞争的成本，又提高了其便利性和隐蔽性，在一定程度上对平台实施垄断等违规行为形成激励。因此，要结合实际情况，针对性探索新型数字文旅监管手段，在法律监管基础上增强技术监管能力。例如，运用入侵防御、人工智能、数据可视化等多种技术打造数字文旅信息共享利用屏障，在保障数据开放共享安全可控的同时提高监管效率，实现高效的文旅信息数字化治理。此外，可通过沙箱技术运行报备算法，避免大规模实践耗费高、风险不可控的问题，而且还可以通过多次运算来检验算法运行的稳健性，确定结果的无偏性，在一定程度上克服了算法技术本身不透明、监管机构信息不对称性的难题，能够更加直观地展示算法目的及垄断潜在风险，增强了政府相关机构和数字文旅行业组织的监管能力。

（二）健全算法规范

面对数字文旅平台基于算法技术衍变的多种垄断等违规行为，要构建算法技术规范体系，从算法设计之初就建立相关规范。第一，相关监管部门需要制定算法运行范畴，规定算法的数据处理类型、运行方式、覆盖范围等，使得算法符合安全规范，能够在预设界限内合理运行。第二，对于数字文旅平台来说，要将采集的数据类型和大致使用范围告知消费者和相

---

① 《北京市文化和旅游局在"北京市构建以信用为基础的新型监管机制政策宣贯会"上进行典型案例宣讲》，北京市文化和旅游局网站，https://whlyj.beijing.gov.cn/zwgk/xwzx/gzdt/202105/t20210527_2399754.html。

关监管机构。第三，算法设计时需要嵌入算法伦理，考虑社会公共价值和伦理因素①，比如不可将平台劳动者数据化，全天候监视劳动过程，过度追求绝对剩余价值，也不可展开歧视性和误导性活动，例如实施大数据"杀熟"和打造信息茧房等行为，而应该过滤有害信息。第四，还应该确立算法责任归属和补偿机制，设计者要承担回溯责任，算法启用前配合监管部门进行效果监测，看其是否会产生违规监管行为或引发社会风险，若算法在正式运行过程中存在不合理之处，应及时揭露并加以修改。如果因算法设计缺陷对用户权益形成侵害，用户可以通过预设的沟通渠道进行反映，追究监管平台及其监管机构的责任并弥补损失。

（三）强化算法设计

数字技术与设备既是数字文旅平台进行不正当竞争的重要工具，同时也应该成为数字文旅监管机构干预垄断行为的得力助手。数字监管部门可以对数字文旅平台运营算法进行前置式技术监管，主要有价值嵌入的算法设计技术和价值偏离的算法矫正技术两种途径②。首先，可以借助价值嵌入的算法设计技术，将社会规范等预设于算法内，使得数字文旅平台在自动决策过程中能够选定合乎社会责任的结果，这种技术能够有效避免算法设计及算法应用过程中面临的社会价值冲突与责任逃避问题。其次，可以借助价值偏离的算法矫正技术，从输入端、算法本身以及输出端三方面，对数字文旅平台出现的价值偏离现象或者责任违背行为进行及时矫正或停止。二者前置地嵌入平台算法之中，依托程序的深度学习，能够不断迭代升级，从而在一定程度上实现对平台算法的自动化监管。

六 安全隐私与保护

（一）动态安全保障

打破数据壁垒促进协同发展，这个过程中会产生复杂的网络交互效应，对数字文旅安全保障提出动态保障要求，可以从数据跨平台授权和传输两

---

① 赵一丁、陈亮：《算法权力异化及法律规制》，《云南社会科学》2021年第5期。
② 肖红军：《构建负责任的平台算法》，《西安交通大学学报》（社会科学版）2022年第1期。

种情况展开分析。数字文旅市场数据跨平台授权时，应首先征得相关用户同意，在遵循合法正当原则的前提下，对原始数据的必要部分进行调用，不得以隐瞒手段过度收集数据。而大型数字文旅平台如果拒绝向其他平台授权，应当基于保护用户隐私、维护国家安全或者维护商业秘密等原因，不得无正当理由拒绝授权。数字文旅数据传输过程中，保障措施重点是接口安全，平台需要提升接口访问控制等级，建立高标准的操作准则，并且在访问前进行严格审批访问申请的内容、性质、频次等问题，确保其在法定和行业协会限定范围内。此外，文旅数字化监管应该从事后处理转变为事前防范，制度化、常态化地审查数字文旅平台和数字经济软件对个人隐私的收集和使用状况。

（二）加强行业自律

对数字经济行业组织来说，必须认识到消费者数据隐私保护是数字文旅行业协会维护行业信誉的必要条件。数字文旅行业协会可以制定消费者数据隐私保护的企业准入标准，提高数字企业对消费者信息保护的重视程度，以获得用户青睐，而不是建立"数据垄断"机制。数字文旅行业协会要主动开发相关技术工具，帮助消费者在算法中保持独立自主，或者在消费者隐私受到侵害时提供有效帮助。在处理个人数据时，应采取匿名、脱敏、加密等必要技术措施，对相关数据分类、画像、标签工作应该尽量采用技术系统操作，避免员工个人操作造成用户隐私泄露。在进行推荐时，更要尊重用户拒绝提供个人隐私、拒绝接受个性化推荐的权利，把关闭该功能的过程设计得明确简便。值得一提的是，数字文旅行业协会应该成为消费者和数字平台沟通的桥梁，一方面可以向消费者讲解和普及数字企业个性化推荐的脱敏化、标签化等技术知识，使个性化推荐机制更加透明，消除消费者的恐惧心理；另一方面可以定期召开消费者、有关部门、企业等的沟通会议，反映消费者的隐私保护诉求，制定相关隐私保护公约。

（三）强化安全控制

强化数字文旅信息传输的安全保障能力。引入第三方平台对数字文旅信息传输安全状态、性能等要素进行综合测评，运用入侵监测、主动防御、

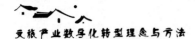
虚拟补丁等技术手段，构建数字文旅信息的"防火墙"，及时对数字文旅信息传输、运转和共享过程中的违规访问、非法攻击和肆意污染等行为进行排查和监控，以避免消费者信息等数字信息在共享传输过程中被第三方截取、篡改，保障数字文旅信息开放获取的真实性、机密性和完整性。此外，积极运用机器学习、深度学习等算法，以量化指标的形式建立贯穿数字文旅信息获取全流程的用户隐私风险预警和评估模型，提前分析预测用户隐私泄露概率，精准识别和控制用户隐私泄露的风险，有效规避匿名，以及个人身份标识和电话号码等隐私泄露问题，切实保护消费者的隐私安全。

比如，江苏省徐州市建立的"文广旅安全生产监管平台"利用区块链技术保证数据安全、可追溯，实现安全生产监管现状的同步共享、监管过程的可控可追溯以及责任的明确划分，保证数字文旅安全生产监管的高效、透明和可信，建立起了完善的安全生产产业链，保障了文化旅游经营者和消费者的合法权益①。

---

① 《"徐州文广旅安全生产监管平台"应用案例发布》，江苏省文化和旅游厅网站，https://wlt. jiangsu. gov. cn/art/2022/2/11/art_695_10346448. html。

第九章
文旅产业数字化转型实现路径

文旅产业数字化转型不仅释放了数字化对文旅产业的倍增效果，也拓展了文旅产业的发展空间，开启了数字文旅产业发展的新时代。文旅产业数字化转型整体驱动文旅生产方式、生活方式和治理方式变革，也使消费群体、消费产品、消费场景发生了重要变化。

第一节　文旅数字化智能生产场景

数字技术正在影响着文旅行业的变革。科技赋能、智慧驱动下，传统景区通过打通数据壁垒，可以有效推动新产品、新业态的发展。现阶段，学界对文旅数字化智能生产场景的研究还处于初级阶段，本节首先对文旅数字化智能生产场景进行理论概述，讨论其主要特征和作用意义，然后选取相关案例进行探讨。

一　理论概述

（一）概念内涵

随着信息技术的飞速发展和智能化浪潮的兴起，文化旅游产业面临着数字化和智能化的转型任务。通过引入数字化和智能化技术，文化旅游产业可以实现生产方式的优化、产品创新的突破和服务质量的全面提升，进而推动行业的可持续发展。然而，文旅数字化智能生产场景的概念未被明确定义和统一要求。为了更好地理解文旅数字化智能生产场景，本书将联

451

系智能制造、智能生产、旅游场景的概念，并结合文旅数字化转型对文旅数字化智能生产场景进行解释。

1. 智能生产概念

Qu 等人从工程学视角、智能互联（物联网和 CPS）视角、精准决策（大数据、人工智能和云计算）视角，对智能制造的定义进行了总结。

定义 1：从工程学角度来看，智能制造是先进智能系统的强化应用，可以实现新产品的快速制造，产品需求的动态响应，以及制造生产和供应链网络的实时优化。同时，短信是在知识丰富的环境下，将工厂、配送中心、公司和整个供应链的产品、运营和业务系统集成在一起的新平台[①]。

定义 2：从智能互联的角度来看，工业 4.0 的 SMSs 是由 Zheng 等人提出的[②]。使用传感器和通信技术在制造的各个阶段捕获数据，SMSs 变得越来越智能，因为生产速度提高了，错误和生产浪费减少了。

定义 3：从精准决策的角度来看，更容易获取且无处不在的数据构成了大数据环境，帮助制造企业更好地预测、平衡生产，提高效率和生产率[③]。基于大数据的 SMSs 进一步优化制造业务的计划和控制，包括供需预测、故障诊断、资产利用率和风险评估等。

智能制造是第四次工业革命的标志，也是各国保持制造业竞争优势和技术领先的突破方向。智能生产侧重于从制造技术和生产运作层面诠释智能制造，即通过设计的数字化、网络化和智能化，实现设计技术、生产技术和管理技术的全面创新，全面提高企业的产品设计能力、制造效率和管理水平，其本质是构建智能化集成制造系统[④]。智能生产不仅影响智能产品

---

① Qu Y J, et al., "Smart manufacturing systems: State of the art and future trends", *The International Journal of Advanced Manufacturing Technology*, Vol. 103, 2019.

② Zheng P, Wang H, Sang Z, et al., "Smart manufacturing systems for Industry 4.0: Conceptual framework, scenarios, and future perspectives", *Frontiers of Mechanical Engineering*, Vol. 13, 2018.

③ Lee J, et al., "Recent advance sand trends in predictive manufacturing systems in big data environment", *Manufacturing Letters*, Vol. 1, No. 1, 2013.

④ 史竹琴、蔡瑞林、朱先奇：《智能生产共享商业模式创新研究》，《中国软科学》2017 年第 6 期。

的生产质量和开发速度，而且促进了产业形态和商业模式的变革，是智能制造推进的主线。

2. 旅游场景概念

"场景"是数字化时代的一个关键词。数字技术的应用与智慧旅游的发展，为旅游业的价值创造和游客体验方式带来了深刻变革，旅游场景是精神活动与物质相互建构的核心枢纽，也是连接主客两端、实现文化交融的精神镜像①。旅游场景及其价值的概念提出，不仅整合了以往关于旅游情境的研究，还推动了与其他行业和领域的跨界融合与实践应用。数字化时代的旅游场景相较于工业社会既有的理论框架，得到了进一步延伸和拓展。

第一，时空上的场景化。数字技术的移动互联网及物联网、云计算、人工智能（AI），形成了智慧旅游的总体技术框架②，它以日益复杂和动态的连接改变了旅游者的时空感知，构成了智慧旅游的新时空环境。智慧旅游时空环境以一种普遍却又非侵扰性的方式，满足了旅游者的场景需求。数字框架对时空环境的重塑，导致旅游情境概念呈现从"situation"到"context"的流变，"场景"为智慧旅游环境下旅游情境概念的整合提供了新的视角。

第二，体验上的泛在性。在工业社会，旅游者的体验形成于在特定旅游地花费时间游览参观，包括个人感知、地方印象、所处的情境等许多复杂因素。智慧旅游本身是旅游者在旅游活动过程中所接受的泛在化旅游信息服务，它在智慧城市外延下，将目的地居民纳入其应用模型中，这意味着旅游者世界和居民生活世界的"二元世界"在数字化时代变成一元空间，在一元空间结构中，旅游情境泛在性地成为旅游体验的重要特征，旅游消费体验发生颠覆性变化。

第三，建构上的在线契合。顾客契合在数字化时代转变为顾客、企业、潜在顾客三方沟通的网络关系，形成包括个体契合和社会互动契合两种类型在内的在线契合概念。用户生产内容（User Generated Content，UGC）在

---

① 闫丽源：《虚实之镜：文化体验中的旅游场景建构》，《艺术评论》2018 年第 12 期。

② 张凌云、黎巎、刘敏：《智慧旅游的基本概念与理论体系》，《旅游学刊》2012 年第 5 期。

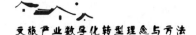

社交媒体和虚拟社群平台上成为在线契合的重要方式①。

综上分析，数字化时代，旅游场景可以界定为生活世界与旅游世界通过数字技术相互连接、切换与融合，形成旅游情感体验，并进行人-机-物时空交互的场域。结合旅游体验理论，旅游场景既是智慧旅游环境下的旅游体验情境模型，也是旅游情境概念在数字化时代的整合和迭代。

3. 文旅数字化智能生产场景

文旅数字化智能生产场景是指通过引入数字信息技术和智能化手段，对文化旅游产业进行全方位、多角度、全链条的优化和升级，实现生产方式的优化、产品创新的突破和服务质量的全面提升。

文旅数字化智能生产场景是文化旅游产业发展的一种创新模式，是推动文旅产业转型升级的重要路径。通过数字化智能技术的应用，可以实现文旅产业的数字化转型，提升生产效率、优化用户体验、拓展市场空间，推动文旅产业向着更加智能化、高效化、可持续发展的方向迈进。

（二）主要特征

1. 创意化信息内容

文旅数字化智能生产场景基于旅游资源、围绕文化资源创造价值、传播文化内容、销售文化创意，进而实现全领域文化旅游的数字化重塑。其引入创意思维、结合数字化技术打造独特的文旅产品和服务，吸引了更多用户参与和体验。当前，应用侧的市场需求正在被快速发展的技术创新所满足，技术的发展速度已经大幅超越了需求的增长速度，通过创新场景应用，激活了游客的新需求。

2. 数字化沉浸场景

文旅数字化智能生产场景通过对场景的建构与智能技术的融合，以及多种体验形式，对体验者所处的场景及其感官的感知进行塑造，借由虚拟现实、全息投影技术，为体验者打造具身化的假性空间；抑或利用角色扮演的高参与度形式，将体验者纳入场景化、故事化的拟身世界。基于此，以注重用户

---

① 朱良杰、何佳讯、黄海洋：《数字世界的价值共创：构念、主题与研究展望》，《经济管理》2017年第1期。

情感体验为基础，结合智能场景衍生出的"新沉浸"式体验，可以使体验者从旁观者转变为亲历者，进而产生从主动参与到被动融入的多层次体验。

3. 智能化旅游管理

文旅数字化智能生产场景的目标是提供更加智能化和高效的生产方式，通过数字技术，旅游景区可以提供更加智能化的服务，以满足游客对文化旅游的需求。智能化的生产方式包括智能化的导览系统、智能化的票务系统和智能化的安全监控系统等。通过引入智能设备、智能系统和智能算法，实现文化旅游产业的智能化管理。

（三）作用意义

1. 运营效率提高

传统的文旅行业运营方式通常依靠人工操作，效率低下且易出现错误。而文旅数字化智能生产场景下，则可以通过信息化、自动化的手段，来对运营流程进行优化，提高工作效率，减少人力成本和资源浪费。通过数字化手段，文旅企业可以更加精准地了解客户需求和行为习惯，从而更好地进行产品定制和资源配置。比如，通过大数据分析客户数据，文旅企业可以根据客户偏好和消费习惯，来调整产品结构和服务内容，提高资源利用率，降低成本，从而提高运营效率。

2. 产品服务创新

产品是数字文旅创新发展的核心。在智能生产场景下，文旅企业可以更加灵活地进行产品和服务创新，满足消费者多样化的需求。以数字技术为依托，以文旅体验为主线，为旅游者提供情感附加值高、幸福感强的智能产品和服务。促进文旅企业与科技企业合作，共同开发出更加智能化、科技化的文旅产品和服务，推动整个行业的创新发展。比如，以文化创意和再生设计为辅助，重点打造数字景区、数字民宿等项目，将景区智能机器人导览、穿戴式设备、无接触支付等融入旅游的各个环节，优化数字文旅产品供给体系[1]。

---

① 徐菲菲、何云梦：《数字文旅创新发展新机遇、新挑战与新思路》，《旅游学刊》2021 年第 7 期。

3. 旅游体验提升

通过数字技术的应用和智能化的生产方式，旅游景区可以提供更加丰富多样的旅游体验，吸引更多的游客。同时，智能化的生产方式提升了旅游景区的运营效率和管理水平，从而提高了经济效益。利用数字技术和网络平台能够为文化旅游消费者提供多元化、个性化和互动化的服务和体验。比如，一些博物馆和景区通过虚拟现实、增强现实、人工智能等技术，让游客可以在线参观和学习。旅游平台和社交媒体运用大数据分析系统、智能推荐系统、在线评价平台等，让游客根据自己的兴趣和需求选择合适的目的地、路线和活动，丰富消费者群体文化旅游体验，促进文化旅游产业创新发展。

二　案例解析

（一）长安十二时辰主题街区：沉浸体验盛唐繁华

1. 基本概况

长安十二时辰位于陕西省西安市曲江新区，是中国首个沉浸式唐风市井生活街区。通过成功签约并引入西安老字号美食西羊肆、火晶柿子，非遗手作李必茗铺、雕琢行，特色文创三彩染坊、皂趣社等众多老字号品牌商户，以及通过先后与西安博物院、大唐西市博物馆、携程国际旅行社、乐游旅游等知名品牌代表单位签订品牌战略合作协议，长安十二时辰为广大市民游客提供了一个可沉浸、可触摸、可亲身体验、可消费的文旅新生态体验馆①，为市民和游客开辟了影视互动娱乐产品与文旅商完美融合、共同发展的新模式。

项目自亮相以来，凭借全唐市井文化生活体验的沉浸式场景，以及唐宫廷乐舞表演、NPC演员与游客互动体验，在创意创新中，增强了市民和游客的"文化自信"，成为引领城市"微景区"的市场风向标，迅速获得了游客的追捧和好评。

---

①　李岫泽：《沉浸·共享·互动：西安古风街区"长安十二时辰"的仪式化传播研究》，《视听》2022年第9期。

2. 主要做法

（1）定位准确，主题鲜明

长安十二时辰演绎了烟火长安，这个国内首个唐风市井生活主题街区，以"全唐"市井文化生活体验为核心定位，营造"全唐"概念的消费场景，在建筑、软装、节目、人物、故事、音乐、器物、餐饮等方面，全方位还原唐朝市井文化，让游客步入唐朝市井烟火。街区以全景仿古建筑以及沉浸式传统文化体验为特色，富有生活气息的文化展演让游客体会到亲近感，在提升了景区辨识度的同时，加深了游客对西安这座城市的认同感。无论是感官还是心理层面，游客都会在游览街区时，收获更深的文化体会。

（2）IP 独特，场景焕新

项目打造了由"热门剧集 IP＋沉浸式娱乐＋主题餐饮＋国潮零售"构成的新消费综合体，首次将影视剧 IP 进行全场景还原。空间由网剧《长安十二时辰》原班道具团队亲手 1∶1 打造，不仅构建了唐朝的场景空间，更将唐朝的鲜活人物、风土文化、美食习俗完美复原，让游客体验长安、感受长安、爱上长安。该项目将影视 IP 赋能城市文旅商融合新场景，开创了影视剧 IP 主题化、纯粹化转化为文旅项目的先例。同时，项目基于在地文化，深入挖掘消费市场潜力，围绕商业变现进行规划和设计，其空间设计兼具聚人气、可消费、全天候皆沉浸体验的特点。

（3）沉浸体验，互动交流

长安十二时辰项目致力于打造以消费者为本的全感官沉浸式体验设计。第一，沉浸感。景观空间、主题场景步步皆景。由影视剧原班美术人员参与，通过装饰美陈、创意景观、软装道具，真实还原长安坊间市井生活场景，为游客提供了美好的沉浸空间。第二，仪式感。聚焦大唐盛世风尚，仪式感拉满，常态化宠粉。7 种唐礼仪式设计，从舆图到开市，再到报时、夜宴、送别、日常见面问候，都有标准的仪式。第三，体验感。以"唐食嗨吃、换装推本、唐风雅集、微缩长安、情景演艺、文化盛宴"等六大沉浸场景为核心，结合丰富文化活动和表演，游客可以全方位沉浸于唐朝文化之旅。第四，代入感。剧情人物，唐代故事，NPC 互动沉浸游娱。与剧

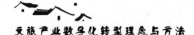

情相关的人物和故事主线都可以在这里找到。第五，满足感。专业设计的
建筑、错落的格局、各色的道具均适合摄影，辅以专业的摄影师和补光师
团队，确保每个角度都能拍出大片效果。

3. 特色亮点

（1）交互沉浸，融合发展

长安十二时辰项目依托西安丰富的文化旅游资源，充分发挥历史文化、
丝路文化、节庆文化、民俗文化等优势，积极融入"一带一路"建设的新
实践、新成就、新经验，打破传统商业运作思维定式，探索文商旅融合新
模式，推动文化和旅游融合发展。以"文商旅+IP"的创新模式将文化生
产、转化、运营、传播融为一体，积极开发唐文化衍生文创产品，落实文
化旅游和商业效益的双丰收，实现了社会效益与经济效益双效合一。积极
推进国际化、人文化、特色化、数字化、信息化、科技化的智慧街区迭代
升级，开启智慧云旅游模式，打造线上长安城，为游客提供更加丰富且沉
浸的娱乐体验，更好地践行"创新引领、科技赋能"的使命。

（2）空间沉浸，深化体验

沉浸式主题乐园的产业价值体现在，一是其业态是极具颠覆性的，打
破了传统文旅运作模式；二是沉浸式项目自带IP，有一定的粉丝基础；三
是文旅商一体化，并非按照单一的商业逻辑经营①。"长安十二时辰"主题
街区在整体规划设计上，将科技与历史相融合，将主题景观、演艺内容、
商户业态等有机融合在一起，为用户带来身临其境的奇幻体验。仿古化的
建筑环境、视觉化的文化意涵、古装扮相的店家商贩，以及再现的历史名
人，共同打造了"长安十二时辰"街区独特的文化体验。可以说，"长安十
二时辰"主题街区深度融合文旅商三大产业，营造"全唐"概念的消费场
景，实现可沉浸、可触摸、可体验、可消费的文旅新体验，即在建筑、软
装、人物、故事、音乐、器物等方面，全方位还原唐朝文化，让游者一秒
回盛唐，沉浸盛世中。

---

① 《专访陕文旅董事长邹林丰：解码长安十二时辰的"出圈"逻辑》，每经网，https://
www.nbd.com.cn/articles/2022-10-11/2494265.html。

（3）叙事沉浸，交流对话

长安十二时辰街区打造的沉浸式古风空间给游客带来了丰富的感官体验。依靠视觉的引领，游客领略了生动立体的文化意象，又通过心理对话触及文化意蕴，多维度达成与传统文化的交流，继而引发对共有文化的深度感知。全新亮相的长安十二时辰主题街区 3.0 版新增了《簪花仕女舞》《万邦来朝》《长相思》《琵琶行》四大演出和十余处剧中人物定点互动，把整个街区空间浓缩成一场高密度、深体验、精水准的演艺盛宴[①]。丰富的互动让文化的传播更加深入，增强了游客内心的文化归属感。

（二）风起洛阳 VR 全感剧场："科技+IP"互动娱乐

1. 基本概况

《风起洛阳》VR 全感剧场为观众提供"实景演艺"与"虚拟现实全感互动"相结合的沉浸式戏剧体验，通过场景还原、角色互动等方式提升游客沉浸感，利用动作捕捉、虚拟现实重定向等技术，结合 6 轴电缸平台、音频震动地板等装置提升真实感，打造虚拟和现实深度融合的数字化文化体验线下场景[②]。项目充分应用人工智能、虚拟现实等数字新技术，在引领、支撑文化和旅游行业发展方面取得实效。该项目获评"上海文旅元宇宙创新示范项目"、文化和旅游部"第一批全国智慧旅游沉浸式体验新空间培育试点名单"及 2023 年文化和旅游数字化创新示范"十佳案例"。

《风起洛阳》虚拟现实全感剧场由爱奇艺旗下裂境工作室打造，已在上海、洛阳九洲池实现平稳运营，位于北京前门、西安大唐不夜城的门店也在紧密筹备中。爱奇艺数据显示，仅 2023 年中秋国庆假期，《风起洛阳》虚拟现实全感剧场上海、洛阳门店运营场次累计超 260 场，上海门店每日加场营业至晚上 11 点，洛阳九洲池门店接待人次较节前增长 130%。虚拟现实技术与影视 IP 优质内容打出的"组合拳"，正成为旅游目的地吸引游客、拉动文旅消费的一张"新名片"。

---

① 任丽：《"含唐量"升级 沉浸式体验更有趣》，《中国旅游报》2023 年 9 月 4 日，第 4 版。
② 《数字化创新推动文化和旅游高质量发展》，中华人民共和国文化和旅游部网站，https://zwgk. mct. gov. cn/zfxxgkml/zcfg/zcjd/202310/t20231011_949074. html。

2. 主要做法

（1）VR 技术+内容

《风起洛阳》VR 全感剧场作为由爱奇艺根据同名热播剧集 IP《风起洛阳》打造的全球首个 VR 全感·跨次元互动娱乐项目，为了能够进一步提升沉浸感，打造了全感娱乐解决方案，高度集成了一系列硬件装置系统，如定制 6 轴电缸平台模拟船、马车、木鸢、电梯等多种载具体验；喷雾、风感、热感装置模拟风、水、爆炸等环境体验；气味发生装置还原游戏场景中丰富的嗅觉体验；音频震动地板模拟环境中的地动山摇体验；等等。结合高度集成的硬件装置体系，《风起洛阳》VR 全感剧场采用了 VR 重定向技术。VR 重定向技术可以根据玩家行走时空间方位的改变与虚拟内容中高低位置的映射调整，进而使观众产生一种在虚拟空间中无限行走的感觉。同时，围绕《风起洛阳》核心场景，项目还叠加游戏、剧本杀、演艺等娱乐业态，打造身临其境的全感官沉浸式体验。

（2）虚实结合

《风起洛阳》VR 全感剧场创新性地将"实景演艺"融入"VR 全感互动"技术，并未让玩家直接进入 VR 环节，而是先通过实景表演，营造沉浸氛围，帮助玩家渐入剧情。接下来，身着古装的 NPC 会给玩家介绍玩法以及分配剧情角色，即便没有看过《风起洛阳》电视剧，也不会影响整体的体验，甚至还更有探秘的乐趣。在实景感受和介绍完毕后，NPC 会为玩家戴上专属于每个角色的 VR 设备，进入虚拟世界，此次项目摒弃了传统空间的 VR 背包行走的形式，用户仅需佩戴 VR 头显和 VR 手柄即可体验。在约一小时的体验过程中，"东方朋克"的美学风格及风感、雾感、震动感等多感官特效与紧凑的剧情相结合，为游客带来全感沉浸的传统与现代融合的文旅消费体验。

3. 特色亮点

（1）科技赋能，场景焕新

《风起洛阳》VR 全感剧场既有传统文化的完美再现，又有虚拟现实、游戏探险等当下年轻人钟爱的娱乐元素，以文化和科技的双向奔赴，开辟了线下娱乐的新场景①。剧场依托洛阳丰富的文化内涵和厚重的文化底蕴还原了神都夜景、洛阳城楼、天堂大佛幻境等壮丽景观，让玩家仿佛置身于古老而神秘的大唐洛阳。同时，虚拟现实重定向技术的应用，可以让玩家在数百平方米的场地内体验到在万米空间中行走的感觉，真切地感受到洛阳的繁华与热闹，感受到传统文化的独特魅力。

（2）全感互动，形态创新

《风起洛阳》VR 全感剧场通过"实景演艺+虚拟现实全感互动体验"方式，在数百平方米空间内还原了广阔恢宏的"神都洛阳"，为游客带来全新的文旅体验。北京爱奇艺科技有限公司相关负责人介绍，这得益于利用 6 轴电缸平台、音频震动地板等装置提升真实感，"在这场冒险之旅中，玩家的视觉、听觉、嗅觉、触觉等感官系统被全方位调动起来，随之失重、震动、潮湿、炎热、刮风等震撼的沉浸式体验扑面而来，真正实现让人身临其境"②。

（3）文旅融合，产品创新

《风起洛阳》VR 全感剧场作为其中科技融合文化创新形态的代表，在试运营过程中便受到普遍欢迎。基于虚拟现实与实景结合技术，虚拟现实全感剧场可以为消费者带来的体验既像电影、游戏一样高度虚拟，又像桌游店、游乐园一样能够适应现实社交。依托古城资源，推出特色体验产品，开发仙侠、神话 IP，打造中国奇幻系列沉浸式体验产品，以丰富的虚拟现实全感剧场内容，持续为游客带来崭新的文化体验。

（三）新疆博物馆《千年之语》：文化遗产沉浸式创意体验

1. 基本概况

新疆维吾尔自治区博物馆建筑总面积 4.96 万平方米，收藏各类文物和标本资料 2.5 万件（套），特色藏品主要为纺织品、纸质文书、彩绘泥塑及

---

① 范朝慧：《洛阳风起别样美》，《中国旅游报》2023 年 10 月 18 日，第 2 版。
② 《线下娱乐新空间 文旅体验新场景——〈风起洛阳〉虚拟现实全感剧场的创新实践》，中国旅游新闻网，https://www.ctnews.com.cn/content/2023-10/18/content_V151391.html。

古代干尸标本等①。新疆博物馆在二期新馆开放之际推出了精心打造的文物活化舞台剧《千年之语》，尝试用舞台剧的方式"活化"文物，揭示古代新疆地区和中原地区同根同源、血脉相连的历史，这是新疆博物馆历史上的第一次②。

《千年之语》演出共分为《龟兹乐舞》《绮梦踏歌》《小河公主》《音韵和鸣》《五星出东方利中国》5个篇章，以古代新疆地区和中原地区在文化上同根同源、交流交融的历史史实为主要内容。演出通过全息投影将文物与生活场景有机地联系起来，不仅还原了文物所处的时代背景、生活风貌和艺术样式，还让文物在剧中真正"活"起来，使观众能够身临其境，得到最佳的观剧体验。

2. 主要做法

（1）跨界融合

将古老的历史文物和遗迹与现代技术、美学、艺术相结合，打造文化传承新格局，站在数字体验厅的交互大屏前，手指轻轻点击操作，眼前的场景便可随时变换，形象生动地展现给观众。同时，全疆首部"文物活化舞台剧"《千年之语》升级版正式亮相，新疆博物馆创意开发的丝路宝藏女孩 IP 形象在新篇章中和观众见面。舞台上，裱框里的唐代仕女俑"复活"了，她那灵动有神的双眸好奇地张望着周围，和前来参观的现代女孩互动传神。一颦一笑，亦诗亦韵，历史与现代的融合仿佛穿越千年时光，把观众带入了浩瀚的历史长河之中。

（2）全景科普

全息投影将文物与生活场景有机地联系起来，国宝文物一改"严肃"的形象，以鲜活的姿态走向大众，以贴近现代生活的方式快速"破圈"。"新疆文物古迹一站游"全景还原楼兰古城、小河墓地、交河故城、高昌故

---

① 《习近平新疆行丨让文物说话 让历史留存——走进新疆维吾尔自治区博物馆》，新疆维吾尔自治区人民政府网，https://www.xinjiang.gov.cn/xinjiang/xjyw/202207/b4a951dbe1024ea3b96ff3bb86b74792.shtml。

② 张海峰：《新疆博物馆 一剧越千年》，《新疆日报》2023 年 5 月 16 日，第 A3 版。

城、克孜尔石窟等知名文化遗址，以虚拟现实、体感交互、动态情景再现文化遗产场景，打造"一站式"穿梭新疆历史古迹的文旅长廊，让游客"身临其境"地感受新疆不可移动文物的璀璨魅力。

（3）创意体验

沉浸式技术的运用大大提高了人们走进博物馆、了解馆内文物的兴趣。《千年之语》沉浸式体验作为"新疆历史文物展"的延伸展览，并以其为主题创作了配套的文创产品。博物馆文创产品的开发，让参观者得以将"文物"带回家。"绮梦疆湖"系列、"五星出东方利中国"系列、"唐小驹"系列、"高昌智慧"系列、"潮虎想象"系列等文创产品，使文物融入百姓生活、回归社会、服务大众，使文化自信变得可知可感。这些产品在满足观众体验性需求的同时，兼顾观赏性和实用性，平衡艺术性与市场化，走出了一条文化输出的良性循环道路。

3. 特色亮点

（1）交互式展示

《千年之语》以 VR、虚拟现实互动的形式，让游客全景式参观新疆古遗址、体验文物修复，通过乐、舞、剧的融合，走近新疆文物、了解新疆历史。以丰富的馆藏文物为体验创作的源泉，通过"博物馆+演绎"探索普及文博知识的新形式，充分展现新疆绚丽多彩的历史文化资源。参观者可以亲自进行"陈列布展"或"修复文物"的模拟操作，进一步提升舞剧的互动性，并且运用"5G+AR"技术的魔法相机吸引青少年以更有趣的方式参观博物馆、聆听文物故事等。

（2）沉浸式体验

《千年之语》演出推出后，游客在可知、可感的文化体验中，切实感受"科技+创意"与历史文化有机融合的魅力。演出围绕文化遗产保护、研究、传承与创新，将古老的历史文物和遗迹与现代技术、美学、艺术相结合，打造文化传承新格局，让博物馆的参观者可分享、可体验、可参与。"龟兹乐舞"篇章中细致、真实地还原了古龟兹舞者曼妙的舞姿，让千年的历史流动在舞者的举手投足之间；"绮梦踏歌"篇章则将唐代仕女俑与前来参观

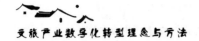

的游客联结起来，让游客沉浸式体验古今文化碰撞的魅力。

（3）数字化生产

以古代新疆和中原地区在文化上同根同源、交流交融的历史史实为主要内容，透过文物，语述千年历史。融文物艺术价值、着中华文明血脉，结合数字孪生、三维虚拟感知交互等技术，以公众旅游沉浸式互动体验生动阐释珍贵文物和重大考古发现的历史文化内涵，活化新疆文化遗产灵动魅力。观众可以在博物馆通过全景虚拟技术，身临其境感受文物魅力，也可以观看文物活化舞台剧，"穿越"古今体验文物所处年代的生活场景，还可以通过数字化交互系统参与"陈列布展"，打造个人专属博物馆。

第二节　文旅数字化网络协同场景

我国文化产业发展迈入了以数字化、网络化、智能化为驱动的全新发展阶段，以5G为代表的新兴技术正在给数字文旅产业带来深远的变革和影响，文旅数字化场景也不断创新发展，文旅数字化网络协同场景是其中不可忽视的重要领域之一。本节将对文旅数字化网络协同场景进行理论概述，探讨其主要特征与作用意义，并结合相关案例分析展开讨论。

一　理论概述

（一）概念内涵

数字化转型在给文旅行业带来全方位数字变革的同时，也对企业网络形态、组织协作方式产生了深刻影响。数字基础设施打破了企业与用户、行业间的信息壁垒，大幅降低了信息搜寻成本，使得产业链上下游的主体能以较低成本快速联结成一张关系网，通过该网络共享互补资源、链接终端顾客，并围绕共同的价值主张分配工作，实现业务协作和价值共创[1]。本书将梳理协同理论和企业网络理论的研究脉络与主要观点，并结合文旅数

---

[1]　许芳、田萌、徐国虎：《大数据应用能力对企业创新绩效的影响研究——供应链协同的中介效应与战略匹配的调节效应》，《宏观经济研究》2020年第3期。

字化转型，对文旅数字化网络协同场景进行阐释。

1. 协同理论

协同理论（synergetics）亦称"协同学"，由 Haken 在其《社会协同学》一书中提出①，其核心观点是总系统通过子系统间产生的协同作用达到自身平衡。这种"1+1>2"的协同思想被引入管理学研究，象征着总系统通过单系统的协同活动获得整体收益的扩大。后来，协同思想被广泛应用于创新领域，为协同创新理论的发展奠定了重要基础。研究聚焦"协同效应"这一特征，强调通过长期的资源共享和深度合作帮助企业实现优势互补和共同成长。

数字经济时代，企业适时嵌入或构建数字化商业生态成为大势所趋。企业的创新过程不再局限于纵向供应链的系统集成活动，而是要求企业通过横向、纵向跨组织边界联结多元创新要素，开展价值创造活动，协同的内涵也逐渐从"多主体协同"延伸至"生态互动"。基于以上综述，可以发现协同理论作为管理学界一门经典理论，随着理论和实践的发展，协同的定义不断完善、内涵不断丰富。

2. 网络理论

网络理论是指研究网络结构、功能和行为的学科，它涵盖了计算机科学、社会学、心理学和物理学等多个领域。网络理论的研究对象包括社交网络、信息网络、生物网络等各种类型的网络。网络理论的发展对于理解网络现象、优化网络设计和改善网络性能具有重要意义。

随着数字经济时代的到来，企业面对的外部环境愈加复杂，市场需求不断迭代，企业需要跨产品、跨流程甚至跨领域进行协同，这要求企业加快网络边界扩展和优化网络连接；此外，新的协同数字技术（如数字设备、数字平台、社交媒体和云技术）得到广泛应用，企业可以建立各种各样的数字平台来管理日渐复杂的网络成员互动活动。而且，企业通过嵌入或自发形成数字化商业生态创造有利于自身成长和创新的复杂且动态的生态系

---

① 朱秀梅、陈琛、蔡莉：《网络能力、资源获取与新企业绩效关系实证研究》，《管理科学学报》2010 年第 4 期。

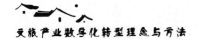

统，来适应动荡的环境。此时，企业网络发生变革，由单一、线性的协作网络转变为围绕价值主张，并运用数字技术连接合作伙伴、顾客形成的价值传递网络。但论本质，数字化商业生态仍然是一种网络，其结构包括网络主体和网络关系，并通过网络联结发挥作用，只不过网络规模更大、关系更多、结构更复杂，并且主体间互动更频繁。

3. 文旅数字化网络协同场景

基于以上理论分析可以发现，数字化背景下，企业关系网络的生态化发展趋势明显，协同的"网络化"特征更加突出，"网络协同"作为网络理论和协同理论的交叉概念，是传统"协同"概念的内涵性延伸，基于前沿理论视角开展"网络协同"相关研究也是顺应时代潮流之需。

文旅数字化网络协同场景是指利用数字化技术和网络协同平台，将文化和旅游资源进行整合和共享，以实现资源优化配置和协同发展，以及与游客之间的互动和协同。其内涵在于，通过数字化技术和网络平台，实现文化旅游产业各个环节之间的协同合作和互动，为游客提供更加便捷、丰富和个性化的文化旅游体验。

（二）主要特征

1. 数字化互联

文旅数字化网络协同场景基于数字化技术和互联网平台，实现了各类文化旅游资源、服务提供商和游客之间的数字化互联。5G 时代，信息传播的范围更广，5G 与人工智能、物联网技术融合形成超级互联网，其高速率的通信为文旅数字化网络协同场景打下良好基础。这使得各参与者之间能够实现信息共享、资源整合和协同合作，打破了传统行业的界限，促进了文化、旅游、网络等不同领域资源的融合，使得文旅场景不再受限于地域，用户可以通过网络跨越时空，实现"全时在线，万物互联"。

2. 数字化整合

文旅数字化网络协同场景能够实现不同参与者之间的资源整合与优化，包括物质资源、人力资源、信息资源等。资源整合有战略和战术两个层面的含义，从战略层面看，它是系统论思维，组成系统的各要素不是孤立存在的，它们相互关联构成有机整体。从战术层面看，资源整合就是对资源的优化配置，根据市场需求需要，从内部、外部以最少成本寻求最优资源，并进行合理配置，提高资源的利用效率，减少资源的浪费。

3. 数字化协同

数字化时代，信息和技术的快速发展已经深刻改变了传统的文化旅游产业模式。文旅数字化网络协同场景使得海量数据的高效流动突破了传统组织管理中数据共享的时空限制。协同是实体资源的整合或隐形资源的共享所产生的整体效应。数字化协同通过整合各种数字化技术和资源将文化和旅游产业的各个环节连接在一起，实现了信息的共享和协同合作。

（三）作用意义

1. 优化资源配置

现代信息技术对传统产业进行全链条改造的产业数字化进程在不断加速，推动了产业组织模式的变革，促进了以信息流带动技术流、资金流、人才流、物资流的产业资源配置优化。文旅数字化网络协同场景下旅游和文化产业可以更好地整合资源，实现资源共享和互补，避免资源浪费和重复投入。同时，通过对信息的交流与共用，分享资源、促进产业链各环节之间的协同合作，达到有效配置资源、节约成本、创造效益的目的，提高产业整体竞争力。

2. 促进创新发展

科技赋能、网络协同下，传统景区通过打通数据壁垒让数据流动起来产生新的价值，可以有效推动新产品、新业态的发展，提升景区产品和服务能力，在资源整合、政企互动、品牌推介、拉动消费、带动就业等方面也起到显著效应。数字化不但会促进创新发展经济体系内原有生产要素的优化重组，还会引入数据这一新的生产要素，增加生产要素新组合，从而产生新的生产函数，进而促进创新。

3. 提高运营效率

文旅数字化网络协同场景可以实现跨平台整合资源，将不同场景、不同平台的文旅资源进行统一管理和调度。这有助于降低资源整合的成本，

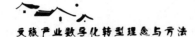

提高资源利用效率，为游客提供更加便捷、全面的文旅服务。比如帮助政府和相关机构实现数据共享、信息交互、流程优化、智能决策等功能，提高服务质量和效率。政府可以通过数字化平台提供在线预约、在线咨询、在线投诉等服务，方便群众办事，提高服务效率。相关部门可以通过数字化技术实现文化遗产数字化保护、旅游资源数字化管理、旅游服务智能化等，提高管理和服务质量。

二　案例解析

（一）浙里文化圈：一站式文化链接

1. 基本概况

"浙里文化圈"小程序整合浙江省图书馆、文化馆、美术馆、非遗馆、艺术院团等公共文化机构的活动信息和数字资源，建设"看书、观展、演出、学艺、文脉、雅集、知礼"等七个板块，根据公众行为习惯和文化热点智能推荐公共文化服务，实现浙江省公共文化资源的智能调度和精准供给[①]。截至 2023 年 6 月底，全省整合 1.82 万个公共文化设施和 8.2 万个其他文化空间，打造 11730 个覆盖全省的"15 分钟品质文化生活圈"。累计建成图书馆分馆 3816 个，文化馆分馆 1846 个，城市书房 1373 家，文化驿站710 家，乡村博物馆 549 家[②]。以"平台+大脑"为支撑，打造"品质文化惠享·浙里文化圈"数字化应用，纵向贯通省市县乡村五级，归集全省各类公共文化机构及相关社会文化组织的活动信息和数字资源，横向打通宣传、公安、自然资源等部门的数据，通过精准画像为百姓提供包含"看书、观展、演出、学艺、文脉、雅集、知礼"七大场景的一体化、模块化服务，为公众打造丰富多彩的"一站式文化链接"。

---

①　《数字化创新推动文化和旅游高质量发展》，中华人民共和国文化和旅游部网站，https://zwgk. mct. gov. cn/zfxxgkml/zcfg/zcjd/202310/t20231011_949074. html。

②　《文化和旅游部关于印发浙江文化和旅游赋能高质量发展建设共同富裕示范区第一批典型经验的通知》，中华人民共和国文化和旅游部网站，https://www.gov.cn/zhengce/zhengceku/202311/content_6914142. htm。

2. 主要做法

（1）文化资源整合

"浙里文化圈"为此建立了"全省公共文化服务供给资源库"，整合全省线下行政区域数据、人口基础数据、国土资源数据，在现有文化设施配置的基础上，科学研判线下公共文化空间布局合理性，依据大数据分析对社区周边的新型文化空间进行"精准供给"。2023 年，全省新增城市书房250 家，文化驿站137 家。归集展示全省公共图书馆、文化馆、博物馆、美术馆、非遗馆、艺术院团等公共文化机构及相关社会文化组织的活动信息和数字资源。

（2）互动体验活动

线上和线下的互动体验活动，比如文化讲座、手工艺制作工坊、民俗文化体验活动等，通过小程序的预约和报名功能，用户可以方便地参与这些活动，增加用户对"浙里文化圈"的亲身体验。在浙江，每一个喜欢文化的人都能在"浙里办"App 或微信小程序中点开"浙里文化圈"，为生活找到诗意。家门口的"文化圈"有什么动静，手指点一点就能一目了然。不出家门就能借阅图书，想看展览马上一键预约，"找戏""约戏"精准点单。

（3）数据共享合作

项目与当地文化机构、旅游机构、酒店、餐饮等合作，共享数据资源，提高信息的全面性和准确性。同时，通过小程序提供的数据分析，为相关机构提供数据支持，帮助它们更好地了解用户需求和行为，优化服务。为完善评价监测体系，项目特地开展了用户行为动态分析，采集群众对公共文化服务的评价反馈，监测文化场馆运行情况和文化服务、文化产品等供给情况，以此作为公共文化设施、队伍建设评估的支撑数据，对"15 分钟品质文化生活圈"服务品质进行全面监管①。

3. 特色亮点

（1）平台联动，便利即享

"浙里文化圈"小程序整体入驻支付宝，开辟了全新的渠道入口。通过

---

① 　方华：《数字之光照耀"15 分钟文化圈"》，《金融时报》2023 年 11 月 17 日，第 5 版。

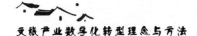

支付宝 App 搜索进入"浙里文化圈"小程序，用户只需登录一次就能体验"在线预约、快递借书、特惠购书、演出购票、在线艺培"等在线服务功能，便捷享受服务。同时，"浙里文化圈"还联合飞猪共同策划上线"浙里文博"专栏，打通全省文博场馆入馆预约功能。在飞猪旅行 App 首页点击"门票"，进入"浙里文博"，选择想要参观的文博场馆，即可一键预约入馆，市民群众预约文博场馆又多了一个新渠道。

（2）一站链接，以人为本

浙江省文化和旅游厅通过开发"浙里文化圈"，不仅让"15 分钟"成为一个时间考量刻度，更成为衡量文化生活获得感的检验标准。市民只要打开"浙里文化圈"的"观展"页面，即可一站式查询浏览全省博物馆、纪念馆、展览馆、美术馆的 2000 余个线下展览、600 余个线上展览以及上万件数字藏品资源。不管想到哪家文博场馆参观，"浙里文化圈"都可以为你"一键搞定"，减少了每到一家不同的文博场馆就要重新查找关注不同的预约平台的麻烦。市民要"看书、逛展、观演、学艺"或参与社区周边文化活动，都可以在"浙里文化圈"获得"一站式"服务，真正实现了"让文化可感、可得、可见"。

（3）智达惠享，效能提升

"浙里文化圈"依托省政府民生事项"15 分钟品质文化生活圈"建设，归集展示全省公共图书馆、文化馆、博物馆、美术馆、非遗馆、艺术院团等公共文化机构及相关社会文化组织的活动信息和数字资源，进一步激活基层公共文化设施潜能，促进公共文化网络向基层延伸，打通了公共文化服务"最后一公里"。

（二）乐山"文旅行业云"：全域文旅数据汇聚

1. 基本概况

峨眉山旅游股份有限公司打造的集云计算、大数据、人工智能等先进信息技术于一体的"文旅行业云"于 2020 年 4 月建设完成。"文旅行业云"作为智慧旅游云平台，按照《旅游景区数字化应用规范》《智慧旅游景区建设规范》《全省文化旅游公共服务平台建设指南》等国家和地方标准建设，集云计算、大数据、人工智能等先进信息技术于一体，采用"大中台、小前台"的方式，构建起智慧景区云服务架构体系，基于云服务模式，为文旅单位提供 SaaS 信息化服务及专业、敏捷、开放、统一的文旅行业应用平台。

乐山市 11 个县（市、区）通过"文旅行业云"完成了全域文旅数据汇聚，实现了对全域多维度产业监测和行业监管，在乐山 15 个国家 4A 级及以上旅游景区实现了全域票务预约预订一体化，初步实现了市、县、景区三级联动指挥调度中心的智慧化管理、数据化共享，搭建了"一部手机游乐山"的全域文旅大数据公共服务平台。

2. 主要做法

（1）立足全域，数据共享

立足"全域"发展理念，汇集各系统的数据资源，搭建数据共享交换平台，建立统一信息标准，规范应用系统中数据资源的共享、交换和管理机制，实现异构应用之间的数据动态同步和交换，为游客提供综合服务，为领导决策提供支持。截至 2021 年 6 月，乐山市全域旅游大数据中心汇聚市内旅游产业全量数据，包括 36 个 A 级旅游景区、20 多处文化场馆、11 个区县的运营数据，接入 2014 家酒店资源和 5358 家餐饮店信息[①]。

（2）消除孤岛，数据赋能

"文旅行业云"涉及旅游产业监管、营销、服务 3 个维度，涵盖旅游大数据分析、行业监测、产业重大项目管理、应急指挥调度、投诉管理系统、视频融合、可视化分析、数字票务系统、精准营销系统等 32 个应用子系统。"文旅行业云"作为乐山文旅数字经济发展的试金石，在景区管理、营销和服务上整体升级，利用"一张地图游乐山"实现应用和数据资源的互联互通，持续提高游客流量和服务品质。

（3）文旅协同，数据应用

新模式新应用构筑文旅数字经济产业。为实现更多端口的文旅大数据

---

① 《乐山市文旅大数据中心数字文旅发展模式》，中国旅游新闻网，http://www.ctnews.com.cn/m/2022-01/27/content_118460.html。

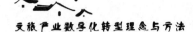
融合形成基于"市域、县域、景域"三级联动指挥调度的新应用，乐山找准文旅数字经济新增长点释放协同效应，推动乐山文化和旅游产业技术引领、市场互通和资源共享，加速形成乐山文化和旅游产业增长极，构筑全域开放、生态共荣的文旅数字经济产业。

3. 特色亮点

（1）综合管理，优化体验

形成"一机游""一机管"全域文旅大数据公共服务平台，解决了政府侧、景区侧、企业侧和游客侧分别需要什么数据的问题。对政府管理部门而言，不仅提供了全域旅游大数据分析，而且进一步提升了产业监测和行业监管能力。对景区而言，提供了全域旅游公共服务，实现了旅游营销与宣传、旅游舆情与投诉管理的诉求[①]。平台还为游客提供了"一机游""一码游"数字化应用服务，打造了优质在途服务体验。

（2）业态升级，模式创新

"文旅行业云"通过"一云、两中心和多终端"，初步实现了"人在游、数在转、云在算"的文旅新业态、新模式。乐山市全域旅游大数据中心汇聚了市内旅游业的全量数据，通过整合全域文旅行业1200多条路实时视频监控，构建了全域消费画像、游客画像以及舆情监测，实时展示全域文旅态势，为乐山市全域文旅决策和指挥调度提供了有力的数据支撑。

（3）数据共享，互联互通

"文旅行业云"立足旅游业监管、营销、服务三大维度，打造了32个子系统。消除了"数据孤岛"，实现了数据的互联互通互享，通过云服务为涉旅单位提供低成本、专业性和开放性的营销与管理服务产品。截至2022年10月，"文旅行业云"已赋能乐山市8个中小景区信息化建设，"云订单"数据超400万笔，累计售票超1300万张，交易额超8亿元，累计服务游客约500万人次[②]。

---

① 《数字化创新实践案例｜"文旅行业云"推动全域文旅数据汇聚》，文旅中国，https://m. thepaper. cn/baijiahao_ 20460614。

② 《数字化创新实践案例｜"文旅行业云"推动全域文旅数据汇聚》，文旅中国，https://m. thepaper. cn/baijiahao_ 20460614。

（三）杭州文管在线：构建文化旅游产业闭环

1. 基本概况

杭州市文化广电旅游局申报的"'文管在线'推进实现文化数字化治理"项目成功入选国家级"十佳案例"。该应用于 2022 年 8 月上线，应用着眼于"多跨、互通、智能、联动"的目标，协同文旅、网信、公安、交通、市场监管等 5 个部门，贯通市、县（市、区）、乡镇（街道）三级，连通全国旅游监管服务平台、省文化市场信息监管系统、"交通数字打非"系统、文旅企业 ERP 系统、网信智能监测平台等系统，调用、归集相关业务数据 53.3 万条，主要建设 3 个子场景，分别是网络文化市场监管、旅游市场监管、文化经营场所监管应用场景，实现网络内容识别、旅游团队监测、景区客流统计等 23 个功能。

杭州聚焦文化市场监管方式创新，以算力换人力，在国内率先建设"文管在线"应用，构建"一个驾驶舱、三大场景 23 个子场景、N 个多跨协同"的整体架构，形成"全量监测、实时取证、智能预警、多跨处置、多维评价"治理新模式，有效破解文化市场执法难、取证难、监管难等问题[①]。

2. 主要做法

（1）全量监测

项目针对传统人工监管方式难以做到监管全覆盖的问题，打造覆盖网络文化、旅游团队、文化经营场所等的全量监测体系：一是打造网络传播内容监测模块，二是打造旅游"吃住行游购娱"监测模块，三是打造文化经营场所运营监测模块。"文管在线"利用自动抓取和构建风险评估预判模型等手段，解决了人工核查覆盖面窄、效率低等问题，实现了对网络文化市场的全量监测和智能审核，信息处理能力显著提升。

（2）实时预警

针对文化旅游产业监管中存在的风险隐患发现不及时、响应度不够等问题，通过数字模型、数据分析比对，及时产生预警信息净化文旅市场。

---

① 《监管更智能 执法更高效——"文管在线"推进杭州文化数字化治理体系建设》，《中国文化报》2023 年 10 月 19 日，第 2 版。

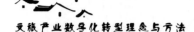

一是天眼系统时时预警，二是数字模型精准预警，三是分等级"三色"预警。"文管在线"可进行 24 小时监测，每小时审核图片 7.2 万张。监测过程中一旦出现异常情况，系统便会自动取证，并根据严重程度生成红、黄、蓝 3 色预警信息，按照"低俗""色情""暴力"等类别，通过多跨协同机制，直达相应的职能部门处置，并对处置结果进行多维评判。

（3）协同处置

针对文化旅游市场执法信息互通不够、联动联合能力不足等问题，建立跨部门跨地区的预警信息协同处置机制，形成纵向分派、横向推送的处置流转模式。"文管在线"协同文化和旅游、网信、公安、交通、市场监督管理等部门，贯通市、县（市、区）、乡镇（街道）三级，汇集旅游监管服务、"交通数字打非"、网信智能监测等系统数据，实现了"风险预警、实时取证、多跨处置、多维评价"的监管闭环，达到了实战、实用、实效的目标。

3. 特色亮点

（1）全天候智慧监管新模式

"文管在线"利用自动抓取和构建风险评估预判模型等手段，解决原有的人工核查覆盖面窄、效率低等问题，实现对网络文化市场的全量监测和智能审核，处理能力显著提升。从事后被动应对向事前风险防控转变，解决了传统线下执法模式与新时代执法需求不相适应的问题。比如，改革前，一个执法人员最多同时监测 3 名网络表演主播，每小时审核图片 1200 张；改革后，通过服务器 24 小时监测，实现每台服务器每小时审核图片 72000 张，有效提升监管效能。

（2）全方位高效联处新机制

通过重构跨部门、跨业务、跨系统的协同监管流程，创新设立三色预警处置机制、快速协同处置机制，有效形成了横向协同相关执法部门，纵向贯通市、县（市、区）、乡镇（街道）、企业预警处置智控体系，解决文化市场治理中执法难的问题①。比如，对于西湖景区周边"野导"拉客管理

---

① 《监管更智能 执法更高效——"文管在线"推进杭州文化数字化治理体系建设》，《中国文化报》2023 年 10 月 19 日，第 2 版。

顽疾，平台通过前端感知、后台智能比对研判后，直接将预警信息发送至一线作战单元进行处理，大幅提升作战和监管效率。

（3）全方面数据精准分析

"文管在线"接入全国旅游电子合同、旅行社 ERP 团队信息等基础数据，利用文字识别、结构化分析等技术，对团队旅游电子合同规范性签订情况进行智能分析，自动生成"不规范签订旅游合同""不合理低价游""同团不同价"等预警，实现旅游市场全方位、数字化监管。针对"不规范签订旅游合同""不合理低价游""同团不同价"等乱象，杭州"文管在线"应用依据近年来杭州组团、地接的 38522 份旅游合同，通过测算分析，构建一套"不合理低价游"数学模型，分析并得出旅游目的地 1 人 1 天的平均价格，并根据淡旺季、旅游目的地区块、客源地市场等维度设置了合理的阈值[①]。

第三节　文旅数字化服务延伸场景

文旅数字化已经成为文旅行业的趋势。数字化转型可以提升文旅服务的品质，更好地满足游客需求。在这个过程中，文旅行业的数字化服务延伸场景受到重视，并取得了一系列成果。本节将从理论概述、主要特征和作用意义以及相关案例等方面展开讨论，通过分析相关案例，可以进一步理解数字化服务延伸场景在文旅领域的具体应用和价值。

一　理论概述

（一）概念内涵

随着科技的不断发展和普及，数字化服务已经成为文旅行业的必然趋势。同时，服务也是企业竞争的重要因素之一。为了满足客户的需求，企业需要不断地提高服务质量，不断地延伸服务范围，以满足客户的更多需

---

① 《杭州"文管在线"应用入选全国"十佳案例"》，杭州网，https://hznews.hangzhou.com.cn/chengshi/content/2023-10/19/content_8631143.htm。

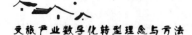
求。本书将从服务化延伸模式的概念出发，阐述文旅数字化服务延伸场景
的概念内涵。

1. 服务延伸

延伸是指事物在宽度、大小、范围上向外扩展①。服务延伸顾名思义，
指的是服务向外延展，在服务范围上扩大，在服务深度上加深，在服务内
容上增加，在服务质量上提高。

数字化服务延伸模式是指企业通过数字技术和平台构建，将传统服务
延伸至线上线下多渠道，为客户提供更便捷、个性化的服务体验的商业模
式。其核心在于整合各种资源和技术，打破传统服务的局限，实现服务的
全面升级和优化。在服务化延伸模式中，企业通过在产品上添加智能模块，
实现产品联网与运行数据采集，并利用大数据分析提供多样化智能服务，
实现由卖产品向卖服务拓展，如客户增值体验、产品优化方案等。通过这
样，服务化延伸模式可以有效延伸价值链条，扩展利润空间，成为制造业
竞争优势的核心来源。

2. 文旅数字化服务延伸场景

传统服务范围是指传统的服务模式下所覆盖的服务范围。在文旅领域，
传统服务范围包括旅游景区、博物馆、艺术展览、文化活动等，这些服务
主要通过人工导览、讲解等方式为用户提供文化与旅游体验。传统服务范
围的服务模式相对单一，难以满足用户日益增长的个性化需求，也限制了
文旅行业的发展。

文旅数字化服务延伸场景是指在传统服务范围之外，通过引入新的技
术、创新和体验设计，为用户创造更丰富、个性化的服务体验的场景。在
文旅领域，数字化服务延伸场景可以通过数字化技术和创新思维推动文化
旅游产业的转型升级，游客可以在旅游过程中，实现线上线下的无缝连接，
实现信息共享、互动体验，提升服务质量和用户满意度。

---

① 吴思思：《数字化时代背景下档案馆公共服务延伸研究》，硕士学位论文，华侨大学，2015，
第 11 页。

（二）主要特征

1. 整合信息资源

文化旅游信息资源的整合依托数字信息技术，通过线上线下联通互动，建设全方位、全链条、立体化、个性化的文化体验设施场所和服务平台，可以更好地为人民群众提供随时随地、多样化文化消费和服务。文旅数字化服务延伸场景下，通过整合各种信息资源，包括景点信息、交通信息、住宿信息等，帮助文旅行业进行精准营销，可以为客户提供更全面、更便捷的服务，提高市场竞争力，实现可持续发展。

2. 创新服务方式

文旅数字化服务延伸场景通过数智技术打破固有的单一公共服务供给模式，打造沉浸式旅游服务新模式。数字化是文化旅游服务扩展和延伸的重要支撑，促进了传统文化旅游业与科技的高度融合，创新了公共文化服务内容和形式。基于大数据的分析决策和用户画像细化终端所能提供的服务需求，为游客提供个性化、多元化、差异化的智能化服务。根据区块链后台技术的统计分析，调整服务方式和内容，推动文化服务工作更高效、服务过程更精细、覆盖范围更广泛、服务效果更显著[1]。

3. 拓展应用场景

文旅数字化服务延伸场景下，文旅消费空间从传统空间向创新型、体验型、虚拟性、临时性等空间延展，文化传播与服务呈现多渠道、多终端等特点，推动和拓展了数字科技在文化旅游产业的应用范围和应用场景，提升了游客的全过程旅游体验和文旅公共场所数字化水平，为游客和用户提供了信息查询、预览、体验等多方面的服务[2]。比如，VR、AR 技术拓宽了线上公共文化服务的应用场景，建立了云端互动体验空间，很大程度增强了用户参与线上游览、观展等活动的体验感。

---

[1] 向勇主编《中国数字文化和旅游发展报告（2021）：数智技术赋能新文旅的应用场景》，中国旅游出版社，2022，第 160 页。

[2] 《绿维文旅：数智科技 如何赋能文旅融合发展？》，新浪新闻客户端，https://news.sina.com.cn/sx/2023-02-17/detail-imyfzchv6013230.shtml。

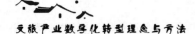
（三）作用意义

1. 升级服务品质

文旅数字化服务延伸场景不仅能够有效延长文化旅游产业的价值链，而且能够大大提升旅游产品的文化内涵和科技水平，为文化旅游的升级换代带来契机。一方面，利用数字技术可以持续收集和分析游客的行为数据、反馈意见等信息，及时发现和解决问题，持续改进服务品质。同时，也可以通过数据分析和技术创新，不断优化和升级服务内容和方式。另一方面，可以提供更加个性化、智能化的服务，提升用户体验，进而提升服务品质。这将有助于提高文旅行业的竞争力和盈利能力，推动城市的经济发展和繁荣。

2. 推动产业融合

在数字背景下，依托数字技术将信息数字技术应用到现实旅游活动的各个环节，线上线下在互动中趋于统一，从而在市场规模、组织方式和发展模式上进行革新，重塑旅游产业[①]。文旅数字化服务延伸场景也推动了旅游商业模式的创新，促进了旅游业与其他相关行业的合作与创新，推动了旅游产业链的延伸和拓展。通过跨界合作和创新合作，文化旅游业可以与科技公司和数字化平台合作开发新的服务产品和业态，从而提升服务的品质和竞争力，满足消费者日益增长的多样化需求。

3. 创新科技体验

文旅数字化服务延伸场景依托智能文旅引擎能力，并结合虚拟现实、增强现实等创新数字化技术，为用户提供更丰富的互动体验。比如，通过互动式地图、智能导览等技术，游客可以在游览过程中获得更加精准的导航和导览服务，提高游览的便捷性和舒适度，获得更加个性化、交互式的旅游体验。创新科技体验是提升文旅行业竞争力的关键因素之一。通过结合智能文旅引擎能力和数字化技术，可以创造出更加个性化、交互式、创意性和社交化的旅游体验，满足游客不断升级的需求和期望。这将有助于提高游客的满意度和忠诚度，促进文旅行业的持续发展。

---

① 龙璇、刘萍男：《元宇宙视域下旅游业数字化转型研究》，《中国集体经济》2023年第30期。

二　案例解析

（一）智慧庐山：智慧体验无限

1. 基本概况

九江庐山景区被江西省文化和旅游厅评定为江西省Ⅲ级智慧景区，"庐山智慧旅游建设和运营"入选文化和旅游部2022年文化和旅游数字化创新实践优秀案例名单，成为江西省5A级旅游景区中首家上榜的景区。"智慧庐山"建设采用"5G、云计算、人工智能"等新技术，融入了"精细化管理、智慧化服务、精准化营销"等新模式理念，着眼全域文旅产业可持续发展，建成了以"两云一中心＋四类应用"为核心的"智慧庐山"新格局①。其中，"两云一中心"包括公有云、私有云及大数据中心，用于采集及存储全网信息数据，并对数据进行计算分析和图形化呈现，为相关应用提供数据支撑；"四类应用"包括智慧管理、智慧服务、智慧营销及智慧体验等应用。

2. 主要做法

（1）整合资源，交互展示

庐山三维虚拟体验平台是基于高精度 DEM 和多时相 DOM 的自然景观场景集成系统，能够真实还原文化遗产景观和真实地形场景，是集成人文景观和自然景观等要素的基础平台②。该平台立体呈现了庐山景区丰富的旅游信息和文化内涵，支持用户对庐山虚拟场景进行操作，实现场景的任意移动和旋转，使用户能够对自然景点和人文建筑进行全方位、立体的浏览查看。平台还实现了文字、音频、视频、全景等多格式、多来源景点属性信息的一体化集成和交互展示，提供了信息丰富、交互体验好的信息展示方式，充分展现了庐山丰富的旅游信息和自然资源信息。

---

① 《数字化创新实践案例｜向"智慧"要效益，庐山发力智慧旅游建设及运营》，文旅中国，https://mp.weixin.qq.com/s/BJG3mqDwsv8-zSAX0WATJA。

② 颜稀：《庐山景区游客服务智慧平台研究与设计》，硕士学位论文，江西师范大学，2018，第23页。

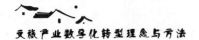
（2）交互服务，精准营销

基于庐山全域 2.5D 实景数字地图，实现应急管理和景区管控一体化、可视化。景区还开发了移动端应用，通过手机查阅信息数据、进行相关操作，实现"一部手机管庐山"。通过 PC 端、移动端，向游客提供"分时预约、预订、停车、导览、找公厕、智能客服、紧急求助、虚拟旅游、5G 直播"等交互服务，并根据地理位置及游客画像主动推送服务信息，为游客带来便利、带去安心，让游客愉快享受智慧服务。

（3）创新服务，交互体验

庐山开发应用"全域旅游电子商务系统、旅游分销及全民营销平台"，支持票务、食宿、包车、导游及文创产品等全业态产品的预订预约和全网分销，形成了从营销、预订、支付，以及渠道建设、渠道订单，到核销、结算的闭环。在用户体验方面，景区建设了智慧庐山体验中心，建成了"飞越庐山 VR 体验、翼装飞行体感游戏及 AR 互动拍照"等有趣的互动体验项目，引得众多游客参与、消费，不仅丰富了"二消"产品，也提升了旅游的趣味性。

3. 特色亮点

（1）精密化管理

庐山大数据中心汇总所有数据进行综合分析后，有效帮助管理者做出决策，可以做到"一脑全分析"。在前端，人流量、天气、舒适度等各种数据，以及对票务销售、门禁、游客数量趋势的分析判断通过综合管理智慧平台呈现，即"一屏晓全况"。这种模式提高了管理效率和质量。比如，当某个景点显示出人流量大的趋势，后台会给游客发送拥堵预警的信息，同时工作人员也会对游客进行分流，从而避免拥堵，也有效配置了景区资源。

（2）精细化服务

庐山智慧服务平台为游客提供"吃、住、行、游、购、娱"等全面的信息分类搜索服务，以及基于互联网的旅游信息分享和景区实时特价和优惠活动。景区管理人员通过智慧旅游服务平台，发布旅游目的地的各种文字、图片、视频信息，以及旅游企业的各种产品信息，游客可以通过平台获取这些信息。游客通过智慧服务平台的前端，可进行旅游咨询、信息查询、产品选择、行程设计和预订付费等操作，全方位、深度掌握旅游地各方面信息。

（3）精准化营销

庐山景区基于互联网、物联网、云计算对受众行为和营销结果进行收集、整理和分析，在获得细分市场数据，对用户需求进行细分的基础上，通过构建分析模型，从大数据中心的海量信息中智能化筛选出符合用户兴趣爱好或满足其个性化需求的信息资源，并向用户发出推送信息，为用户量身定制独特的旅行计划。以此为基准进行精准的市场定位、准确分析游客的需求，并进行精准营销，在此基础上提升旅游管理效率，提高游客的满意度。

（二）国家图书馆：数字赋能古籍活化

1. 基本概况

国家图书馆出版社是文化和旅游部主管、国家图书馆主办的中央级出版社。作为国内最大的图书馆，国家图书馆最早的馆藏可追溯到 3000 多年前的殷墟甲骨。珍品特藏包含敦煌遗书、西域文献、善本古籍、金石拓片、古代舆图、少数民族文字古籍、名家手稿等 280 余万册件[①]。敦煌遗书、赵城金藏、《永乐大典》、文津阁《四库全书》被誉为国家图书馆"四大专藏"。

国家图书馆是国内重要的古籍存藏单位，国家图书馆出版社是专业古籍出版单位，二者均承担着新时代古籍数字化工作的重要使命和责任。其中，国家图书馆申报的"国家图书馆数字赋能古籍活化"项目被评为文化和旅游数字化创新示范十佳案例，入选类型为"提升公共文化服务数字化水平"。项目主要包括三部分，一是发布"《永乐大典》高清影像数据库"，收录国家图书馆藏《永乐大典》40 册 75 卷内容，借助技术手段使大众能直观了解《永乐大典》的编纂体例、历史变迁、存藏情况等相关知识，将为

---

① 葛艳聪：《传承文明 服务学术——国家图书馆出版社古籍数字化建设的历程与展望》，《出版参考》2023 年第 11 期。

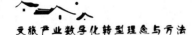

学术研究服务与为大众普及古籍知识相结合①。二是探索数字内容展示新模式，创新打造"5G 全景 VR《永乐大典》"和"中华传统文化百部经典 VR 作品"等一系列新型古籍阅读产品，为更多古籍文献等的模式创新、技术创新、服务创新提供了可参考的应用实例。三是举办"《古籍寻游记》VR 展览"，推出殷墟甲骨、居延汉简、敦煌遗书、明清档案等四个专题，为读者提供线上观展服务。

2. 主要做法

（1）打造共享知识库

国家图书馆出版社建立了中国历史文献总库这一总平台，涵盖海量的古籍资源。中国历史文献总库为数字出版提供了强大的基础，它不仅提供了底层的数据管理和基础功能，还采用统一的标准，使得所有数据都能通过资源描述进行管理。打开国家图书馆的官方网页就会发现，在"中华古籍资源库"中，不用登录就可以全文阅读超过 10.3 万部的古籍影像资源，包含文学、历史、自然科学等优秀图书，以及部分优质网文在内超过 10 万册的现当代中文电子图书，都可供读者免费阅读。

（2）创新服务方式

创新服务方式是让优秀传统文化真正"活"起来的关键，国家图书馆出版社的创新服务方式主要有以下 3 个方面。①内容的创新。针对个性化的需求，结合数字技术，在原有的内容服务之上，深入整理和挖掘。②服务方式的创新。进一步在数据库以外探索新的服务方式，特别是针对移动端提供新的服务方式。例如，在印章识别 App 中，利用手机的拍照功能，用户可以方便地将拍摄的照片上传后，利用云端进行印章的图像检索，扩展了应用场景。③商业模式的创新。在商业模式上，通过国家文化大数据体系将传统的古籍插图进行内容创作，从而由内容传播者转变为内容创作者，拥有了知识产权，将这些内容通过文化产权交易平台进行交易，扩展了商业模式。

---

① 《"国家图书馆数字赋能古籍活化"项目入选 2023 年文化和旅游数字化创新示范十佳案例》，国家图书馆，https://www.nlc.cn/web/dsb_zx/gtxw/gtxwjdt/20231013_2636216.shtml。

3. 特色亮点

（1）数字化古籍资源

国家图书馆通过数字化技术对古籍进行数字化保护，将珍贵的古籍文献转化为数字形式，数字化是解决古籍保护和利用之间矛盾、实现古籍"藏""用"并举的有效途径。这一特色亮点为古籍的保护和传承提供了创新的解决方案，推进公共数字文化资源建设，深入推进中华优秀传统文化创造性转化、创新性发展，使得更多人可以通过数字化服务接触和学习古籍文化。《永乐大典》是国家图书馆四大专藏之一，是国家图书馆的镇馆之宝。由国家图书馆联合国家图书馆出版社、北京大学—字节跳动数字人文开放实验室等研发的"《永乐大典》高清影像数据库"发布，并免费向公众开放。

（2）沉浸化创新体验

"《永乐大典》高清影像数据库"是古籍数字化技术创新与应用研究的一次全新突破，数据库以数字化形式还原了《永乐大典》原貌，让用户可以 360 度翻阅大典，有效提升了数据库的展示效果、使用效能和浏览体验[①]。利用数字还原交互技术，实现沉浸体验阅读。数据库采用可视化叙事，通过整理大典的时间、地点、事件、叙事线索，串联起大典的历史，并应用图像、动画、音效等技术手段，对《永乐大典》600 多年的聚散流变进行可视化呈现，便于公众了解这一鸿篇巨著的成书、传播和回归情况。

（3）数据化研究分析

通过数字化技术，图书馆可以对古籍文献进行数据化分析，挖掘其中的文化价值和历史信息，为学术研究和文化传承提供更多可能。数字化形态的古籍类目清晰、检索便捷，有利于研究者使用；同时又能更好地展示古籍的原貌，在版本鉴定、比勘方面具有特殊的价值，是古籍收藏、保护机构及个人，特别是文献专业师生进行教学、研究的重要工具。例如，"《永乐大典》高清影像数据库"在数据库"缀玉"板块，用户只要点击或检索大典引用书籍名称，即可将对应书目的内容全部定位，提升了大典引

---

① 《汲古慧今 古籍新生》，《中国文化报》2023 年 10 月 13 日，第 2 版。

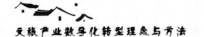
用古籍文献的利用效率，助力相关学术研究。

（三）数字敦煌：开放素材库

1. 基本概况

敦煌莫高窟始建于公元 366 年，历经 10 个朝代 1650 多年的建造，是世界现存规模最大、延续时间最长、内容最丰富、保存最完整的艺术宝库。敦煌莫高窟现存洞窟 735 个，其中保存有建筑、雕塑、壁画的洞窟 492 个，壁画 45000 平方米，彩塑 2400 余身。为避免岁月流逝和旅游开放对敦煌文物带来的持续损伤，实现敦煌石窟的永久保存、永续利用，20 世纪 90 年代初，时任敦煌研究院常务副院长的樊锦诗提出"数字敦煌"工程。

"数字敦煌"是一项保护敦煌的虚拟工程，该工程包括虚拟现实、增强现实和交互现实三个部分，使敦煌瑰宝数字化，打破时间、空间限制，满足人们游览、欣赏、研究等需求。运用测绘遥感技术，致力将莫高窟外形、洞内雕塑等一切文化遗迹以毫米的精度虚拟在电脑里，集文化保护、文化教育、文化旅游于一体①。

2. 主要做法

（1）数字采集与平台建设

敦煌研究院在不断地探索和研究中大规模开展了敦煌石窟的数字化保护工程，并且逐步形成了海量的数字资源，这些数字化资源不仅作为数字档案得以保存，还为敦煌石窟的保护、研究、弘扬提供了有力的支撑。多元化、集成化的"数字敦煌"数据库、数字资产管理系统、数字资源永久保存系统，在实现永久保存敦煌石窟艺术资源的同时，为学术研究和多元利用提供了无限可能，也为遗产的共享与传播提供了新渠道。众多精美的流失海外精品文物通过数字手段"回归"，也打通了解读"敦煌学"的线上交流之路。

（2）创意展示与多维诠释

2014 年，敦煌研究院投资建设了莫高窟数字展示中心，将数字化资料制作成影片供游客欣赏，从单一的洞窟参观转变为"数字体验+洞窟游览"

① 王悦阳：《从五次历劫，到数字敦煌》，《新民周刊》2018 年第 36 期。

的结合，让游客在进入洞窟之前就能与莫高窟"亲密接触"，大大提升了参观体验，在实体洞窟的参观时间也由 120 分钟缩短至 75 分钟。依托文物数字化成果，3D 打印洞窟框架 1：1 还原莫高窟真实场景，借助现场的可穿戴式 VR 设备，体验全景虚拟漫游节目，数字化投影、动态展示壁画效果，带给观众可感、可视、可听、可触的观展体验。截至 2024 年，敦煌研究院已在美国、阿曼等国家和地区举办"敦煌不再遥远——数字敦煌展"等数字化展览 30 多次，受到广泛好评。

（3）文化再生产和创意传播

2018 年底，敦煌研究院成立融媒体中心，运用先进平台和技术优势，对敦煌文化进行创新性挖掘。通过对文化价值的挖掘和梳理、文化 IP 的演绎和活化，以图文、短视频、漫画、直播等多形式方法推出的《敦煌岁时节令》《吾爱敦煌》《和光敦煌》等数字媒体产品，成为海内外具有影响力的文化品牌，获得良好的社会效益。2020 年双方合作上线的"云游敦煌"微信小程序，集合展示敦煌数字化创新的亮点成果，营造了数字空间里的另一个敦煌。为提升公众对文物保护的意识，敦煌"数字供养人"计划上线，接续敦煌传承千年的"供养人"传统，用户可以通过社交媒体进行捐赠并成为"石窟供养人"，以数字众筹的模式共同守护敦煌的下一个千年。

3. 特色亮点

（1）技术助力文化资源"确权"

让中华优秀传统文化"活起来"离不开"开放"，但"开放"的同时也带来了数字文化遗产误用、滥用、版权纠纷等问题。好在技术演进为这些难题带来了破解之道，以区块链技术为核心的版权确权解决方案成为业内热议话题。敦煌研究院数字化团队基于腾讯区块链技术的确权保护功能，让每一例素材的授权使用均可查证，保障版权方的合法权益。同时，数字敦煌开放素材库通过数字化平台极大提高审批效率，既实现了素材库高效、便捷开放，也为素材管理和版权管理提供了支持。

（2）开放助力文化资源服务全民

敦煌研究院多年来的数字化实践，是文化遗产和社会力量合作，持续

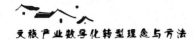

深入地与大众共享共创之路：从"数字敦煌"资源库向全球开放数字资源，到"敦煌诗巾"等通过数字化创意吸引大众参与，再到"数字敦煌开放素材库"开启共享共创的新阶段①。2023 年 6 月，甘肃省文物局、敦煌研究院报送的"数字敦煌开放素材库 助力文物资源全民共享"项目入选文物事业高质量发展十佳案例。

（3）数据驱动文化资源与服务优化

从 30 个洞窟整窟高清图像和全景漫游节目全球共享，到"云游敦煌"微信小程序超过 2 亿人次参与线上互动，再到数字敦煌文化大使"伽瑶"上线②，经过多年努力，敦煌研究院已建立起一整套文物数字化采集、加工、存储、展示等关键技术体系，形成海量数字化资源，实现了中华优秀传统文化创造性转化、创新性发展。基于"数字敦煌"的海量数字资源，结合空间定位、虚实融合等技术，相当于在莫高窟创造了一个虚拟孪生世界，实现了"窟内文物窟外看"的新尝试。

第四节　文旅数字化个性定制场景

随着社会的发展，消费者的需求逐渐向多样化、个性化演进，个性化定制逐渐成为行业核心能力竞争的主赛道。文化旅游业作为一个融合了文化、旅游和数字化技术的综合性产业，更是需要借助个性定制来实现差异化竞争。文旅数字化个性定制场景的出现，不仅能够提升消费者的满意度和忠诚度，也能够帮助企业实现更高的盈利和市场竞争能力。

一　理论概述

（一）概念内涵

随着"互联网+旅游"的兴起和数字技术的发展，旅游业获得了提质升

---

① 《数字敦煌开放素材库 助力文物资源全民共享》，国家文物局微信公众号，https://mp.weixin.qq.com/s/DzJVv7nEPcWLJVRGkrQk8w。

② 王锦涛：《"数字敦煌"张开文化传播翅膀（倾听）》，《人民日报》2023 年 2 月 16 日，第 7 版。

级般的发展。同时，旅游消费者的个性化潜在需求越发明显，生产决定消费的时代正在转向消费决定生产的时代，用户个性化需求被充分释放。在文旅数字化转型的背景下，本部分将从个性化定制概念出发，来阐释文旅数字化个性定制场景的概念。

1. 个性化定制

个性化定制是一种在通用产品上，根据特定需求添加具有个人特色、符合个人特点和需求的服务方式。旅游业作为与个人密切相关的行业，国内外定制服务及其研究也早已展开。早在 2002 年，Gunn 等国外学者就提出，如果要让旅游者真正参与到产品设计的过程中，就必须采用"定制"的方式[①]。只有这样，旅游支出总效用最大化的目标才能实现。

个性化定制有以下两个特征。其一，消费者需要通过一定方式主动地将其个性化的需求信息传达给商家，这是定制与非定制的首要区别。非定制产品在研发、设计和营销等环节都由商家负责收集和分析目标客户的需求信息。定制产品的设计或生产过程离不开消费者的参与。消费者通过参与这些过程，将其个性化的需求信息传递给商家。其二，定制产品或服务的属性特征根据消费者的需求进行调整，以满足消费者的个人偏好。商品属性因消费者的特殊需求而有了新的特征。这也就意味着产品或服务提供商在消费者参与之前，无法完成商品的生产[②]。

数字经济时代，数字化赋能顾客使得顾客的需求更具差异化和个性化。为满足顾客的差异化与个性化偏好，个性定制对众多企业来说都是非常适宜的战略选择[③]。在企业定制实践中，数字化赋能有利于企业更加精准地洞察消费者的个性化需求，以及创新产品和工艺设计方案，从而实现柔性制造和定制化生产，为顾客提供更高质量、更加个性化的产品或服务。

---

①　Gunn C A, Turgut V, *Tourism Planning：Basics Concepts Cases*（4th ed.），New York：Routledge，2002.

②　温明超、陈彦凤：《数字时代个性化定制的特征与分类》，《新经济》2023 年第 1 期。

③　汪淋淋、王永贵：《制造企业的定制化战略类型识别与选择研究——基于数字化赋能视角》，《西安交通大学学报》（社会科学版）2023 年第 2 期。

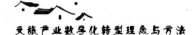
2. 基于云计算的旅游个性化定制服务

基于云计算的个性化定制旅游服务与传统旅游定制服务最大的不同就在于"定制",它是在互联网+、大数据和云计算等新兴技术环境下成长起来的一种崭新的概念和方式①。它可以通过数据分析来确定每个人的特殊需求,从而进行新的市场营销组合,更好地迎合游客的特殊需求。它的应用主要在个性化内容推荐服务、个性化导游导航服务、个性化旅游纪念品定制服务这三个方面。

个性化内容推荐服务是指以游客在吃、住、行、游、购、娱各大旅游元素中所产生的习惯信息为依据,为游客提供的针对性内容推荐服务。通过海量的数据分析,对游客的旅游行为以及消费动向进行预测,进而向游客推荐其感兴趣的产品和服务,实现精准营销。OTA 网站或 App 上所能见到的推送功能,也是个性化推荐的一种表现形式,同时也具有一定的推荐效果。然而,基于云计算技术的个性化内容推荐却远不止于此。云计算个性化推荐与传统推荐不同,它综合运用了饭店、酒店、交通、景区、商场、娱乐场所等的游客消费行为信息,经过大数据分析消费行为趋势,以消费趋势为内容推荐导向。与此同时,它还涉及智能代理技术、信息过滤技术、数据挖掘技术、知识发现技术,从而支撑该服务的实现。

个性化导游导航服务包括导游带领服务和地图导航服务两类。导游带领服务指在云计算所提供的导游分类列表下,根据顾客的独特需求,向其提供外语导游、地方方言导游、当地人向导等不同的近距离的导游服务类型。云计算管理下的导游,其服务质量和服务态度将被实时监控和记录,监控的实现途径包括游客星级评价和游客留言评价,同时,与此相对应的是导游对游客的反馈。在这两者评价的过程中所产生的信息将记录在数据仓库当中,供国家或地方文旅部门使用,用于优化旅游氛围,从整体上提高旅游市场质量,实现国家旅游业良性发展。而基于云计算的个性化导游

---

① 刘晓艳、董坚峰、罗香龙等:《基于云计算的旅游个性化定制服务研究》,《电脑知识与技术》2019 年第 4 期。

导航服务是指，在利用现代 GPS 定位技术的基础上，结合 PPD 定位、蓝牙定位、Wi-Fi 定位、北斗定位以及 GPS/CDMA 移动通信定位等技术，通过百度地图、高德地图、腾讯地图等导航软件，为用户实现实时定位和路线导航的服务。在用户产生制订旅游计划、购买出行车票、查询旅游地信息等行为时，后台随之记录数据并同时分析游客意愿出行目的地，从而为其提前规划最优旅行路线、提供旅行套餐选择。在提供个性化导航服务之前，旅游企业需要确定游客的行为偏好、旅游地游客最大容量数、实时在线人数等信息。针对不同游客对旅行目的地的要求，提供具有特色的路线服务。基于位置服务的个性化推荐比传统互联网的个性化推荐对推荐引擎的要求更高，前者可以为游客提供更加准确、实时、人性化的导游导航服务。

个性化旅游纪念品定制服务是指，通过云计算完成对旅游者纪念品偏好信息的收集、整理、分析，最终为旅游者定制其喜爱的纪念品的过程。纪念品制造商可以通过对云计算收集的游客纪念品偏好信息进行分析，从而做出生产决策。借助科技为游客定制专属的特色旅游纪念品。

3. 文旅数字化个性定制场景

文旅数字化个性定制场景是指利用数字化技术和个性化定制理念，通过对游客的需求进行深度挖掘和分析，为游客提供更加符合其个性化需求的旅游产品和服务。文旅数字化个性定制场景的发展趋势是多样化和智能化。随着消费者需求的不断升级，文旅企业需要不断创新，推出更加多样化、个性化的旅游产品和服务。

（二）主要特征

1. 个性化推荐

云计算下的大数据推荐机制对文旅数字化个性定制场景的发展起到了良好的推动作用。大数据诞生于海量的游客行为，通过有效利用这些不断积累的数据资产，平台方能全方位地参与用户洞察与特质分析。基于用户画像的个性化旅游推荐技术，通过用户画像刻画用户的旅游情境特征、景点兴趣特征和景点属性情感特征，结合关联规则推荐和相似用户推荐对用

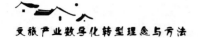

户进行个性化的景点推荐①。

2. 场景化服务

文旅数字化个性定制场景可利用云计算技术打破时空局限，让游客置身于特定的文化、历史或自然场景中，通过数字化技术为他们提供"私人定制"化沉浸式体验。场景化服务是指利用数字化技术，为游客提供与特定场景相关的个性化服务和体验。通过空间和场景的重构，实现了文化和旅游的深度融合，为中华优秀传统文化传承、传播提供了更好的体验场景。

3. 智能化体验

在消费模式转型、数字化建设与实体服务深度融合的趋势下，文旅产业正在向个性化、多样化、重体验等方向发展。文旅数字化个性定制场景下，利用数字技术对文旅产业进行全方位、多角度、全链条的改造，激发了文旅产业创新动力，打造了主动性强、品质化、沉浸式的数字化新文旅，营造了良好的旅游消费环境，为游客提供了更丰富的智慧旅游体验。

（三）作用意义

1. 满足游客个性化需求

新时代消费者的需求充满个性化、多元化和张扬性，更加注重追求体验化和品质化②。数字文旅的发展也正是顺应了消费者需求的变化，在文旅数字化个性定制场景下，推动了数字技术与文旅体验的融合应用，通过数字技术精准分析旅游市场需求，不断拓展消费者的体验内容、体验方式和体验质量，从而精准满足数字时代消费者多样化的行为体验需求和深层次的心理需求。

2. 提升产品质量和价值

在文旅数字化个性定制场景下，旅游产品和服务不再是单一的景点和文化旅游产品，而是可以根据消费者的需求和偏好进行个性化定制，深入挖掘、整理、提炼文化精髓，让优秀文化融入旅游发展中，并借助数字技

---

① 班航：《基于旅游大数据的用户画像建模及个性化推荐研究》，硕士学位论文，安徽工程大学，2023，第 33 页。

② 胡优玄：《基于数字技术赋能的文旅产业融合发展路径》，《商业经济研究》2022 年第 1 期。

术的应用让文化"活"起来，从而创造出备受新时代消费者青睐的文旅产品。这种模式不仅能够促进当地文化传承和保护，还能够激发文旅产业的创新活力，推动文化旅游产业向更加多元化和个性化的方向发展。

3. 提高服务水平和竞争力

在国际国内经济双循环的背景下，数字文旅新业态为消费市场多元化、个性化需求的满足提供了新动能，消费者对于旅游产品和服务的需求不断变化，而那些能够提供个性化定制服务的文旅企业将会更具竞争力。文旅数字化个性定制场景帮助文旅企业树立差异化竞争优势，吸引更多游客选择并认可其产品和服务，提升游客满意度和忠诚度。同时助力文旅企业树立品牌形象，增强企业竞争力，推动行业的健康发展。

二 案例解析

（一）故宫博物院："智慧开放项目"

1. 基本概况

故宫是世界文化遗产、国家 5A 级旅游景区。2018 年起，故宫博物院数字与信息部同专业地图团队合作，对故宫开放区域 600 多个建筑、展厅、服务设施位置信息精确采集，采用 GPRS 导航技术、LBS 定位技术、360 度全景技术等，集成大众喜爱的紫禁城祥瑞、故宫美图、特色路线，打造集指路、百科与闲聊于一体的 AI 专属导游，推出了"玩转故宫"小程序，满足了不同观众的个性化游览需求[①]。在 2021 年 12 月发布的数字故宫小程序 2.0 中，"玩转故宫"全新升级为"智慧开放"项目，除继续优化地图导航服务，更以开放服务面临的突出问题为导向，从运营管理、服务质量、游客需求、开放安全、古建筑安全保护等多个维度抓取核心问题，扩展在线购票、预约观展、在线购物等实用板块，新增游客参观舒适指数查询、无障碍路线查询等功能，将"零废弃""适老化""无障碍"等理念融入开放服务中，并对 AR 实景导航在故宫场景应用进行了探索。从"玩转"导航的

---

① 《故宫博物院"智慧开放项目"》，中国旅游新闻网，https://www.ctnews.com.cn/content/2022-01/30/content_118333.html。

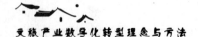

小助手，到更智能、更友好、更简单的开放服务平台，故宫博物院公共服务水平迈上了新的台阶，也向"智慧博物馆"一站式参观体验的建设历程迈出了新的一步。

2. 主要做法

（1）AR+全景，智能体验

全景技术的接入突破了传统博物馆参观时间和空间的限制，用户可随时浏览全景故宫，即使不在故宫或是在故宫闭馆日，也可以独享"空无一人"的紫禁城。增强现实（AR）技术为观众提供沉浸式的智慧导览体验。通过增强现实（AR）技术，深度挖掘和释放传统文化内涵，并以虚实融合一镜到底的直观体验进一步满足游客对于学习传统文化、了解故宫故事、提升游玩便利性和互动趣味性的需求。"AR故宫"集成了基础地图、微信和地图AR的关键数据和能力，提供沉浸的、连续低延时的空间交互体验。

（2）科技赋能，智慧服务

GPRS导航技术、LBS定位技术为游览提供了精确的位置服务。通过数字化手段与故宫实体场景结合，观众可以通过位置查找功能快速到达目的地，也可以根据基础设施信息就近获取服务，满足院内导航需求。大数据分析为观众提供故宫游览所需的位置查询、客流舒适指数、路线规划等精准的地图服务。AILab的"图像描述生成"技术优化了无障碍体验，新增图像语音即时描述功能，解决了地图上建筑的无障碍播报问题，支持地图元素在无障碍场景下的焦点顺序播报以及点击播报。视障人群可通过声音获取地点、道路、推荐路线、景点讲解等信息，与普通用户一样无障碍地使用地图服务。

（3）AI导游，个性推荐

AI可为观众提供私人专属的智能讲解、语音问答、知识百科语音互动服务，满足其多样化个性化的旅游需求。AI交互技术提供了拟人化导游助手，结合强大的地图导航能力和故宫知识图谱数据，实现精准互动，使观众的问题能够直接返回指定答案，使得获取信息更直接，阅读成本更低。基于12万条故宫知识语料及来自一线的游客常见问题收集，AI数智人可预测观众大部分关于开放信息的提问，并主动推荐相关内容。

3. 特色亮点

（1）旅游服务个性化

"玩转故宫"为观众提供旅行前、中、后全环节的数字服务。行前可预约门票、规划路线；游览中，可利用位置服务引擎快速查询最近的古建筑、展览、餐饮、商店、卫生间、出入口等设施位置，并支持个性化路线选择。全程陪伴的 AI 专属导游基于 12 万条故宫知识库，提供建筑讲解、语音交互及百科问答服务，满足多样化个性化的旅游需求。

（2）开放管理智慧化

通过大数据，开放管理部门能够识别差别化、个性化的服务需求，更有效地从运营管理、服务质量、游客需求、开放安全、古建安全保护等多个维度聚焦核心问题，提升公共服务效率，为监管提供了技术支撑。比如，基于位置（LBS）的大数据可实现开放信息的及时更新及路线指引；地图每 5 分钟更新一次，通过舒适度功能实时展示故宫客流，既为游客提供路线参考，又能有效疏导人群，避免拥堵造成的安全隐患。由游客行为形成的大数据可帮助游客优化疏导策略，缓解运营压力。

（3）文化创新发展场景化

文化资源借助 VR、5G 等数字技术"活起来"，推动馆内管理与保护、文物价值挖掘、参观体验优化，推动文旅产业商业模式的变革，提升文旅产业有效供给水平，开拓文旅产业发展新空间。比如，"传给故宫""故宫书店"等服务，依托数字技术提供了更流畅的游览和购物体验，通过线上线下的场景结合，为观众减轻参观负担，提供更多消费选择。游客回到家后，数字故宫小程序仍可持续提供花样赏文物、慢直播等服务，带领观众以另一种形式了解故宫、走近故宫。

（二）"携程问道"：旅游行业垂直大模型

1. 基本概况

携程问道是由携程自研的旅游行业的首个垂直大模型，其模型参数超过百亿规模。"携程问道"作为垂直大模型，筛选 200 亿高质量非结构性旅游数据，结合携程现有精确的结构性实时数据，以及携程历史训练的机器人和搜索算法，进行了自研垂直模型的训练，能更精准地理解用户在旅行前中后期的需求意图，并实现快速响应。相较于目前市面上常见的通用大模型来说，携程问道的最大优势是其在旅游行业的垂直深耕。此次发布的携程问道，目前已具备两大方面的能力：一是对用户明确的需求可提供查询和引导预订的服务。用户可直接发送文字、自然句长语音进行机票、酒店等产品预订。二是对用户尚未确定的需求进行智能化的出行推荐服务。用户提出想法，携程问道可推荐旅行目的地、酒店、景点等行程规划和优惠预订选项。

2. 主要做法

（1）AI技术实现精准推送

智能社会背景下，旅游业作为"难以自动化的精神需求行业"，其需求会随着整体社会富裕程度的提升而增多，在经济中的占比也会扩大，旅游的消费需求将会越来越重要，并具有增长空间。而AI技术的介入为旅游业更加精准匹配供需创造了条件，从而推动旅游业消费升级。在携程问道等产品中，携程希望为用户提供"可靠的内容，放心的推荐"，更好地服务用户。携程利用长期积累的旅游数据训练语义理解、信息抽取、信息摘要等模型，深度应用于服务处置流程。同时，结合旅游场景的特点，持续优化和提升模型准确性。

（2）数据支撑内容产品

为了解决通用生成式人工智能（AIGC）的问题，打造旅游业"可靠答案库"，携程在智能算法基础上，对酒店、景点、行程等常用主题推荐进行人工校验，并形成"携程口碑榜"[①]。但由于旅行与热点趋势紧密相关，用户也希望避开价格高峰，"携程热点榜"和"携程特价榜"应运而生，这一组榜单也成为具有携程特色的代表性内容产品。基于真实、庞大的用户交易和点评大数据，以及对供应链的深度理解，携程的此系列榜单产品得以具备强大的技术支撑、精准的流量定向分发和产品的交易联动能力，在为

---

① 雷霁：《AI赋能 打开旅游业无限可能》，《云南经济日报》2023年7月20日，第3版。

用户做出出行决策、提供优质内容的同时，也能更好地服务于目的地和供应链。

3. 特色亮点

（1）个性化推荐

通过大数据分析和人工智能技术，系统能够根据用户的个人喜好、偏好和需求，为其量身定制旅行方案。这种个性化定制不仅能够满足用户对独特旅行体验的追求，还能够提高用户的旅行满意度和忠诚度。智能推荐系统为用户提供个性化的目的地推荐和行程规划。系统能够根据用户的出行时间、预算、偏好等因素，为其推荐最适合的目的地和行程安排，帮助用户节省时间和精力，提高出行效率。

（2）定制化服务

除了传统的行程安排和酒店预订外，携程问道还提供了丰富的定制选择，包括特色美食推荐、当地文化体验、个性化导游服务等。这些多维度的定制内容能够让用户在旅行中更好地融入当地文化，感受当地风土人情，从而获得更加丰富和深刻的旅行体验。

（3）实时化反馈

用户在使用系统进行旅行定制的过程中，可以随时与系统进行互动，提出自己的需求和意见。系统能够根据用户的实时反馈，及时调整和优化旅行方案，确保用户获得最满意的个性化定制服务。

（三）南京大报恩寺：元宇宙"全真互联"博物馆

1. 基本概况

大报恩寺遗址位于江苏省南京市老城正南门，总面积超过 25 万平方米。作为明代最重要的皇家寺院，大报恩寺规模宏大，占地超过 400 亩。首座"全真互联博物馆"在江苏南京大报恩寺遗址博物馆上线，该博物馆由南京文投集团大明文化文都云与腾讯云联合打造，致力于通过 VR/AR、AI、数字孪生等技术，为游客带来沉浸式的参观体验①。

---

① 《让文物"活起来"，腾讯云助力大报恩寺遗址博物馆打造全真互联游览体验》，中国日报中文网，https://cn.chinadaily.com.cn/a/202304/11/WS64352e3ca3102ada8b237cd2.html。

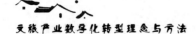

大报恩寺元宇宙空间互动体验以宝塔幻界、元启未来为主题，共分为八个关卡，包括《千年对望》、《琉璃拱门》、《地宫圣物》、《莲池海会》、《南朝四百八十寺》、《舍利佛光》、《报恩圣境》和《宝塔奇缘VR互动》。这八个关卡与博物馆中的八个重点景点一一对应。项目方在大报恩寺遗址博物馆中设置了多个交互装置点位，当游客走到这些点位时，将触发线上空间互动的功能。这种融合了线上和线下的游览方式让整个体验更加丰富、生动，让沉淀的数字资产更具活力。

2. 主要做法

（1）数字技术+场景化服务

以古代大报恩寺遗址场景为蓝本，通过云、地图LBS、AR等数字技术，打造AR交互小程序。游客通过手机端微信扫描AR识别码或文物实体，可实时看到古琉璃宝塔、琉璃拱门、石函、铁函和阿育王塔等文物3D模型与现实空间结合的实时图像，模型完全根据真实文物再现，细节更丰富，颜色更璀璨，游客的视觉与交互体验进一步升级。AR技术也被用到了整个博物馆的导览服务中，游客只需扫描周围环境即可实现导航，辅以文字及语音版的详细景点解读，让游客在游览的同时了解文物背后的故事。

（2）数字交互+个性化体验

通过XR、影视CG级场景建模、数字人等技术，游客可通过小程序在"大报恩寺遗址博物馆全真互联空间"创建专属的个人数字形象，像玩游戏一样根据任务线索探寻景区内舍利佛光、报恩体验馆、大报恩寺琉璃塔等八大景点，通过数字化互动方式传递景区历史故事和文化内涵，具体的互动内容包含浇灌报恩林、烹饪素托荤、求签解签、忘忧等。在顺利通过八大互动挑战点后，游客还能得到系统自动生成的"穿越报告"，涵盖体验总时长、互动项目数、完成报恩任务数以及福币奖励等信息。

（3）虚实交互+创意融合

大报恩寺"全真互联博物馆"以全新方式、全新视角、全新科技与大报恩寺遗址深厚的历史文化积淀融合，通过数字技术重现沉睡千年的琉璃宝塔和地宫圣物，并引入业界领先的交互设计，让游客仅仅通过小程序就能身临其境地进入博物馆中感受历史。大报恩寺全真互联博物馆创新性地探索了科技、文化与博物馆的深度融合路径，从线上线下的体验互补、文物遗迹的保存与复原，到文化传播渠道的拓展，均走在了行业前列，成为科技与文化相结合的历史遗迹公园的代表。

3. 特色亮点

（1）"数字人"实现定制化游览

要开启全真互联元宇宙博物馆之旅，第一站先创造一个数字形象。扫描装置就是通往虚拟世界的大门，游客只要站到装置中，一两分钟后，就能在大屏幕上看到属于自己的虚拟形象出现在了虚拟世界的大报恩寺遗址当中。"扫描结果"会出现在旁边的大屏幕上——一个基于现实人物生成的数字虚拟人，穿着华美的汉服，精致的发饰都清晰可见，整个造型十分萌趣可爱。扫描屏幕上的二维码，就可以将专属于自己的虚拟形象保存下来。接着，扫码打开大报恩寺遗址景区的小程序，从中进入"报恩圣境元宇宙"，便可以用自己的虚拟形象开启奇妙之旅——在实地游览场馆的同时，也在虚拟世界中同步穿梭。

（2）情景交互带来个性化体验

传统游客在参观博物馆时，因为专业知识背景的限制，可能难以理解一些文物，游览体验便没有那么好。而通过丰富的互动体验，加上现有的数字化先进技术，博物馆能让游客在参观中自行探索，并与他们建立情感连接[1]。比如，当游客走到琉璃拱门附近时，手机便会提示"感应你已经来到附近，是否前往查看？"这样一来游客不仅能观赏现实中的琉璃拱门文物，还能够通过元宇宙看到历史中的琉璃拱门和与之遥相呼应的琉璃宝塔的原貌。此外，虚拟空间中的趣味小游戏和情景互动也能增进游客对文物的多面认识，使参观从被动观看变成主动探索。

（3）线上线下实现全真互联

普通的数字化博物馆是将现实中的藏品进行扫描、建模上传，而全真

---

① 邢虹、储宜甦：《一边实地游览场馆 一边穿梭虚拟世界》，《南京日报》2023年4月11日，第A3版。

互联则是一个更具可持续性的过程。在全真互联空间搭建的过程中，可以从一个小的区域开始不断扩建，逐渐扩大成一个生生不息的、可持续的区域，这与现实生活中博物馆不断增加新文物、更迭升级的做法类似。相较于传统数字博物馆，全真互联元宇宙体验空间更加生动、更为贴近生活，在大报恩寺遗址博物馆中设立了多个交互装置，使线上线下融为一体，让数字资产更为活跃，突破了传统单一模式的游览体验。

第五节　文旅数字化应急管理场景

应急管理作为国家治理体系和治理能力的重要组成部分，是保障人民群众生命财产安全和维护社会稳定的重要基础工程。文化旅游业如何应对突发事件的应急管理成为生存发展的必答题。当前，立足数字化转型的发展背景，将数字化转型与应急管理建设相结合，构建文旅数字化应急管理场景，对提升文旅行业的安全性和服务质量具有重要意义。

一　理论概述

（一）概念内涵

旅游业涉及范围广、易受冲击，各种突发事件可能会对旅游业的顺利发展产生影响，引发行业危机[①]。频发的旅游突发事件严重影响了旅游业的平稳发展，应急和突发事件受技术因素、自然环境变化的影响更加显著，传导效应和溢出效应的叠加致使危害程度不断扩大，亟须构建高效合理的应急管理体系，以应对复杂的旅游安全形势。数字技术的引入非常符合当今"情景—应对型"应急管理的需求，新形势对应急管理体系提出新要求，构建现代应急管理体系应将推动数字化转型作为关键手段。本节将联系数字化转型下应急管理体系的概念和内涵来阐述文旅数字化应急管理场景的概念。

---

① 叶鹏、丁鼎、张雪英：《大数据驱动的旅游突发事件应急管理体系研究》，《电子政务》2017 年第 8 期。

1. 应急管理体系数字化转型

应急管理体系是由政府和其他各类社会组织构成，旨在应对突发事件的整合网络，包括法律法规、体制机构（公共部门和私人部门）、机制与规则、能力与技术、环境与文化[①]。也可以认为，应急管理体系指应对突发公共事件时的组织、制度、行为、资源等相关应急要素及要素之间关系的总和[②]。

应急管理体系数字化转型，指以提升整个应急管理体系的质量和效率为目标，以互联网、大数据、AI 等数字技术与应急管理体系融合为主要手段，推动应急管理体系变革和升级的过程[③]。应急管理体系数字化转型主要包括三方面：一是技术工具的转型，如互联网、大数据、AI 等数字技术在应急管理体系中的运用，及其围绕应急管理推动的产业化过程；二是管理决策机制的转型，由经验型、被动型、常规化的传统决策体系向由数字技术支撑的知识型、主动型、敏捷型决策体系转变；三是制度和文化的转型，推动垂直化、行政性、中心化的应急管理制度和文化向数字技术支持的互联互通、协同共享方向进行适应性调整变革，构建网络化、专业化、现代化的应急管理体系。

应急管理体系数字化转型的重心在管理层面。应急管理体系数字化转型和工业、农业、服务业等产业的数字化转型不同，其核心不仅是在生产经营等技术流程方面，应该更强调管理层面的数字化转型。具体来看，应是与应急活动有关的预案计划、组织协调、过程控制等管理过程的数字化。应急管理体系数字化转型的核心任务应着眼于提升事前应急风险的认知能力、应急预案的智慧化水平，事中应急处置的效率水平和敏捷程度，事后的重建恢复能力以及知识经验的总结能力。

协同互联互操作是应急管理体系数字化转型的基本准则。协同和互操作性是构建应急管理体系的重大挑战。从组织层面看，应对大规模的灾难

---

① 薛澜：《中国应急管理系统的演变》，《行政管理改革》2010 年第 8 期。

② 高小平：《中国特色应急管理体系建设的成就和发展》，《中国行政管理》2008 年第 11 期。

③ 张伟东、高智杰、王超贤：《应急管理体系数字化转型的技术框架和政策路径》，《中国工程科学》2021 年第 4 期。

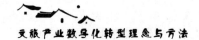

性事件通常需要超出任何单个组织的资源和能力，导致应急管理参与者通常具有不同的组织背景；打破参与者的组织壁垒非常关键，相应组织层面的协同成为应急管理的重要方面。从信息和数据层面看，基于信息和数据具有异构、分散的特点，加强数据层面的协同和互操作对于构建高效同步的应急管理体系至关重要。

2. 文旅数字化应急管理场景

应急管理场景是指在自然灾害、事故、恐怖袭击等突发事件发生时，组织和个人所处的环境和情境。它涵盖了各种应急事件发生时的现场情况、应急资源、人员组织、指挥调度等方面。

文旅数字化应急管理场景是指利用数字技术和信息化手段，对文化旅游景区的应急管理系统进行优化和升级，以提高应急响应能力和管理效率。具体包括：景区实时监测、应急预警系统、景区通信网络、应急资源调度、游客定位与管理、应急演练与培训、数据共享与协同。

（二）主要特征

1. 信息化

信息化是指利用信息技术对信息资源进行开发、利用和管理的过程。建立基于大数据和人工智能的应急预警系统，可以通过数据分析和模型预测提前预警可能发生的突发事件。在文旅数字化应急管理场景中，信息化可以帮助管理者及时获取各种应急信息，包括突发事件、游客需求、资源调配等。通过信息化手段，可以实现信息的快速传递、共享和分析，提高应急管理的效率和准确性。

2. 智能化

智能化应用在应急管理中发挥着重要的作用，可以通过安装传感器和监控设备对景区的人流、车流、气象等情况进行实时监测，以便及时发现异常情况。比如，智能监控系统可以实时监测景区内的人流、车流等情况，及时发现异常情况并进行预警；智能调度系统可以根据实时数据对资源进行合理调配，提高救援和应急处置的效率。

3. 协同化

文旅行业涉及多个部门和多方利益相关者，应急管理需要各方的协同配合才能更好地应对突发事件。建立景区内部和与外部救援机构的数据共享平台，实现信息共享与协同，提高应急响应的整体效率和效果。数字化技术可以帮助不同部门和单位之间实现信息共享、资源共享和协同决策，提高整体的应急管理水平。

4. 可视化

可视化是指通过图表、地图、虚拟现实等手段，将数据和信息以直观的方式展现出来。在应急管理中，可视化技术可以帮助管理者更直观地了解应急情况，做出更准确的决策。比如，通过地图可视化，可以清晰地展现出突发事件的发生地点、周边资源分布等信息，有利于快速决策和资源调配。

（三）作用意义

1. 提高应急响应能力

在传统的应急管理中往往需要大量的人力物力投入，而且反应速度较慢。而在文旅数字化应急管理场景下，可以实现对旅游和文化场所的实时监测和预警，一旦发生突发事件，可以立即启动应急预案，迅速采取措施，最大限度地减少损失。这对于保障游客和文物的安全至关重要。在旅游景区或酒店等文旅场所发生突发事件时需要快速响应和处置，而传统的纸质应急预案和手工报警系统往往效率较低。通过数字化技术，可以实现信息的快速传递和实时监控，提高应急响应的速度和准确度，减少突发事件造成的损失。

2. 提升管理效率

传统的应急管理往往依靠人工手段，效率低下，容易出现信息不对称和沟通不畅的情况。而文旅数字化应急管理场景下，通过信息化系统，可以实现信息的快速传递和共享、实时监控和预警、快速响应和决策，大大提高了管理效率。比如，通过实时监控系统，可以及时发现火灾、地震等突发事件；通过应急预案管理系统，可以快速调动资源和人员；通过信息共享平台，可以及时发布应急通知和指南，提高了应急管理的及时性和有效性。

3. 提升服务质量

在旅游和文化场所，应急管理是保障游客和员工安全的重要环节。数

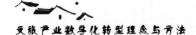

字化技术的应用可以极大地提高应急管理的效率和准确性。数字化技术可以实现客户信息的快速获取和分析，帮助文旅企业更好地了解客户需求和行为习惯，从而提供个性化的服务和体验。同时，文旅数字化应急管理场景还可以实现游客与企业的快速沟通和互动，提高客户满意度和忠诚度。

二　案例解析

（一）黄山风景区：大数据精细化运营监管新探索

1. 基本概况

黄山，古称黟山，位于安徽省黄山市境内。黄山风景区为首批国家级重点风景名胜区，是中国十大风景名胜区之一、世界文化与自然遗产、世界地质公园。黄山风景区管委会响应安徽省委、省政府要求，聚焦项目建设，打造数字化管理新体系，为应对旅游散客化、网络化、移动化趋势，建成黄山市城市大脑、一部手机游黄山和黄山市数据一体化管理平台等信息化管理项目，实时监测全市客流、景区入园、游客住宿交通等信息。黄山风景区实施"一网"（物联感知网）"三平台"（迎客松欢迎您游客服务平台、大数据指挥中心平台、迎客松掌上指挥调度平台）建设，实现游客、黄山风景名胜区保护管理服务者和利益关联方信息数据的系统集成和实时交互[①]。"黄山风景区实践'数智化转型'大数据精细化运营监管新探索"成为全省唯一入选文化和旅游数字化创新实践优秀案例。

2. 主要做法

（1）景区数据管理信息化

大数据监管平台整合了 5 家单位的 12 类景区数据，经过汇聚、清洗等大数据分析技术，形成 672 项数据指标维度的可视化，实现统一界面、库存管理、实时监控、调度运力、信息推送、预警提示、游客服务等九大功能，实现指挥、调度的可控、可看、可管，实现常态化疫情防控下的景区数字化转型。管理人员可综合考虑运力、现场情况等因素，科学合理地设置时

---

① 《黄山市数字化转型推动旅游创新发展》，安徽省文化和旅游厅网站，https://ct.ah.gov.cn/zwxw/qswlxxlb/8782042.html。

段门票库存量，科学分流疏导游客，做好游客流量关口的前置管控①。景区也可以提前了解预约第二日各时间段进山游客数量，提前做好景区运力调度、现场服务等工作。同时，风景区每月还出具"黄山风景区旅游大数据多面观"数据分析报告，从游客游览、酒店入住、交通运输、车辆、营销活动等方面，多维度开展数据分析应用工作。

（2）监测管理可视化

景区在交通要道、客流集散地、古树名木和病虫害防治点等地设置多路视频监控，实现游客、车辆的可视化、平台化管理，实现景区地形图上的可视化；管理人员掌握每个摄像头的所在位置和视野范围，实现了图像识别与统计分析的结合；在人员拥堵路段，通过摄像机进行人数统计，形成人流拥堵热力图，充分发挥了信息化在支撑疫情监测分析、促进人员安全有序流动等方面的作用。同时，还可实现车流量统计，对进入黄山区域车辆进行实时流量统计。部分视频监控还可用于森林防火，采用24小时不间断环扫及热成像自动感应报警，每个监测点均配有一个森林防火小队，能够第一时间掌握火情，做到早发现、早处理、早扑灭。

（3）旅游服务监管协同化

平台将分散的涉旅咨询、投诉、受理工作统一整合，为游客提供24小时"一站式"服务，形成涉游咨询、投诉"统一受理、统一交办、统一回复"长效工作机制；围绕"公示信息可查，食材安全可溯，操作加工可视，风险隐患可控，食品安全可知"，打造包含食品安全应急指挥中心、监管端、企业端、公众端的"一中心、三端口"智慧监管模块，各模块自成一体又互通共享，实现部门、企业、消费者之间监管数据的高效协同和生态开放；运力监管平台将景区运行的大巴车辆全部纳入实时监测范围，引入北斗导航技术可实时查看车辆运行速率、运行位置、运行轨迹等，确保可查、可看、可控。

---

① 《数字化创新实践案例｜黄山风景区实践"数智化转型"大数据精细化运营监管新探索》，文旅中国微信公众号，https://mp.weixin.qq.com/s/GF0g8LBjcotHnN7iT6KSCg。

3. 特色亮点

（1）信息化系统功能整合

在新技术上，实现了异构环境下的数据集成，实现了监管数据仓库建设，覆盖用户感知、数据采集、系统支撑、应用服务和数据展现；引入人工智能及大数据分析技术，并将智能交互技术与景区现有资源实时监控系统、旅游服务系统和信息化系统功能整合，开发基于多源异构信息采集的一体化旅游服务系统，解决游客在静态、动态等多种环境下获取旅游信息综合服务一体化的瓶颈，使游客充分享受信息化、智能化建设带来的便捷。

（2）景区指挥调度协同处理

在新应用上，提出数字景区指挥调度协同处理的概念，全新打造了"一个中心、三大平台、五大系统"的总体架构，应用三维地图和三维模型实现景区的精细化管理和服务；新建成的数据监管系统综合运用了大数据、人工智能、北斗导航、5G、无人机、信号控制、视频监控等高新技术，对我国山岳型风景区信息化管理具有很好的示范作用。

（3）景区管理综合应用信息技术

在新模式上，景区通过综合应用多种信息技术提升了获取信息的准确性和及时性，重构了一些部门的工作流程，克服了突击式、运动式、被动、滞后、多头管理等弊端，降低了管理成本，使工作流程更加合理，管理措施更加到位，实现了管理的科学化、规范化、信息化、精细化，提升了突发事件的处理能力。景区建设的相关信息化应用可以在第一时间获知事件的状况及周围可被调用的资源，并增强了突发事件的预警性。

（二）白洋淀智慧景区：5G+北斗智慧旅游

1. 基本概况

白洋淀地处雄安新区核心位置，是雄安新区唯一的国家 5A 级旅游景区，是雄安新区文化和旅游融合发展的宝贵财富，它在整个雄安新区规划版图中具有重要战略地位。在维护华北地区生态系统平衡、调节河北平原乃至京津地区气候、补充地下水源、调蓄洪水以及保护生物多样性和物种资源等方面发挥着重要作用。

雄安新区"白洋淀智慧景区 5G+北斗智慧旅游项目"主要依托 5G、北斗高精度定位等核心能力,研发景区船舶管理与应急决策系统以及船舶导航服务系统,通过在游船安装北斗高精度定位终端、无人机搭载高清摄像头,实现无人机智能巡检、船舶运营管理、智能导航等应用,并基于物联网等数据构建数字孪生底座,直观展示景区全貌,助力智慧化监管①。2023年 11 月 23 日,该项目入选文化和旅游部办公厅、工业和信息化部办公厅第一批"5G+智慧旅游"应用试点项目名单。

2. 主要做法

(1)5G+景区导览

景区依托中国移动 5G 网络优势,融合北斗高精度定位、电子航道图、数字孪生等先进技术,基于物联网等数据构建数字孪生底座,直观展示景区全貌。面向游客设置有"5G+景区导览"专区,搭载景区的 AI 讲解系统,可帮助游客在景区规划导览路线,实现自助旅游。同时,游客服务平台的 AI 鸟类识别、VR 全景直播等应用,也将极大地提升游客的"参与感"与"体验感"。

(2)智能导航+救援系统

通过 5G 网络和北斗卫星技术,游客可以在白洋淀地区实现智能导航,了解周边景点、服务设施等信息,提升游览体验。同时,一旦游客在旅途中遇到意外情况,相关部门可以通过智能救援系统及时定位并展开救援行动,保障游客的安全。在景区应急救援方面,中国移动整合集团内专业公司以及行业生态资源,搭建"5G+北斗高精度定位平台+智慧服务平台",打造包括船舶导航底图制作、应急救援辅助决策、游船安全运营、船舶导航服务、无人机巡检、数字孪生系统、高精定位导航设备、高精定位与导航服务等多项典型应用,实现了白洋淀水域智慧管理、应急救援管理服务的创新。

(3)信息共享+协同应急

通过 5G 网络和北斗卫星技术,当地政府、旅游企业、救援机构等可以

---

① 《河北加快构建智慧文旅发展新格局》,《中国旅游报》2023 年 11 月 27 日,第 7 版。

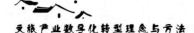

实现信息共享和协同工作，建立起多方合作的应急机制。一旦出现紧急情况，"5G+北斗高精度定位技术"可以通过短报文通信实时将游客的足迹位置发送到系统平台上，平台可以根据游客遇险发出求救信号的位置及时处理，保护游客的生命安全。湖泊船只也可以通过安装"5G+北斗高精度定位"设备，保证平台对全水域船只实现精准定位及轨迹监管，保障水域安全。

3. 特色亮点

（1）监测预警系统智能化

雄安新区自设立之初就把创新写入基因，在中国城市建设史上首次全域实现数字城市与现实城市同步建设。白洋淀智慧景区的实施将有效发挥新一代信息通信技术在数字城市、民生服务领域的融合应用能力，进一步提升文化和旅游行政管理部门、旅游企业安全生产水平和涉旅突发事件应急处置能力，护航文旅行业高质量发展。比如，借助 5G 网络和北斗卫星技术，当地政府和相关部门能够实时监测白洋淀地区的水质、气象、地质等情况，及时预警可能发生的自然灾害或突发事件，为游客和当地居民提供更加安全的旅游环境。

（2）景区监控管理可视化

利用 5G 和 VR 技术，将远程的 VR 相机放置在白洋淀大观园景区内，实时收集周边景色图像，通过 5G 网络传送至云端处理，再推送到客户的 VR 眼镜或电视屏幕。游客可佩戴 VR 眼镜沉浸式观景，也可以通过电视观看 360 度全景。此外，监控画面可同步推送至景区监控管理处，用于游客流量监控及行为分析，为景区提供智能化管理手段。

（三）北京中轴线：实景三维复刻老城"脊梁"

1. 基本概况

北京中轴线北端为钟鼓楼，南端为永定门，纵贯老城南北，全长 7.8 千米，是统领整个老城规划格局的建筑与遗址的组合体[①]。中轴线被誉为老城的灵魂和脊梁，蕴含着中华民族深厚的文化底蕴、哲学思想，体现了北京

---

① 吕苑鹏：《勾勒立体的古都"脊梁"》，《中国自然资源报》2022 年 6 月 13 日，第 1 版。

作为历史文化名城和国家政治文化中心的发展历程,是独一无二的历史文化遗产。

数字化手段作为文化遗产保护的"大趋势",成为遗产活化、传承与传播的新途径。中轴线申遗是老城保护的重要抓手,通过数字化方式开展遗产保护、监测,强化文物保护和周边环境整治,从而更好地保护、传承、利用好这份独一无二的历史遗产。2021年7月,陈品祥带队搭建"实景三维中轴线"。团队精确测定了中轴线遗产点位置,利用现代技术,再次明确了中轴线的方位,明确了参与申遗的遗产点空间分布。通过三维扫描与信息采集、内业整合与三维模型搭建,覆盖中轴线遗产核心区范围的三维实景模型已基本完成①。

2. 主要做法

(1)动态感知体系

通过建设北京中轴线遗产保护体系,真实反映中轴线保存现状及影响因素,准确分析遗产状态、提出必要的预警及防范措施,可以为遗产管理、决策提供重要依据,进而保障中轴线的突出普遍价值、真实性和完整性不受到破坏。以实景三维为空间底座,构建中轴线遗产保护体系,借助信息化、数字化的技术手段,实现空天地一体化监测。基于实景三维平台的遗产本体监测、遗产格局监测,能够以更精细、全面、立体的角度,实现遗产要素的全面实时展示、智能化保护。此外,空间保护体系还可整合视频监控、交通压力、人口密度等数据,动态感知和实时探测环境变化,逐渐形成以预防为主、动态保护的科学保护模式。

(2)实景三维数字化成果

基于实景三维中轴线数字化成果,实现各遗产点的多视角、全方位浏览,形成多方式、多效果的数字化展呈方案。在北京展览馆党的二十大成就展北京展区,"实景三维中轴线"成果作为"数字中轴线"互动展项内容,共设"云游中轴、中轴对望、多彩中轴、历史中轴线、十年申遗路"五个主题。通过PAD端交互、屏幕播放展示等多种方式,为观展者提供沉

---

① 陈雪柠:《实景三维技术"复刻"北京中轴线》,《北京日报》2022年7月8日,第6版。

浸式互动体验，呈现了首都北京在历史文化名城保护方面的突出成就，凸显了中轴线在全国文化中心建设中的重要地位。

（3）多源测绘技术信息挖掘

借助历史地图资源的长时间序列分析、多手段时空信息探测技术，北京市测绘设计研究院定位出消失近 90 年天桥原址的精确位置，并搭建三维模型还原其历史场景。在南中轴考古过程中，研究院同步开展了测绘、地下雷达探测、三维信息扫描，并尝试将贴近摄影测量技术应用于考古遗址发掘，探索出"边考古、边测绘"的模式，以多场景、多技术、全方位地支撑中轴线申遗工作。

3. 特色亮点

（1）科技赋能文物活态化

北京市建成了覆盖中轴线遗产区的实景三维中轴线，构建了遗产文化监测体系的时空底座，创新了遗产监测、文物考古的技术方法，具体应用于文物腾退分析、景观视廊、天际线分析、风貌分析等，同时对中轴线天桥、北上门等部分已消失的遗址进行了原址考证和复原①，为中轴线申请世界文化遗产和历史文化名城保护提供了数据和技术支持。

（2）实景三维助力精细化监测

北京市建成了要素全、粒度细、定位准、数据新的"超精细化"实景三维天安门，精准到每一块砖、每一个摄像头的位置，成果在中国共产党成立 100 周年庆祝活动的指挥调度、景观布设和保障力量部署等工作中得到充分利用；形成了冬奥会延庆赛区实景三维成果，基于高精度地形数据，分析高程变化、坡度变化、坡向变化。

（3）"多模态"数字资源库

北京中轴线一期数字资源库同期正式开放，依托腾讯 SSV 探元平台，基于"数字中轴"前期建设积累的数字资源，整合北京中轴线数字档案、3D 建模资源以及北京中轴线文化遗产传承与创新大赛优秀作品，综合运用

---

① 《实景三维北京 ｜ 新一代时空基础设施助力智慧城市》，澎湃新闻，https：//m. thepaper. cn/newsDetail_ forward_ 19106308。

腾讯区块链、版保、高清照扫、云渲染等技术，构建了"多模态"数字资源库，对文化遗产数字资源实现保护、传承、活化一站式服务；通过多样的数字文创产品、公益反哺模式，探索北京中轴线数字资源在音乐、视频、动漫、游戏等多元场景中实现文化资源的安全高效流动，活化应用的无限可能①。

---

① 《用科技与创新，打开北京中轴线的"小宇宙"》，百家号，https://baijiahao.baidu.com/s? id=1766389704870085238。

图书在版编目（CIP）数据

文旅产业数字化转型理念与方法 / 程金龙等著 .
北京：社会科学文献出版社，2025.5.--ISBN 978-7
-5228-5282-9

Ⅰ.G124；F592.3

中国国家版本馆 CIP 数据核字第 20255J0T21 号

文旅产业数字化转型理念与方法

著　　者／程金龙 等

出 版 人／冀祥德
责任编辑／仇　扬
文稿编辑／郭晓彬
责任印制／岳　阳

出　　版／社会科学文献出版社·文化传媒分社（010）59367156
　　　　　地址：北京市北三环中路甲 29 号院华龙大厦　邮编：100029
　　　　　网址：www.ssap.com.cn
发　　行／社会科学文献出版社（010）59367028
印　　装／唐山玺诚印务有限公司

规　　格／开 本：787mm×1092mm　1/16
　　　　　印 张：32.25　字 数：479 千字
版　　次／2025 年 5 月第 1 版　2025 年 5 月第 1 次印刷
书　　号／ISBN 978-7-5228-5282-9
定　　价／198.00 元

读者服务电话：4008918866